薄井 彰
Akira Usui

［編著］

巨大災害のディスクロージャーと資本市場

東日本大震災から13年

東京 白桃書房 神田

はじめに

　東日本大震災は，2011年3月11日午後2時46分に発生した平成23年（2011年）東北地方太平洋沖地震（マグニチュード9.0）と津波，そして東京電力福島第一原子力発電所の原子力事故などからなる巨大災害であり，甚大な被害をもたらした。この巨大災害は資本市場と企業経営にも多大な影響を及ぼした。東日本大震災からの復興費用，原子力事故の処理費用およびその損害賠償費用は巨額になっている。それらの費用負担については国民の合意形成が必要であり，政府，行政機関および企業などには説明責任としてディスクロージャーが要請されている。

　本書は，東日本大震災の直後とその後13年の巨大災害に係るディスクロージャーの記録をとりまとめたものである。この未曽有の巨大災害に対して，地震災害や防災を直接の専門としない私たち会計学者やファイナンス学者ができることは限られている。本書では実証的・理論的なアプローチに基づき，企業や政府の巨大災害に係るディスクロージャーが資本市場に及ぼす影響を明らかにする。

　本書の目的は4つからなる。

　第1の目的は，東日本大震災の発生時に日本企業がどのように行動し，資本市場に情報開示したかを記録することである。東日本大震災は，日本の上場企業の多くが決算期とする3月に発生した。上場企業は決算期末以降45日以内に証券取引所に決算短信を，決算期3ヶ月以内に株主総会を開催して有価証券報告書をそれぞれ公表する必要がある。そのため3月決算企業は東日本大震災の影響を踏まえた早急の決算対応が必要になった。とりわけ財務的な破綻の危機に瀕して，東京電力と監査法人は高度な会計的判断に迫られていた。会計学とファイナンス論の観点から本書で得られた教訓は，巨大災害発生時には不確実性を軽減させるために可能な限り迅速に情報を開示すべきであるということである。

　第2の目的は，巨大災害が株式市場と債券市場の価格形成に及ぼした影響を明らかにすることである。関東大震災は，1923年9月1日（土）午前11

時58分に発生し，東京株式取引所は1923年10月31日までの2ヶ月間取引を停止した。阪神・淡路大震災は，1995年1月17日（火）午前5時46分に発生し，大阪証券取引所は当日の現物株取引を中止，株式先物市場も午前中を取引中止とした。震源地から地理的に離れた東京証券取引所は取引停止とならなかった。平成23年（2011年）東北地方太平洋沖地震は証券取引所の取引終了直前の2011年3月11日（金）午後2時46分に発生したが，取引は停止されなかった。土日を挟み3月13日（月）から通常どおり取引が行われた。東日本大震災発生当初，被害状況は極めて不確実な状況にあった。本書では，株式投資家は，東日本大震災発生直後ではおおむね企業が公表する被害概況の情報内容に応じて反応していたという実証的証拠が得られた。企業が公表する決算短信については，東日本大震災発生直後では，good news と bad news の持続性がミスプライシングされていた。この事実は，企業業績の不確実性の高まりにより，東日本大震災発生直後に投資家が必ずしも合理的に行動しなかったことを示唆している。さらに地方債と社債のそれぞれのスプレッドを分析した結果，債券市場では，東日本大震災による被害が信用リスク要因として価格に反映されていることがわかった。

　第3の目的は，予想される災害損失を企業が経済的にどのようにカバーできるかを明らかにすることである。通常，災害損失は保険によって補填することができる。実際，電力会社は原子力損害賠償法に基づき原子力事故に備えて保険会社と原子力発電所1事業所当たり1,200億円の損害賠償保険契約を締結している。しかし，巨大災害に対しては必ずしも保険契約が組成できるわけではない。東京電力は，被災した福島第一原子力発電所に係る将来損失に対して保険契約の引き受け手が見つからず，国に今なお1,200億円の供託を続けている。地震デリバティブは，予め定められた地点で観測された地震が一定の条件を満たせば，約定した金額が迅速に支払われるため，巨大災害のリスクマネジメントに適している。本書では，巨大災害を想定した地震デリバティブの価格評価モデルを提示している。

　第4の目的は，会計学の観点から東京電力福島第一原子力発電所の原子力事故がどのように開示されたか，この原子力事故に係る巨額の事故処理費用と損害賠償費用の負担に関してステークホルダーの間でどのように合意が形

成されたか，そして廃炉処理の会計問題を含め原子力の会計制度がどのように政策決定されたかを明らかすることである。東京電力福島第一原子力発電所の原子力事故は，チェルノブイリ原子力発電所事故と並ぶ深刻な事故（国際原子力事象評価尺度（INES）のレベル7）であった。原子力発電費用を含め電力会社の費用は総括原価方式により電気料金に組み込まれている。そのため電力需要者をはじめステークホルダーに対して原価の透明性が欠けていることは否めない。東日本大震災は原子力事故の処理費用と損害賠償費用や廃炉費用の巨額さを可視化させた。本書では，福島第一原子力発電所の原子力事故の処理と損害賠償に要する費用の負担に関する合意形成過程と廃炉の会計制度に関する政策決定過程が記述される。

　本書の基礎となる研究は，日本ディスクロージャー研究学会（現日本経済会計学会）の特別プロジェクトおよび日本学術振興会の科学研究費補助金基盤研究（B）（課題番号 15H03402）の財政的援助を受けた。そして，白桃書房の大矢栄一郎代表取締役社長は，出版社の使命として会計学とファイナンス論の視点から東日本大震災の記録を後世に遺すために，辛抱強く本書の完成を待ってくださった。心より感謝申し上げる。

　被災した福島の親戚の家を訪れた記憶がよみがえる。海は青く，遠くに白い原子力発電所が見えた。それは昔の風景と変わらなかった。放射能汚染土の土嚢があたかも時間が止まったかのように整然と並んでいたことを別とすれば。今，各地の除去汚染土は福島第一原子力発電所周辺の中間貯蔵施設に輸送され，最終処理のために一時的に保管されている。

　日本は世界有数の地震国である。首都圏直下型地震や南海トラフ巨大地震など，新たな巨大災害の発生が危惧されている。本書が，東日本大震災のディスクロージャー，経営行動および経済的影響のアーカイブとなり，会計，企業経営および資本市場の面で，巨大災害からの復興に必要な基礎的資料となることを願う。

　2024 年 10 月

早稲田の研究室にて

薄　井　　彰

目　次

はじめに　*i*

序　章
巨大災害のディスクロージャー　（薄井　彰）……………………*1*

東日本大震災から 13 年　*2*

東京電力の国有化　*3*

会計検査院の 2015 年検査報告　*6*

原子力損害賠償補償契約　*8*

原子力損害賠償・廃炉等支援機構による東京電力ホールディングスへの
資金援助　*9*

巨大災害のディスクロージャー　*9*

本書の構成　*10*

第 I 部
巨大災害のディスクロージャー

第 1 章
福島第一原子力発電所事故の
ディスクロージャーと株式市場　（薄井　彰）……………………*17*

1.1　東日本大震災直後の株式市場の動向　*17*

1.2　原子力損害の賠償スキーム　*20*

1.3　臨時報告書の提出（2011 年 5 月 20 日）　*26*

1.4　2011 年 3 月期決算短信の提出（2011 年 5 月 20 日）　*29*

1.5　2011 年 3 月期有価証券報告書の提出（2011 年 6 月 29 日）　*38*

vi —— 目　次

1.6　小括　*46*

第2章
東日本大震災に関する
ディスクロージャーの実態　（中野貴之）・・・・・・・・・・・・・・・・・・・・・・・・・・・・・・・*49*

2.1　研究の目的　*49*

2.2　上場企業のディスクロージャーに対する規制機関の対応　*51*

2.3　サンプルの選択と調査の視点　*53*

2.4　東日本大震災発生後の決算発表の状況　*55*

2.5　適時開示に見る東日本大震災関連情報　*58*

2.6　事例研究：クレハにおけるディスクロージャー対応　*66*

2.7　小括　*72*

第3章
東日本大震災後の回復状況に関する
非財務情報の分析　（坂上　学）・・・・・・・・・・・・・・・・・・・・・・・・・・・・・・・・・・・・・・*75*

3.1　テキストマイニングによる非財務情報分析　*75*

3.2　テキストマイニング研究の位置づけ　*76*

3.3　テキストマイニング手法を用いた先行研究　*77*

3.4　テキストマイニングのための準備　*81*

3.5　有価証券報告書のテキストデータの分析　*84*

3.6　「東日本大震災」に関する記述の調査　*91*

3.7　小括　*95*

第4章
東日本大震災に関する
ディスクロージャー行動　（奥村雅史・吉田　靖）・・・・・・・・・・・・・・・・・・・・*99*

4.1 地震発生後の情報開示の重要性　*99*

4.2 調査方法　*101*

4.3 開示情報　*102*

4.4 開示動向　*112*

4.5 小括　*121*

第5章

東日本大震災が銀行の
貸倒引当金に与えた影響　（稲葉喜子）......... *125*

5.1 東日本大震災時における銀行業の状況　*125*

5.2 金融上の特別な措置　*127*

5.3 会計上の取り扱い　*129*

5.4 先行研究　*131*

5.5 リサーチ・デザイン　*132*

5.6 分析結果　*134*

5.7 小括　*147*

第6章

東日本大震災と経営者の業績予想開示行動　（浅野敬志）...... *151*

6.1 問題意識　*151*

6.2 東日本大震災時における業績予想の開示制度と開示状況　*153*

6.3 先行研究と仮説構築　*155*

6.4 リサーチ・デザイン　*159*

6.5 分析結果　*163*

6.6 小括　*169*

第 II 部
巨大災害と資本市場

第 7 章

平成23年（2011年）東北地方太平洋沖地震直後のディスク
ロージャーと株式市場の反応 （吉田 靖・奥村雅史）·············· 175

7.1 巨大災害とイベント・スタディ　175
7.2 地震発生直後の市場の状況と分析方法　179
7.3 分析結果　183
7.4 小括　185

第 8 章

東日本大震災と決算短信公表後の
株価ドリフト （海老原崇）·· 189

8.1 決算短信公表後の株価ドリフト　189
8.2 東日本大震災と PEAD　190
8.3 リサーチ・デザイン　194
8.4 分析結果　203
8.5 追加分析：期待外利益の内容別の分析　210
8.6 小括　213

第 9 章

東日本大震災と信用リスクの分析 （吉田和生）························ 217

9.1 東日本大震災の発生　217

目　次 —— *ix*

9.2　先行研究　*220*

9.3　問題提起　*222*

9.4　分析方法　*223*

9.5　分析結果　*226*

9.6　小括　*234*

第 10 章

変換ベータ分布を用いた
地震デリバティブの評価理論　（池田昌幸）................................ *237*

10.1　はじめに　*237*

10.2　総消費，対象指標の確率分布が変換ベータ分布に従う場合の代表
　　　的経済主体モデル　*240*

10.3　変換ベータ分布としての極値分布　*248*

10.4　大地震発生リスクに対する派生証券評価　*253*

10.5　小括　*260*

第 11 章

東日本大震災と原子力発電の
ディスクロージャー　（薄井　彰）.................................... *269*

11.1　平成 23 年（2011 年）東北地方太平洋沖地震後の
　　　株式市場の動向　*269*

11.2　第 1 四半期決算短信・第 1 四半期報告書
　　　（2011 年 6 月期）の開示　*271*

11.3　訂正報告書（2011 年 11 月 5 日）　*279*

11.4　第 2 四半期報告書（2011 年 9 月期）の開示　*280*

11.5　第 3 四半期報告書（2011 年 12 月期）　*294*

11.6　決算短信（2012 年 3 月期）と
　　　有価証券報告書（2012 年 3 月期）　*299*

11.7 訂正報告書（2014 年 5 月 14 日）　*307*

11.8 除染費用等の負担　*308*

11.9 廃炉の会計　*309*

11.10 結び　*343*

序　章

巨大災害のディスクロージャー

　2011 年 3 月 11 日（金）14 時 46 分 18.1 秒の平成 23 年（2011 年）東北地方太平洋沖地震（マグニチュード 9.0）は日本に甚大な被害をもたらした。明治以降，大震災と命名された巨大災害は，1923 年の関東大震災，1995 年の阪神・淡路大震災，そして 2011 年の東日本大震災である。東日本大震災は，平成 23 年（2011 年）東北地方太平洋沖地震と津波による被害，津波が引き起こした東京電力株式会社（以下，「東京電力」という。）の福島第一原子力発電所で発生した巨大な原子力事故などの複合災害である。

　東日本大震災後，震度 7 の大地震が，2016 年に熊本地震（マグニチュード 7.0），2018 年に北海道胆振東部地震（マグニチュード 6.6），2024 年に能登半島地震（マグニチュード 6.6）と相次いで発生している。首都圏直下型地震や南海トラフ巨大地震の発生も高い確率で予想されている。

　東日本大震災とその復興に関してこれまで様々な研究や提言が行われている。しかしながら，この巨大災害に関してどのようなディスクロージャーが行われ，それが社会や市場にどのような影響をもたらしたかについては十分に明らかにされていない。本書では，計量的手法を援用して東日本大震災に関するディスクロージャーが社会や市場に及ぼした影響を分析する。さらに東日本大震災による福島第一原子力発電所の原子力事故の経済的，社会的な帰結（consequence）として，原子力発電の会計制度を論じる。

　本書の主たる目的は，未曾有の巨大災害であった東日本大震災の直後およびその後のディスクロージャーと経営行動，ならびにそれらの経済的な帰結をアーカイブとして残し，巨大災害時のリスクコミュニケーションの教訓として，実証的および理論的な見地から日本の地震リスクに対する企業や政府

の対応とそれらの準備に必要な基礎的な資料を提供し，将来の巨大災害の備えとすることである。

東日本大震災から 13 年

　2024 年 2 月末時点で，東日本大震災による死者は 15,900 人，行方不明者 2,520 人になった（警察庁，2024）。さらに 2023 年 12 月 31 日時点で，東日本大震災における震災関連死の死者数は 1 都 9 県で合計 3,802 人に達した（復興庁，2024a）。東日本大震災による避難者は，2024 年 8 月 1 日時点で，合計 28,808 人，全国 47 都道府県，829 の市区町村に所在する（復興庁，2024b）。10,684 人が応急仮設住宅等およびそれ以外の賃貸住宅等に，18,018 人が親族や知人宅等に，106 人が病院にそれぞれ避難しており，自県外への避難者数は，福島県から 19,969 人，宮城県から 864 人，岩手県から 534 人となっている（復興庁，2024b）。

　東京電力福島第一原子力発電所事故は，チェルノブイリ原子力発電所事故と同じく，国際原子力事象評価尺度の最高レベル 7（深刻な事故）に評価される巨大災害であった。この原子力事故に関連して確保すべき資金の総額は，2016 年時点で，廃炉 8 兆円（同時点支出額 2 兆円），賠償 8 兆円（同 5 兆円），除染 6 兆円（同 4 兆円）の合計 22 兆円と見込まれた（東京電力改革・1F 問題委員会，2016）[1]。東京電力改革・1F 問題委員会（2016）は，これらの資金の負担割合として，廃炉費用の全額が東京電力ホールディングス株式会社（以下，「東京電力ホールディングス」[2] という。）8 兆円，賠償費用が東京電力ホールディングス 4 兆円，他電力 4 兆円および新電力 0.24 兆円，除染費用が東京電力ホールディングス 4 兆円および国 2 兆円となること（東京電力ホールディングスは合計 16 兆円を負担）を参考資料で示した。東京電力ホールディングスの資金繰りを支援するため，交付国債の発行限度額が 9 兆円から 13.5 兆円に引き上げられた（東京電力改革・1F 問題委員会，

1　廃炉費用の見積りは，第 6 回東京電力改革・1F 問題委員会（2016 年 12 月 9 日）配布資料「有識者ヒアリング結果報告」から引用された。
2　東京電力は，2016 年 4 月に持株会社に組織変更して，社名を「東京電力ホールディングス株式会社」に変更した。

2016)。福島第一原子力発電所事故関連費用の見積りは不確定である。日本経済研究センター（2017）は，東京電力改革・1F 問題委員会が示した賠償等費用の 2 倍以上の 49.3 兆円（廃炉・汚染水処理 11 兆円，賠償 8.3 兆円，除染 30 兆円）と見積もっている。

東京電力の国有化

　福島第一原子力発電所の事故等に関する原子力損害は，東京電力の財政的基盤を毀損させ，国の財政的な支援を必要とした。原子力損害賠償については，原子力損害賠償支援機構が東京電力に必要な資金を金銭贈与し，東京電力が自己の責任において，被害者に賠償責任を負うというものであった。しかしながら，経済的にみれば，国が実質的に賠償責任を負い，東京電力が賠償業務を執り行っている状況とみなされる。東京電力の破綻とモラルハザードを防ぐためには，国が東京電力を財政的に支援し，経営をコントロールする必要があった。その意味で，国は早期に資本注入せざるをえなかった。

　東京電力（2012a）は，2012 年 5 月 21 日開催の取締役会で原子力損害賠償支援機構を割当先とする優先株式の発行を決議した。2012 年 6 月 27 日開催の定時株主総会で，優先株式発行に必要な発行可能株式総数の増加等に関する承認を得た。

　図表 A は東京電力が発行する優先株式の概要である。A 種優先株式が 16 億株，3,200 億円の発行，B 種優先株式が 3.4 億株，6,800 億円の発行，合計 1 兆円の発行額であった。A 種優先株式および B 種優先株式は，普通株式への転換権が付されていることが特徴である。議決権は A 種優先株式にはあるが，B 種優先株式にはない。優先配当率は A 種優先株式よりも優先配当率が高い。

　募集後には，原子力損害賠償支援機構が 50.11% の議決権を保有する。B 種優先株式が全て A 種優先株式に転換された場合には，その議決権割合は，75.84% まで上昇する。A 種優先株式および B 種優先株式が全て普通株式に転換された場合，その議決権割合は，(1) 発行可能株式総数 141 億株の範囲では 88.89%，(2) 下限取得価額 30 円と発行可能株式総数の定款変更を条件

図表A　東京電力の優先株式の概要

	A種優先株式	B種優先株式
払込期日	2012年7月26日から同年7月31日	2012年7月26日から同年7月31日
発行新株式数	1,600,000,000株	340,000,000株
発行価額	1株につき200円	1株につき2,000円
発行価額の総額	320,000,000,000円	680,000,000,000円
資本組入額	1株につき100円	1株につき1,000円
資本組入額の総額	160,000,000,000円	160,000,000,000円
募集または割当方法（割当先）	第三者割当の方法により，原子力損害賠償支援機構に全株式を割当	第三者割当の方法により，原子力損害賠償支援機構に全株式を割当
議決権	1株につき1個の議決権	なし
		B種優先株式10株をA種優先株式1株に交換可能
優先配当率	日本円TIBOR（12ヶ月物）＋0.25%	日本円TIBOR（12ヶ月物）＋0.5%
普通株式への転換条項	あり	あり
当初の普通株式取得価額	200円	200円
普通株式取得価額	普通株式対価取得請求日の直前の5連続取引日の東京証券取引所の東京電力の普通株式の普通取引の毎日の終値（気配値を含む）の平均値（終値のない日数を除く）	普通株式対価取得請求日の直前の5連続取引日の東京証券取引所の東京電力の普通株式の普通取引の毎日の終値（気配値を含む）の平均値（終値のない日数を除く）
取得上限価額	300円	300円
取得下限価額	30円	30円
優先株式の取得と引き換えに交付される普通株式の数	普通株式対価取得に係るA優先株式の数にA種優先株式1株当たりの払込金額相当額を乗じて得られる額を取得価額で除して得られる数	普通株式対価取得に係るB優先株式の数にB種優先株式1株当たりの払込金額相当額を乗じて得られる額を取得価額で除して得られる数
剰余金の配当の非累積条項	あり	あり
剰余金の配当の非参加条項	あり	あり
残余財産の分配	普通株式に優先する	普通株式に優先する
残余財産の非参加条項	あり	あり
残余財産の分配の優先順位	A種優先株式とB種優先株式の残余財産の分配の支払順位は同順位	A種優先株式とB種優先株式の残余財産の分配の支払順位は同順位

出所：東京電力 (2012a, 2012b) に基づき作成。

として，最大希釈化ベースでは95.44%になる。原子力損害賠償支援機構の議決権割合は過半数を超えるので，東京電力は国有化されることになった。株価が一定価格以上になれば，国は優先株式の処分によって売却益を獲得できる。

2012年7月31日に，原子力損害賠償支援機構は東京電力の優先株式（払込金額総額1兆円）を引き受けた（原子力損害賠償支援機構・東京電力，2012）。その結果，東京電力は実質的に国有化された。

東京電力は，原子力損害賠償・廃炉等支援機構法第46条第1項の規定に基づき，原子力損害賠償・廃炉等支援機構と共同で，主務大臣（内閣府機構担当室および経済産業省資源エネルギー庁）に対し，特別事業計画を申請し，認可を受けなければならない。

原子力損害賠償支援機構・東京電力（2012）は，総合特別事業計画において，(1) 2010年代半ば以降できるだけ早期に，集中的な経営改革に一定の目途，または社債市場での自律的に資金調達を実施するという条件で，議決権付優先株式の一部を無議決権優先株式への転換等によって，議決権比率を2分の1未満にし，一時的公的管理を終結する，(2) 一時的公的管理終結後，適切な時期に，収益・財務状況，株式市場の動向を考慮し，経営改革に悪影響ない範囲という条件で，東京電力による優先株式の取得，普通株式への転換による株式市場への売却等によって，早期の出資金回収を目指すことを計画した。

2014年1月15日に主務大臣に認定された新・総合特別事業計画では，優先株式処分の具体的な工程，すなわち，(1) 2016年度には原子力損害賠償支援機構の保有する議決権を順次2分の1未満に低減し，一時的公的管理から自律的運営体制に移行する，(2) 2020年代初頭に，原子力損害賠償支援機構は保有する議決権を順次3分の1未満へ低減（優先株式の転換）するとともに，東京電力は，配当の復活または自己株式消却を開始する，(3) 2020年代半ばに，原子力損害賠償支援機構は，一定の株価を前提に，保有株式の市場売却（普通株式への転換後）を開始する，(4) 2030年代前半に，特別負担金の納付終了が見通される場合には，その時点までに，原子力損害賠償支援機構は，保有する全ての株式を売却する，ことが示された（原子力

損害賠償支援機構・東京電力，2013)。

　東京電力が，原子力損害賠償支援機構の保有する優先株式を取得して，それを消却することを選択するならば，相応の自己資本の蓄積が必要となった。

会計検査院の 2015 年検査報告

　会計検査院（2015）は，2015 年 3 月 23 日，国会法第 105 条の規定による検査要請を受諾し，東京電力に係る原子力損害の賠償に関する国の支援等の実施状況について，会計検査院法第 30 条の 3 の規定により，検査の結果を報告した[3]。図表 B は，原子力損害の賠償に関する支援等について，国の財政負担等の状況である。会計検査院（2015）の検査報告によれば，2011 年度から 2014 年度において，国による東京電力の原子力損害賠償に関する支援の総額は 4 兆 9,002 億円，福島第一原子力発電所の廃炉汚水等に関する支援は 1,892 億円に達した。機構への交付国債 9 兆円のうち 4 兆 5,337 億円が償還され，この他，国は，原子力損害賠償補償契約に基づき東京電力に対して，福島第一原子力発電所に係る補償金として 1,200 億円，福島第二原子力発電所に係る補償金として 689 億円を支払った（会計検査院，2015）。図表 C は国の機構に対する財政上の措置の状況である。2011 年度から 2014 年度の期間に機構から東京電力に対する資金提供は出資金 1 兆円と交付国債を原資とする 4 兆 5,337 億円の計 5 兆 5,337 億円，この間，東京電力から機構への返済は，特別負担金 500 億円と一般負担金 1,238 億円であった（会計検査院，2015）。

3　国会法第 105 条（昭和 22 年法律第 79 号）では，各議院または各議院の委員会は，審査または調査のため必要があるときは，会計検査院に対し，特定の事項について会計検査を行い，その結果を報告するよう求めることができる。会計検査院法第 30 条の 3 により，会計検査院は，各議院または各議院の委員会もしくは参議院の調査会から国会法第 105 条の規定による要請があったときは，当該要請に係る特定の事項について検査を実施してその検査の結果を報告することができる。

序　章　巨大災害のディスクロージャー —— 7

図表 B　原子力損害の賠償に関する支援等に係る国の財政負担等の状況

（単位：百万円）

番号	項　目	金　額	会　計	記載箇所 箇所
1	原子力損害賠償補償契約に基づく福島第一原発に係る補償金	120,000	一般会計	1 (1)ア(ア)
2	原子力損害賠償補償契約に基づく福島第二原発に係る補償金	68,926	一般会計	1 (1)ア(イ)
3	（交付国債の交付）〈うち東京電力への交付を決定した額〉うち平成 26 年 12 月末までに国から機構に償還済みの額	(9,000,000) 〈5,301,439〉 4,533,700	エネ特原賠勘定	1 (1)イ(ア)
4	原賠資金のうち 26 年 12 月末までに利払いのために取り崩した額	4,952	一般会計→エネ特原賠勘定	1 (1)イ(ア) 別表3
5	機構法第 68 条の規定に基づく機構への資金交付	35,000	一般会計→エネ特促進勘定	1 (1)イ(ウ)
6	審査会及び ADR センターの運営等に係る経費	4,471	23 年度：一般会計 24 年度：東日本大震災復興特別会計 25 年度：東日本大震災復興特別会計	1 (2)ア(ウ)
7	補償金の支払に先立つ審査，調査等に係る委託費用	70	一般会計	
8	東京電力の経営・財務の調査に係る委託費用	508	一般会計	
9	機構への出資	7,000	一般会計→エネ特原賠勘定	
10	一般会計からエネルギー対策特別会計原子力損害賠償支援勘定への繰入れ	1,052	一般会計	
11	仮払法に基づく仮払金の支払に係る委託費用	18	一般会計	25年報告
12	仮払法に基づく原子力被害応急対策基金の設置費用	40,385	一般会計	
13	福島県民健康管理基金の設置費用	84,162	23 年度：一般会計→エネ特促進勘定 24 年度：東日本大震災復興特別会計	
	計	4,900,249		
	政府保証の限度額 （実際の保証額）	23 年度 2,000,000 （—） 24 年度 4,000,000 （1,000,000） 25 年度 4,000,000 （1,500,000） 26 年度 4,000,000 （700,000）	一般会計	1 (1)イ(イ) 2 (2)ア(ア)

出所：会計検査院ウェブサイト（https://www.jbaudit.go.jp）。会計検査院（2015）の図表 1-1 を転載。本図表は，2013 年度末までの状況を表している。番号 2 は 2015 年 3 月 4 日の支払額，番号 3 および番号 4 は 2014 年 12 月末までの状況，番号 5 は 2014 年度予算の金額である。なお，「記載箇所」は会計検査院報告（2015）の箇所である。「25 年報告」は，会計検査院の 2013 年 10 月の報告である。番号 7 から番号 13 までの金額は，2012 年度以降変わっていない。

図表C　国の機構に対する財政上の措置の状況

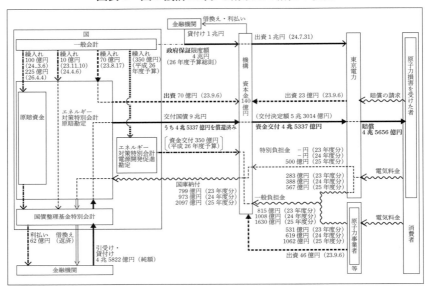

注(1)　各金額は，平成26年度予算又は26年12月末までの実績に基づくものである。
注(2)　一般会計からの繰入れ350億円は，電源開発促進税の税収相当額の中から，電源立地対策として，エネルギー対策特別会計電源開発促進勘定（以下，本報告書において「促進勘定」という。）へ繰り入れる1491億余円の一部である。
注(3)　東京電力から原子力損害を受けた者に対する「賠償4兆5656億円」には，保証契約に基づく福島第一原発に係る補償金1200億円を原資とした分が含まれている。
注(4)　機構に対して出資した「原子力事業者等」には，原子力事業者ではないため一般負担金を納付していない電源開発株式会社が含まれている。
注(5)　一般負担金は，消費者から直接電気料金を受領していない日本原子力発電株式会社及び日本原燃株式会社も納付することとされている。
出所：会計検査院ウェブサイト（https://www.jbaudit.go.jp）。会計検査院（2015）の図表1-2を転載。

原子力損害賠償補償契約

　政府は，東京電力福島第一原子力発電所事故を受け，2011年11月に，国と東京電力との間で1970年1月に締結された原子力損害賠償補償契約に基づき，2011年11月に，1,200億円を東京電力へ支払った（会計検査院，2015）。福島第一原子力発電所に対する賠償措置額は0円となったため，文部科学大臣は東京電力に対して，2012年1月16日までに1,200億円まで賠

償措置額を回復することを命じ，東京電力は2012年1月13日に国と原子力損害賠償補償契約を締結したが，民間保険会社と原子力損害賠償責任保険契約を締結することができなかった（会計検査院，2015）。このため，東京電力は，2012年1月13日に1,200億円を東京法務局に供託した。2015年3月31日時点で，東京電力は民間保険会社と原子力損害賠償責任保険契約を締結することができず，1,200億円の供託を続けていた。

　また，東京電力福島第二原子力発電所において発生した原子力事故についても，東京電力は2014年10月に福島第二原子力発電所事故に対する賠償に係る補償金1,200億円を請求し，政府は，原子力損害賠償補償契約に基づき，2015年3月に689億円を東京電力へ支払った（東京電力，2015）。東京電力ホールディングスは，福島第二原子力発電所に対しては原子力損害賠償責任保険契約および原子力損害賠償補償契約の締結をしたが，福島第一原子力発電所については締結できず，1,200億円を供託している（東京電力ホールディングス，2021）。

原子力損害賠償・廃炉等支援機構による
東京電力ホールディングスへの資金援助

　原子力損害賠償・廃炉等支援機構・東京電力ホールディングス（2024）は，2024年2月末時点で，それまでに被災者賠償，除染・廃棄物，中間貯蔵に合計11.2兆円を支払っており，2024年3月15日時点の要賠償額を13兆4,179億円と見積もっている。原子力損害賠償・廃炉等支援機構は東京電力ホールディングスに対して，2024年3月15日時点で原子力損害賠償補償契約に基づき既に東京電力ホールディングスが受領している1,889億2,666万円を控除した13兆2,290億5,833万円（累計）を交付することにした。

巨大災害のディスクロージャー

　東日本大震災はその復興のために，国民，地域住民，企業，地方自治体，政府，東京電力ホールディングスの株主と債権者，電力サービスの需要者な

ど様々なアクターが関与している。投下されている巨額の復興費用の負担は社会的な合意を形成する必要がある。巨大災害のディスクロージャーは，様々なステークホルダーのコストベネフィットに関する社会的合意形成に不可欠である。

本書の構成

　本書は，第Ⅰ部「巨大災害のディスクロージャー」と第Ⅱ部「巨大災害と資本市場」からなる。

　災害は投資家が直面する不確実性を増大させる。巨大災害は通常の事象とは異なった形で株式市場や債券市場の価格形成に影響を及ぼすであろう。東日本大震災時の企業のディスクロージャー行動および資本市場の特徴を明らかにすることは，巨大災害時にも資本市場が社会的，経済的なインフラの機能を喪失しないためのディスクロージャー条件の解明にもつながる。東日本大震災が日本企業の決算期末が集中する3月に発生したことから，企業は開示スケジュールの下でギリギリの対応に迫られていた。第Ⅰ部は，福島第一原子力発電所の原子力事故があった東京電力や他の日本企業がどのように決算処理を行い，4月から5月にかけての取引所での決算短信の発表，6月の定時株主総会と有価証券報告書の提出という開示スケジュールに対応していたかを明らかにする。第Ⅱ部は，マグニチュード9.0という巨大地震であった平成23年（2011年）東北地方太平洋沖地震が株式市場や債券市場の価格形成に及ぼした影響と地震デリバティブの評価メカニズムを明らかにする。ディスクロージャーは不確実性を減少させ，市場の効率性を改善させる。企業や投資家は地震デリバティブを利用して地震リスクをヘッジすることができる。地震デリバティブは，金融テクノロジーを利用した巨大災害に対する事前の対応のひとつである。

　東日本大震災が地震と津波の自然事象と原子力事故などの複合災害であったことから，それまで日本の企業や政府が経験したことがない対応や施策が必要であった。市場の重要なアクターの一人であった東京電力の破綻や原子力事故処理の失敗は，東日本大震災の復興を困難にさせ，資本市場の機能を

不全にさせる可能性があった。第11章では，この未曾有の巨大災害に対して，企業，会計監査人および政府が中長期にわたってどのように対応し，危機時のディスクロージャーのあり方や原子力発電のディスクロージャー制度を再構築してきたかを明らかにする。

第Ⅰ部は東日本大震災発生直後のディスクロージャー問題を扱う。第1章「福島第一原子力発電所事故のディスクロージャーと株式市場」では東日本大震災直後の株価動向，原子力損害の賠償スキームおよび東京電力の開示状況を検討する。第2章「東日本大震災に関するディスクロージャーの実態」では，上場企業全般の震災関連情報のディスクロージャー動向を明らかにするとともに，被災企業を対象に事例研究を行う。第3章「東日本大震災後の回復状況に関する非財務情報の分析」では，東日本大震災の回復状況について，企業が公表した有価証券報告書に記述された非財務情報を対象として，現在どのような状態にあるかについて文字情報を対象にテキストマイニングの手法を用いて頻度分析を行う。第4章「東日本大震災に関するディスクロージャー行動」では，平成23年（2011年）東北地方太平洋地震直後の16週間において上場企業の震災関連情報の適時的なディスクロージャーを調査する。第5章「東日本大震災が銀行の貸倒引当金に与えた影響」では，銀行業のうち主要行および被災地の地域銀行に焦点を当てて，東日本大震災の融資に与えた影響，およびその後の復旧や復興の状況が貸倒引当金および関連損益，ならびに注記に反映されたのか分析を行う。第6章「東日本大震災と経営者の業績予想開示行動」では，企業価値に関する情報を知っている経営者もいれば知らない経営者もいるという状況で上場企業が業績予想の非開示を選択した理由を実証的に検証する。

第Ⅱ部は東日本大震災が資本市場に及ぼした影響分析と巨大災害のリスクマネジメント手法として地震デリバティブの評価理論を扱う。第7章「平成23年（2011年）東北地方太平洋沖地震直後のディスクロージャーと株式市場の反応」では，東日本大震災発生直後から2011年4月1日までの期間において，東日本大震災が株式市場でどのように評価されたかをイベントスタディの手法により検証する。第8章「東日本大震災と決算短信公表後の株価ドリフト」では，会計情報の意思決定有用性とディスクロージャーの重要

性の視点から，平成23年（2011年）東北地方太平洋沖地震前後における決算短信公表後の株価ドリフトおよび公表時の利益反応係数について比較と検討を行う。第9章「東日本大震災と信用リスクの分析」では，東日本大震災による自治体や一般企業の信用リスクへの影響を明らかにするため，地方債と社債のスプレッドを分析する。第10章「変換ベータ分布を用いた地震デリバティブの評価理論」では，大地震がもたらす損害に対するリスクヘッジ商品として開発されている地震デリバティブの評価を，極値理論と代表的経済主体モデルを用いて分析する。

　終章にあたる第11章「東日本大震災と原子力発電のディスクロージャー」では，最初に東日本大震災直後の東京電力のディスクロージャーを分析する。そこでは東京電力の損害賠償額の評価などに関する会計判断を明らかにする。次に，東日本大震災発生から今日までの東京電力の救済に係る政策過程を分析する。さらに，東日本大震災を契機として整備された事故炉と通常炉の廃炉に係る会計制度の設計過程を分析する。

参考文献

会計検査院，2015.「東京電力株式会社に係る原子力損害の賠償に関する国の支援等の実施状況に関する会計検査の結果について」，〈https://report.jbaudit.go.jp/org/h26/YOUSEI2/2014-h26-Y2017-0.htm〉

警察庁，2024,「平成23年（2011年）東北地方太平洋沖地震の警察措置と被害状況」（2024年3月8日），緊急災害警備本部，〈https://www.npa.go.jp/news/other/earthquake2011/2024higaijyoukyou.pdf〉

原子力損害賠償支援機構・東京電力，2012.「総合特別事業計画」（2012年5月9日），〈http://www.ndf.go.jp/press/at2012/20120509.html〉

原子力損害賠償支援機構・東京電力，2013.「新・総合特別事業計画」（2013年12月27日），〈http://www.ndf.go.jp/press/at2014/20140115.html〉

原子力損害賠償・廃炉等支援機構・東京電力ホールディングス，2024.「第四次総合特別事業計画（抄）」（2021年8月4日認定，2021年10月26日変更認定，2022年4月27日変更認定，2023年4月26日変更認定，2024年4月26日変更認定），〈https://www.tepco.co.jp/press/release/2024/pdf2/240426j0303.pdf〉

東京電力，2012a,「第三者割当による優先株式発行に関するお知らせ」（2012年5月21日付），〈http://www.tepco.co.jp/ir/tekiji/pdf/120521-1.pdf〉

東京電力，2012b.「第三者割当による優先株式発行に係る払込期間の変更について」

（2012 年 7 月 25 日付），〈http://www.tepco.co.jp/ir/tekiji/pdf/120725.pdf〉

東京電力，2015.「原子力損害賠償補償契約に基づく補償金の受領について」2015 年 3 月 4 日付けニュースリリース，〈https://www.tepco.co.jp/cc/press/2015/1248516_6818.html〉

東京電力改革・1F 問題委員会，2016.『東電改革提言』（2016 年 12 月 20 日）.

東京電力ホールディングス，2021.「原子力損害賠償実施方針」（2020 年 3 月 31 日施行，2021 年 9 月 15 日改定），〈https://www.tepco.co.jp/press/news/2021/pdf/210915a.pdf〉

日本経済研究センター，2017.「事故処理費用は 50 兆〜70 兆円になる恐れ―負担増なら東電の法的整理の検討を―原発維持の根拠，透明性高い説明を―」，〈https://www.jcer.or.jp/policy-proposals/20180824-13.html〉

復興庁，2024a.「東日本大震災における震災関連死の死者数（令和 5 年 12 月 31 日現在調査結果）」（2024 年 3 月 1 日），復興庁・内閣府（防災担当）・消防庁，〈https://www.reconstruction.go.jp/topics/main-cat2/sub-cat2-6/20240301_kanrenshi.pdf〉

復興庁，2024b.「全国の避難者数」（2024 年 8 月 1 日），〈https://www.reconstruction.go.jp/topics/main-cat2/sub-cat2-6/904/20240906hinansyatyouas.pdf〉

第Ⅰ部 巨大災害のディスクロージャー

第1章

福島第一原子力発電所事故の
ディスクロージャーと株式市場

　東日本大震災は甚大な被害をもたらした。東京電力福島第一原子力発電所では，津波の際に全ての交流電源が機能しなくなり，冷却機能を喪失し，大気中に大量の放射性物質が放出されるという重大事故が起こった。東日本大震災は決算期末の直前に発生した巨大災害であった。福島第一原子力発電所の事故等に関する原子力損害は，東京電力の財政的基盤を毀損させ，継続企業の前提に疑義を生じさせた。2011年3月期末の東京電力の社債残高は4兆4,255億円あり，その財務的な破綻は金融市場を極めて不安定にさせることが必至であった。本章では，東日本大震災直後の株価動向，原子力損害の賠償スキームおよび東京電力の開示状況を検討する。

1.1　東日本大震災直後の株式市場の動向

1.1.1　東日本大震災の株価インパクトの測定

　平成23年（2011年）東北地方太平洋沖地震は証券取引所の大引け直前に発生した。発生当日の2011年3月11日が金曜日であったため，この地震が東京電力の株価に及ぼす影響は，状況が明らかになってきた週明けの2011年3月14日（月）から織り込まれた。イベントスタディの手法を利用して，東日本大震災が東京電力の株価に及ぼす影響を推計しよう。異常リターン（abnormal return: AR）は，

$$AR_t = R_t - R_{m,t}$$

である。ただし，R_tは東京電力のt日の日次株式リターン，$R_{m,t}$は東証株

価指数（TOPIX）終値の t 日の日次変化率である。日次株式リターンは，日本経済新聞社の「NEEDS 株式日次収益率」，TOPIX 終値は NEEDS Financial Quest から収集された。この異常リターンは市場調整済リターン（market adjusted return）である。t 値は次のように算出できる。

$$t 値 = \frac{AR_t}{SD_t}$$

SD_t は，(t-2) 日から 240 営業日前までの異常リターンの標準偏差である[1]。

1.1.2　東京電力の株価反応：2011 年 3 月 11 日〜2012 年 3 月 30 日

　2011 年 3 月 14 日から 3 月 17 日の 4 営業日連続で株価が下落した。株式リターンは，3 月 14 日 -23.57%（異常リターン -16.09%，t 値 -9.743），3 月 15 日 -24.68%（同 -15.20%，t 値 -7.932），3 月 16 日 -24.57%（同 -31.21%，t 値 -11.259），3 月 17 日 -13.36%（同 -12.52，t 値 -4.344）であった。いずれも 1 ％水準で有意な下落である。3 月 18 日と 3 月 19 日の株式リターンはそれぞれ 18.80%，15.82% であった。異常リターンはそれぞれ 16.38%（t 値 5.323），11.28%（同 3.563），1 ％水準で有意な上昇である。東日本大震災後の 1 週間，東京電力の株価は非常にボラタイルになっていた。

　3 月 23 日取引所の大引け後，東京電力は 2011 年 3 月期 期末配当予想 1 株 30 円（年間配当金 60 円）の予想を修正して未定とすると発表した。東京電力の業績不透明から，翌日の 3 月 24 日には，株式リターンは -14.01%（異常リターンは -13.18%，t 値 4.020），1 ％水準で有意な下落であった[2]。3 月 25 日の株式リターンは -6.21%（異常リターンは -6.61%，t 値 -2.001），5 ％水準で有意な下落であった。

　週明けの 3 月 28 日（月）の株式リターンも -17.73%（異常リターンは -17.79%，t 値 -5.095），1 ％水準で有意な下落であった。3 月 29 日には，読

1　第 1 章および第 11 章のイベントスタディでは，東日本大震災と福島第一原子力発電所の重大事故は，東京電力のリスクファクターにも影響を与えたので，株式評価モデル（例えば，マーケットモデルや 3 ファクターモデル）を特定せず，実際の株式リターンから市場リターンを控除して異常リターンを推計している。t 値を算出する際，異常リターンの標準偏差は推計ウィンドウをローリングしている。

2　市場は東京電力が無配となることを予想していた。減配の情報に対して株価はネガティブに反応する傾向にある（石川，2007）。

売新聞が東京電力の国有化を報道した。当日の株式リターンは-18.68%（異常リターンは-17.79%，t値-4.852），翌日30日の株式リターンは-17.67%（異常リターンは-19.54%，t値-5.053）であった。この新聞報道は確報ではなかったが，東京電力の国有化案は株式市場にはネガティブニュースとして伝達された。

　4月5日の終値362円は1951年12月11日の上場来安値393円を下回る水準であった。株式リターンは-18.10%（異常リターンは-16.64%，t値-4.154）という1％水準で有意な下落であった。福島第一原子力発電所からの汚染水放出により補償拡大が懸念されていた（ロイター，2011）。東京電力は，4月5日には，その他にも決算発表日を未定とするニュースを公表していた。

　2011年4月8日と4月11には，短期売買を志向する投資家による買いによって，株価がストップ高となった（日本経済新聞，2011a）。4月8日の株式リターンは23.53%（異常リターンは22.10%，t値5.164），4月8日の株式リターンは19.05%（異常リターンは19.14%，t値4.288）であった。4月8日と4月11日にはいずれも1％水準で有意な上昇が観測された。4月12日には日本経済新聞が「東電，無配に」という報道をしたことから，東京電力の株式リターンは-10.00%（異常リターンは-8.38%，t値-1.865），10％水準で有意な下落であった。

　2011年4月13日に，「福島原発事故　賠償負担，他電力会社も　原案　東電は2兆〜3.8兆円」（読売新聞，2011）と報道された。この報道は原子力災害の賠償スキームを推測させるものであった。電力各社はこのニュースを受けて，東京電力の株価は上昇，他の電力会社の株価が下落した。図表1-1は，2011年4月13日の電力各社の株式リターンである。東京電力の株式リターン11.56%（異常リターン10.83%，t値2.380），5％水準で有意な上昇であった。関西電力株式会社（以下，「関西電力」という。）と九州電力株式会社（以下，「九州電力」という。）の株式リターンは，それぞれ-4.10%（異常リターン-4.82%，t値-3.504），-3.61%（異常リターン-4.34%，t値-3.353），中部電力株式会社（以下，「中部電力」という。）および四国電力株式会社（以下，「四国電力」という。）の株式リターンは，それぞれ

20 —— 第Ⅰ部　巨大災害のディスクロージャー

図表 1-1　原子力災害の賠償スキーム報道（2011 年 4 月 13 日）
が電力各社の株価に及ぼしたインパクト

	株式リターン	異常リターン		t 値	
東京電力	11.56	10.83	(	2.380	) *
中部電力	-3.13	-3.85	(	-2.728	) **
関西電力	-4.10	-4.82	(	-3.504	) ***
中国電力	-1.97	-2.69	(	-2.032	) *
北陸電力	-2.05	-2.77	(	-2.064	) *
東北電力	-2.36	-3.08	(	-1.604	)
四国電力	-3.49	-4.22	(	-2.922	) **
九州電力	-3.61	-4.34	(	-3.353	) ***
北海道電力	-1.95	-2.68	(	-1.976	) *
沖縄電力	-0.40	-1.12	(	-0.689	)

注：リターンの単位は%。*** は p 値 <0.001，** は p 値 <0.01，* は p
値 <0.05 を表す（両側検定）。

-3.13%（異常リターン -3.85%，t 値 -2.728），-3.49%（異常リターン
-4.22%，t 値 -2.922）と 1％水準で有意な下落であった。中国電力株式会社
（以下，「中国電力」という。），北陸電力株式会社（以下，「北陸電力」とい
う。）および北海道電力株式会社（以下，「北海道電力」という。）の異常リ
ターンは，それぞれ -1.97%（異常リターン -2.69%，t 値 -2.032），-2.05%
（異常リターン -2.77%，t 値 -2.064），-1.95%（異常リターン -2.68%，t 値
-1.976）と 5％水準で有意な下落であった。特に，原子力発電の依存度の高
い関西電力と九州電力の株式リターンの下落幅は最も大きく，市場は賠償ス
キームがその経営に大きなダメージを与えると推測していた。沖縄電力株式
会社（以下，「沖縄電力」という。）は原子力発電所をもたないので，この賠
償スキームの影響が小さいと予想されていた。

1.2　原子力損害の賠償スキーム ——————————

1.2.1　原子力事業者の無過失無限責任

　原子力損害の賠償に関する法律（昭和 36 年 6 月 17 日法律第 147 号。以下

「原賠法」という。）は，第3条において，原子力損害賠償責任に関して，原子力事業者（電力会社等）に無限責任を課している。

第3条　原子炉の運転等の際，当該原子炉の運転等により原子力損害を与えたときは，当該原子炉の運転等に係る原子力事業者がその損害を賠償する責めに任ずる。ただし，その損害が異常に巨大な天災地変又は社会的動乱によって生じたものであるときは，この限りでない。

原子力事業者は，故意や過失にかかわらず，原子炉等の運転等により生じた原子力損害について，無限責任を負う。ただし，原賠法第3条第1項のただし書きにより，原子力損害が「巨大な天災地変又は社会的動乱」に起因する場合には，原子力事業者は免責される。東京電力福島第一原子力発電所の原子力損害が「巨大な天災地変」に起因した事故であるならば，東京電力の損害賠償責任は免責されることになる。東京電力は原子力事業者として原賠法第3条第1項のただし書きの適用を主張するかどうかという経営判断を要することになった。

1.2.2　損害賠償措置

　原賠法第6条により，原子力事業者は，原子力損害について賠償措置を講ずる義務を負う。損害賠償措置は，第7条において，原子力損害賠償責任保険契約および原子力損害賠償補償契約に基づき上限1,200億円と定められている。

第6条　原子力事業者は，原子力損害を賠償するための措置（以下「損害賠償措置」という。）を講じていなければ，原子炉の運転等をしてはならない。

第7条　損害賠償措置は，次条の規定の適用がある場合を除き，原子力損害賠償責任保険契約及び原子力損害賠償補償契約の締結若しくは供託であって，その措置により，一工場若しくは一事業所当たり若しくは一原子力船当たり千二百億円（政令で定める原子炉の運転等については，千二百億円以内で政令で定める金額とする。以下「賠償措置額」という。）を原子力損害の賠償に充てること

ができるものとして文部科学大臣の承認を受けたもの又はこれら
に相当する措置であって文部科学大臣の承認を受けたものとす
る。

2　文部科学大臣は，原子力事業者が第3条の規定により原子力損害
を賠償したことにより原子力損害の賠償に充てるべき金額が賠償措
置額未満となった場合において，原子力損害の賠償の履行を確保す
るため必要があると認めるときは，当該原子力事業者に対し，期限
を指定し，これを賠償措置額にすることを命ずることができる。

3　前項に規定する場合においては，同項の規定による命令がなされ
るまでの間（同項の規定による命令がなされた場合においては，当
該命令により指定された期限までの間）は，前条の規定は，適用し
ない。

東京電力をはじめとする原子力事業者は，原賠法第6条と第7条により，原
子力損害賠償責任保険契約および原子力損害賠償補償契約の締結もしくは供
託をしなければ，原子炉の運転をできない。原子力損害賠償責任保険契約は
民間保険契約，原子力損害賠償補償契約は政府補償契約である。原子力損害
賠償補償契約に関する法律（昭和三十六年六月十七日法律第百四十八号，以
下，「補償契約法」という。）の第2条は，「政府は，原子力事業者を相手方
として，原子力事業者の原子力損害の賠償の責任が発生した場合において，
責任保険契約その他の原子力損害を賠償するための措置によつてはうめるこ
とができない原子力損害を原子力事業者が賠償することにより生ずる損失を
政府が補償することを約し，原子力事業者が補償料を納付することを約する
契約を締結することができる。」と定めている。原子力損害賠償責任保険契
約がカバーできない賠償については，政府が原子力損害賠償補償契約に基づ
き補償することになる。地震または噴火によって生じた原子力損害は，補償
損失の対象となる（補償契約法第3条）[3]。

3　東京電力は（2011c）は，2011年10月24日に福島第一原子力発電所事故に対する賠償に係る
補償金の支払請求をしており，2011年11月22日に，1,200億円の補償金を受領した。さらに，
東京電力（2015）は，2014年10月3日に福島第二原子力発電所事故に対する賠償に係る支払請
求しており，2015年3月4日に689億円を受領した。

1.2.3 国の措置

　国の措置は，原賠法第3条の適用に応じて2つの対応がある。原子力事業者が原賠法第3条によって無限責任を課された場合には，第16条により，損害措置額を超えた賠償については，国は必要な援助を行う。

　　　第16条　政府は，原子力損害が生じた場合において，原子力事業者
　　　　　（外国原子力船に係る原子力事業者を除く。）が第3条の規定に
　　　　　より損害を賠償する責めに任ずべき額が賠償措置額をこえ，か
　　　　　つ，この法律の目的を達成するため必要があると認めるとき
　　　　　は，原子力事業者に対し，原子力事業者が損害を賠償するため
　　　　　に必要な援助を行なうものとする。
　　　　2　前項の援助は，国会の議決により政府に属させられた権限の
　　　　　範囲内において行なうものとする。
　　　第17条　政府は，第3条第1項ただし書の場合又は第7条の2第2項
　　　　　の原子力損害で同項に規定する額をこえると認められるものが
　　　　　生じた場合においては，被災者の救助及び被害の拡大の防止の
　　　　　ため必要な措置を講ずるようにするものとする。

原子力事業者が原賠法第3条第1項のただし書きの適用を受けた場合には，免責を受けるので，国は，被災者の救助および被害の拡大の防止のため必要な措置を講ずることになる。政府の措置は，東日本大震災時に発生した原子力損害が「巨大な天災地変」に起因するかどうかによって異なる。

1.2.4 東京電力の賠償責任

　福島第一原子力発電所の原子力事故による損害賠償に対して，原賠法第3条にもとづき東京電力に無限責任を課すものなのか，あるいは原賠法第3条のただし書きの「その損害が異常に巨大な天災地変又は社会的動乱によって生じたものであるときは，この限りでない。」を適用して，東京電力に免責を認めるのか，この点に関しては，当初から議論があった（久保，2011）。東日本大震災が「異常に巨大な天災」に該当すれば，免責事由となる。原賠法第3条のただし書きが適用されれば，政府は，原賠法第17条が定める「被災者の救助及び被害の拡大を防止するための必要な措置」を講じなけれ

ばならない。

　東京電力は，当初，原賠法第3条のただし書きの適用を要望したが，最終的には第3条本則および第16条の適用という形で，賠償スキームが決定された[4]。すなわち，東京電力は福島第一原子力発電所の原子力事故に対して無限責任を負い，国の援助を受けながら，被災者への賠償および原子力事故被害の拡大防止を図ることになった。図表 1-2 は東京電力のキャッシュ・フローの推移である。原子力事故以前の 2000 年 3 月期から 2010 年 3 月期の期間，東京電力の平均営業キャッシュ・フローは 1 兆 1,297 億円，平均投資キャッシュ・フローは△ 7,485 億円，平均財務キャッシュ・フローは△ 3,772 億円，現金および現金同等物の平均期末残高 1,388 億円，株主と債権者に帰属するフリーキャッシュ・フロー（営業キャッシュ・フローと投資キャッシュ・フローの合計）の平均額は 3,811 億円であった。予想される賠償額は原子力損害賠償責任保険契約および原子力損害賠償補償契約の給付金上限 1,200 億円を超え，東京電力が通常の事業活動から支払可能な金額を上回ることは確実であった。そのため，東京電力の破綻を防止し，被害者の賠償を円滑に進めるためには，国は東京電力に対する支援スキームを講じる必要があった。

　東京電力（2011b）は，2011 年 5 月 10 日に，原子力事故の賠償を円滑に進めるため，政府に原賠法に基づく賠償支援を要請した。2011 年 5 月 13 日，政府の原子力発電所事故経済被害対応チーム（2011）は「原子力損害の賠償に関する政府の支援の枠組み」を公表した。この「枠組み」では，次の 6 項目が明示された。

　（1）賠償総額に事前の上限を設けることなく，迅速かつ適切な賠償を確実に実施すること

　（2）東京電力福島原子力発電所の状態の安定化に全力を尽くすとともに，従事する者の安全・生活環境を改善し，経済面にも十分配慮すること

　（3）電力の安定供給，設備等の安全性を確保するために必要な経費を確保すること

4　賠償スキームの決定プロセスについては遠藤（2013）を参照。

第 1 章　福島第一原子力発電所事故のディスクロージャーと株式市場　25

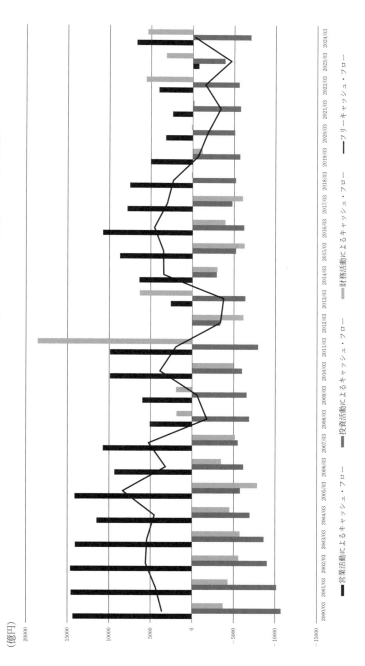

図表 1-2　東京電力のキャッシュ・フローの推移：2000 年 3 月期 -2024 年 3 月期

(4) 上記を除き，最大限の経営合理化と経費削減を行うこと

(5) 厳正な資産評価，徹底した経費の見直し等を行うため，政府が設ける第三者委員会の経営財務の実態の調査に応じること

(6) 全てのステークホルダーに協力を求め，とりわけ，金融機関から得られる協力の状況について政府に報告を行うこと

「枠ぐみ」の (1) では，賠償総額に事前に上限を設けないこととされ，東京電力は政府からの公的支援をうけながら，賠償業務を遂行することになった。また，東京電力福島原子力発電所の状態の安定化等や電力の安定供給，設備等の安全性のための経費以外については，最大限の経営合理化と経費削減を図ることになった。

1.3 臨時報告書の提出（2011年5月20日）

2011年5月20日，東京電力は，金融商品取引法第24条の5第4項および企業内容等の開示に関する内閣府令第19条第2項の規定に基づき臨時報告書を提出した（図表1-3）。

金融商品取引法第24条の5第4項は，有価証券報告書提出会社が，公益または投資家保護のため必要かつ適当なものとして内閣府令で定める場合に該当する時には臨時報告書を提出することを規定している。企業内容等の開示に関する内閣府令第19条第2項で定める場合のうち，東京電力に該当しうる場合は，次の3つである。

(1) 第5号：提出会社に係る重要な災害（資産の総額から負債の総額を控除して得た額（控除してなお控除しきれない金額がある場合には，当該控除しきれない金額はないものとする。）の百分の三以上に相当する額である災害をいう。）が発生し，それがやんだ場合で，当該重要な災害による被害が当該提出会社の事業に著しい影響を及ぼすと認められる場合

(2) 第12号：提出会社の財政状態，経営成績及びキャッシュ・フローの状況に著しい影響を与える事象（財務諸表等規則第八条の四 に規定する重要な後発事象に相当する事象であって，当該事象の損益に与え

第1章　福島第一原子力発電所事故のディスクロージャーと株式市場 —— *27*

図表1-3　東京電力の臨時報告書（2011年5月20日）

1【提出理由】

　平成23年3月11日に発生した東北地方太平洋沖地震により被害を受けたため，金融商品取引法第24条の5第4項並びに企業内容等の開示に関する内閣府令第19条第2項第5号，第12号及び第19号の規定に基づき提出するものである。

2【報告内容】

(1) 当該重要な災害の発生年月日
　　平成23年3月11日

(2) 当該重要な災害により被害を受けた当社設備の所在地
　　主に福島県，茨城県及び千葉県

(3) 当該重要な災害により被害を受けた資産の種類及び被害額並びにそれに対し支払われた保険金額
　① 被害を受けた資産の種類及び被害額

（百万円）

設備区分	被害額[※]
原子力発電設備	884,501
汽力発電設備	49,724
その他	83,312
合計	1,017,538

　※被害額には，復旧費用等が含まれている。

　② 支払われた保険金額
　　支払われる保険金額は，算定までに時間がかかることから現時点では未確定。

(4) 当該重要な災害による被害が当社の事業に及ぼす影響
　平成23年3月11日，三陸沖を震源とするマグニチュード9.0の東北地方太平洋沖地震が発生し，当社においても，福島第一及び福島第二原子力発電所をはじめ，火力発電所や流通設備等が大きな被害を受けた。なかでも，福島第一原子力発電所では，史上稀に見る巨大な地震や津波の影響により電源が失われた

ことなどから原子炉を冷却することができなくなり，原子炉建屋の爆発や放射性物質の外部への放出という重大な事故が発生した。この結果，発電所周辺地域の方々に避難していただかざるを得なくなるとともに，農畜産物・水産物に出荷制限が課されるなど，極めて深刻な事態を引き起こすこととなった。

また，この地震や津波により当社の発電所等が大きな被害を受け，供給力が需要を大幅に下回る見込みとなったことから，不測の大規模停電を回避するためのやむを得ない緊急措置として，多くのお客さまに計画停電をお願いさせていただいた。

この結果，原子力発電所の停止による燃料費の増加，被災設備に係る復旧費用の増加等により当社の業績に著しい影響を及ぼす。

また，福島第一原子力発電所の事故等に関する原子力損害について，わが国の原子力損害賠償制度上，当社は原子力損害の賠償に関する法律（昭和36年6月17日　法律第147号）の要件を満たす場合，賠償責任を負うこととされており，その賠償額は原子力損害賠償紛争審査会が今後定める指針に基づいて算定されるなど，現時点では賠償額を合理的に見積ることができない。

(5) 当該重要な災害による被害が損益及び連結損益に与える影響額

平成23年3月期通期の損益に与える影響額は，現時点で見通している資産の復旧等に要する費用または損失を計上したことから1兆175億円となった。さらに連結損益に与える影響額は，1兆204億円となった。

なお，平成24年3月期通期については，現時点で影響額の把握は困難である。

出所：東京電力　臨時報告書（2011年5月20日提出）。

る影響額が，当該提出会社の最近事業年度の末日における純資産額の百分の三以上かつ最近五事業年度における当期純利益の平均額の百分の二十以上に相当する額になる事象をいう。）が発生した場合

(3) 第19号：当該連結会社の財政状態，経営成績及びキャッシュ・フローの状況に著しい影響を与える事象（連結財務諸表規則第十四条の九に規定する重要な後発事象に相当する事象であって，当該事象の連結損益に与える影響額が，当該連結会社の最近連結会計年度の末日における連結純資産額の百分の三以上かつ最近五連結会計年度に係る連結財務諸表における親会社株主に帰属する当期純利益の平均額の百分の二十以上に相当する額になる事象をいう。）が発生した場合

これらの条文から東京電力は以下の事実を認識していたと推測できる。

(1) 東日本大震災が純資産（総資産から総負債を控除した額）の3％以上に相当する災害であり，東日本大震災以後，災害による被害が自社の事業に著しい影響を及ぼすこと。

(2) 2011年3月期以後の単独決算において，東日本大震災の損益に与える影響額が，東京電力の最近事業年度の末日における純資産額の3％以上かつ最近5事業年度における当期純利益の平均額の20％以上に相当する額になる事象であること。

(3) 2011年3月期以後の連結決算において，東日本大震災の連結損益に与える影響額が，東京電力の最近連結会計年度の末日における連結純資産額の3％以上かつ最近5連結会計年度に係る連結財務諸表における親会社株主に帰属する当期純利益の平均額の20％以上に相当する額になる事象であること。

2011年5月20日に提出した臨時報告書によれば，設備の被害額は，復旧費用を含めて，原子力発電設備8,845億円，汽力発電設備497億円，その他833億円，合計1兆175億円であった。東京電力は原賠法の要件を満たす場合賠償責任を負うこととなり，その「賠償額は原子力損害賠償紛争審査会が今後定める指針に基づいて算定されるなど，現時点では賠償額を合理的に見積ることができない」とされた。東京電力は，東日本大震災が2011年3月期の決算に及ぼす影響を親会社の当期純損益に対して1兆175億円，連結当期純損益に対して1兆204億円と見積もった。東日本大震災が2012年3月期の決算に及ぼす影響額は把握できないとした。

1.4 2011年3月期決算短信の提出（2011年5月20日）

1.4.1 決算短信公表前後の株価動向

2011年5月17日，東京新聞（2011）が「東電純損失8000億円」というニュースを報じた結果，東京電力の株式リターンは-9.52％（異常リターン-9.44％，t値-1.980）と5％水準で有意な下落した。5月20日の決算短信発表日および前後では，東京電力の異常リターンは有意な変化を観測できなかった。東京電力の2011年3月期業績に関するバッドニュースは，概ね株

価に織り込まれていた。

　東京電力は，2011 年 5 月 20 日（金）15 時 30 分に証券取引所の適時開示に基づき，決算短信を公表した。5 月 17 日から 5 月 23 日までの株式リターン（5 営業日間）は -21.6%，累積異常リターンは -20.1% であった。決算の公表日前後に株価は大きく変動する傾向にある（Beaver, 1968；薄井, 2015）。こうした傾向は巨大災害の直後の決算公表においても確認された。

1.4.2　連結損益計算書（決算短信）の開示内容

　東京電力は，2011 年 5 月 20 日に決算短信を公表したが，2012 年 3 月期の決算に及ぼす影響額は把握できないとして業績予想の開示を見送った。2011 年 3 月期の営業収益は 5 兆 3,685 億円（前期 5 兆 162 億円），営業利益 3,996 億円（同 2,844 億円），経常利益 3,176 億円（同 2,043 億円）であった。東京電力は東日本大震災に関連して 1 兆 776 億円の特別損失を計上した。その内訳は災害特別損失 1 兆 204 億円と資産除去債務会計基準の適用に伴う影響額 571 億円であった。当期純損失が 1 兆 2,445 億円（2010 年 3 月期当期純利益 1,337 億円）となった。

　図表 1-4 は 2011 年 3 月期決算に東京電力が計上した災害特別損失の内訳に関する注記である。主な内訳は

(1) 原子炉等の冷却や放射性物質の飛散防止等の安全性の確保等に要する費用または損失 4,262 億円

(2) 福島第一原子力発電所 1〜4 号機の廃止に関する費用または損失 2,070 億円（うち原子力発電設備に関する減損損失 1,016 億円，原子力発電施設の解体費用 458 億円，核燃料の損失 448 億円，核燃料の処理費用 146 億円

(3) 福島第一原子力発電所 5・6 号機および福島第二原子力発電所の原子炉の安全な冷温停止状態を維持するため等に要する費用または損失 2,118 億円

(4) 福島第一原子力発電所 7・8 号機の増設計画の中止に伴う損失 393 億円

(5) 火力発電所の復旧等に要する費用または損失 497 億円

（6）その他 862 億円

合計 1 兆 204 億円であった。原子炉等の冷却や放射性物質の飛散防止等の安全性の確保等に要する費用または損失として，4,262 億円が計上された。福島第一原子力発電所 1〜4 号機の廃止および 7・8 号機の増設計画の中止の決定により，帳簿価額を回収可能価額（0 円）まで減額し，それらの減少額をそれぞれ減損損失 1,016 億円，393 億円を計上した。

図表 1-4　2011 年 3 月期の災害特別損失の内訳に関する注記

東北地方太平洋沖地震により被災した資産の復旧等に要する費用または損失を計上している。

当社グループの原子力発電所，火力発電所及び流通設備等が甚大な被害を受け，その被害額の全容の把握が困難であることなどから，現時点の合理的見積りが可能な範囲における概算額を計上しており，その内容は，原子炉等の冷却や放射性物質の飛散防止等の安全性の確保等に要する費用または損失，福島第一原子力発電所 1〜4 号機の廃止に関する費用または損失等である。

なお，平成 23 年 5 月 20 日開催の取締役会において，福島第一原子力発電所 1〜4 号機の廃止及び同発電所 7・8 号機の増設計画の中止について決定したため，当連結会計年度に廃止及び中止に関する費用または損失を計上している。

（1）災害特別損失に含まれる費用または損失の計上方法等

イ　原子炉等の冷却や放射性物質の飛散防止等の安全性の確保等に要する費用または損失

福島第一原子力発電所の事故の収束に向け，原子炉及び使用済燃料プールの安定的冷却状態を確立し，放射性物質を抑制するための費用または損失を計上しており，その具体的な内容は，燃料域上部までの格納容器への注水，原子炉熱交換機能の回復，使用済燃料プールへの注水，放射性物質で汚染された水（滞留水）の保管・除染処理，原子炉等からの燃料取出し等に係る見積額である。

これらのうち，平成 23 年 5 月 17 日に公表した「福島第一原子力発電所・事故の収束に向けた道筋」における当面の取組みのロードマップに掲げた目標であるステップ 1（放射線量が着実に減少傾向となっている）及びステップ 2（放射性物質の放出が管理され，放射線量が大幅に抑えられている）に係る費用または損失については，具体的な目標期間と個々の対策の内容に基づく見積額を計上している。

一方，具体的なロードマップを示していない中長期的課題に係る費用または損失については，工事等の具体的な内容を現時点では想定できず，通

常の見積りが困難であることから，海外原子力発電所事故における実績額に基づく概算額を計上している。

ロ　福島第一原子力発電所1～4号機の廃止に関する費用または損失
①　被災した原子力発電設備について，被災状況から今後の復旧が見込めない設備であると合理的に判断できるものの，その資産の特定が困難であるものについては，固定資産の減損処理に基づく損失額を計上している。
②　原子力発電施設の解体費用について，「原子力発電施設解体引当金に関する省令」（経済産業省令）に基づく総見積額と発電実績に応じて計上した累計額との差額を計上している。
③　装荷核燃料及び加工中等核燃料のうち，今後の使用が見込めない核燃料に係る損失について，評価損を計上するとともに，当該核燃料の処理費用について，使用済燃料再処理等準備費に準じて計上している。

ハ　福島第一原子力発電所5・6号機及び福島第二原子力発電所の原子炉の安全な冷温停止状態を維持するため等に要する費用または損失
被災した福島第一原子力発電所5・6号機及び福島第二原子力発電所の今後の取扱いについては未定であるものの，原子炉の安全な冷温停止状態を維持するため等に要する費用または損失は，新潟県中越沖地震により被災した柏崎刈羽原子力発電所の復旧等に要する費用または損失と同程度と判断し，これに基づく見積額を計上している。

ニ　福島第一原子力発電所7・8号機の増設計画の中止に伴う損失
福島第一原子力発電所7・8号機の増設計画の中止について，平成23年5月20日開催の取締役会において決定したため，当連結会計年度に当該増設計画に係る建設仮勘定の額を減損損失として災害特別損失に含めて計上している。

ホ　火力発電所の復旧等に要する費用または損失
被災した火力発電所の復旧等に要する費用または損失を計上しており，資産の損壊状況の把握が困難であるものについては，再取得価額に基づく除却損相当額を見積り，その損失額を計上している。
なお，当該損失計上額は，一部を除き発生見込額である。

(2) 災害特別損失の主な内訳

（百万円）

イ　原子炉等の冷却や放射性物質の飛散防止等の安全性の確保等に要する費用または損失	426,298
ロ　福島第一原子力発電所1～4号機の廃止に関する費用または損失	207,017
うち①原子力発電設備に関する減損損失	101,692
②原子力発電施設の解体費用	45,842

③核燃料の損失		44,855
核燃料の処理費用		14,627
ハ 福島第一原子力発電所5・6号機及び福島第二原子力発電所の原子炉の安全な冷温停止状態を維持するため等に要する費用または損失		211,825
ニ 福島第一原子力発電所7・8号機の増設計画の中止に伴う損失		39,360
ホ 火力発電所の復旧等に要する費用または損失		49,724
ヘ その他		86,270
合計		1,020,496

(3) 災害特別損失に含まれる減損損失
　イ　資産のグルーピングの方法
　　①　電気事業に使用している固定資産は，発電から販売まですべての資産が一体となってキャッシュ・フローを生成していることから，廃止を決定し代替的な投資も予定されていない資産のうち重要なものを除き全体を1つの資産グループとしている。
　　②　電気事業以外の事業に使用している固定資産は，原則として事業毎，地点毎に1つの資産グループとしている。
　　③　それ以外の固定資産については，原則として個別の資産毎としている。
　ロ　減損損失を認識した資産または資産グループ

資産	場所	種類	減損損失 （百万円）
福島第一原子力発電所 1～4号機	福島県双葉郡大熊町	建物 構築物 機械装置 建設仮勘定等	101,692
福島第一原子力発電所 7・8号増設工事	福島県双葉郡大熊町 及び双葉町	建設仮勘定	39,360

　　固定資産の種類ごとの内訳

建物	2,335 百万円
構築物	2,103 百万円

機械装置	90,169 百万円
建設仮勘定	45,241 百万円
その他	1,204 百万円

　ハ　減損損失の認識に至った経緯
　　　福島第一原子力発電所1～4号機の廃止及び同発電所7・8号機の増設計
　　画の中止の決定に伴い，投資の回収が困難であるため，帳簿価額を回収可
　　能価額まで減額し，当該減少額を減損損失として災害特別損失に含めて計
　　上している。
　ニ　回収可能価額の算定方法
　　　回収可能価額は正味売却価額を使用しており，正味売却価額については，
　　他への転用や売却が困難であるため零円としている。

出所：東京電力 決算短信（2011年3月期）。

1.4.3　連結貸借対照表（決算短信）の開示内容

　図表1-5は東京電力が2011年3月期決算短信に記載した偶発債務に係る
注記である。注記の最初のパラグラフは2011年5月20日に提出された臨時
報告書の内容と同一である。東京電力は原子力損害の賠償賠額を偶発債務と
して注記したが，その金額については「原子力損害賠償紛争審査会が今後定
める指針に基づいて算定されるなど，現時点では賠償額を合理的に見積るこ
とができない」ため，賠償額を引当金（負債）として計上することをしな
かった。日本の会計制度では引当金の設定要件は，「将来の特定の費用又は
損失であって，その発生が当期以前の事象に起因し，発生の可能性が高く，
かつ，その金額を合理的に見積ることができる場合には，当期の負担に属す
る金額を当期の費用又は損失として引当金に繰入れ，当該引当金の残高を貸
借対照表の負債の部又は資産の部に記載するものとする。」（「企業会計原則」
注解18）である。損失の金額を合理的に見積ることができない場合には，
損害賠償を引当金として計上することはできない。そのため，2011年3月
期では原子力損害の賠償に係る債務がオフバランスとされた。
　偶発債務に係る注記の2番目のパラグラフには，「電力の安定供給の維持
および金融市場の安定等を考慮し，当社は機構に対し毎年の事業収益等を踏

まえて設定される特別な負担金を支払うこととされている。」と記載されていた。2011 年 5 月時点では原子力損害に係る賠償のフレームワークが決定しておらず，東京電力は負担する賠償額によっては財務的に破綻の危機にあった。東京電力の会計方針が「電力の安定供給の維持および金融市場の安定等」という極めて経済的政治的な要因に係わっていたことを推量できる。

図表 1-5　原子力損害の賠償に係る偶発債務

　東北地方太平洋沖地震により被災した福島第一原子力発電所の事故等に関する原子力損害について，わが国の原子力損害賠償制度上，当社は原子力損害の賠償に関する法律（昭和 36 年 6 月 17 日　法律第 147 号）の要件を満たす場合，賠償責任を負うこととされている。また，その賠償額は原子力損害賠償紛争審査会が今後定める指針に基づいて算定されるなど，賠償額を合理的に見積ることができないことなどから，計上していない。
　一方，政府より「東京電力福島原子力発電所事故に係る原子力損害の賠償に関する政府の支援の枠組みについて（平成 23 年 5 月 13 日　原子力発電所事故経済被害対応チーム　関係閣僚会合決定）」が公表された。この枠組みでは，当社は被害を受けられた皆さまに対し，新設される支援組織（以下「機構」という）から必要な資金の援助を受け，責任をもって賠償を行うこととされている。また，電力の安定供給の維持および金融市場の安定等を考慮し，当社は機構に対し毎年の事業収益等を踏まえて設定される特別な負担金を支払うこととされている。当社は徹底した経営合理化による費用削減や資金確保に取り組み，この枠組みの中で賠償責任を果たしていく予定である。

出所：東京電力　決算短信（2011 年 3 月期）。

　図表 1-6 は，東京電力が 2011 年 3 月期に計上した災害損失引当金 8,317億円の注記情報である。このうち東日本大震災の損失に係る災害損失引当金は 7,752 億円である。内訳は，（1）原子炉等の冷却や放射性物質の飛散防止等の安全性の確保等に要する費用または損失 4,250 億円，（2）福島第一原子力発電所 1〜4 号機の廃止に関する費用または損失のうち加工中等核燃料の処理費用 44 億円，（3）福島第一原子力発電所 5・6 号機および福島第二原子力発電所の原子炉の安全な冷温停止状態を維持するため等に要する費用または損失 2,118 億円，（4）火力発電所の復旧等に要する費用または損失 497億円，（5）その他 842 億円である。

36 —— 第 I 部　巨大災害のディスクロージャー

図表 1-6　災害損失引当金に関する注記

① 新潟県中越沖地震による損失等に係るもの

　新潟県中越沖地震により被災した資産の復旧等に要する費用または損失に備えるため，当連結会計年度末における見積額を計上している。

② 東北地方太平洋沖地震による損失等に係るもの

　東北地方太平洋沖地震により被災した資産の復旧等に要する費用または損失に備えるため，当連結会計年度末における見積額を計上している。

　なお，当社グループの原子力発電所，火力発電所及び流通設備等は甚大な被害を受け，その被害額の全容の把握が困難であることなどから，現時点の合理的な見積りが可能な範囲における概算額を計上している。

　平成 23 年 5 月 20 日開催の取締役会において，福島第一原子力発電所 1〜4 号機の廃止について決定したため，当連結会計年度に廃止に関する費用または損失の合理的な見積額を計上している。

　災害損失引当金に含まれる主な費用または損失の計上方法等については以下のとおりである。

a　原子炉等の冷却や放射性物質の飛散防止等の安全性の確保等に要する費用または損失

　　福島第一原子力発電所の事故の収束に向け，原子炉及び使用済燃料プールの安定的冷却状態を確立し，放射性物質を抑制するための費用または損失を計上しており，その具体的な内容は，燃料域上部までの格納容器への注水，原子炉熱交換機能の回復，使用済燃料プールへの注水，放射性物質で汚染された水（滞留水）の保管・除染処理，原子炉等からの燃料取出し等に係る見積額である。

　　これらのうち，平成 23 年 5 月 17 日に公表した「福島第一原子力発電所・事故の収束に向けた道筋」における当面の取組みのロードマップに掲げた目標であるステップ 1（放射線量が着実に減少傾向となっている）及びステップ 2（放射性物質の放出が管理され，放射線量が大幅に抑えられている）に係る費用または損失については，具体的な目標期間と個々の対策の内容に基づく見積額を計上している。

　　一方，具体的なロードマップを示していない中長期的課題に係る費用または損失については，工事等の具体的な内容を現時点では想定できず，通常の見積りが困難であることから，海外原子力発電所事故における実績額に基づく概算額を計上している。

b　福島第一原子力発電所 1〜4 号機の廃止に関する費用または損失のうち加工中等核燃料の処理費用

　　今後の使用が見込めない加工中等核燃料に係る処理費用について，使用済燃料再処理等準備引当金の計上基準に準じた見積額を計上している。

　　なお，装荷核燃料に係る処理費用は使用済燃料再処理等準備引当金に含めて

表示している。

c 福島第一原子力発電所5・6号機及び福島第二原子力発電所の原子炉の安全な
冷温停止状態を維持するため等に要する費用または損失

被災した福島第一原子力発電所5・6号機及び福島第二原子力発電所の今後の
取扱いについては未定であるものの，原子炉の安全な冷温停止状態を維持する
ため等に要する費用または損失は，新潟県中越沖地震により被災した柏崎刈羽
原子力発電所の復旧等に要する費用または損失と同程度と判断し，これに基づ
く見積額を計上している。

d 火力発電所の復旧等に要する費用または損失

被災した火力発電所の復旧等に要する費用または損失に備えるため，当連結
会計年度末における見積額を計上している。資産の損壊状況の把握が困難であ
るものについては，再取得価額に基づく除却損相当額を見積り，その損失見込
額を計上している。

（追加情報）

・当連結会計年度末における災害損失引当金残高の内訳

① 新潟県中越沖地震による損失等に係るもの		56,495
② 東北地方太平洋沖地震による損失等に係るもの		775,278
うち		
a 原子炉等の冷却や放射性物質の飛散防止等の安全性の確保等に要する費用または損失		425,000
b 福島第一原子力発電所1〜4号機の廃止に関する費用または損失のうち加工中等核燃料の処理費用		4,472
c 福島第一原子力発電所5・6号機及び福島第二原子力発電所の原子炉の安全な冷温停止状態を維持するため等に要する費用または損失		211,825
d 火力発電所の復旧等に要する費用または損失		49,710
e その他		84,270
合計		831,773

・福島第一原子力発電所1〜4号機の安全性の確保等に要する費用または損失のう
ち中長期的課題に係る費用または損失の見積り

原子力発電所の廃止措置の実施にあたっては予め原子炉内の燃料を取出す必
要があるが，その具体的な作業内容等の決定は安定的冷却状態が確立し原子炉
内の状況を確認した後の判断となる。したがって，平成23年5月17日に公表
した「福島第一原子力発電所・事故の収束に向けた道筋」において具体的なロー
ドマップを示していない中長期的課題に係る費用または損失については，燃料

38 —— 第 I 部　巨大災害のディスクロージャー

取出しに係る費用も含め変動する可能性があるものの，現時点の合理的な見積りが可能な範囲における概算額を計上している。

出所：東京電力 有価証券報告書（2011 年 3 月期）。
注：追加情報の数値単位は百万円。

1.4.4　継続企業の前提に関する注記（決算短信）の開示

　東京電力は，原子力損害の賠償金の負担が継続企業の前提に重要な疑義を生じさせる状況と判断して，2011 年 5 月 20 日の決算短信に継続企業の前提に関する注記を開示した。東京電力は，東日本大震災により被災した福島第一原子力発電所の事故等に関する原子力損害の原因者であることを認め，原賠法 16 条に基づく政府の援助の枠組みを要請していた。2011 年 5 月 13 日に政府の原子力発電所事故経済被害対応チームが「東京電力福島原子力発電所事故に係る原子力損害の賠償に関する政府の支援の枠組みについて」を決定した。東京電力は，「枠組みの詳細については今後の検討に委ねられていることや，立法化については今後国会での審議が必要となること」の理由で，継続企業の前提に関する注記を開示した[5]。

1.5　2011 年 3 月期有価証券報告書の提出（2011 年 6 月 29 日）

1.5.1　有価証券報告書提出直前の株価動向の開示

　平成 23 年（2011 年）東北地方太平洋沖地震のあった 2011 年 3 月 11 日は，決算期末 3 月 31 日の直前であった。東京電力は 2011 年 5 月 20 日に決算短信を公表した。2011 年 6 月 6 日には福島第一原子力発電所の事故処理の難航や 2012 年 3 月期業績悪化の懸念から上場来安値の 207 円をつけた（日本経済新聞，2011b）。株式リターンは -27.62%（異常リターン

5　「経営者は，継続企業の前提に関する評価の結果，期末において，継続企業の前提に重要な疑義を生じさせるような事象又は状況が存在する場合であって，当該事象又は状況を解消し，又は改善するための対応してもなお継続企業の前提に関する重要な不確実性が認められるときは，継続企業の前提に関する事項を財務諸表に注記することが必要となる。」（日本公認会計士協会，2009）。

-26.57%，t値 -5.195）と1％水準で有意な下落であった。2011年6月14日に原子力損害賠償支援機構法案が閣議決定され，原子力事故の損害賠償に対する政府の支援スキームが明らかになった。東京電力の株式リターンは，6月14日 25.13%（異常リターン 23.82%，t値 4.414），6月15日 32.13%（異常リターン 31.91%，t値 5.509）と1％水準で有意な上昇であった。市場は東京電力に対する政府支援が前進したことをグッドニュースとして反応した（日本経済新聞，2011c）。

1.5.2　有価証券報告書の開示

2011年6月29日に東京電力は有価証券報告書を提出した。2011年3月期に東京電力は東日本大震災に関連して1兆776億円の特別損失を計上した結果，当期純損失が1兆 2,445億円（2010年3月期当期純利益 1,337億円）となった。負債比率は前期 80.9％からは当期 89.1％に上昇した。長期借入れによる収入2兆766億円等により，財務活動によるキャッシュ・フローが1兆 8,595億円（前期△ 4,950億円）となった[6]。この結果，現金および現金同等物の期末残高は2兆 2,062億円（前期末 1,531億円）に増加した。東京電力はこの緊急借入によって当面の資金を確保した。

1.5.3　継続企業の前提に関する注記（有価証券報告書）の開示

決算短信に続いて，東京電力は有価証券報告書においても継続企業の前提に関する注記を開示した。図表1-7 は 2011年11月期有価証券報告書の継続企業の前提に関する事項である。東京電力は東日本大震災により被災した福島第一原子力発電所の事故等に関する原子力損害の原因者であることを認め，原賠法16条に基づく政府の援助の枠組みを要請していた。2011年5月13日に政府の原子力発電所事故経済被害対応チームが「東京電力福島原子力発電所事故に係る原子力損害の賠償に関する政府の支援の枠組みについて」を決定し，2011年6月14日に閣議決定し，同日機構法が国会に提出さ

6　2011年4月11日に，東京電力は，東日本大震災により設備が大きな影響を受けたことを踏まえ，3月下旬から4月上旬にかけて，複数の金融機関から総額2兆円の借入を実施したことを公表した（東京電力，2011a）。東京電力は，この調達資金は，設備資金，借入金返済，社債償還および燃料費・復旧費用等の運転資金に充当される予定と報告した。

れた。有価証券報告では，「電力の安定供給の維持等を考慮し，当社は機構に対し収支の状況に照らし設定される特別な負担金を支払うこととされている。」と記載され，決算短信にあった「金融市場の安定」という文言がなくなっている。原子力損害に関する政府の支援の枠組みが閣議決定され，その法制化の道筋がみえたことから，金融市場は当面の不安定さが回避されていた。しかしながら，東京電力は，「枠組みの詳細については今後の検討に委ねられていることや，立法化については今後国会での採決が必要となることを踏まえると，現時点では継続企業の前提に関する重要な不確実性が認められる」という理由で，継続企業の前提に関する注記を開示した。東京電力は，原子力損害の賠償金の負担が継続企業の前提に重要な疑義を生じさせる状況と判断していた。

図表 1-7　継続企業の前提に関する事項（2011 年 6 月 29 日）

　東北地方太平洋沖地震により被災した福島第一原子力発電所の事故等に関する原子力損害について，わが国の原子力損害賠償制度上，当社は原子力損害の賠償に関する法律（昭和 36 年 6 月 17 日　法律第 147 号。以下「原賠法」という）の要件を満たす場合，賠償責任を負うこととされている。従って，当社グループの財務体質が大幅に悪化し継続企業の前提に重要な疑義を生じさせるような状況が存在している。

　当社としては，原子力損害の原因者であることを真摯に受け止め，被害を受けられた皆さまへの補償を早期に実現するとの観点から，国の援助をいただきながら原賠法に基づく補償を実施することとし，誠意をもって補償するための準備を進めている。

　当社は原子力事故の収束と安全性の確保，電力の安定供給を確保するための設備投資，高騰する化石燃料の手当等に相当な資金が必要となる一方で，社債の発行及び金融機関からの借入等の資金調達も極めて厳しい状況にあることを踏まえ，こうした補償を確実に実施するために，原子力経済被害担当大臣に対し原賠法第 16 条に基づく国の援助の枠組みの策定をお願いした。

　それに対して，政府より「東京電力福島原子力発電所事故に係る原子力損害の賠償に関する政府の支援の枠組みについて（平成 23 年 5 月 13 日　原子力発電所事故経済被害対応チーム　関係閣僚会合決定，平成 23 年 6 月 14 日　閣議決定）」が公表され，現在はそれを踏まえた「原子力損害賠償支援機構法（平成 23 年 6 月 14 日　閣議決定）」が国会に提出されている。この法案では，当社は被害を受けられた皆さまに対し，新設される支援組織（以下「機構」という）から必要な資金

の援助を受け，責任をもって賠償を行うこととされている。また，電力の安定供給の維持等を考慮し，当社は機構に対し収支の状況に照らし設定される特別な負担金を支払うこととされている。当社は徹底した経営合理化による費用削減や資金確保に取り組み，この法律に基づく支援を受けて賠償責任を果たしていく予定である。しかし，枠組みの詳細については今後の検討に委ねられていることや，立法化については今後国会での採決が必要となることを踏まえると，現時点では継続企業の前提に関する重要な不確実性が認められる。

　なお，連結財務諸表は継続企業を前提として作成しており，継続企業の前提に関する重要な不確実性の影響を連結財務諸表に反映していない。

出所：東京電力　決算短信（2011 年 3 月期）。

1.5.4　原子力損害の賠償に係る偶発債務

　決算短信と同様に 2011 年 3 月期の有価証券報告書でも，東京電力 2011 年 3 月期に東京電力は原子力損害の賠償に係る偶発債務を注記した。偶発債務は，債務の保証，係争事件に係る賠償義務その他現実に発生していない債務で，将来において事業の負担となる可能性のあるものをいう（「財務諸表規則」第 58 条）。偶発債務はその内容および金額を注記しなければならない。図表 1-8 は原子力損害の賠償に係る偶発債務に係る注記情報である。東京電力は，原子力損害の賠償義務のあることを注記したが，その金額については「原子力損害賠償紛争審査会が今後定める指針に基づいて算定されるなど，賠償額を合理的に見積ることができない」ため，開示しなかった。

図表 1-8　原子力損害の賠償に係る偶発債務

　東北地方太平洋沖地震により被災した福島第一原子力発電所の事故等に関する原子力損害について，わが国の原子力損害賠償制度上，当社は原子力損害の賠償に関する法律（昭和 36 年 6 月 17 日　法律第 147 号）の要件を満たす場合，賠償責任を負うこととされている。また，その賠償額は原子力損害賠償紛争審査会が今後定める指針に基づいて算定されるなど，賠償額を合理的に見積ることができないことなどから，計上していない。

　一方，政府より「東京電力福島原子力発電所事故に係る原子力損害の賠償に関する政府の支援の枠組みについて（平成 23 年 5 月 13 日　原子力発電所事故経済被害対応チーム　関係閣僚会合決定，平成 23 年 6 月 14 日　閣議決定）」が公表され，現在はそれを踏まえた「原子力損害賠償支援機構法（平成 23 年 6 月 14 日閣議決定）」が国会に提出されている。この法案では，当社は被害を受けられた皆

42 ── 第Ⅰ部　巨大災害のディスクロージャー

さまに対し，新設される支援組織（以下「機構」という）から必要な資金の援助
を受け，責任をもって賠償を行うこととされている。また，電力の安定供給の維
持等を考慮し，当社は機構に対し収支の状況に照らし設定される特別な負担金を
支払うこととされている。当社は徹底した経営合理化による費用削減や資金確保
に取り組み，この法律に基づく支援を受けて賠償責任を果たしていく予定である。

出所：東京電力　有価証券報告書（2011 年 3 月期）。

1.5.5　将来債務の開示：資産除去債務：原子力発電施設解体費の見積計上

　東京電力は，「原子力発電施設解体引当金に関する省令」（経済産業省令）
に基づき，原子力発電施設解体引当金を積み立ていた。経済産業省令に基づ
き 2010 年 3 月期には原子力発電施設解体引当金 5,100 億円が計上されてい
た。「企業会計基準適用指針」第 21 号第 8 項（平成 20 年 3 月 31 日）では，
特別の法令等により除去に係る費用を適切に計上する方法がある場合，次の
ように規定している。

> 　特別の法令等により，有形固定資産の除去に係るサービス（除去サービ
> ス）の費消を当該有形固定資産の使用に応じて各期間で適切に費用計上
> する方法がある場合には，当該費用計上方法を用いることができる。た
> だし，この場合でも，会計基準の定めに基づき，当該有形固定資産の資
> 産除去債務を負債に計上し，これに対応する除去費用を関連する有形固
> 定資産の帳簿価額に加える方法で資産として計上しなければならない。
> 　また，当該費用計上方法については，注記する必要がある。

2011 年 3 月期に東京電力は，原子力発電施設解体引当金を資産除去債務に
振替えて，解体費の総見積額の現在価値相当額 7,918 億円を資産除去債務と
して計上した。図表 1-9 は原子力発電施設解体費の計上方法に関する注記情
報である。

図表 1-9　原子力発電施設解体費の計上方法に関する注記情報

（7）原子力発電施設解体費の計上方法
　「核原料物質，核燃料物質及び原子炉の規制に関する法律」（昭和 32 年 6 月 10
日 法律第 166 号）に規定された特定原子力発電施設の廃止措置について，「資産除
去債務に関する会計基準の適用指針」（企業会計基準適用指針第 21 号　平成 20 年

3月31日）第8項を適用し，「原子力発電施設解体引当金に関する省令」（経済産業省令）の規定に基づき，原子力発電施設解体費の総見積額を発電設備の見込運転期間にわたり，原子力の発電実績に応じて費用計上する方法によっている。また，総見積額の現価相当額を資産除去債務に計上している。

なお，被災した福島第一原子力発電所1〜4号機については，平成23年5月20日開催の取締役会においてその廃止を決定したため，当連結会計年度において，原子力発電施設解体費の総見積額と原子力の発電実績に応じて計上した累計額との差額については，災害特別損失に計上している。

出所：東京電力 有価証券報告書（2011年3月期）。

1.5.6 　監査人の判断

新日本有限責任監査法人は，2011年6月28日に東京電力の2011年3月期の連結財務諸表および財務諸表に関して適正の意見を表明した。ただし，財務諸表の記載について強調する事項を追記情報として開示した。図表1-10は2011年3月期の監査報告書である。追記情報は，（1）継続企業の前提に関する重要な不確実性が存在すること，（2）原子力損害の賠償に係る偶発債務，（3）重要な後発事象として福島第一原子力発電所の事故等に関する原子力損害の賠償，（4）福島第一原子力発電所1〜4号機の安全性の確保等に要する費用または損失のうち中長期的課題に係る費用または損失については，燃料取出しに係る費用も含め変動する可能性があるものの，現時点の合理的な見積りが可能な範囲における概算額を計上していること，（5）福島第一原子力発電所1〜4号機の解体費用の見積りについては，被災状況の全容の把握が困難であることから今後変動する可能性があるものの，現時点の合理的な見積りが可能な範囲における概算額を計上していること，（6）当連結会計年度から「資産除去債務に関する会計基準」および「資産除去債務に関する会計基準の適用指針」を適用していることである。原子力損害の賠償は，「原子力損害賠償紛争審査会が今後定める指針に基づいて算定されるなど，賠償額を合理的に見積ることができない」という理由で，引当金として計上せず，偶発債務として注記していた。

44 —— 第Ⅰ部　巨大災害のディスクロージャー

図表 1-10　2011 年 3 月期　監査報告書（連結）：財務諸表監査

独立監査人の監査報告書及び内部統制監査報告書

平成 23 年 6 月 28 日

東京電力株式会社
取締役会　御中

　　　　　　　新日本有限責任監査法人

　　　　　　　指定有限責任社員　公認会計士　池上　玄　印
　　　　　　　業務執行社員
　　　　　　　指定有限責任社員　公認会計士　岡村俊克　印
　　　　　　　業務執行社員
　　　　　　　指定有限責任社員　公認会計士　春日淳志　印
　　　　　　　業務執行社員

〈財務諸表監査〉
　当監査法人は，金融商品取引法第 193 条の 2 第 1 項の規定に基づく監査証明を行うため，「経理の状況」に掲げられている東京電力株式会社の平成 22 年 4 月 1 日から平成 23 年 3 月 31 日までの連結会計年度の連結財務諸表，すなわち，連結貸借対照表，連結損益計算書，連結包括利益計算書，連結株主資本等変動計算書，連結キャッシュ・フロー計算書及び連結附属明細表について監査を行った。この連結財務諸表の作成責任は経営者にあり，当監査法人の責任は独立の立場から連結財務諸表に対する意見を表明することにある。
　当監査法人は，我が国において一般に公正妥当と認められる監査の基準に準拠して監査を行った。監査の基準は，当監査法人に連結財務諸表に重要な虚偽の表示がないかどうかの合理的な保証を得ることを求めている。監査は，試査を基礎として行われ，経営者が採用した会計方針及びその適用方法並びに経営者によって行われた見積りの評価も含め全体としての連結財務諸表の表示を検討することを含んでいる。当監査法人は，監査の結果として意見表明のための合理的な基礎を得たと判断している。
　当監査法人は，上記の連結財務諸表が，我が国において一般に公正妥当と認められる企業会計の基準に準拠して，東京電力株式会社及び連結子会社の平成 23 年 3 月 31 日現在の財政状態並びに同日をもって終了する連結会計年度の経営成績及びキャッシュ・フローの状況をすべての重要な点において適正に表示しているものと認める。

第1章　福島第一原子力発電所事故のディスクロージャーと株式市場 —— *45*

追記情報

1. 「継続企業の前提に関する事項」に記載されているとおり，東北地方太平洋沖地震により被災した福島第一原子力発電所の事故等に関する原子力損害について，わが国の原子力損害賠償制度上，会社は原子力損害の賠償に関する法律（昭和36年6月17日 法律第147号。以下「原賠法」という）の要件を満たす場合，賠償責任を負うこととされている。従って，会社グループの財務体質が大幅に悪化し継続企業の前提に重要な疑義を生じさせるような状況が存在している。

　　会社は原子力事故の収束と安全性の確保，電力の安定供給を確保するための設備投資，高騰する化石燃料の手当等に相当な資金が必要となる一方で，社債の発行及び金融機関からの借入等の資金調達も極めて厳しい状況にあることを踏まえ，こうした補償を確実に実施するために，原子力経済被害担当大臣に対し原賠法第16条に基づく国の援助の枠組みの策定をお願いした。

　　それに対して，政府より「東京電力福島原子力発電所事故に係る原子力損害の賠償に関する政府の支援の枠組みについて（平成23年5月13日 原子力発電所事故経済被害対応チーム 関係閣僚会合決定，平成23年6月14日 閣議決定）」が公表され，現在はそれを踏まえた「原子力損害賠償支援機構法（平成23年6月14日 閣議決定）」が国会に提出されている。この法案では，会社は新設される支援組織（以下「機構」という）から必要な資金の援助を受け，責任をもって賠償を行うこととされている。また，電力の安定供給の維持等を考慮し，会社は機構に対し収支の状況に照らし設定される特別な負担金を支払うこととされている。会社は徹底した経営合理化による費用削減や資金確保に取り組み，この法律に基づく支援を受けて賠償責任を果たしていく予定である。しかし，枠組みの詳細については今後の検討に委ねられていることや，立法化については今後国会での採決が必要となることを踏まえると，現時点では継続企業の前提に関する重要な不確実性が認められる。

　　連結財務諸表は継続企業を前提として作成されており，このような重要な不確実性の影響は連結財務諸表に反映されていない。

2. 「注記事項 連結貸借対照表関係 7. 偶発債務 (3) 原子力損害の賠償に係る偶発債務」に記載されているとおり，東北地方太平洋沖地震により被災した福島第一原子力発電所の事故等に関する原子力損害について，わが国の原子力損害賠償制度上，会社は原子力損害の賠償に関する法律（昭和36年6月17日 法律第147号）の要件を満たす場合，賠償責任を負うこととされている。また，その賠償額は原子力損害賠償紛争審査会が今後定める指針に基づいて算定されるなど，賠償額を合理的に見積ることができないことなどから，計上していない。

3. 「重要な後発事象 1. 福島第一原子力発電所の事故等に関する原子力損害の賠償」に記載されているとおり，東北地方太平洋沖地震により被災した福島第一原子力発電所の事故等に関する原子力損害について，わが国の原子力損害賠償制度上，会社は原子力損害の賠償に関する法律（昭和36年6月17日 法律第147号）

の要件を満たす場合，賠償責任を負うこととされている。また，その賠償額は原子力損害賠償紛争審査会（以下，審査会）が定める指針に基づいて算定されるなど，賠償額を合理的に見積ることができないことなどから，計上していない。

　その中で，平成23年6月20日の審査会で決定した「東京電力㈱福島第一，第二原子力事故による原子力損害の範囲の判定等に関する第二次指針追補」では，避難等対象者の精神的損害の損害額の算定方法が具体的に定められた。これによる，避難等対象者の精神的苦痛に対する事故収束見込み期間までの損害額の現時点での見積額は880億円となる。

4.「連結財務諸表作成のための基本となる重要な事項4．会計処理基準に関する事項（3）重要な引当金の計上基準　ホ　災害損失引当金の追加情報・福島第一原子力発電所1〜4号機の安全性の確保等に要する費用または損失のうち中長期的課題に係る費用または損失の見積り」に記載されているとおり，原子力発電所の廃止措置の実施にあたっては予め原子炉内の燃料を取出す必要があるが，その具体的な作業内容等の決定は安定的冷却状態が確立し原子炉内の状況を確認した後の判断となる。したがって，平成23年5月17日に公表した「福島第一原子力発電所・事故の収束に向けた道筋」において具体的なロードマップを示していない中長期的課題に係る費用または損失については，燃料取出しに係る費用も含め変動する可能性があるものの，現時点の合理的な見積りが可能な範囲における概算額を計上している。

5.「連結財務諸表作成のための基本となる重要な事項4．会計処理基準に関する事項（7）原子力発電施設解体費の計上方法の追加情報・福島第一原子力発電所1〜4号機の解体費用の見積り」に記載されているとおり，福島第一原子力発電所1〜4号機の解体費用の見積りについては，被災状況の全容の把握が困難であることから今後変動する可能性があるものの，現時点の合理的な見積りが可能な範囲における概算額を計上している。

6.「連結財務諸表作成のための基本となる重要な事項の変更」に記載されているとおり，会社は当連結会計年度から「資産除去債務に関する会計基準」及び「資産除去債務に関する会計基準の適用指針」を適用している。

出所：東京電力　有価証券報告書（2011年3月期）。

1.6　小括

　本章では，平成23年（2011年）東北地方太平洋沖地震直後の株価動向，原子力損害の賠償スキームおよび東京電力の開示（2011年3月期決算短信，2011年5月20日付臨時報告書および2011年3月期有価証券報告書）を検

討した。決算期末直前に発生した東日本大震災によって，東京電力は，資金供給がなければ，その財政状態が実質的に債務超過に陥るほどの損失をだした。東京電力は政府に原子力損害賠償に係る支援を要請し，政府の支援の枠組みが決定したことを受けて，決算短信と有価証券報告書を公表した。東京電力は，原子力損害の賠償が賠償額を合理的に見積ることができないという理由で，引当金として計上せず，偶発債務として注記するという会計方針を選択した。2011年度の四半期報告書および有価証券報告書については，第11章で論じる。

参考文献

Beaver, W. H., 1968, The information content of annual earnings announcements. *Journal of Accounting Research* 6, Empirical Research in Accounting: Selected Studies 1968, 67-92.

石川博行，2007.『配当政策の実証分析』中央経済社.

薄井彰，2015.『会計制度の経済分析』中央経済社.

遠藤典子，2013.『原子力損害賠償制度の研究―東京電力福島原発事故からの考察―』岩波書店.

久保壽彦，2011.「原子力損害賠償制度の課題」『立命館経済学』第60巻第4号，499-516.

原子力発電所事故経済被害対応チーム，2011.「東京電力福島原子力発電所事故に係る原子力損害の賠償に関する政府の支援の枠組みについて」，〈http://www.meti.go.jp/earthquake/nuclear/pdf/songaibaisho_110513_01.pdf〉

東京新聞，2011.「東電純損8000億円超　3月期決算　原発廃炉費用計上へ」『東京新聞朝刊』2011年5月17日付.

東京電力，2011a.「金融機関からの借入の実施について」（2011年4月11日），〈https://www.tepco.co.jp/ir/tekiji/pdf/1104111-j.pdf〉

東京電力，2011b.「原子力損害賠償に係る国の支援のお願い」（2011年5月10日），〈http://www.meti.go.jp/earthquake/nuclear/pdf/songaibaisho_110511.pdf〉

東京電力，2011c.「（お知らせ）原子力損害賠償補償契約に基づく補償金の受領について」2011年11月22日付ニュースリリース，〈https://www.tepco.co.jp/cc/press/11112201-j.html〉

東京電力，2015.「原子力損害賠償補償契約に基づく補償金の受領について」2015年3月4日付ニュースリリース，〈https://www.tepco.co.jp/cc/press/2015/1248516_6818.html〉

日本経済新聞，2011a.「東電株, 500円台回復」『日本経済新聞朝刊』2011年4月12日付.

日本経済新聞，2011b．「東電株，一時ストップ安」『日本経済新聞夕刊』2011 年 6 月 6 日付．

日本経済新聞，2011c．「東電株急上昇　一時 24% 上げ」『日本経済新聞夕刊』2011 年 6 月 14 日付．

日本公認会計士協会，2009．監査・保証実務委員会報告第 74 号「継続企業の前提に関する開示について」（2002 年 11 月 6 日制定，2009 年 4 月 21 日改正）．

読売新聞，2011．「福島原発事故　賠償負担，他電力会社も　原案　東電は 2 兆～3.8 兆円」『読売新聞朝刊』2011 年 4 月 13 日付．

ロイター，2011．「東電株が 59 年ぶりに上場来安値更新，汚染水放出で補償拡大懸念」（2011 年 4 月 5 日 11：00 JST），〈http://jp.reuters.com/article/idJPJAPAN-20429820110405〉

第2章

東日本大震災に関する
ディスクロージャーの実態

　本章の目的は，東日本大震災に関するディスクロージャーの実態を明らかにすることである。上場企業全般の動向を計量的に分析するとともに，被災企業を対象に事例研究を行った。これらの結果，当初，上場企業は被害・復旧状況に関する定性情報を中心に発表し，自社の商製品が供給可能かどうかという，取引先をはじめとするステークホルダーにとって非常に重要な情報を発表していたことが明らかになった。一方，こうした被災・復旧状況に関する情報の発表が一段落した後，上場企業は決算短信の発表を睨みながら，災害損失の計上および業績予想の修正等の定量情報を発表していった。上場企業全般の分析では災害損失は比較的早期に確定する一方，その後，東日本大震災後の需給関係の変化により業績予想の修正が必要になる傾向が観察されたものの，被災状況が深刻なケースでは災害損失の確定にも相当な時間を要したことが明らかとなった。震災等の非常事態におけるディスクロージャーでは，適時性と信頼性を兼ね備えた情報発信が求められる。東日本大震災における教訓が，被災企業のみならず，広く日本企業全般において活かされることを期待したい。

2.1　研究の目的

　本章の目的は，東日本大震災に関するディスクロージャーの実態を明らかにすることである。東日本大震災発生後，わが国の上場企業が数ヶ月間にわたってどのようなディスクロージャー行動をとったのかについて網羅的に調査する。

東日本大震災は未曾有の大災害であり，当初，どの程度被害が拡大しているのか，どの程度経済的影響が生じているのかが不明な状況が続いていた。同震災は 2011 年 3 月 11 日（金）14 時 46 分に発生したことから，東京証券取引所は大きな混乱を伴うことなく 15 時をもって週最終日の営業を終了した。しかし東日本エリアでは公共交通機関が麻痺し，特に首都圏は帰宅困難者で溢れかえった。翌週の月曜日以降に至っても公共交通機関は十分に復旧せず，停電も発生する中，営業所や工場の操業停止が相次いだ。各種の情報が錯綜し，社会全体が不安にさいなまされる日々が続いたのである。

　こうした状況下，わが国の上場企業はどのようなディスクロージャーを行っていたのか。上場企業は，週明けの 3 月 14 日（月）頃より，被災状況等について積極的にディスクロージャーを開始した。たしかにわれわれが入手しうる情報は錯綜していたが，日本社会が徐々に落ち着きを取り戻していった要因のひとつは企業が迅速に情報を発表したことにあると思われる。

　本章では，2011 年 3 月 11 日の東日本大震災発生以降，わが国の上場企業がどのようなディスクロージャー行動をとったのかという点に焦点を絞って網羅的に調査，検証していくことにしたい。

　本章の構成は，以下のとおりである。まず，東日本大震災発生後，会計およびディスクロージャー制度に関する各種規制機関がいかなる対応を図ったのかについて簡潔に確認する。続いて，適時開示情報を中心に，上場企業がどのようなディスクロージャー行動をとったのかについて網羅的に調査する。さらに，こうしたディスクロージャー行動の背景や意義を深く理解するため，株式会社クレハ（以下，「クレハ」という。東日本大震災発生当時は東京証券取引所第 1 部に上場し，現在は同プライム市場に上場する中堅化学メーカーであり，福島県いわき市に主力工場を有する。）のディスクロージャー対応について事例研究を行う。最後に，以上の考察による発見事実を要約することとしたい。

2.2 上場企業のディスクロージャーに対する規制機関の対応

　最初に，会計およびディスクロージャー制度に関する各種規制機関が，東日本大震災発生後，制度的枠組みの整備を含めいかなる対応を図ったのかについて確認する。図表 2-1 は各種規制機関による対応を一覧にしたものである。

　各種規制機関による主な対応は，(1) 被災状況に関するディスクロージャーの要請，(2) 被災企業の決算発表に対する特別措置の実施，および，(3) 被災企業の会計処理に対する特別措置の実施，の三点に大別できる。

　まず，(1) 被災状況に関するディスクロージャーの要請については，東京証券取引所が東日本大震災発生直後に迅速に対応した。すなわち，東京証券

図表 2-1　規制機関による対応一覧

日付	発表機関	発表名	内　容
3/14	東京証券取引所	「東日本大震災に係る被災状況等の適切な開示等に係るお願い」	被災状況の開示要請
3/16	金融庁	「有価証券報告書等の提出期限に係る特例措置について」	決算日が震災発生より前の企業に対して，有価証券報告書の提出期限を6月末まで延長する
3/18	東京証券取引所	「東日本大震災を踏まえた決算発表等に関する取扱いについて」	決算発表等の柔軟化
3/24	国税庁	「災害に関する主な税務上の取扱いについて」	災害損失の税務処理
3/25	法務省	「定時株主総会の開催時期について」	定時株主総会の運用説明
3/29	法務省	「定時株主総会の開催時期に関する定款の定めについて」	定時株主総会の運用説明
3/30	日本公認会計士協会	「会長通牒平成23年第1号　東北地方太平洋沖地震による災害に関する監査対応について」	震災損失等の会計処理，監査の対応
6/22	金融庁	「有価証券報告書等の提出期限に係る特例措置について」	決算日が震災発生以後の企業に対して，有価証券報告書の提出期限を9月末まで延長する

取引所は，東日本大震災発生直後より，被災状況に関するディスクロージャーを行うように上場企業に対して個別に協力要請を行うとともに（静・小沼，2011），東日本大震災発生の翌営業日の3月14日（月）には「東日本大震災に係る被災状況等の適切な開示等に係るお願い」と題する文書により全上場企業に周知した。

　後述のとおり，上場企業の多くは東日本大震災発生後1週間以内に被災状況に関する第一報を発表しているが[1]，これは東京証券取引所による迅速な対応の効果が大きいといえよう。

　次に，(2) 被災企業の決算発表に対する特別措置の実施も，東日本大震災発生の翌週には決定された。東京証券取引所は，通常，決算日後45日以内に決算短信を発表するように要請しているが，3月18日に「東日本大震災を踏まえた決算発表等に関する取扱いについて」を公表し，被災企業は決算内容が固まるまで決算短信の発表を延期できる旨通達した。また，金融商品取引法の下，有価証券報告書は決算日後3ヶ月以内に提出しなければならないが，金融庁は3月16日および6月22日に「有価証券報告書等の提出期限に係る特例措置について」を公表し，提出期限を延長する措置をとった。

　(3) 被災企業の会計処理に対する特別措置の実施については，日本公認会計士協会が3月30日に「会長通牒平成23年第1号　東北地方太平洋沖地震による災害に関する監査対応について」（以下，「会長通牒」という。）を発表した。会長通牒は「阪神・淡路大震災に係る災害損失の会計処理及び表示」（日本公認会計士協会，1995年3月27日）を踏襲し，災害損失の範囲や関連する会計処理方法，さらには監査方法のあり方を示したものである。東日本大震災発生後，建設業者は人手が足りず，修繕・復旧工事に当たるのが難しい中，被災企業が災害損失額を正確に特定するのは困難な状況にあったが，当面は概算額によって財務諸表に計上するよう指示している。

　これらの東京証券取引所，金融庁および日本公認会計士協会による対応以外にも，国税庁は災害に関する税務上の取扱いについて，また法務省は定時

1　なお東京証券取引所の集計によれば，3月12日（土）に51件，13日（日）に39件，翌週の最終営業日にあたる18日（金）までには延べ1,265件の被災状況に関する情報が発表された（静・小沼，2011，p.14）。

株主総会の開催時期についてガイドラインを示した。

　以上の状況を見る限り，各種規制機関は，東日本大震災発生後数週間の内にはしかるべき対応策を決めており，非常に迅速に対応したといえよう。上述のとおり会計士協会通牒は阪神・淡路大震災時の取扱いを踏襲して会計処理方法および監査方法等を指示したように，迅速な対応が可能になった理由のひとつとして，各種規制機関が先の震災の経験に倣って適切かつ迅速に対応したことを指摘できよう。

2.3　サンプルの選択と調査の視点

　本章では，東日本大震災に関するディスクロージャーの実態について，次の条件を満たす企業群をサンプルとして調査する。

(1) 2011年3月末日時点において東京証券取引所第一部に上場する一般事業会社（金融業を除く企業）であり，かつ，年次決算月が3月であること，

(2) 2010年3月期〜2012年3月期まで四半期ごとに決算短信を発表するとともに，各第1四半期〜第3四半期は四半期報告書を，各第4四半期は有価証券報告書を提出していること，

(3) 決算発表日，ならびに，四半期報告書および有価証券報告書の提出日等，調査項目のデータを日経NEEDS Financial-Questを通じて入手できること。

　これらの条件を満たす企業群は1,133社である。

　サンプルを3月決算企業のみとしているのは，東日本大震災発生後，時間が経過していく中で，上場企業がどのようなディスクロージャー行動をとったかを時系列に把握するためである。図表2-2に示しているとおり，本章のサンプルである3月決算企業の場合には，東日本大震災発生から約2ヶ月後の5月上旬頃には通常であれば（a）決算短信（2011年3月期本決算（第4四半期））を発表し，続く6月下旬までには（b）有価証券報告書を提

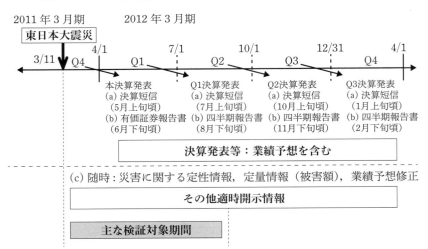

図表 2-2 東日本大震災の発生とディスクロージャー（3月決算企業）

出しなければならない。また，2011年4月1日以後，2012年3月期が開始されており，四半期が終了する都度，(a) 決算短信の発表および (b) 四半期・有価証券報告書の提出を行わなくてはならない。

　上述のとおり，東京証券取引所および金融庁は，(a) 決算短信の発表および (b) 有価証券報告書の提出期限を延期することを早々に決めており，非常事態だけに期限に間に合わないことは，法規上全く問題ない。しかしながら，これらのイベントは投資家に対する情報提供の機会として決定的に重要であり，上場企業としては決算発表を遅らせる事態はおそらく避けたかったのではないかと考える。本章ではまず，東日本大震災発生後，上場企業が決算発表を滞りなく実施できたかどうかを確認する。

　一方，上場企業は，上記 (a) 決算短信および (b) 四半期・有価証券報告書の提出とは別に，(c) 証券取引所における適時開示の下，随時，各種情報を提供可能である。上述のように，東京証券取引所は東日本大震災発生直後より，適時開示の下，東日本大震災関連情報を積極的に開示するように強く呼びかけていた。本章では，東日本大震災発生から5ヶ月あまりの期間（2011年3月11日〜8月31日）を対象に，(c) その他適時開示として，ど

のような東日本大震災関連情報が提供されたかを網羅的に調査する。その際，上述した決算発表のスケジュールを意識しながら，東日本大震災発生から時間が経過していく中で，東日本大震災関連情報がどのように変化していったかという点が明らかになるように検証を進めていきたい。

2.4 東日本大震災発生後の決算発表の状況

本節では，東日本大震災発生後の決算発表の状況について確認する。最初に決算短信の発表状況について見る。

図表2-3は，サンプル企業が決算日から決算短信発表までに要した日数の記述統計であり，東日本大震災発生年（2011年3月期）とともに，比較のため東日本大震災の前年（2010年3月期）と翌年（2012年3月期）の統計量を含んでいる。

まず，本決算の平均値を見ると，東日本大震災発生年（2011年）は38.92日，前年は38.81日，翌年は37.87日であり，3期ともほぼ同様である。し

図表2-3　決算短信発表までの日数：記述統計

	観測数	平均値	標準偏差	パーセンタイル						
				最小値	1	25	中位値	75	99	最大値
2010年3月期										
第1四半期	1,133	34.15	5.17	3	23	30	35	38	44	45
第2四半期	1,133	34.99	5.92	2	23	30	36	41	44	46
第3四半期	1,133	34.75	5.69	8	25	29	35	40	43	74
本決算	1,133	38.81	6.58	2	26	37	42	44	49	58
2011年3月期										
第1四半期	1,133	33.84	5.14	5	23	30	34	37	44	47
第2四半期	1,133	34.37	5.79	4	22	29	35	40	43	46
第3四半期	1,133	34.61	5.21	4	25	31	35	39	45	45
本決算	1,133	38.92	6.77	4	25	39	41	43	53	71
2012年3月期										
第1四半期	1,133	33.49	5.35	4	22	29	34	39	43	43
第2四半期	1,133	34.52	5.95	3	24	31	35	40	45	75
第3四半期	1,133	34.90	5.20	4	24	31	34	39	45	45
本決算	1,133	37.87	6.85	2	24	37	40	41	48	60

たがって東日本大震災発生年において上場企業の決算短信の発表が全般的に遅延したという傾向は認められず，少なくとも平均的には通常年度と同様に5月10日頃までには同発表は完了している。ただし，東日本大震災発生年における分布を見ると，1パーセンタイル～75パーセンタイルまではそれ以外の期とほぼ同様であるものの，99パーセンタイル以上の値は相対的に大きい。このことは大部分の企業は平年どおりのスケジュールで決算短信の発表を行ったが，ごく一部の企業のみ1週間～4週間程度遅延したことを示している[2]。

一方，続く2012年3月期第1四半期決算（8月上旬頃発表）は，1パーセンタイル～99パーセンタイルまで他の第1四半期決算とほぼ同様の値をとっている。したがって東日本大震災直後の決算短信の発表が遅延したごく一部の企業も含め，2012年3月期第1四半期の決算短信（2011年8月頃）以降は通常年と同様のスケジュールで発表されており，東日本大震災が決算短信の発表に及ぼした影響は，発生直後の本決算の発表に限られるといえる。

次に，四半期・有価証券報告書の提出状況について確認する。図表2-4はサンプル企業が決算日から四半期・有価証券報告書の提出日までに要した日数の記述統計であり，図表2-3と同様に3期の統計量を含んでいる。本決算の平均値に注目すると，東日本大震災発生年（2011年）は87.63日，前年は87.53日，翌年は87.07日であり，3期ともほぼ同様である。さらに同日数の分布を見ても，1パーセンタイル～99パーセンタイルまで3期ともほぼ同様である。したがって四半期・有価証券報告書の提出は，東日本大震災発生年も全く遅延していない[3]。

以上，東日本大震災発生後の決算発表の状況については次のように要約で

2　サンプル企業（1,133社）のうち，通常の年度に比べて遅延したのは15社程度である。なお，東京証券取引所の調査（「平成23年3月期決算短信の開示状況」，2011年8月3日）では，東京証券取引所第一部，第二部，マザーズ上場の3月決算企業1,716社を対象として，本章と同様，一部企業に遅延が生じたものの，開示日までの平均所要日数は前年とほとんど変わらない（-0.1日短縮）との結果が示されている。

3　ただし，2011年3月期決算発表（決算短信）の際，2012年3月期の業績予想を控える企業が，一定程度あった。なお，東京証券取引所は，震災により業績の見通しを立てることが困難な場合には業績予想を発表する必要はないという方針を表明していた（「東日本大震災を踏まえた決算発表等に関する取扱いについて」，2011年3月18日）。

第2章 東日本大震災に関するディスクロージャーの実態 —— *57*

図表2-4 四半期・有価証券報告書の提出までの日数：記述統計

	観測数	平均値	標準偏差	パーセンタイル						
				最小値	1	25	中位値	75	99	最大値
2010年3月期										
第1四半期	1,133	41.77	2.79	29	35	38	43	44	45	45
第2四半期	1,133	43.02	2.37	28	35	43	44	44	47	88
第3四半期	1,133	42.32	2.61	28	34	41	43	43	46	74
本決算	1,133	87.53	3.42	58	78	86	89	90	91	91
2011年3月期										
第1四半期	1,133	41.32	2.88	27	33	41	42	43	47	47
第2四半期	1,133	42.30	2.15	28	33	42	43	43	46	46
第3四半期	1,133	42.06	2.65	27	35	41	41	45	45	45
本決算	1,133	87.63	3.65	57	77	85	89	90	91	113
2012年3月期										
第1四半期	1,133	41.22	2.46	28	33	41	42	43	46	46
第2四半期	1,133	42.23	2.87	27	32	41	42	45	45	75
第3四半期	1,133	42.41	3.38	26	33	41	44	45	45	89
本決算	1,133	87.07	3.78	41	75	86	89	89	90	93

きる。

(1) 東日本大震災後の混乱が続いていたとはいえ，2011年3月期決算短信
　（本決算）の発表はほぼ平年どおりのタイミングで行われた。ただし，
　ごく一部の企業は平年に比べて1週間から4週間程度遅延した。

(2) 2012年3月期の第1四半期以降の決算発表は，平年どおりのタイミン
　グで行われた。

(3) 四半期・有価証券報告書の提出は，平年どおりのタイミングで行われ
　た[4]。

4　東京証券取引所による定時株主総会に関する調査（「平成23年3月期決算会社の定時株主総会
　の開催日集計結果」，2011年6月13日）によれば，2011年3月期決算企業のうち，震災を理由
　として定時株主総会の開催を7月以降に延期した企業は2社にとどまった。

2.5　適時開示に見る東日本大震災関連情報 ─────

2.5.1　収集および分類方法

　続いて，証券取引所の適時開示においてサンプル企業がどのような東日本大震災関連情報を発表したかについて調査する。本章では，サンプル企業による東日本大震災関連情報を次の方針に基づいて収集する。

(1) サンプル企業が2011年3月11日～2011年8月31日までTDnet（東京証券取引所の適時開示情報伝達システム）において発表した情報を対象とする。

(2) 上場企業の発生事実のうち，災害に起因する損害または業務遂行の過程で生じた損害，上場企業の業績予想の修正の区分で発表された震災関連情報，ならびに，それ以外の区分で「地震」，「震災」および「被害」のキーワードでヒットした情報を対象とする。

　当該条件に基づいて抽出した結果，1,530件の東日本大震災関連情報を収集した。さらに当該情報を，福田・國村（1996）および東京商工リサーチ（2011）に倣い，次のように分類した。なお，各リリースが以下の複数の分類に該当する場合には，複数の分類コードを割り当てた。

(A) 定性情報

　(1) 影響なし，(2) 被害が一部・軽微，(3) 一部事務所，営業所の営業停止，(4) 一部事業所，営業所の再開の見通しが立たない，(5) 一部事業所，営業所の再開，(6) 義援金支出，(7) その他

(B) 定量情報

　(8) 災害損失の計上，(9) 業績予想の修正

2.5.2　全体状況

　最初に，東日本大震災に関するディスクロージャーの全体状況について見る。図表2-5は，東日本大震災発生後の各期間（第1週～第25週）において[5]，東日本大震災関連情報を1回以上発表した企業（発表しなかった企業）

5　東日本大震災発生直後が最も発表件数が多く，発生から時間が経過するにつれて件数が少なくなっていくことから，東日本大震災直後は1週間単位に，続いて2週間単位に，そして最終の期

図表 2-5　発表企業 vs. 非発表企業

	(A) 発表あり			(B) 発表なし			計		
第1週									
：3月11日～3月19日	635	(	56.05%	)	498	(	43.95%	)	1,133	(	100.00%	)
第2週									
：3月20日～3月26日	115	(	10.15%	)	1,018	(	89.85%	)	1,133	(	100.00%	)
第3-4週									
：3月27日～4月9日	148	(	13.06%	)	985	(	86.94%	)	1,133	(	100.00%	)
第5-6週									
：4月10日～4月23日	93	(	8.21%	)	1,040	(	91.79%	)	1,133	(	100.00%	)
第7-8週									
：4月24日～5月7日	135	(	11.92%	)	998	(	88.08%	)	1,133	(	100.00%	)
第9-10週									
：5月8日～5月21日	96	(	8.47%	)	1,037	(	91.53%	)	1,133	(	100.00%	)
第11-12週									
：5月22日～6月4日	12	(	1.06%	)	1,121	(	98.94%	)	1,133	(	100.00%	)
第13-14週									
：6月5日～6月18日	6	(	0.53%	)	1,127	(	99.47%	)	1,133	(	100.00%	)
第15-16週									
：6月19日～7月2日	6	(	0.53%	)	1,127	(	99.47%	)	1,133	(	100.00%	)
第17-18週									
：7月3日～7月16日	8	(	0.71%	)	1,125	(	99.29%	)	1,133	(	100.00%	)
第19-20週									
：7月17日～7月30日	38	(	3.35%	)	1,095	(	96.65%	)	1,133	(	100.00%	)
第21-22週									
：7月31日～8月13日	64	(	5.65%	)	1,069	(	94.35%	)	1,133	(	100.00%	)
第23-25週									
：8月14日～8月31日	3	(	0.26%	)	1,130	(	99.74%	)	1,133	(	100.00%	)

注：各対象期間中，複数回発表していたとしても1回としてカウントしている。

を集計したものである。

　約5ヶ月間に及ぶ調査期間の中で，最も多くの企業が発表しているのは第1週（3月11日（金）～19日（土））である。これは，3月11日に東日本大震災が発生し，人的，物的な被害を受けたかどうかにかかわらず，半数以上の企業が第一報を発表したことを示唆している。もちろん，上述した東京証券取引所の要請がこうした行動を後押ししたことは明らかである。

　続いて第2週（3月20日～3月26日）に入ると，発表企業の割合は

間は3週間単位に期間を設定している。

10.15% まで低下する。震災発生後 10 日程度が経過し，被害の概要が徐々に明らかになる中，特に甚大な被害を受けた企業や，投資者に対するディスクロージャーに積極的な企業等が発表し続けたと見られる。

この後，発表企業の割合は 5 月中旬頃（第 9-10 週）まで 10% 前後で推移し続け，5 月下旬（第 11-12 週）に 1.06%，すなわち大部分の企業が東日本大震災関連情報の発表を一旦取り止める。これは本決算の決算短信の発表が一段落する時期とちょうど重なっている。したがって東日本大震災関連情報は決算短信の発表に向けて断続的に発表され，同発表をもって一段落したと見られる。

東日本大震災関連情報が決算短信に向けて発表されるという動きは，その後も見られる。すなわち，5 月下旬〜7 月中旬（第 11-18 週）には発表企業の割合は 0.5%〜1% 前後で推移するが，7 月下旬〜8 月上旬（第 19-22 週）にかけて再び 5% 前後まで上昇している。これは，2012 年 3 月期の第 1 四半期決算短信に先立って，東日本大震災が業績に及ぼす影響等について再度発表されたものと見られる。

以上のように，東日本大震災発生直後，半数以上の企業が第一報を発表した以降は，東日本大震災の影響が甚大であった企業群や，投資者に対するディスクロージャーに積極的な企業群等が，決算短信の発表を節目としながら東日本大震災関連情報を発表したと思われる。

次に，東日本大震災関連情報の内容に注目する。本章の分類では，東日本大震災関連情報はまず（A）定性情報および（B）定量情報の 2 つに大別される。前者は，「影響がない」，「一部事業所，営業所の再開の見通しが立たない」等，発生した事実を質的に記述した情報に対して，後者は「災害損失の計上」または「業績予想の修正」等，発生した事実を量的または金額的に記述した情報である。

図表 2-6 は，東日本大震災発生後の各期間において，（A）定性情報と（B）定量情報の発表状況を集計したものである。

上述のとおり，サンプル企業の半数以上は東日本大震災後の第 1 週に「第一報」を発表していた。図表 2-6 によれば，その大部分（99.14%）は定性情報であったことがわかる。東日本大震災発生直後，人的，物的被害やサプ

第2章 東日本大震災に関するディスクロージャーの実態 —— *61*

図表 2-6 定性情報 vs. 定量情報

	(A) 定性情報			(B) 定量情報			計		
第1週									
：3月11日〜3月19日	695	(	99.14%	)	6	(	0.86%	)	701 (100.00%)
第2週									
：3月20日〜3月26日	99	(	94.29%	)	6	(	5.71%	)	105 (100.00%)
第3-4週									
：3月27日〜4月9日	122	(	91.04%	)	12	(	8.96%	)	134 (100.00%)
第5-6週									
：4月10日〜4月23日	60	(	60.61%	)	39	(	39.39%	)	99 (100.00%)
第7-8週									
：4月24日〜5月7日	22	(	15.60%	)	119	(	84.40%	)	141 (100.00%)
第9-10週									
：5月8日〜5月21日	13	(	13.54%	)	83	(	86.46%	)	96 (100.00%)
第11-12週									
：5月22日〜6月4日	6	(	50.00%	)	6	(	50.00%	)	12 (100.00%)
第13-14週									
：6月5日〜6月18日	5	(	83.33%	)	1	(	16.67%	)	6 (100.00%)
第15-16週									
：6月19日〜7月2日	2	(	40.00%	)	3	(	60.00%	)	5 (100.00%)
第17-18週									
：7月3日〜7月16日	1	(	14.29%	)	6	(	85.71%	)	7 (100.00%)
第19-20週									
：7月17日〜7月30日	0	(	0.00%	)	38	(	100.00%	)	38 (100.00%)
第21-22週									
：7月31日〜8月13日	1	(	1.56%	)	63	(	98.44%	)	64 (100.00%)
第23-25週									
：8月14日〜8月31日	3	(	100.00%	)	0	(	0.00%	)	3 (100.00%)

注：各リリース（1,530件）において，複数の項目について開示しているケースがある。本章の分析データは当該項目別に集計しているため，リリース件数（1,530件）と本表の合計件数とは一致しない。

ライチェーン寸断の状況が必ずしも明らかではない中，災害損失や業績予想の修正等の定量情報を把握するのは難しく，この段階において，「影響がない」，「一部事業所，営業所の再開の見通しが立たない」等の定性情報が発表されたのは当然である。

　興味深いのは，東日本大震災発生から時間が経過するにつれて，東日本大震災関連情報のうち，（A）定性情報の占める割合が低下する一方，（B）定量情報の占める割合が上昇している点である。これは，東日本大震災発生当

初は被害の状況等を量的には把握できず定性情報に重点が置かれたが，その後，被害の全容を各部門が把握し，さらに本社の経営企画や経理部等が災害損失の発生，売上の減少等，金額ベースで把握していくにつれて，むしろ定量情報に重点が移っていったことを示している。

特に，2011年3月期本決算の決算短信の発表にかけては（第7-第10週），定量情報が85%前後を占めるに至っている。これは，本決算の締切作業を進める中で，多くの企業が被害額や業績予想への影響を具体的に特定し，そこで把握された事実を発表したことを示唆している。上述の会長通牒が災害損失を概算で計上するよう指示したことも後押しし，比較的多くの企業が決算短信前までに当面の災害損失を確定したと思われる。

上述のとおり，5月下旬（第11週-12週）以降は東日本大震災関連情報を発表する企業の割合は低下するが，7月下旬以降（第19-22週），再び発表件数が増える中，それらの大部分（98.44%～100%）は定量情報である。この時期になると，5月の段階では会長通牒を踏まえ災害損失を概算で計上した企業や，業績予想への影響を見極め切れなかった企業においても，それらを比較的正確に把握でき，災害損失または業績予想の修正として発表されたと思われる。

このように東日本大震災関連情報は，当初，（A）定性情報が中心であったが，事態の把握が進展していくにつれて，むしろ（B）定量情報に重点が移行したのである。

2.5.3　定性情報と定量情報の内容

本章では，（A）定性情報および（B）定量情報をさらに詳細に分類している。ここでは東日本大震災発生後の各期間において，どのような内容の情報が発表されたかについてさらに詳しく考察する。

最初に，（A）定性情報に注目する。図表2-7は定性情報の開示状況を集計したものである。上述のとおり定性情報は東日本大震災発生当初に多く開示されていた。ただし図表2-7によれば，定性情報の発表には一定の傾向がある。

まず第1週は（1）影響なし～（4）一部事業所等の再開の見通しが立たな

図表 2-7　定性情報の発表状況

	(1) 影響なし	(2) 被害が一部・軽微	(3) 一部事務所等の営業停止	(4) 一部事業所等の再開見通しが立たない	(5) 一部事業所等の再開	(6) 義援金支出	(7) その他	計
第1週 ：3月11日～3月19日	105（13.87%）	196（25.89%）	328（43.33%）	43（5.68%）	15（1.98%）	61（8.06%）	9（1.19%）	757（100.00%）
第2週 ：3月20日～3月26日	2（1.48%）	6（4.44%）	34（25.19%）	4（2.96%）	45（33.33%）	34（25.19%）	10（7.41%）	135（100.00%）
第3-4週 ：3月27日～4月9日	2（1.16%）	3（1.73%）	27（15.61%）	4（2.31%）	83（47.98%）	50（28.90%）	4（2.31%）	173（100.00%）
第5-6週 ：4月10日～4月23日	0（0.00%）	4（5.56%）	12（16.67%）	1（1.39%）	37（51.39%）	9（12.50%）	9（12.50%）	72（100.00%）
第7-8週 ：4月24日～5月7日	0（0.00%）	2（6.90%）	6（20.69%）	1（3.45%）	15（51.72%）	3（10.34%）	2（6.90%）	29（100.00%）
第9-10週 ：5月8日～5月21日	1（4.76%）	1（4.76%）	0（0.00%）	1（4.76%）	12（57.14%）	5（23.81%）	1（4.76%）	21（100.00%）
第11-12週 ：5月22日～6月4日	0（0.00%）	0（0.00%）	0（0.00%）	0（0.00%）	6（75.00%）	1（12.50%）	1（12.50%）	8（100.00%）
第13-14週 ：6月5日～6月18日	0（0.00%）	1（20.00%）	0（0.00%）	0（0.00%）	4（80.00%）	0（0.00%）	0（0.00%）	5（100.00%）
第15-16週 ：6月19日～7月2日	0（0.00%）	0（0.00%）	0（0.00%）	0（0.00%）	2（66.67%）	1（33.33%）	0（0.00%）	3（100.00%）
第17-18週 ：7月3日～7月16日	0（0.00%）	0（0.00%）	0（0.00%）	0（0.00%）	1（33.33%）	1（33.33%）	1（33.33%）	3（100.00%）
第19-20週 ：7月17日～7月30日	0（0.00%）	0（0.00%）	0（0.00%）	0（0.00%）	0（0.00%）	1（100.00%）	0（0.00%）	1（100.00%）
第21-22週 ：7月31日～8月13日	1（50.00%）	0（0.00%）	0（0.00%）	0（0.00%）	1（50.00%）	0（0.00%）	0（0.00%）	2（100.00%）
第23-25週 ：8月14日～8月31日	0（0.00%）	0（0.00%）	0（0.00%）	0（0.00%）	3（100.00%）	0（0.00%）	0（0.00%）	3（100.00%）

い，の 4 項目に集中している。これらのうち，（4）についてはその後も拡大していることがわかる。企業は，東日本大震災発生直後，自社の設備が被害を受けたかどうか，企業活動に支障が生じているかどうかに関する事実を中心とした定性情報を発表したといえる。

第 2 週以降は，（5）一部事業所等の再開の頻度が上昇している。東日本大震災発生後，時間が経過していく中，被災企業において事業所等の復旧というグッド・ニュースが発表されている。こうした事業所等の復旧に関するニュースも 5 月下旬頃になると少なくなる。

次に，図表 2-8 の（B）定量情報の集計結果を見る。上述のとおり，当初，東日本大震災関連情報の中心は定性情報であったが，本決算の決算短信発表を節目としてむしろ定量情報が中心となった。図表 2-8 によれば約 5 ヶ月に及ぶ調査期間うち，定量情報の半数以上は，4 月下旬〜5 月中旬（第 7-10 週）と 7 月下旬〜8 月上旬（第 19-22 週）に発表されていることがわかる。

定量情報のうち，（8）災害損失等と（9）業績予想の修正の頻度に注目すると，前者が前半に，後者が後半に比較的多く開示されている傾向が観察される。各リリースを読み込んだところ，各時期において以下のような記述が多く見られた。

すなわち，比較的前半の時期には，製造業において工場の被災に伴う災害損失の発生について記述しているケースが多い。同じく製造業では，計画停電の実施，および，サプライチェーンの寸断により工場を稼動できないケースが頻発していた。会長通牒に従い，その間の固定費を災害損失として計上する旨発表しているケースも数多く見られる。

一方，比較的後半の時期には，東日本大震災発生後，売上高が減少したことを受け業績予想の修正を発表しているケースが多い。製造業ばかりでなく，サービス業においても，売上高が減少し業績予想の修正が必要となったケースが見られる。

これらのことは，東日本大震災による人的，物的な被害は比較的前半の時期には把握された一方で，むしろ後半には東日本大震災後の需給関係の変化により売上高または費用に増減が生じ，予想利益の修正を余儀なくされる

第2章 東日本大震災に関するディスクロージャーの実態 —— *65*

図表 2-8 定量情報の発表状況

	(8) 災害損失等			(9) 業績予想の修正		
第1週 ：3月11日〜3月19日	2	(1.13%	)	6	(2.12%	)
第2週 ：3月20日〜3月26日	1	(0.56%	)	6	(2.12%	)
第3-4週 ：3月27日〜4月9日	7	(3.95%	)	9	(3.18%	)
第5-6週 ：4月10日〜4月23日	14	(7.91%	)	34	(12.01%	)
第7-8週 ：4月24日〜5月7日	65	(36.72%	)	91	(32.16%	)
第9-10週 ：5月8日〜5月21日	69	(38.98%	)	35	(12.37%	)
第11-12週 ：5月22日〜6月4日	3	(1.69%	)	4	(1.41%	)
第13-14週 ：6月5日〜6月18日	0	(0.00%	)	1	(0.35%	)
第15-16週 ：6月19日〜7月2日	1	(0.56%	)	2	(0.71%	)
第17-18週 ：7月3日〜7月16日	2	(1.13%	)	4	(1.41%	)
第19-20週 ：7月17日〜7月30日	3	(1.69%	)	36	(12.72%	)
第21-22週 ：7月31日〜8月13日	10	(5.65%	)	55	(19.43%	)
第23-25週 ：8月14日〜8月31日	0	(0.00%	)	0	(0.00%	)
計	177	(100.00%	)	283	(100.00%	)

ケースが増えたことを示唆している。実際，2012年3月期第1四半期の決算短信発表の時期（第19-22週）には，定量情報の9割弱は，(9) 業績予想の修正が占めるに至っている。東日本大震災発生から4ヶ月程度が経過した段階において東日本大震災の余波はなお続いていたのである。

2.6 事例研究：クレハにおけるディスクロージャー対応

2.6.1 クレハの特徴

以上，上場企業全体のディスクロージャー行動について計量的に分析してきたが，ここではその背景や意義をより深く理解すべく事例研究を行う。事例研究の対象は東京証券取引所第一部上場（当時）のクレハであり，上記サンプルに含まれる3月決算企業である。同社は，一般消費者にとっては「NEWクレラップ」が広く認知されている，中堅化学メーカーである[6]。

同社は，震災のディスクロージャー問題を考察する事例として適している。

同社には，いわき事業所（福島県いわき市），樹脂加工事業所（茨城県小美玉市および兵庫県丹波市）に生産拠点があるが[7]，前二工場が被災した。しかもこれらのうち最大の生産規模を誇るいわき事業所が震源地の比較的近くに所在していたことから，東日本大震災は同社全体の生産活動を危うくするほど甚大な影響を及ぼした。わが国上場企業のうち，深刻な影響を受けた被災企業のひとつであるといってよい。

同社は東日本大震災発生直後より迅速かつ積極的に情報発信を続け，その取り組みには震災という非常事態においてなぜディスクロージャーが不可欠かという本質的な問いに対する示唆が多く含まれている。こうした取り組みを考察し，アーカイブスとして記録に残しておくことには社会的な意義もあるだろう。

本事例研究では，公表情報の分析を行うとともに，東日本大震災に関するディスクロージャーに直接関与した担当者に対する聞き取りを行い，当時の状況を詳しく把握した。以下はこれらの調査結果に基づくものである。

6　同社は，機能製品事業，化学製品事業，樹脂製品事業，建設関連事業およびその他関連事業を擁した中堅化学メーカーであり，連結グループ全体で従業員数（臨時従業員を含まない）は4,080名である（2014年3月期有価証券報告書）。
7　いわき事業所は，機能樹脂，炭素繊維，リチウムイオン電池の部材，食品包装材の原料および医薬品等を生産する同社のマザー工場である。一方，茨城県および兵庫県にある樹脂加工事業所はいずれもいわき事業所で生産された原料から「NEWクレラップ」を生産するなど食品包装材料の生産拠点となっている。

2.6.2 被害または復旧に関するディスクロージャー

　図表 2-9 は，クレハによる東日本大震災関連情報の一覧である。各情報は，(A) 被害または復旧に関するディスクロージャーと，(B) 災害損失の計上および業績予想に関するディスクロージャーに大別できる。これらのうち，(A) は東日本大震災直後の時期 (3 月 11 日〜5 月 9 日) に集中する一方，(B) は比較的後半の時期に発表されている (4 月 27 日〜11 月 2 日)。まず，東日本大震災発生直後の状況から振り返る。

　東日本大震災発生当日，いわき事業所と茨城県の樹脂加工事業所が被災し，両工場の稼動が停止した。いわき事業所では小火災も伴った。地域住民および取引先に迅速に情報を伝達すべく，同日 (金曜日) に当該事実を公表した (3 月 11 日)。翌月曜日には，両工場の稼動停止が継続するとともに再

図表 2-9　クレハにおける震災関連情報一覧

No.	日　付	発表媒体	タイトル	内　容
[1]	2011 年 3 月 11 日	・HP：お知らせ	本日発生の地震の影響について	(A) 被害または復旧
[2]	3 月 14 日	・HP：お知らせ	地震の影響について (第 2 報)	(A) 被害または復旧
[3]	3 月 22 日	・HP：お知らせ	「NEW クレラップ」の当面の出荷について	(A) 被害または復旧
[4]	3 月 28 日	・HP：お知らせ ・適時開示	東北地方太平洋沖地震による影響について (第 3 報)	(A) 被害または復旧
[5]	3 月 31 日	・HP：お知らせ ・適時開示	東北地方太平洋沖地震による影響について (第 4 報)	(A) 被害または復旧
[6]	4 月 20 日	・HP：お知らせ ・適時開示	いわき事業所の稼動再開の見通し (変更) について	(A) 被害または復旧
[7]	4 月 27 日	・HP：IR ・適時開示	特別損失の計上および業績予想の修正に関するお知らせ	(B) 災害損失および業績予想
[8]	5 月 9 日	・HP：お知らせ	いわき事業所の稼動再開状況について	(A) 被害または復旧
[9]	5 月 12 日	・HP：IR ・適時開示	2011 年 3 月期決算短信	(B) 災害損失および業績予想
[10]	8 月 4 日	・HP：IR ・適時開示	特別損失の計上に関するお知らせ	(B) 災害損失および業績予想
[11]	11 月 2 日	・HP：IR ・適時開示	特別損失の計上および 2012 年 3 月期第 2 四半期連結業績見通しならびに通期連結業績予想の修正に関するお知らせ	(B) 災害損失および業績予想

注：HP は同社のホームページにおいて発表された情報を，適時開示は証券取引所における適時開示情報として発表された情報を指す。

開の目途は立っていない旨公表した（3月14日）。

　これらはホームページ，プレス・リリースにより公表した[8]。通常，重要事項の公表は経営会議や役員会等での承認を経て実施されるが，緊急性を有していたため，東日本大地震発生後直ちに組織された対策本部決済により公表に踏み切った。非常事態において，いかに迅速なディスクロージャーが重要かを物語る一幕である。

　いわき事業所と茨城県の樹脂加工事業所両工場の稼動停止が続く中，3月22日に「『NEW クレラップ』の当面の出荷について」と題する文書を公表する。同社の家庭用包装製品は被災地向けの緊急物資に指定されていたが[9]，両工場の稼動が停止し，兵庫県の樹脂加工事業所だけでは本来の2割程度しか生産できない状況にあった。このため，同製品を被災地向けに優先的に出荷する方針を決め，その旨公表した。企業は，取引先，消費者に対して供給責任を有しているが，責任を全うできない中，当該事実を迅速に伝達する必要があったのである。

　設備の点検と修繕を進めながらも，東京電力福島第一原子力発電所の事故等による外的要因もあり工場の再開を見通せない状況は依然として続いたが，ようやく3月30日には工場から再開の具体的スケジュールが示された。翌日，4月中旬頃までには生産を開始できる（一部製品の生産は再開済）旨公表した（3月31日）。

　こうした公表の対応に当たった担当者は，この段階では当該情報は投資者よりも主に取引先や報道機関に向けて発表したものだったと述べている。自動車産業をはじめ，取引先のサプライチェーンにおいてクレハの製品は川上に位置し，同社製品を供給できるかどうかが取引先の生産活動を左右する状況にあった。取引先にとってはいかに素材を確保するかが喫緊の課題であり，クレハの生産能力が回復するかどうか，またその見通しが得られない場

8　これらは，ホームページおよびプレス・リリースを通じて公表し，適時開示には含まれていない。同社の担当者によれば，業績への影響が不明な段階であるとともに，主に取引先，報道機関，地域社会への情報伝達を意図していたため，適時開示には適さないと判断したという。ただしその後東京証券取引所の要請に従い，3月28日以降は適時開示を通じても公表することにした。

9　皿にラップを敷いて使用すると，ラップの交換により水で洗わずに同じ皿を使い続けられるため，食器が不足していた被災地では重要な物資となっていた。

合には他社から調達することも検討していたと思われる。取引先の中にはクレハの工場の状況を実際に見て支援したいとの意向を示すところがあったほど，状況は切迫していたのである。

こうして3月下旬には，工場の稼動を早期に再開できなければ，取引先を失いかねないという状況に直面していた。特に販売部門（営業）は，取引先との交渉に直接関与していたことから切迫感が強く，広報・IR部門に対して，工場の再開見通しを早急に公表するように強く要請していた。3月31日におけるディスクロージャーは，取引先に対して製品の供給を約束する，非常に重要な役割を担ったものだったのである。

ところが4月11日および12日にいわき市南部を震源とする余震（両日とも震度6弱）が発生し，不運なことに，いわき事業所の被災が拡大してしまった。いわき市では3月11日よりも震度が大きく，それまでに行った復旧工事がこの余震をもって振り出しに戻ってしまい，3月31日付の再開計画は変更を余儀なくされた。

新たな再開計画を作成し，4月20日に，5月上旬頃までにいわき事業所の稼動を再開できる（一部製品の生産は再開済）旨発表した。その後の復旧は比較的順調に進展し，5月9日には，いわき事業所の再開が4月20日付の計画通りに進展している旨発表した。

以上のとおり，クレハでは，東日本大震災発生後，主力工場の稼動が停止し，取引先に製品を供給できない中，取引先，消費者および地域社会に対して，自社の状況を迅速に情報伝達することに努めた。東日本大震災後の一連の動きは，震災という非常事態において，ディスクロージャーが非常に重要な役割を果たしたことを雄弁に物語っているといえよう。

2.6.3　災害損失および業績予想に関するディスクロージャー

4月下旬以降，災害損失および業績予想に関するディスクロージャーが開始される。上述のように被害・復旧については主に取引先，消費者を対象としていたが，災害損失および業績予想は主に投資家を対象とするディスクロージャーといってよい。

まず，2011年3月期の本決算に関するディスクロージャーから振り返る。

クレハでは，4月下旬までに財務諸表の作成および監査手続が順調に進捗し，同期の災害損失を確定できたため，4月27日に特別損失に災害損失を計上すること，それに伴い業績予想を修正することを発表した。

ただし，この段階では災害損失を正確に算定することは不可能であり，相当粗い概算額であることを承知の上で計上したという。前述の会計士協会通牒に基づき，とにかく災害損失を決算に含むことを優先した。

5月11日に決算短信の発表を行った。通常，業績予想は上期と通期双方を示すが，震災により短期的には不確実性が大きかったため，通期予想のみ発表した。同時期，上場企業の中には業績予想の発表自体を控えるところもあったが，同社の担当者は発表に踏み切った経緯を次のように振り返った。

「例年通り3月上旬には次年度の予算が確定し，業績予想も可能な状況にあったが，3月11日に震災が発生し，とくに多種多様な材料，部品の供給が前提となる自動車関連事業の予想が難しくなった。各事業部より業績予想に関する見積額を収集し，それらに基づいて全社の業績予想を行った。不確実性が大きい状況の下，業績予想の金額には多くの誤差が含まれることも予想されたが，誤差が生じるとしても業績予想を発表することを決めた。その最大の理由は，業績予想の発表にはリスクを伴うが，それ以上に発表しないことによるリスクの方が大きいと判断したためである。もし，業績予想の発表を控えれば，『業績予想を出せないほど，生産活動にリスクがあるのか』と取引先が認識し，取引先を失う可能性があった。」

このように不確実性がある中での業績予想の発表には，得意先への情報伝達という意図が含まれていた。なお，当該業績予想には前述の4月11日，12日の余震に起因する災害損失も含め，8月4日に2012年3月期第1四半期の決算短信の発表の際，予定どおり当該災害損失を特別損失に計上したことを発表した。

最後に，11月2日に特別損失に災害損失を追加計上すること，それに伴い業績予想の修正を行うことを発表した。クレハによる災害損失の計上はこれをもって終了する。担当者の見解を踏まえ，以上の経緯を改めて整理すれば，災害損失の確定に相当な時間を要した理由がわかる。

まず，3月11日の東日本大震災に起因する災害損失を2011年3月期決算に，次に4月11日，12日の余震に起因する災害損失を2012年3月期決算に含んだものの，工場の復旧作業が必ずしも完了していない中，正確な見積もりは難しく相当粗い概算額であった。ようやく災害損失額を正確に算定できたのは，11月であった。その段階で，実際の損失額が前述の概算計上額を超過したため追加計上を行ったのである。

　こうして長い時間を要したのは，クレハの被災状況がそれほど深刻だったためである。

2.6.4　ディスクロージャー対応の特徴と震災の教訓

　クレハによるディスクロージャー対応について詳しく考察してきたが，上場企業全般の動きと同様，東日本大震災直後は被害・復旧に関する定性情報の発表が中心であった。その際，主に取引先への情報伝達が意識され，早期に工場を再開できなければ，取引先を失いかねないという状況の下，工場の再開を約束する，重要な情報が伝達されたのである。

　一方，同社による災害損失の計上および業績予想の修正は，2011年3月期本決算だけでなく，2012年3月期第1四半期以降にも及んでいる。被災状況が深刻なケースでは，災害損失を早期に確定するのは難しく，復旧工事の進展を待ってはじめて確定できたことがわかった。

　東日本大震災によりクレハは厳しく難しい対応を迫られたが，同社担当者によれば，東日本大震災の教訓に基づいて次の施策が実施に移されたという。

　第一はデータセンターの複数化である。データの保全を図るべく，震災後，データセンターの複数化を進め，データを複数の場に保管することを強く意識することとなった。

　第二は全社的に事業継続計画（BCP）の策定が進展した。首都圏直下型地震の発生が予想されるだけにBCPの策定は非常に重要である。

　第三は複数購買化が進展した。東日本大震災前，仕入先が1社に限定されるケースが多く見られたが，震災により1社購買のリスクが大きいことを認識し，複数購買に改めた結果，競争原理が働き，仕入価格が下がった。ただ

し，販売先企業でも複数購買化が進展したため，同社が独占的に納入するという状況が崩れ，シェアが低下した製品もあるという。

2.7　小括

　本章では，東日本大震災の発生以降，わが国の上場企業がどのようなディスクロージャー行動をとったのかという点に焦点を絞って網羅的に調査した。

　東日本大震災発生当初，上場企業は主に定性情報，すなわち被害および復旧に関する情報を中心に発表した。東京証券取引所の要請が功を奏し，震災直後には被害の有無にかかわらず上場企業の半数以上が何らかの状況説明を行ったと見られる。当該定性情報の発表は4月中旬頃を境に少なくなっていくが，事例研究を通じて当該発表は取引先との取引を継続する上で，非常に重要な役割を果たしたことが明らかとなった。

　一方，4月中旬以降，上場企業は主に定量情報，すなわち災害損失の計上および業績予想の修正に関する情報を中心に発表した。上場企業全般の分析では，当初，災害損失の計上が確定した後，東日本大震災後の需給関係の変化により，収益および費用が変動し，業績予想の修正が必要となるケースが多かったことが明らかになった。ただし事例研究では，被災が深刻なケースでは災害損失の確定に相当な時間を要し，その都度業績予想の修正に迫られるケースがあったことも明らかとなった。

　震災関連情報は，適時または迅速に発表されなければならない。非常事態だけに取引先，消費者および投資者等のステークホルダーは動揺しており，特に相互依存関係の強いステークホルダーに対して一刻も早く被災・復旧に関する情報が伝達される必要がある。震災の発生を契機として，甚大な災害に見舞われなかった企業においても，非常時においていかに適時または迅速に情報を発表できるかという，有効なディスクロージャー・システムの構築に取り組むことが期待される。

　難しいのは，情報には信頼性も兼ね備えている必要があるという点である。ステークホルダーが，強く情報を欲しているだけに，誤った情報の伝達

は大きな混乱を招くことになる。企業のディスクロージャーにおいて，適時性と信頼性のバランスをいかにとっていくかが課題となるだろう。

謝辞

　本章の作成に当たり，株式会社クレハの数井明生氏（インタビュー実施当時，広報・IR部長）および原健一郎氏（インタビュー実施当時，経理部経理グループリーダー）に東日本大震災時におけるディスクロージャー対応について非常に詳しく教えていただくとともに，本研究の社会的意義に鑑み，本書に掲載することをご快諾いただいた。ここに記して心より御礼申し上げる次第である。

参考文献

國村道雄・吉田靖・福田武之，1998．「阪神大震災における適時開示と株式市場の調整」『証券経済学会年報』第33号，1-14．

静正樹・小沼泰之，2011．「東京証券取引所における震災対応および復興支援に向けた取組み」『旬刊商事法務』第1939号，13-23．

東京商工リサーチ，2011．「上場企業の『東日本大震災』影響調査～開示企業1,908社のうち，1,324社が被災」．東京商工リサーチ，<http://www.tsr-net.co.jp/news/analysis_before/2011/1210079_1903.html>（2019年12月10日利用可能）．

福田武之・國村道雄，1996．「阪神大震災の損害の適時開示」『インベストメント』第49巻第2号，2-29．

吉田靖，2003．「阪神大震災における銀行株の伝染効果」『現代ディスクロージャー研究』第4号，43-51．

吉田靖・國村道雄・福田武之，2002．「阪神大震災におけるファイリング情報の効果」『経営財務研究』第22巻第1号，35-49．

本章の研究の初出

本章の研究の初出は，次のとおりである。

中野貴之，2020．「東日本大震災に関するディスクロージャーの実態」『法政大学キャリアデザイン学部紀要』第17号，53-78．

第3章

東日本大震災後の回復状況に関する
非財務情報の分析

　本章は，東日本大震災の回復状況について，企業が公表した有価証券報告書に記述された非財務情報を対象として，東日本大震災が発生して3年が経過した時点でどのような状態にあるかについて調査を行ったものである。調査は，テキストマイニングの手法を用いた頻度分析と重要語を定量化するTF-IDF法を用いて行った。有価証券報告書に記載された文章中，「東日本大震災」という語句を2回以上使用した企業は236社（6.31%），5回以上使用した企業はわずかに36社（0.96%）にすぎず，83.46%の企業はまったく使用していないことが判明した。また最も使用頻度が高い企業は35回であったが，その企業においても「原子力」や「発電」といった語句の重要度をTF-IDF法によって測定してみると，「原子力」＞「発電」＞「東日本大震災」という順序となっていた。これらの結果より，上場企業全体としては，東日本大震災による直接的な損害についてはあまり影響がなかったこと，それよりも原子力発電所の事故の影響によりコスト高となった電力供給への懸念があったことをうかがい知ることができた。

3.1　テキストマイニングによる非財務情報分析

　本章では，東日本大震災について，企業が公表した有価証券報告書に記述された非財務情報を対象に，テキストマイニングの手法を用いた分析を行っている。東日本大震災は，地震による建造物等の崩壊はもとより，太平洋沿岸部を襲った津波や福島第一原子力発電所の事故等により，多くの犠牲者と損害をもたらした。それらの財務諸表上への影響は，「災害損失」といった

76 ── 第Ⅰ部　巨大災害のディスクロージャー

財務諸表項目の金額に現れることになるが，単に金額だけではうかがい知ることのできない問題を，有価証券報告書に書かれた記述内容を分析することによって明らかにするのが，本章の目的である。

　調査対象は東京証券取引所第一部上場企業にかぎらず，全証券取引所の全市場に上場している全企業の財務データを収集し，調査対象とすることにした。具体的には，EDINET より入手できる全上場企業の XBRL データを用いて分析を行った。有価証券報告書に記述されている内容について，テキストマイニングの手法を用いて追加的な分析を試みている。テキストマイニングの手法については，その背景と自然言語処理の基礎，さらには実際の分析に必要な前処理（perl スクリプトによる XBRL データの整形）などについても解説を行い，今後のテキストマイニング研究の展望についても言及している。

3.2　テキストマイニング研究の位置づけ ──────────

　分析を行う前に，テキストマイニング研究の位置づけについて明らかにしておこう。テキストマイニングを含むデータマイニング研究全体に言えることであるが，現実世界におけるデータを使って検証するという側面はあるものの，仮説検証型の研究ではなく，仮説探索型の研究として位置づけることができる。およそ理論と呼ばれるものは，程度の差はあれ現実世界の出来事について①観察・経験を経て仮説が設定され，②その仮説を現実世界のデータ等により検証を行い，③現実世界のデータと合致することにより，その仮説は一般化され，理論・モデルが構築されることとなる。いったん理論・モデルが確立すれば，それは④現実世界の将来を予測するために使われることになる[1]。これらの関係は，図表 3-1 のように表される。

─────────────

1　社会現象は複雑であり，社会科学領域には予測可能性を求めることはできないのではないか，という基本的な問いがある。しかし Christensen & Raynor（2003）は，経営学におけるイノベーション研究においても予測可能性を求めるのは非現実的ではなく，「十分調査した研究に基づく理論体系があれば，どんな分野にも予測可能性をもたらすことができる」と述べている。さらに，それでも予測が不可能だと思われるのは，その現象のプロセスが単に明らかになっていないからであると指摘している。

図表 3-1　仮説と理論・モデルの関係

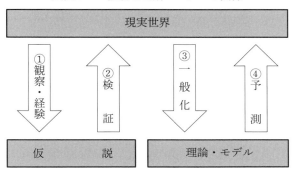

テキストマイニング研究は仮説探索型の研究として位置づけるということは，仮説と理論・モデルとの関係で言えば，もっと初期の段階であることを意味している。したがって，テキストマイニングの手法を用いて明らかになったことをもって，それを一般化して結論を導くことについては一定の留保が必要である。本章の分析結果も，あくまでも仮説を導いているに過ぎないことに留意されたい。会計学領域について言えば，いわゆる実証研究は仮説検証型の研究ではあるが，その多くは一般化され理論へと昇華したものはほとんどないと言えるかもしれない。

3.3　テキストマイニング手法を用いた先行研究

3.3.1　定性的情報を用いた企業評価

近年，ディスクロージャーにおける定性情報を含む非財務情報の必要性が盛んに議論されているが（古賀，2011，第Ⅱ部），企業評価における定性情報の必要性は，実は古くから認識されてきた。1970年代の終わりには，例えばQAQF法（quantitative analysis for qualitative factors）などが提唱されている（清水，1979；藤森，1983）。しかしながら，ここでの定性情報の収集は基本的にアンケート調査を実施することによっていたため，企業評価への応用研究はあまり進まなかったという経緯がある（中邨，2011）。

有価証券報告書には，財務諸表が掲載される「経理の状況」のセクション

以外にも，「企業の概況」や「事業の状況」のセクションがあり，豊富な定性情報が提供されているにもかかわらず，定性情報の利用が進まなかったのは，テキストデータへの変換が難しかったこと，テキストデータに対する分析手法が確立していなかったことなどが原因として挙げられる。テキストマイニング研究が登場するに至るまでには，まず定量的なデータマイニング手法が確立し，その後に自然言語処理の手法が確立するという過程が必要であった。以下，それまでの簡単な歩みを見てみることにしよう。

3.3.2 データマイニング手法を用いた研究

1990年代に入ると，大量の定型・非定型データを扱うデータマイニング研究が盛んとなり，様々な手法が提唱されるようになった。具体的には，以下のような学習アルゴリズムが開発されてきた。

- サポートベクターマシン（Vapnik and Lerner, 1963；Cortes and Vapnik, 1995）
- ナイーブベイズ（Domingos and Pazzani, 1997）
- 遺伝アルゴリズム（Holland, 1992）

上記の学習アルゴリズムは，機械学習（machine learning）を行うためのロジックであり，以下のように定義される。

　　重要なパターンや傾向を抽出し，「このデータは何を言わんとしているのか」を理解すること。（Hastie *et al.*, 2009）

なぜデータマイニングに機械学習が必要とされるのかについて，簡単に考察してみたい。データマイニングでは，どのような理論が背後に存在しているのかが分からない状態で，大量のデータを相手に手探りで探索的にモデルを導出しなければならない。そもそも背後にある理論が分からないのであるから，最初は適当なパラメータを設定していろいろと解析をしてみることになる。背後にある理論が分からなくても，その解析結果が正しいか間違っているかさえ分かれば，適宜パラメータを変化させながら試行錯誤することによって，次第にモデルが洗練されていき，最終的に「このデータは何を言わ

んとしているのか」という問いに対して有用なモデルができあがることになる。大量のデータを相手にするため，人間がいちいち正誤を調べてチューニングするのではなく，機械自身に「学習」させることでチューニングしていくことになるが，そのために前述したような学習アルゴリズムが必要となるわけである。

ところで機械学習には，分析の仕方によって，「教師なし学習法」と「教師あり学習法」に大別される。両者は，「学習データに，正解が付いているか，いないかで大きく分類」される（荒木，2014，p.6）。教師なし学習法の代表的手法としては，対応分析やクラスター分析などがある。教師あり学習法の代表的手法としては，線形判別分析やサポートベクターマシンなどがある[2]。

会計領域におけるデータマイニング研究としては，ニューラルネットワークを応用したものとして Fanning *et al.*（1995）および Fanning and Cogger（1998）を，ベイジアンネットワークを応用したものとして Kotsiantis *et al.*（2006）を，遺伝アルゴリズムを応用したものとして Hoogs *et al.*（2007）を，サポートベクターマシンを応用したものとして Ravisankar *et al.*（2011）を挙げることができる。

3.3.3　テキストマイニングへの展開

データマイニングの手法をテキストの分析に応用するためには，数値データと違い，テキストの前処理が必要となる。その前処理のことを「自然言語処理」（natural language processing）と呼び，それ自体が機械学習の一例でもある（Manyika *et al.* 2011, p.29）。自然言語処理でまずしなければならないのは，形態素解析（morphological analysis）である。形態素解析は，日本語やタイ語のように単語を分かち書きしない言語で書かれた文章を，最小単位である形態素（morpheme）に分割し，それぞれの品詞を判別するという作業を指す。自然言語処理は，この形態素に分割された状態になって，はじめて様々な統計的な処理を行うことができることになる。

2　機械学習について全般的な解説書としては，Richert and Coelho（2013）が網羅的で分かりやすい。

自然言語処理の中で，テキストの中から重要語を判別する手法がいくつか提唱されているが，Jones（1972）の IDF の考え方を応用した TF-IDF 法が有名であり，しばしば用いられる。TF-IDF 法では，まずは形態素解析を行い，一文書内での単語の出現頻度（text frequency: TF）と，その単語の出現する文書の頻度（inverse document frequency: IDF）をもとに定量化を行う手法である。

TF としては，「単純にその単語の生の頻度をそのまま使う」ことが多いのに対し，IDF は「一部の文書にのみ現れる単語に大きな重みを与える指数」であり，以下の式で求めることができる（石田・小林，2013，pp.75-76）。

$$IDF = \log \frac{N}{df} + 1$$

ここで N は文書数，df はある形態素が出現した文書数であり，log は底を 2 とする対数とする。ただし，その場合は 0 の値をとることがあるため，右辺に 1 をプラスすることが多い（後述する RMeCab ではそのように処理をしている）。

会計領域におけるテキストマイニング研究としては，最初期の論文として Kloptchenko *et al.*（2004）を挙げることができる。また Kloptchenko *et al.*（2004）は，財務データとテキストマイニングを組み合わせた企業分析の手法を提唱している。さらに Debreceny and Gray（2011）は，電子メールでのやりとりをテキストマイニングして不正発見ができるかどうかを試みている。

続いて日本語テキストマイニング研究を見てみることにしよう。日本語テキストマイニング研究の最初期の論文としては，白田・坂上（2005）があり，テキストの頻度分析と財務データを組み合わせた倒産判別モデルを提唱している。また坂上他（2007）は，複式簿記と単式簿記の違いについて研究者へのアンケート調査の回答に対し TF-IDF 法を用いてその要点の抽出を試みている。記虎（2009）は，企業の社会的責任の基本方針について，テキストマイニングの手法を用いて「分類」を試みている。さらに白田他（2009）は，単なる頻度分析から一歩進めて，定義されたキーワードとペア

で出現するワードを抽出する文脈情報を用いて分析したものである。

3.4 テキストマイニングのための準備

3.4.1 形態素解析

　自然言語処理の最も基本的な技術は「形態素解析」である。この形態素解析は，既に述べたように，言語的に意味を持つ最小単位に分割し，それぞれの品詞を判別する作業を指す。その上で，単語の出現頻度や係り受け頻度などを手掛かりに，テキストデータの定量化を行うことで，データマイニングの手法を適用できるようになるのである。

　本章では日本語テキストデータを対象として分析をしているので，日本語に対応した形態素解析のためのツールが必要となる。これまでにいくつかの形態素解析ツールが公開されてきたが，隠れマルコフモデル（Hidden Markov Model: HMM）を実装した ChaSen（茶筌）が最もよく知られたものであろう。最近では，条件付き確率場（conditional random fields: CRF）を実装した MeCab（和布蕪）が登場し（坪井他，2006），統計解析ソフト R との連携ができることから，近年急速に普及している。それぞれの入手先は，以下のとおりである。

- ●ChaSen:

  http://chasen-legacy.sourceforge.jp/

- ●MeCab:

  http://mecab.googlecode.com/svn/trunk/mecab/doc/index.html

3.4.2 MeCab による形態素解析の実例

　MeCab を使った形態素解析の例を示してみよう。MeCab をインストールした後，コマンドプロンプトから MeCab を起動させ，形態素解析を行ってみる（図表3-2）。

　ここに先ほどの「MeCab を使った形態素解析の例を示してみよう。」という文章を入力し，形態素解析の結果を表示させてみると，以下のようになる。

図表 3-2　MeCab の画面

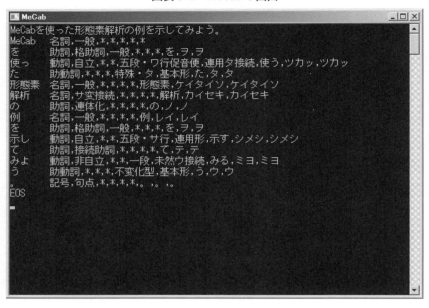

MeCab を使った形態素解析の例を示してみよう。	
MeCab	名詞,一般,*,*,*,*
を	助詞,格助詞,一般,*,*,*,を,ヲ,ヲ
使っ	動詞,自立,*,*,五段・ワ行促音便,連用タ接続,使う,ツカッ,ツカッ
た	助動詞,*,*,*,特殊・タ,基本形,た,タ,タ
形態素	名詞,一般,*,*,*,*,形態素,ケイタイソ,ケイタイソ
解析	名詞,サ変接続,*,*,*,*,解析,カイセキ,カイセキ
の	助詞,連体化,*,*,*,*,の,ノ,ノ
例	名詞,一般,*,*,*,*,例,レイ,レイ
を	助詞,格助詞,一般,*,*,*,を,ヲ,ヲ
示し	動詞,自立,*,*,五段・サ行,連用形,示す,シメシ,シメシ
て	助詞,接続助詞,*,*,*,*,て,テ,テ

```
みよ      動詞,非自立,*,*,一段,未然ウ接続,みる,ミヨ,ミヨ
う       助動詞,*,*,*,不変化型,基本形,う,ウ,ウ
。       記号,句点,*,*,*,*,。,。,。
EOS
```

　解析対象の文章をいちいち入力するのではなく，ファイルを指定すること
もできる。また解析結果も，テキストデータとして書き出すことができるの
で（-o オプションを付けファイル名を指定する），実際にはこのようにプロ
ンプト上に文章を入力することはあまりないだろう。

3.4.3　統計解析ソフト R と RMeCab

　実際のテキストマイニングの場面では，統計解析ソフト R との連携機能
を提供する RMeCab を使うことになる。この RMeCab という R のパッケー
ジは，MeCab に対するフロントエンド処理を行うだけのもので，単体では
形態素解析を行ってくれない。したがって，利用にあたっては，まずは
MeCab をインストールしておき，続いて R をインストールし，最後に
RMeCab をインストールすることになる。

　R にはデータマイニング用のパッケージも数多く提供されているので，R
だけで基本的なテキストマイニングの手法を一通り実行することができる。
Windows 環境で動作する R および，そのパッケージである RMeCab は以
下の URL より入手ができる。

- R for Windows:

  http://cran.r-project.org/bin/windows/base/

- RMeCab:

  http://rmecab.jp/wiki/index.php?RMeCab

　あらかじめ MeCab がインストールされている状態を所与とし，まず R
for Windows をインストールし，続いて RMeCab のパッケージをインス
トールする。RMeCab のパッケージをダウンロードしたら，R コンソール
画面から以下のコマンドを入力する。

```
>install.packages("RMeCab",repos="http://rmecab.jp/R")
```

パッケージがインストールされたら，RMeCab を読み込んで R 上から MeCab が使えるようにする。

```
>library (RMeCab)
```

先ほどと同じ文章を，RMeCab を通じて形態素解析を行ってみる。このとき RMeCabC というコマンドを用いる。

```
>RMeCabC ("MeCab を使った形態素解析の例を示してみよう。")
```

RMeCabC コマンドを用いた場合，解析結果の出力はリスト形式で出力されるため，これを unlist 関数を用いて整形したものが，以下の結果である。

名詞	助詞	動詞	助動詞	名詞	名詞	助詞	名詞
"MeCab"	"を"	"使っ"	"た"	"形態素"	"解析"	"の"	"例"
助詞	動詞	助詞	動詞	助動詞	記号		
"を"	"示し"	"て"	"みよ"	"う"	"。"		

出力形式がやや異なり，情報量も少ないが，同じ結果が得られたことが確認できる。これでテキストマイニングを行う準備ができたことになる[3]。

3.5　有価証券報告書のテキストデータの分析 ——

3.5.1　分析対象の XBRL データ

次世代 EDINET システムは 2013 年 8 月より稼働を始め，有価証券報告

3　統計パッケージ R と RMeCab の利用法については，RMeCab の開発者である石田基広氏のサイト（http://rmecab.jp/wiki/index.php?RMeCab）を参照されたい。とりわけ以下の URL で入手できるマニュアルは形態素解析について基礎も学べるもので，テキストマイニング研究を行う上で非常に有益な文書である。『RMeCab の使い方』（http://rmecab.jp/wiki/index.php?plugin=attach&refer=RMeCab&openffile=manual.pdf）

書全体がXBRL化され，テキスト情報を入手できるようになった。実際に次世代EDINETシステム用のタクソノミを用いて作成された報告インスタンスが公表されるようになったのは2014年1月からで，2014年12月7日時点までに入手可能な報告インスタンスは4,030ファイルであった。これらのファイルを使って，以下，テキストデータの分析をしてみることにしたい。

　報告インスタンスは全部で4,030ファイルあったが，このうち270社が1度の訂正，17社が2度の訂正，3社が3度の訂正を行っているため，計290ファイルを除外した。さらに決算期変更のあった2社の2ファイルも除外することにした。これら無効となったファイルを除くと，今回テキストマイニングの分析対象となる新形式の報告インスタンス（XBRLデータ）は，3,738ファイルであった。

3.5.2　EDINET報告インスタンスの特徴

　次世代EDINETから入手可能な報告インスタンスは，InlineXBRLに対応したことに伴い，XBRLタグ以外にも，大量のHTMLタグが埋め込まれている。したがってInlineXBRL形式の報告インスタンスには，XBRLタグとHTMLタグが混在することになるが，多くのWebブラウザーは，HTML以外のタグを無視して表示するように設計されているので，画面上にはXBRLタグは表示されず，HTMLタグによって見やすく整形された情報を閲覧できるのである。InlineXBRL形式のインスタンスは，XBRLとHTMLの両方の利点をうまく組み合わせたハイブリッドな文書形式なのである。

　しかしながら，大量のHTMLが埋め込まれるために報告インスタンスの容量が肥大化し，また人が直接報告インスタンスを見た場合の可読性が損なわれるという弊害ももたらしている。

　下記のリストを見てもらえばわかることであるが，リスト中ゴシックで示されている部分はXBRLタグもしくはHTMLタグの情報である。とりわけHTMLタグについては，文字装飾情報として特定の単語（align, margin, left, right, height等々）が反復的に記述されており，これが大きな

ノイズとなっている。

```
<jpcrp_cor:DescriptionOfBusinessTextBlock contextRef="FilingDate
Instant">
&lt;h3&gt;3【事業の内容】&lt;/h3&gt;
&lt;p style="margin-left: 24px; line-height: 19.3299999237061px;
text-align: left"&gt;
　当社グループは，当社及び子会社 3 社で構成され，種苗・花き園芸用品・農薬・農
業用施設材の販売及び養液栽培プラント・温室・造園工事の設計・施工を行っており
ます。&lt;/p&gt;
&lt;p style="margin-left: 24px; line-height: 19.3299999237061px;
text-align: left"&gt;
　当社グループの各事業の内容は，次のとおりであります。&lt;/p&gt;
&lt;p style="margin-left: 24px; line-height: 19.3299999237061px;
text-align: left"&gt;
　なお，次の 5 部門は「第 5　経理の状況　1 連結財務諸表等　(1)連結財務諸表　注
記事項」に掲げるセグメントの区分と同一であります。&lt;/p&gt;
&lt;p style="margin-left:108px; line-height: 19.3299999237061px;
text-align: left; text-indent: -72px"&gt;種苗事業　　種苗事業では，当
社及び非連結子会社 2 社が，野菜種子や牧草種子等の委託生産・仕入・販売を行って
おります。&lt;/p&gt;
&lt;p style="margin-left:108px; line-height: 19.3299999237061px;
text-align: left; text-indent: -72px"&gt;花き事業　　花き事業では，当
社及び連結子会社である㈱カネコガーデンショップが，花の種子・苗等の委託生産・
販売や花き園芸用品の仕入・販売を行っております。&lt;/p&gt;
&lt;p style="margin-left: 108px; line-height: 19.3299999237061px;
text-align: left; text-indent: -72px"&gt;農材事業　　農材事業では，当
社が農薬等の仕入・販売を行っております。&lt;/p&gt;
&lt;p style="margin-left: 108px; line-height: 19.3299999237061px;
text-align: left; text-indent: -72px"&gt;施設材事業　　施設材事業で
は，農業用施設材の仕入・販売や養液栽培プラント及び温室を当社独自に開発・販売
しております。&lt;/p&gt;
&lt;p style="margin-left: 108px; line-height: 19.3299999237061px;
margin-bottom: 18px; text-align: left; text-indent: -72px"&gt;造園
事業　　造園事業では，官公庁の緑化工事，一般企業の工場緑化等の設計・施工を
行っております。&lt;/p&gt;
&lt;p style="margin-left: 24px; line-height: 19.3299999237061px;
```

```
margin-bottom: 19.3299999237061px; text-align: left"&gt; 当社及び当
社グループの当該事業における位置付けを図示すると以下のとおりであります。
&lt;/p&gt;
&lt;p style="margin-left: 24px; line-height: 19.3299999237061px;
margin-bottom:19.3299999237061px; text-align: left"&gt;
&lt;img style="height: 379px; width: 603px" src="images/0101010_
001.png"
alt="0101010_001.png"/&gt;
&lt;/p&gt;
&lt;p style="margin-bottom: 18px; text-align: left"&gt; &lt;/p&gt;
</jpcrp_cor:DescriptionOfBusinessTextBlock>
```

　また，EDINET の報告インスタンスの文字コード体系は UTF-8 であり，
多言語を扱え，多くのプラットフォーム上で読むことができるなどのメリッ
トをもたらしている。しかしながら一般的な Windows 環境では文字コード
が Shift-JIS がデフォルトとなっているため，使用するソフトウェアによっ
ては UTF-8 で記述されたテキストデータを適切に扱えず，文字化けをおこ
してしまう場合がある。それゆえ，普通のコンピュータ・リテラシーしかな
い者がこれらの報告インスタンスを適切に扱うことが難しくなっている。例
えば，上記の文章の最初の部分は，Shift-JIS にしか対応していないツール
で読み込むと，以下のように文字化けしてしまう。

```
<jpcrp_cor: DescriptionOfBusinessTextBlock contextRef
="FilingDateInstant">
&lt;h3&gt;・薙 蟬コ区・ュ縺ョ蜀・ヨケ縲・lt;/h3&gt;
&lt;p style="margin-left: 24px; line-height: 19.3299999
237061px; text-align: left"&gt;
縲 蠖鍋、セ繧ー繝ォ繝シ繝励・縲∝ス鍋、セ蜿瓠・蟄蟬シ夊、セ・鍋、セ繧ァ讒
区・縺輔１縲∫ィョ閨励・関ァ縺榊恍関ク逕イ蜩√・雲イ阮ャ繝サ雲イ讌ュ逕イ譁ス
險ュ譚舌・雋ゥ螢イ蜿瓠・鬟頑カイ譬ス蜴ケ繝励Λ繝ゥ繝医・貂ゥ蝗、繝サ驛□蟲
貞キ・莠九・險ュ險医・譁ス蟶・繧定。後▲縺ヲ縺瓠ｊ縺セ縺吶・lt;/
p&gt; ・・・
```

88 —— 第 I 部　巨大災害のディスクロージャー

　これらの EDINET 報告インスタンスの特徴は，Web ブラウザーによる可読性を飛躍的に高めている一方で，テキストマイニングの手法を用いようとすると，一般的に普及している Windows 環境下では逆に仇となり，その実行を阻む大きな要因となっている[4]。

3.5.3　HTML タグの除去処理の必要性

　新形式の報告インスタンスには，XBRL タグの中に HTML タグが埋め込まれているが，XBRL タグとの混同を避けるために，HTML の「<」という記号は < に，「>」という記号は > に置き換わっている。このため，「lt」「gt」といった意味不明の文字列が大量にカウントされてしまう。

　また前述したように HTML のタグ情報には，文字修飾情報として style="margin-left: 24px; line-height: 20px; text-align: left" といった文字列が埋め込まれているため，「style」「margin」「left」「line」「height」「text」「align」などの単語が大量にカウントされてしまう。

　これら有価証券報告書の内容とは一切関係のない大量の文字列は，大きなノイズとなり，テキストマイニングの結果にも影響を与えかねない。実際に EDINET 報告インスタンスを対象としてテキストマイニングを実施するにあたっては，まずは HTML タグを除去することが不可欠となる。

　このようなテキスト処理に対して威力を発揮するのが perl や python，あるいは Ruby と呼ばれるスクリプト言語である。HTML タグを除去するために，「<」で始まり「>」で終わる最短文字列をブランク（空白）と置き換えるという処理を，ここでは perl スクリプトを使って除去することにしよう。

　なお unix 系の OS であれば perl は標準でインストールされているが，一般的な Windows 環境のシステムには通常 perl はインストールされていな

───────────────

4　もちろん普段より Linux や FreeBSD などの unix ベースのシステムを使っていたり，XML および HTML のタグや文字コードの問題について精通していたりするコンピュータのエキスパートであれば，これらのことは大した問題とはならないはずだ。しかしながら社会科学の中でも会計学領域は，相対的にコンピュータを活用した研究に乏しく，分析的研究領域の研究者を除けば，せいぜい統計解析ソフトで回帰分析をかける程度に留まっているのが現状である。会計学分野における全体的なコンピュータ・リテラシーの低さが，テキストマイニング研究が進展しない大きな要因ともなっているといっても過言ではない。

い。このため，システムに Perl（Windows 環境であれば，具体的には Ac-
tive Perl など）をインストールする必要がある。例えば Active Perl は，
以下の URL から入手することができる。

● Active Perl:

http://www.activestate.com/activeperl/downloads

以下に，HTML タグ除去用の perl スクリプトの例を示す[5]。

```perl
#! /usr/bin/perl
use warnings;
use strict;
$/ = undef;
my $text = <>;
$text =~ s/&lt;.*?&gt;//imsg;
print $text, "\n";
```

これを適当なファイル名（例えば del-html-tag.pl，拡張子は pl とする）
で保存し，コマンドプロンプトでファイル名（例えば html-include.txt と
する）を指定し，出力先として適当なファイル（例えば html-deleted.txt）
を指定してコマンドを打ち込めば，html タグを除去してくれるはずである。

```
> del-html-tag.pl html-include.txt > html-deleted.txt
```

HTML タグを除去した結果，先ほどのリストは，以下のようなものとな
る。これは HTML タグを除去しただけで，XBRL タグはそのまま残されて
いるが，必要な内容のセクションだけを取り出すといった処理を行えるよう
に，敢えて残している。

```
<jpcrp_cor:DescriptionOfBusinessTextBlock contextRef="FilingDate
Instant">
```

5　このスクリプトの内容を理解したり，作成したりするためには，perl のコマンドだけでなく，
「正規表現」（regular expression）に関する知識が必要となる。perl の言語仕様と正規表現につ
いては，例えば結城（2006）を参照されたい。

> 3【事業の内容】
>
> 　当社グループは，当社及び子会社3社で構成され，種苗・花き園芸用品・農薬・農業用施設材の販売及び養液栽培プラント・温室・造園工事の設計・施工を行っております。
>
> 　当社グループの各事業の内容は，次のとおりであります。
>
> 　なお，次の5部門は「第5　経理の状況　1連結財務諸表等　(1)連結財務諸表　注記事項」に掲げるセグメントの区分と同一であります。
>
> 種苗事業　　種苗事業では，当社及び非連結子会社2社が，野菜種子や牧草種子等の委託生産・仕入・販売を行っております。
>
> 花き事業　　花き事業では，当社及び連結子会社である㈱カネコガーデンショップが，花の種子・苗等の委託生産・販売や花き園芸用品の仕入・販売を行っております。
>
> 農材事業　　農材事業では，当社が農薬等の仕入・販売を行っております。
>
> 施設材事業　　施設材事業では，農業用施設材の仕入・販売や養液栽培プラント及び温室を当社独自に開発・販売しております。
>
> 造園事業　　造園事業では，官公庁の緑化工事，一般企業の工場緑化等の設計・施工を行っております。
>
> 　当社及び当社グループの当該事業における位置付けを図示すると以下のとおりであります。
>
> `</jpcrp_cor:DescriptionOfBusinessTextBlock>`

　HTMLタグを除去したおかげでノイズとなっていた意味不明な記号が除去され，可読性が飛躍的に向上したことが理解できるだろう。

3.5.4　文字コード変換の必要性

　Windows環境では文字コードはデフォルトでShift-JISとなっている。EDINETから入手できる報告インスタンスは文字コードがUnicodeのひとつであるUTF-8となっているため，UTF-8にしっかりと対応したソフトやツールを用いないと文字化けが発生することになる。したがって，邪道ではあるが文字コード変換ツール（例えばFileCode Checkerが有名である）などを使って，文字コードをShift-JISに変換しておくとよいだろう。

3.6 「東日本大震災」に関する記述の調査

3.6.1 「東日本大震災」の出現頻度

　分析対象 3,738 ファイル中，618 社に「東日本大震災」の記述があった。ちなみに「東日本大震災」の記載があったこの 618 社のうち 39 社が再提出している（再提出率 6.31%）である一方，非記載企業 3,120 社のうち 230 社が再提出している（再提出率 7.37%）となっており，「東日本大震災」の記載のある企業の方が，再提出率が少なかったのは意外であった。

　なお，このような文字列の出現頻度をカウントする作業には grep 等のテキスト検索ツールがほぼ必須である。Windows 環境では，例えば HNXgrep やその後継ソフトウェアの TresGrep などのプログラムを利用するとよい。以下の URL より入手することができる。

　HNXgrep を使い，「東日本大震災」という言葉の出現回数別に企業数をカウントすると，以下のような結果が得られた。

出現回数	35	22	15	13	12	11	10	9	8	7	6	5	4	3	2	1
企業数	1	1	1	1	2	1	1	1	4	3	7	13	34	47	119	382

　この企業別の「東日本大震災」という文字列の出現回数と累積企業数との関係をグラフにしてみると，図表 3-3 のようになる。

　パレート分布のような形状を示していることが読み取ることができる。そこで，さらに出現回数と累積企業数との関係を両対数グラフにしてみると，図表 3-4 のようになる。見事にほぼ一直線上にならんでいることから，「東日本大震災」という語句の企業別の出現頻度と累積企業数との関係には冪乗則があることが理解することができる。災害に対する損失その他に関する記述が，このように冪乗則に従い，また角度が約 0.6 であるという知見を得られたことは興味深い。この角度がなぜ 0.6 なのかという問題については，更なる調査が必要であろう。

図表 3-3 「東日本大震災」の出現回数と累積企業数との関係

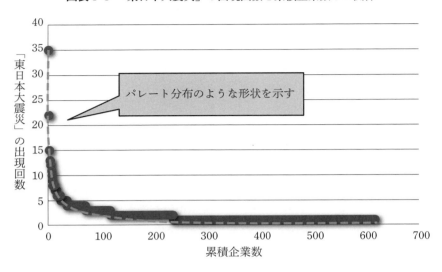

図表 3-4 「東日本大震災」の出現回数と順位との関係（両対数グラフ）

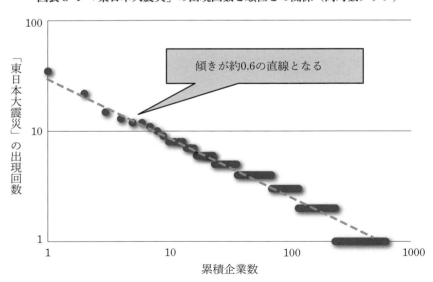

3.6.2 「東日本大震災」という言葉の重要度

　有価証券報告書の中で「東日本大震災」について言及している企業は，分析対象となった 3,738 社中 618 社であり，全体の 16.54% である。別の言い方をするならば，東日本大震災が発生して 3 年が経過した 2014 年度には，もはや 83.46% の企業が，有価証券報告書に東日本大震災に関する記述を行っていないという状況になっているのである。そのうち 382 社は 1 回しか出現しておらず，2 回以上出現している企業は 236 社（6.31%），5 回以上出現している企業はわずかに 36 社（0.96%）にすぎない。

　それでは記述の内容はどのようになっているのだろうか。以下は，1 回しか出現しない企業の典型的な記述例である。

　なお，文中の将来に関する事項は，当連結会計年度末現在において当社グループが判断したものであります。また，東日本大震災によって新たに認識されたリスクへの備えを徹底し，今後の対応などに活かしてまいります。

　つまり，当該企業は被災したわけではなく，震災を機にリスク対策を見直したと言及しただけであることがわかる。このような記述から見て取れるのは，「東日本大震災」という語句の相対的な重要度の低下である。

　そこで，テキストマイニングにおいて重要語の判断に用いられる TF-IDF 法を用いて，「東日本大震災」という語句の重要度を定量化してみることにしよう。

　「東日本大震災」の IDF 値は，以下の式で算出できる。

$$IDF = \log_2 \frac{3{,}738}{618} + 1$$

　まず，R のコンソールに以下のコマンドを入力し IDF の値を計算してみる。

```
> log2 (3738/618)
[1] 2.596588
```

　ある文書に出現した「東日本大震災」という語句の頻度に，このIDFの値（ある種のウェイト）を乗じたものが，その語句の重要度を示す尺度となる。

　ところで，このような頻度分析を行う上での注意点を示しておくことにしたい。「東日本大震災」という語句は，MeCabを使って普通に形態素解析を行うと，以下のように分割されてしまう。

```
[[1]]　名詞 " 東日本 "
[[2]]　名詞 " 大震災 "
```

　形態素解析器によっては，さらに「東」「日本」「大」「震災」というように分割される場合もある。これを避けるためには，分析に使う辞書の整備が不可欠であり，あらかじめ「東日本大震災」を登録しておく必要がある。

　さて，「東日本大震災」という語句が最も多く出現した企業の出現頻度（TF）は35であったので，当該企業における「東日本大震災」という語句のTF-IDFの値は35×2.596588＝90.88058となる。この値がどの程度の重要度を示しているかは，他の語句と比較してみなければ分からない。例えば当該企業のテキストで，出現頻度が上位にあり，かつ特徴的と思われる形態素としては，以下の2つを挙げることができる。

● 発電　　　　名詞　　サ変接続　　　303回
● 原子力　　　名詞　　一般　　　　　190回

　「発電」という語句の出現する文書数は，全3,738インスタンスのうち1,002インスタンスあるので，IDFは1.899384と計算される。また「原子力」という語句の出現する文書数は282インスタンスあるので，IDFは3.7285と計算される。したがって，当該企業の報告インスタンスにおける各語句の重要度（TF-IDF値）は，以下のとおりとなる。

● 「東日本大震災」　　　90.88
● 「発電」　　　　　　　575.51

● 「原子力」　　　　　　　　708.42

これらの語句の当該企業における重要度は，「原子力」＞「発電」＞「東日本大震災」となっていることが理解できる。

3.6.3　調査結果の含意

2014年に公表された全上場企業の有価証券報告書を対象としてテキストマイニングを行った結果，「東日本大震災」による直接的なダメージは，少なくとも上場企業全体としてみれば，解消しつつあるようであった。「東日本大震災」に言及している企業が3,738社中わずかに618社，しかも382社は1回しか出現しておらず，2回以上出現している企業はもはや236社（6.31%）しかないことが，それを物語っている。また1回しか出現しない企業の記述内容は，災害損失と直接関係のない「リスクの見直し」といった記述がほとんどであることが判明した。

東日本大震災による直接的な被害よりも，2014年当時の課題は原発事故による稼働停止により，安定的かつ安価な電力供給が失われことによる財務的なインパクトの方が大きいことが重要語の指標となるTF-IDF値を比較することによって明らかになった。これらの含意を，実際の財務データと照らし合わせることによって，検証すべき仮説を提示できるだろう。

3.7　小括

2014年度よりEDINETより入手できる有価証券報告書の全てがXBRL化し，膨大な量のテキストデータが入手できるようになっている。テキストマイニングのためのフリーで高性能なツールも入手可能となり，テキストマイニング手法をディスクロージャー研究に応用する環境が整いつつあるといえる。

本章では，東日本大震災が発生してから3年が経過した段階で，その回復状況がどのようなものであるか非財務情報に対しテキストマイニングを行うことによって明らかにしようと試みた。当初予想していたよりも，東日本大震災に言及している企業は少なく，また最も多く言及している企業ですら，

その語句の重要度が相対的に低いことが明らかとなった。これは上場企業に限って言えば、東日本大震災の影響からは既に脱しつつあることを意味しているであろう。

　今回は TF-IDF 法という、頻度情報のみに注目した基本的な指標を使って、語句の重要度を算出してみた。この他に、コロケーション分析（単語の結び付きの強さを定量化）を試みることで、頻度情報だけでも、より深い理解が得られるだろう。コロケーション分析は、今回のような企業の非財務情報分析のための辞書の整備にも利用できるので、今後の展開が望まれる。これらの手法によって、特徴的な語句・用語を発見し、それらの出現パターンを認識することで、様々な判別分析にも応用することができるなど、テキストマイニング手法の応用は広がりを持っているはずである。

　仮説探索型の研究という意味では、教師なし学習法のひとつとして、対応分析によるクラスタリング（分類）を行うという方向性も興味深い。分類をするという意味では、クラスタリング分析も行うことができるだろう。対応分析やクラスタリング分析により、企業を分類し、それぞれの財務パフォーマンスとの関係を調べると、何か新しい知見を発見できるかもしれない。

　企業に対するアナリストのコメントなどのテキスト情報が入手できるようになれば、評判分析を行うことができるかもしれない。「肯定的」「否定的」といった主観情報をナイーブベイズやサポートベクターマシン等を用いて分類し、「良い」・「悪い」を判別しようとする分析なども既に行われている（Pang *et al.* 2002 ; Turney, 2002）。

　テキストマイニングの分析結果と、財務数値のきめ細かな分析結果との対応を図れば、無限の可能性が広がっていると思われる。会計学領域における非財務情報の重要性がさけばれている今日において、更なるテキストマイニング研究が進むことを期待したい。

参考文献

Cortes, C., Vapnik, V., 1995. Support-vector networks. *Machine Learning* 20(3), 273-297.

Christensen, C. M., Raynor, M. E., 2003. *The Innovator's Solution: Creating and Sus-*

taining Successful Growth, Harvard Business School Press.

Debreceny, R. S., Gray, G. L. 2011. Data mining of electronic mail and audit: A research agenda. *Journal of Information Systems* 25(2), 195-226.

Domingos, P., Pazzani, M., 1997. On the optimality of the simple bayesian classifier under zero-one loss. *Machine Learning* 29(1-2), 103-130.

Fanning, K. M., Cogger, K. O., Srivastava, R., 1995. Detection of management fraud: A neural network approach, *International Journal of Intelligent Systems in Accounting, Finance & Management* 4(2), 113-126.

Fanning, K. M., Cogger, K. O., 1998. Neural network detection of management fraud using published financial data. *Intelligent Systems in Accounting, Finance & Management* 7(1), 21-41.

Hastie, T., Tibshirani, R., Friedman, J., 2009. *The Elements of Statistical Learning: Data Mining, Inference, and Prediction*, Second Edition, Springer.

Holland, J. H., 1992. *Adaptation in Natural and Artificial Systems*, MIT Press. (Originally issued in 1975)

Hoogs, B., Kiehl, T., Lacomb, C., Senturk, D., 2007. A genetic algorithm approach to detecting temporal patterns indicative of financial statement fraud. *Intelligent Systems in Accounting, Finance and Management* 15(1-2), 41-56.

Jones, K. S., 1972. A statistical interpretation of term specificity and its application in retrieval, *Journal of Documentation* 28(1), 11-21.

Kotsiantis, S., Koumanakos, E., Tzelepis, D., Tampakas, V., 2006. Forecasting fraudulent financial statements using data mining. *International Journal of Computational Intelligence* 3(2), 104-110.

Kloptchenko, A., Magnusson, C., Back, B., Visa, A., Vanharanta, H., 2004. Mining textual contents of financial reports. *The International Journal of Digital Accounting Research* 4(7), 1-29.

Kloptchenko, A., Eklund, T., Back, B., Karlsson, J., Vanharanta, H., Visa, A., 2004. Combining data and text mining techniques for analyzing financial reports. *Intelligent Systems in Accounting, Finance, and Management* 12(1), 29-41.

Manyika, J., Chui, M., Brown, B., Bughin, J., Dobbs, R., Roxburgh, C., Byers, A. H., 2011. *Big Data: Next Frontier for Innovation, Competition, and Productivity*, McKinsey Global Institute.

Pang, B., Lee, L., Vaithyanathan, S., 2002. Thumbs up?: Sentiment classification using machine learning techniques. *Proceedings of the ACL-02 Conference on Empirical Methods in Natural Language Processing* 10, 79-86.

Ravisankar P., Ravi, V., Rao, G. R., Bose, I., 2011. Detection of financial statement fraud and feature selection using data mining techniques. *Decision Support System*

50(2), 491-500.

Richert, W., Coelho, L. P., 2013. *Building Machine Learning Systems With Python*, Packt Publishing.

Turney, P. D., 2002. Thumbs up or thumbs down?: Semantic orientation applied to unsupervised classification of reviews. *ACL '02 Proceedings of the 40th Annual Meeting on Association for Computational Linguistics*, 417-424.

Vapnik, V., Lerner, A., 1963. Pattern recognition using generalized portrait method, *Automation and Remote Control* 24, 774-780.

荒木雅弘，2014.『フリーソフトではじめる機械学習入門』森北出版.

石田基広・小林雄一郎，2013.『R で学ぶ日本語テキストマイニング』ひつじ書房.

記虎優子，2009.「企業の社会的責任（CSR）に対する基本方針による企業の類型化―テキストマイニングによるクラスター化の試み―」『社会情報学研究』第 13 巻第 1 号，17-29.

古賀智敏編著，2011.『IFRS 時代の最適開示制度―日本の国際的競争力と持続的成長に資する情報開示制度とは―』千倉書房.

坂上学・清水泰洋・島本克彦，2007.「『質問票調査』の分析結果―テキストマイニング分析―」，中野常男編著『複式簿記の構造と機能―過去・現在・未来―』同文舘出版，81-101.

清水龍瑩，1979.『企業行動と成長要因の分析―戦後日本企業の実証的研究―』有斐閣.

白田佳子・坂上学，2005.「人工知能アプローチによる『継続企業の前提』の解析―テキストマイニングによる非会計情報の分析―」日本会計研究学会スタディグループ『倒産予測モデルの構築とパフォーマンスの検証』最終報告書，155-195.

白田佳子・竹内広宜・荻野紫穂・渡辺日出雄，2009.「テキストマイニングを用いた企業評価分析―倒産企業の実証分析―」『年報 経営分析研究』第 25 号，40-47.

坪井祐太・鹿島久嗣・工藤拓，2006.「言語処理における識別モデルの発展―HMM から CRF まで―」言語処理学会第 12 回年次大会・チュートリアル資料.

中邨良樹，2011.「有価証券報告書を利用した企業活動と経営指標とのモデル化の一考察」『経済集志（今福愛志教授 定年退職記念号）』第 81 巻第 3 号，309-318.

藤森三男，1983.『定性要因による経営分析―その理論と実際―』有斐閣.

結城浩，2006.『新版 Perl 言語プログラミングレッスン入門編』ソフトバンククリエイティブ.

第4章

東日本大震災に関する
ディスクロージャー行動

　平成23年（2011年）東北地方太平洋沖地震直後の16週間におけるディスクロージャー行動を調査した結果，上場企業は投資家が必要とする情報を適時に開示するように努めていたと推測できる事実が明らかとなった。具体的には，例えば，地震直後1週目に関連情報が集中的に開示された。その中心は被害情報であったが，被害がなかったことを伝える情報も同様に開示された。また，地震直後1週間の情報開示の時間帯は，場中および早朝や深夜にも及んでいた。さらに，被害の把握に時間がかかる場合には，複数回にわたって逐次的に情報を開示した企業が多く存在した。これらの事実は，地震発生によって投資家における情報要求が高まったことに対応して，企業が震災関連情報の開示に積極的に取り組んだことを示唆している。なお，被災による損害金額や業績への影響に関する情報は，その他の被害内容に関する情報と比較して確定に時間を要したため，企業はこれらの情報を決算短信の開示に向けて準備しており，多くの企業に関して投資家は定期的な短信情報で震災関連の金額情報などの詳細を知ることができた。

4.1　地震発生後の情報開示の重要性

　図表4-1は，地震の発生日を0日としてその前後10証券営業日（−10日から＋10日）における日経平均株価の推移を示している。この図表4-1から，日経平均株価は地震発生前の期間において10,500円程度で推移していたものが，地震当日3月11日（金）の株価（終値）は10,254.43円，翌証券営業日3月14日（月）は9,620.49円，さらに，3月15日（火）には

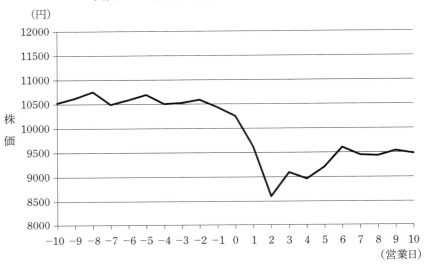

図表 4-1 地震発生前後の日経平均株価の推移

8,605.15 円に急落していることがわかる。なお，地震発生日の株価下落幅が1.7%程度にとどまっているのは，地震の発生が当日の取引が終了する直前の 14 時 46 分であったため，地震に関する情報が株価に十分反映されなかったためである。

地震および地震に伴って発生した原発事故に関する被害状況に関する情報は，地震発生以降連日にわたって報道されたが，当初，原発事故に関連する報道も含めて不確定要素が多い情報が続いたことは当時の新聞紙面を見ることによって確認できる。そして，このような不確定な状況は，経済，産業，個別企業においても同様に生じており，既に示したような数日間にわたる株価下落に反映していたと考えられる。

投資家の視点からすると，企業における被害がどのような状況あるいはどの程度なのか，将来における企業活動にどのように影響するのかといったことが問題となる。個別企業における固有の被害が重要であることはもちろんであるが，地震による被害が甚大であったために，取引等に関連した企業（仕入先や得意先企業）の被害やマクロ経済的な需要への影響も重要であった。このような特徴は，投資家にとってこの地震が異例なイベントであった

ことを示唆する。

　一般に，投資家にとって，証券投資におけるリターンとリスクに関する情報が重要である。震災はこれらの特性に大きな変化を及ぼす可能性があるため，投資家における震災直後の企業への情報要求はきわめて高かったものと推測される。震災の発生直後に十分な情報が開示されない場合には，投資家は適切な意思決定をすることができないことに加え，情報が不十分な場合には投資自体に追加的なリスク（情報リスク）が生じることになる。例えば，このような投資家における情報の重要性の高まりを反映して，東京証券取引所は3月14日（月）に「東日本大震災に係る被災状況等の適切な開示等に係るお願い」を公表することによって上場企業による速やかな情報開示を促した。

　本章は，平成23年（2011年）東北地方太平洋沖地震発生直後の上場企業による情報開示の状況を概観することを目的としている。具体的には，地震発生後の時間経過とともに，どのような内容の情報がどのようなタイミングで開示されていったのかを，企業が実際に開示した情報を調査することによって把握し，その特徴を整理する。

4.2　調査方法

　東京証券取引所が運営するTDnet（Timely Disclosure network: 適時開示情報伝達システム）は，全国の上場会社の適時開示情報を一元的に集め，投資家をはじめとした利用者に配信している。このシステムを利用することによって，一般投資家はリアルタイムで企業が開示する情報を入手することができるため，これは企業情報に関する最も早い情報入手の手段となっている。TDnetにはこのような特徴があるため，本章ではこのシステムを利用して上場企業の東日本大震災関連情報を入手した。

　入手対象は東日本大震災関連情報であるため，実際に開示された多様な情報をその内容を確認しながら震災関連情報とそれ以外に分類し，東日本大震災関連情報のみについて震災直後の開示状況を整理した。なお，東日本大震災関連情報は，震災に関する内容のみを開示している情報だけではなく，例

えば，決算短信のように決算情報に付属する形で東日本大震災関連情報を開示している場合も含む。後者のような場合の震災関連情報も捕捉するために，特定の期間に開示された全ての情報について，その内容を確認することによって当該情報が震災関連情報か否かを分類した。

情報収集期間は，2011年3月11日（東日本大震災発生日）から同年7月1日までの103日間（東日本大震災発生日プラス16週間）である。16週までを収集期間としたのは，上場企業の多くを占める3月決算企業が年度決算短信を開示した期間を含めるためである。

以上のようにして，地震直後の一定期間における開示情報25,168件の内容を確認し，その中から東日本大震災関連情報6,785件を収集した。以下では，収集した東日本大震災関連情報の内容および開示タイミングを整理することによって，地震直後の上場企業によるディスクロージャー行動の特徴を整理する。

4.3　開示情報

4.3.1　開示情報の内容による分類

地震発生後の時間経過とともに，どのような情報がどのようなタイミングで開示されていたか。どのような情報の開示が遅れていたのか。このような点を把握するために，開示情報の内容を図表4-2のように分類した。

図表4-2における項目および情報内容の概要について説明する。まず，開示情報は地震による被害の有無によって分類される。その際に，開示情報において，被害に関して調査中で被害の有無が現状では不明である旨が説明されている場合には「調査中」に分類している。

次に，開示情報が「被害あり」に分類された場合には，その被害の内容によってさらに分類する。被害内容は，企業に対する直接的な被害と間接的な被害に分類される。直接的な被害は，具体的な被害の内容として工場や店舗などの建物，機械，車両運搬具などの物的設備に損害があった場合，材料，仕掛品，製品，商品などの在庫に被害があった場合，従業員が負傷，死亡あるいは行方不明であるなどの被害があった場合に分類し，特定の情報が複数

図表 4-2　開示情報の分類

項　目	情　報　内　容	
1. 被害の有無	調査中	
	被害なし	
	被害あり	
2. 被害の内容	直接被害	設備被害
		在庫被害
		人的被害
		その他
	間接被害	停　電
		サプライチェーン
		その他
3. 再　開		
4. 業績への影響	調査中	
	金額あり	
	軽　微	
5. 義援金		

の被害内容に該当する場合には重複して分類している。なお、被害が軽微である場合などに被害の具体的な内容を説明していない場合やいったん操業停止した旨の開示をしている場合などは、いずれにも該当しないものとして「その他」に分類している。これに対して、間接的な被害の具体的内容は、停電を原因とした損害（例えば、停電に伴う工場の操業停止や操業度の低下）やサプライチェーンの分断を原因とする同様な損害が含まれる。なお、「その他」には、ガスや水道の供給停止、原発事故に伴う立ち入り禁止区域の影響、物流関連のインフラにおける障害、燃料確保の困難性などによる間接的な損害が含まれている。

　上記のような被害があった場合に、工場や営業所が操業停止あるいは営業停止となっている場合がある。時間経過とともに工場や営業所の状態が回復

し，操業（営業）再開になった場合にこれを情報開示する場合がある。このような開示情報を「再開」に分類している。

以上は基本的に地震による被害に関する情報であったが，地震が業績へどのような影響を与えるのかを情報提供している場合がある。これには，上述のような一定の被害を原因とする場合もあれば，一般的な需要の低下を原因とした業績への影響を開示している場合もある。ここでは，開示情報において地震を原因とした業績への影響に関する記述がある場合を「業績への影響」に分類する。業績への影響は全ての企業においてすぐに判明するわけではない。そこで，調査中であることを開示しているもの，具体的に業績への影響金額を開示しているもの，さらに，軽微であるとして影響金額を開示していないものに分けている。

最後に，地震に関連する開示情報として，「義援金」に関する情報を開示している場合を分類する。これには，被災地への資金的援助だけではなく，物資提供も含まれる。

4.3.2　開示事例

本項では，前項の分類に対応させながら，開示情報の代表的な事例を紹介する。

（1）調査中

東日本大震災はきわめて甚大であり，通信網・交通網も寸断される状況であった。そのため，企業によっては，自社の被害状況をすぐに把握すること自体が困難な場合があった。以下に示す例は，3月14日（月）時点で，まだ被害状況を把握することが困難であったことを開示する情報である。最後の部分にあるように，続報があることを予告している。この例が示すように，一般に，被災した企業は，状況把握の進展に応じて，東日本大震災関連情報を複数回にわたって開示している（この点の詳細については，後述する）。

会社名：ダイトーケミックス株式会社
発表日時：2011/3/14 8:40

> タイトル：「東北地方太平洋沖地震」による当社グループへの影響につ
> 　　　　　いて
> 本文（抜粋）
> 1. 被害の状況について
> 　現在，岩手ケミカル株式会社の社員の安否確認および被害状況の確認
> を行なっておりますが，今回，特に甚大な被害を被った岩手県沿岸地域
> は，被害状況が非常につかみにくい状況にあり，確認が取れておりませ
> ん。判明次第，改めてご報告させていただきます。

(2) 被害なし

　企業によっては，東日本大震災の影響がなかったという情報を開示している場合がある。特に，被災地に比較的近い事業所を有している企業の場合には，被災していないことを投資家に伝達することによって，投資家における不安を払しょくする必要があったものと考えられる。以下は，被害がないことを伝える事例である。

> 会社名：日本シイエムケイ株式会社
> 発表日時：2011/3/12 1:55
> タイトル：東北地方太平洋沖地震による当社グループへの影響について
> 本文（抜粋）
> 　グループ会社を含めた事業所において，操業に重大な影響を及ぼす被
> 害等がない旨を確認いたしました。なお，現在詳細を確認中であり，今
> 後，お知らせすべき重大な被害等が発見された場合には改めてご案内い
> たします。

(3) 直接被害

　企業自体の一部に被害があることがわかった場合には，被害内容について投資家に開示する必要がある。以下は，地震発生後にもっとも早く（地震が発生しておよそ 6 時間後に）被害情報を開示した事例である。具体的な状況までは明らかにされていないが，損害発生の事実について投資家への開示

106 —— 第Ⅰ部　巨大災害のディスクロージャー

を優先しているものである。

会社名：株式会社朝日ラバー

発表日時：2011/3/11 20:35

タイトル：地震に伴う損害に関するお知らせ

本文（抜粋）

　今般，平成23年3月11日付で発生した地震に関し，福島県にある当社の工場設備その他施設の一部に被害が発生しました。

　その損害額及び業績に与える影響は現時点では不明であります。損害額が明らかになった時点で，改めてお知らせします。

　次の事例は，三菱製紙株式会社による東日本大震災関連の被害状況を開示する第2報である。第1報における工場や事業所別の被害状況の記述が概括的なものであったのに対して，以下の第2報ではその後の調査を反映して，人的，物的被害を詳細に説明している。特に，第1報では説明されなかった設備被害の詳細，在庫被害の状況，操業再開に関する見通しなどが追加的に説明されている。地震発生から時間が経過するなかで，被害調査や被害への対応などが進んでいくことを反映して，段階的に開示される情報のなかで被害の詳細が明らかにされていくというプロセスは，多くの被災した会社に見られる。

会社名：三菱製紙株式会社

発表日時：2011/3/22 19:30

タイトル：「東北地方太平洋沖地震」の影響に関するお知らせ（第2報）

本文（抜粋）

1．人的被害について

　3月12日に開示いたしました通り，当社の子会社従業員6名が負傷いたしました。

　その他当社グループ従業員の人的被害はございませんでした。

2．生産拠点に関する状況

当該地域における当社及び子会社の状況は次の通りです。

○八戸工場（青森県八戸市）

・引き続き，操業は停止しております。

・津波の影響を受け，同工場の1階部分が浸水し，電気系統の被害が大きいことが判明致しました。建物および抄紙機本体の被害は比較的軽微でありました。

・上記の被害状況から判断し，操業再開の時期については，概ね以下の通り予定しております。

・4月下旬頃から……パワープラントの順次，操業再開（自家発電設備の復旧）

・5月中旬頃から……抄紙機・塗末機の順次，操業再開（7台の抄紙機，3台の塗末機を順次立ち上げ操業を再開する）

（中略）

3．製品在庫に関する状況

　八戸工場の製品在庫は津波による浸水及び荷崩れが発生しており，製品の被害状況を引き続き調査しております。また，北上，仙台，関東の各地区の倉庫において荷崩れ等が発生しておりますが，被害は軽微であります。

（4）間接被害

　間接被害とは，自社における直接的な被災以外を原因として被る損害である。特に，間接被害の中でも，原発事故を原因とする停電による被害とサプライチェーンを原因とする被害を分類して把握した。

　次の例は，地震発生後の計画停電の影響に関する情報開示である。ここでは，計画停電に伴う店舗の営業時間の変更についての情報が提供されている。この事例と同様に地震発生後に行われた計画停電によって操業時間の変更を余儀なくされた事実を開示している企業は多数にのぼった。

会社名：株式会社ニトリホールディングス

発表日時：2011/3/14 11:50

> タイトル：「東北地方太平洋沖地震」の影響に関するお知らせ
>
> 本文（抜粋）
>
> 2. 東京電力の計画停電の影響について
>
> 　基本的には，計画されております地区別の停電時間外にて営業致します。但し，夕方以降停電の場合は，これに合わせて閉店の繰り上げを実施させていただきますので，お願い申し上げます。尚，全店舗を対象に屋外照明や店内照明の一部消灯，店頭商品への通電の一部制限など，不急の電力使用を控える対応を図ってまいります。

　サプライチェーンに関連する被害とは，サプライチェーンを構成する企業の被災によって原材料等が入手困難になったこと，あるいは，被供給側の企業が被災することによって供給できなくなることによって損失が生じることである。次の例は，被災地にあるサプライチェーンを構成する企業からの供給がストップすることによる被害を開示している。この例からわかるように，被災企業がサプライチェーンの構成企業である場合には，当該サプライチェーンのその他の構成企業は地域を問わず存在するため，その影響は地域的に広いものとなる。このような間接被害は，東日本大震災において，特に注目された被害である。

> 会社名：ノーリツ鋼機株式会社
>
> 発表日時：2011/3/15 15:20
>
> タイトル：「東北地方太平洋沖地震」の影響に関するお知らせ
>
> 本文（抜粋）
>
> 　当社グループ中核事業子会社のNKワークス株式会社（本社：和歌山県和歌山市）において，工場や設備への直接的な被害はなく，現在通常の生産を行なっております。しかし，当該被災地域に工場のある一部の協力企業からの部品供給が滞っております。現在，情報収集を行なっておりますが，現時点で協力企業の工場再開の目処については明らかになっておりません。ついてはそれに伴い，3月17日と3月18日の2日間，NKワークスの工場での生産を停止することと致しました。

（5）再開

　次の例は，被災等によって操業停止状態となった工場や事業所が操業を再
開したことを開示している。収集した再開に関する開示情報のほとんどの
ケースにおいては，この例のように部分的な再開の事実や再開の見通しが開
示されていた。

会社名：東レ株式会社

発表日時：2011/3/18 17:45

タイトル：「平成23年（2011年）東北地方太平洋沖地震」の影響に関
　　　　　するお知らせ

本文（抜粋）

2．生産設備への被害と今後の見通し

　（1）東レ千葉工場（千葉県市原市），東レ土浦工場（茨城県土浦市）
については，建屋・設備に大きな損傷はなく，千葉工場については安全
確認を実施した上で，3月15日（火）から順次生産を再開し，現在ミ
ニマム運転中です。土浦工場ではインフラの回復が遅れておりましたた
が，3月22日（火）から順次生産を再開するべく取り組んでいます。

　（2）また，被災地域には主要な関係会社拠点が8社10工場あり，全
て操業を停止しておりましたが，何れも建屋・設備に大きな被害はな
く，一部では3月14日（月）以降，順次生産を再開しています。

　しかし，東レフィルム加工（株）（福島県）や東レ東燃機能膜合同会
社（栃木県）の一部の装置については，クリーンルームの復旧や，点
検・調整に時間のかかる設備があり，最も長いものでは運転再開までに
1ヶ月程度かかる見通しです。

　なお，東レACE社（福島県小野町）は，福島第一原子力発電所から
約40kmのところに位置しているため，原子力発電所での対策活動の成
功を慎重に見守っているところです。

110 —— 第Ⅰ部　巨大災害のディスクロージャー

（6）業績への影響

　東日本大震災による業績への影響についての記述は多様である。東日本大震災による業績低下に関する情報提供をする場合が一般的であるが，その業績低下の要因は，マクロ経済的な需要低迷，取引関係先の被災，自社における被害など様々である。次の例は，業績予想修正の開示情報であり，業績予想の修正の理由において東日本大震災関連の要因が説明されている。需要低迷を原因とする売上高の低下と採算悪化に加えて，震災による生産・納入計画の遅れ，被災による特別損失の発生が業績予想の下方修正の原因であることなどが明らかにされている。なお，最後の文章に，東日本大震災による業績への影響は時間の経過とともに明らかになる場合があることが指摘されている。

会社名：新明和工業株式会社

発表日時：2011/4/1 15:00

タイトル：通期業績予想の修正及び繰延税金資産の取崩しに関するお知らせ

本文（抜粋）

3.　修正の理由

　平成23年3月期業績に関し，第3四半期までは概ね計画どおりに推移したものの，第4四半期に相当量の売上を見込んでいた主力事業の特装車や流体製品の需要が伸びず，加えて市場低迷により競争が激化する中，東北関東大震災発生に伴い生産・納入計画に大幅な遅れが生じている現況に鑑み，先に開示した通期業績予想値に到達するのは困難と判断いたしました。

　売上高については，特装車や流体製品などが計画を下回ることから，106,500百万円に修正いたします。営業利益及び経常利益は，売上高の下振れに加え，一部採算が悪化した事業の影響等を含めまして，それぞれ1,100百万円，800百万円に修正致します。

　また，今回の震災発生に伴い，生産現場の稼働率低下や施設・設備の修繕等で約4億円の特別損失を見込んでおり，併せて「2.」の繰延税金資

産の取崩しを含めますと，2,200百万円の当期純損失となる見込みです。

　ただし，平成23年3月期の期末配当金につきましては，前回予想から変更せず，1株当たり5.00円を予定しております。

　なお，東北関東大震災による影響額につきましては，現段階で把握できたものまで上記修正値に含めておりますが，今後の状況次第で追加発生する可能性があります。

(7) 義援金

　次の例は，義援金に関する開示情報である。この例では，義援金のほかに支援物資を提供しており，資金だけでなく物的援助をしている旨を開示している。義援金に関連する情報としては，募金活動を実施することや従業員を被災地に派遣することなどを開示している企業も散見された。

会社名：株式会社神戸物産
発表日時：2011/3/14 14:20
タイトル：東北地方太平洋沖地震災害の被災地・被災者への支援について
本文（抜粋）
　「業務スーパー」（株式会社神戸物産グループ）では，この度の「東北地方太平洋沖地震」において甚大な被害に見舞われた地域の被災者救済や被災地の復興支援のために，下記のとおり物資及び義援金の準備を進めており，行政機関の指定する場所にお届けする予定です。
(1) 支援物資

トートバック	30万枚	ショッピング袋	30万枚
割り箸	300万本	煮豆類	20t
漬物類	20t	梅干し	10t
昆布佃煮	10t	ピーナッツ類	10t
（中略）			
タオルぞうきん	10万枚	フードタッパー	9万個

（2）義援金

　　　株式会社神戸物産 金１億円

　　　当社代表取締役 沼田昭二（個人）金 5,000 万円

　被災地の皆様に謹んでお見舞い申し上げますとともに，皆様のご無
事，一日も早い復興を心よりお祈り申し上げます。

4.4　開示動向

　本節では，東日本大震災発生直後の 16 週間における個別企業ごとの開示
回数，情報を開示する時間帯，開示情報の内容と開示タイミングとの関係の
３つの視点から地震発生直後の開示動向を検討する。なお，本節において検
討した元となるデータの詳細を，章末に資料として示している。

4.4.1　開示回数

　東日本大震災関連情報は，震災が甚大な損害を生じさせたこともあって，
確定した情報が開示されるまでには時間がかかったと思われる。調査が進む
にしたがって，企業は新たな事実を把握し情報として開示していった。ここ
では，そのような状況を，個別企業における東日本大震災関連情報の開示件
数を調べることによって検討する。

　図表 4-3 は，東日本大震災発生後 6 週間および 16 週間における開示回数
別の企業数を示している。ここで，件数に対する決算短信の影響をより少な
くするために，収集期間全体だけでなく，3 月決算企業の決算短信を多く含
む 7 週目より前の期間の状況について把握している。

　6 週目までの開示状況をみると，開示回数 0 回の企業が 866 社存在してい
る。企業総数 3,066 社は 16 週目までに 1 回以上開示している企業であるた
め，これらの会社は，7 週目以降にはじめて東日本大震災関連情報を開示し
た企業である。6 週目までの開示状況で著しく多いのは 1 回のみの開示回数
の企業である。これには，被害がない，あるいは被害が軽微であるという情
報を開示している企業が多く含まれているためであると考えられる。開示回

数が多くなるほど企業数は減少していく状況は，深刻な被害を受けた企業や複雑な影響を受けている企業（例えば，取引先や顧客が長期にわたって影響を受けている場合など）が相対的に少ないこと表している。4回以上の開示をしている企業は合計128社であり，最高で東日本大震災関連情報を9回開示している企業が3社ある。16週目までの開示状況においても同様の傾向を示しているが，時間の経過とともに開示回数が増加しており，4回以上開示している企業は合計484社となっている。なお，16週目までに1回以上東日本大震災関連情報を開示している企業を対象としているため，16週目までの開示回数が0回の企業は存在しない。

図表 4-3　開示回数別企業数

開示回数	開示企業数	
	6週目まで	16週目まで
0 回	866社	0社
1	1,403	1,183
2	477	893
3	192	506
4	72	242
5	33	118
6	13	57
7	3	36
8	4	16
9	3	11
10	0	2
11	0	0
12	0	1
13	0	1
合　計	3,066 社	3,066 社

4.4.2 開示時間帯

　本項では，東日本大震災関連の情報を1日の中のどのような時間帯に開示しているかを調べることによって企業の開示行動を検討する。図表4-4は情報開示時間帯別の開示件数を，全体期間および部分期間について示している。

　調査期間全体に関しては，図表4-4の最後の2行に示すように，取引時間内（9：00から15：00，昼休みを含んでいる）の開示件数が合計2,394件で全体の34.64%であり，取引時間外の開示件数が残りの65.36%で4,517件である。特に，取引時間終了後の15時台における開示件数2,544件が最も多くなっており，全体の36.81%を占めている。

　図表4-4では，調査期間を3つに区分した結果も示している。ここでは，期間1（東日本大震災発生直後から1週間目），期間2（2週間目から6週間目）および期間3（7週間目から16週目）の3つに区分した。このように区分したのは，直後の開示行動とそれ以降の開示行動に差がある可能性があることと7週目以降は3月決算企業の決算短信の開示の影響が強くなることを考慮したためである。

　3つの期間を比較すると，地震発生直後の期間1において期間2や期間3と比較して特異な状況が生じていることがわかる。すなわち，期間2や期間3においては，取引時間内の開示が30%程度で残り70%程度が取引時間外の開示である。これに対して，期間1においては取引時間内と取引時間外の開示件数の割合が50%に近くなっており，取引終了後に集中することなく各時間に拡散していることがわかる。また，期間1においては，かなり遅い時間帯においても開示が行われているケースがあることが確認できる。これらの傾向は，地震発生直後において，企業が情報開示を急いでいたことを反映しているとともに，企業によっては夜を徹した情報開示への対応が行われていたことを示唆している。

4.4.3 全体的動向

　図表4-5は，地震発生後に東日本大震災関連情報がどのようなタイミングで開示されたかを示している。横軸の0は地震発生日（0日）であり，それ

第4章　東日本大震災に関するディスクロージャー行動 —— *115*

図表 4-4　開示時間帯

時間帯	全期間 3/11 〜 7/1		期間 1* 3/11 〜 3/18		期間 2 3/19 〜 4/22		期間 3 4/23 〜 7/1	
	件数	比率	件数	比率	件数	比率	件数	比率
0 時台	2	0.03	2	0.09	0	0.00	0	0.00
1	1	0.01	1	0.05	0	0.00	0	0.00
7	4	0.06	2	0.09	1	0.07	1	0.03
8	35	0.51	27	1.24	6	0.44	2	0.06
9	123	1.78	81	3.72	35	2.56	7	0.21
10	217	3.14	125	5.74	50	3.66	42	1.25
11	422	6.11	203	9.32	80	5.86	139	4.13
12	254	3.68	169	7.76	39	2.86	46	1.37
13	597	8.64	202	9.27	85	6.23	310	9.21
14	781	11.30	254	11.66	109	7.99	418	12.41
15	2,544	36.81	310	14.23	568	41.61	1,666	49.48
16	1,067	15.44	301	13.81	212	15.53	554	16.45
17	502	7.26	280	12.85	99	7.25	123	3.65
18	251	3.63	158	7.25	55	4.03	38	1.13
19	74	1.07	41	1.88	19	1.39	14	0.42
20	25	0.36	14	0.64	5	0.37	6	0.18
21	2	0.03	2	0.09	0	0.00	0	0.00
22	5	0.07	3	0.14	2	0.15	0	0.00
23	5	0.07	4	0.18	0	0.00	1	0.03
合計	6,911	100.00	2,179	100.00	1,365	100.00	3,367	100.00
時間内	2,394	34.64	1,034	47.45	398	29.16	962	28.57
時間外	4,517	65.36	1,145	52.55	967	70.84	2,405	71.43

注：＊東日本大震災発生日（0 日）を含んでいる。
　　比率の単位は％である。

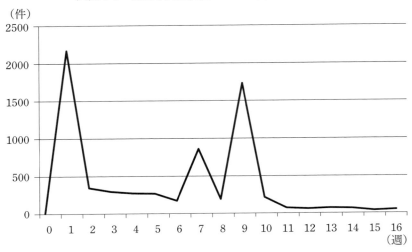

図表 4-5 東日本大震災発生からの開示件数の推移

以降は週単位で開示情報の件数を示している。章末の資料に示されるように，0日の開示件数は8件，1週目の開示件数は2,154件，2週目は341件である。なお，開示件数は開示された情報の数であり，企業数ではない点に注意する必要がある。

　図表4-5から，いくつかの特徴を指摘することができる。まず第1に，地震発生後1週目にきわめて多くの情報が開示されている。開示されている情報の内容は多様であるが，このように集中的な情報開示は，地震発生後の投資家向け開示情報の重要性を考慮して，言い換えると，地震によって強まった情報の非対称性を解消することを目的として，上場企業は迅速な情報開示を図ったことを反映していると思われる。2つ目の特徴は，7週目と9週目における開示件数が増加していることである。この期間は，3月決算企業の決算短信が開示される時期であり，決算短信において東日本大震災関連情報が開示されていることが，この増加の原因である。なお，8週目は大型連休であるために，決算短信の開示自体が少数であり東日本大震災関連の開示件数が減少していると思われる。最後に，これらのピーク以外の時期をみると，2週目から6週目において徐々に件数が減少し，さらに10週目以降も

その減少が継続している。このことから，決算短信情報を除くと，地震発生後，集中的な情報開示が1週目に生じ，その後は，基本的に開示件数が低減していったといえる。

4.4.4　項目別の動向

図表 4-6 は，被害情報をその内容によって3種類に分類した上で開示件数の推移を示している。具体的には，被害があったことを開示する情報「被害あり」，被害がなかったことを開示する情報「被害なし」，調査中であることを開示する情報「調査中」に分類し，それぞれの件数をグラフ化した。

図表 4-6 では，「被害あり」が最も多く1週目に1,433件，9週目に940件あり，被害に関連する情報が大震災後1週間と決算短信において集中的に開示されたことがわかる。また，「被害なし」は1週目に576件であり「被害あり」の3分の1ほどであるが，1週目に特に集中している。「被害あり」よりも「被害なし」が少ない点については，被害がないということが情報として価値を有するケースが相対的に少ないこと，言い換えると，被害がない

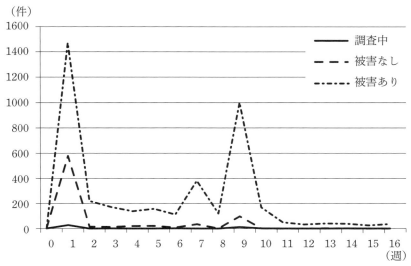

図表 4-6　東日本大震災発生からの被害の有無に関する開示件数

上場企業が全て情報を開示しているわけではないことを反映するとともに，「被害あり」のケースでは，被害状況に関して時間の経過とともに徐々に明らかになるため，1週目において複数回の開示をしている場合が多いことが原因となっていると思われる。なお，以上から，図表4-5における1週目の開示の集中には，「被害あり」のケースと「被害なし」のケースの両方が貢献していることがわかる。

　図表4-6では，「調査中」の件数がきわめて少ない。しかし，これは「調査中」に分類している開示情報は被害があった旨の情報を含まないものに限定しているからである。すなわち，「被害あり」の情報を開示しているケースにおいても引き続き調査中であることを開示している情報があるが，このようなケースは「調査中」に含まれず，「被害あり」にのみ含まれている。

　図表4-7は，「被害あり」を会社の従業員や設備において直接的な被害があったケース「直接被害」と停電やサプライチェーン構成企業の被災などによって損失を被ったケース「間接被害」についての開示件数を示すとともに，工場や事業所等において操業を一時停止した後にそれを再開した旨の開示をしているケース「再開」の件数を示している。

　情報開示が集中する週（1週目と9週目）においては「直接被害」のほうが「間接被害」の件数を上回って推移しているが，その他の週ではほぼ同様の開示件数で推移している。これは，直接被害であっても間接被害であっても企業の現在および将来の業績に影響する点に関しては共通しているが，直接被害については金額情報（被災した資産の簿価）が明確であり，業績へのダイレクトな影響がわかるという性質があるため，情報提供の頻度が高くなっているのではないかと推測される。

　再開に関する情報は，1週目において開示件数が最も多くなっている点は被害情報と同様である。しかし，被害情報と比較して開示件数の増減は緩やかで，地震発生後6週目までは緩やかに開示件数が減少している。これは，東日本大震災直後から徐々に復旧が進む状況を反映していると思われる。

　業績への影響に関する開示情報は投資家にとってきわめて重要な情報である。図表4-8は，業績への影響に関して調査中である旨を記述しているものを「調査中」，業績への影響額を開示しているものを「金額あり」，業績へ

第4章　東日本大震災に関するディスクロージャー行動 — *119*

図表 4-7　東日本大震災発生からの被害内容と再開に関する開示件数

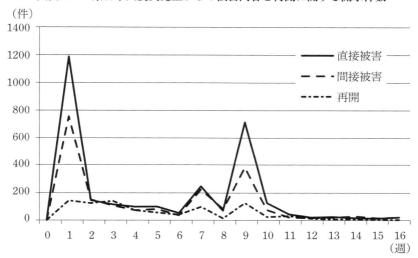

図表 4-8　東日本大震災発生からの業績への影響に関する開示件数

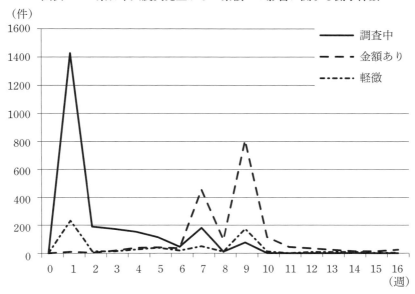

の影響が軽微であることを開示しているものを「軽微」に分類している。

1週目においては，「調査中」が1,427件であり集中している。これは，地震発生直後において，被害が完全には把握できていないために，業績に対する影響額を特定できない状況にある企業が多かったことを示唆している。また，「軽微」も1週目に集中的に開示されており，投資家によって業績への影響が懸念されるような企業は，被害が軽微であることが判明している場合には情報の非対称性を早期に解消するためにいち早く開示を行っていると推測できる。

「調査中」や「軽微」とは対照的に，「金額あり」は1週目には10件しか存在せず，7週目に456件，9週目に802件が開示されており，主に決算短信の開示に合わせて金額情報が明らかにされていることがわかる。業績への影響額を特定するのに時間がかかった企業が多く，決算短信の開示に間に合わせるように調査をしていた企業が多かったものと推測される。

図表4-9は，義援金に関する開示件数の推移を表している。義援金はこれまで検討してきた被災情報とは性質が異なる。義援金を提供する企業は，東日本大震災の甚大な被害に配慮し，社会貢献の一環として義援金による援

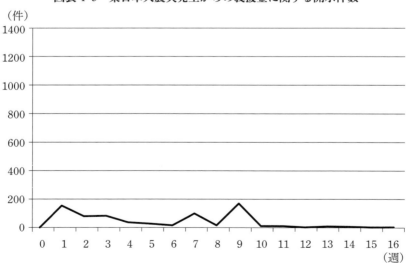

図表4-9　東日本大震災発生からの義援金に関する開示件数

助を決定しているのであり，災害そのものに関する開示ではない。義援金の件数は1週目から徐々に減少しているが，これは義援金に関する意思決定のタイミングを反映している。なお，義援金情報は決算短信においても開示されるため，7週および9週において開示件数が増加している。

4.5　小括

　本章では，平成23年（2011年）東北地方太平洋沖地震発生後16週間において上場企業によって開示された東日本大震災関連情報について調査し，その特徴を検討した。

　地震発生直後1週間において，上場企業による東日本大震災関連情報が集中的に開示されていたことが明らかとなった。この段階で開示された情報の中心は被害に関する情報であり，その中には被害があったという情報だけでなく，被害がなかったことを伝える情報も含まれていた。また，1週目においては，その後の週とは異なって，情報開示の時間帯は分散し，場中，早朝，深夜にも開示されていた。これは，重要事実が明らかとなった段階で企業は速やかに情報開示していることを反映していると推測される。さらに，被災企業においては，すぐに被害の全容が明らかとなる場合もあれば，その把握に時間がかかる企業もある。後者においては，事態の推移に伴って複数回にわたって逐次的に東日本大震災関連情報を開示した企業が多く存在した。これらの事実は，一刻も早い情報開示が重要であるという企業側の認識があったことを裏付けているとともに，地震発生によって投資家におけるリスクが拡大したことに対応して，上場企業が情報の非対称性を緩和するために，東日本大震災関連情報の開示に積極的に取り組んだことを示唆している。

　被災による損害金額や業績への影響に関する情報は，被害の有無に関する情報と比較して相対的に遅く開示された。これは，損害金額や業績への影響自体を把握するために時間を要したことを反映している。これらの情報は決算短信の開示に向けて準備されたと考えられ，投資家は，定期的に開示される短信情報において金額情報を含めた東日本大震災関連の詳細を知る場合が

多かったと思われる。

　以上のように，上場企業は TDnet を通じた東日本大震災関連情報の開示にあたって投資家が必要とする情報を開示するために情報収集を行い，適時にこれを開示するように努めていたと推測される。しかしながら，本章では，個別企業における情報開示実務を損害状況の実態との関係において詳細に検討しているわけではないため，情報開示にあたって個別企業間で開示内容の詳細さや開示タイミングの速さの程度に差があった可能性を否定することはできない。詳細なケース・スタディによってベスト・プラクティスを検討する必要がある。

謝辞

　本章の研究は，日本ディスクロージャー研究学会特別プロジェクトおよび日本学術振興会科学研究費基盤研究（B）（課題番号 15H03402）の財政的援助の他，著者の１人である吉田靖が日本学術振興会科学研究費 JP25516012，同 JP19KO1758，および統計数理研究所一般研究１（2022-ISMCRP-1015）による助成を受けたものの成果の一部である。記して感謝の意を表する。

〈資 料〉

分類	週 0	1	2	3	4	5	6	7	8	9	10	11	12	13	14	15	16	合計
自	3/11	3/12	3/19	3/26	4/2	4/9	4/16	4/23	4/30	5/7	5/14	5/21	5/28	6/4	6/11	6/18	6/25	
至	3/11	3/18	3/25	4/1	4/8	4/15	4/22	4/29	5/6	5/13	5/20	5/27	6/3	6/10	6/17	6/24	7/1	
震災関連件数	8	2,154	341	290	268	261	166	855	195	1,686	212	73	58	69	65	36	48	6,785
被害の有無　調査中	1	28	0	1	0	0	2	0	0	12	1	0	0	0	1	0	0	46
被害の有無　被害なし	5	576	15	15	20	21	7	34	1	96	1	0	0	2	1	0	0	794
被害の有無　被害あり	2	1,433	218	164	132	150	100	361	115	940	158	49	29	39	35	25	35	3,985
被害内容　直接被害　設備被害	2	1,177	146	110	93	93	74	237	66	680	111	42	18	24	15	13	21	2,922
被害内容　直接被害　在庫被害	2	1,048	134	101	82	88	66	205	45	595	101	39	18	21	12	12	20	2,589
被害内容　直接被害　人的被害	1	254	19	17	35	26	19	76	22	253	26	26	10	11	8	2	9	814
被害内容　直接被害　その他	0	120	24	16	3	3	5	5	1	14	3	3	2	0	1	0	0	200
被害内容　間接被害　停電	0	86	3	7	11	6	6	24	17	62	12	3	4	0	1	1	0	243
被害内容　間接被害　サプライチェーン	0	739	149	102	73	77	43	212	74	381	69	18	14	19	26	15	18	2,029
被害内容　間接被害　その他	0	355	66	58	44	28	12	87	28	127	24	9	7	12	8	8	8	881
操業停止	0	52	18	17	18	13	12	81	12	121	22	13	8	5	7	4	3	406
再開	0	542	108	64	37	52	21	116	63	181	33	30	12	2	15	8	8	1,257
その他	0	142	124	140	72	55	39	97	13	126	24	30	12	7	6	4	3	894
業績への影響	2	1,902	239	200	216	198	77	808	172	1,239	128	50	49	43	36	22	25	5,406
業績への影響　調査中	2	1,427	189	173	153	114	45	181	11	76	1	0	1	0	1	0	0	2,373
業績への影響　金額あり	0	10	4	18	38	42	35	456	94	802	111	44	34	23	14	13	24	1,762
業績への影響　軽微	0	232	14	14	27	40	19	49	11	174	12	1	8	8	9	2	4	624
義援金	0	154	80	83	37	27	15	100	16	170	11	11	3	9	7	3	4	730

第5章

東日本大震災が銀行の
貸倒引当金に与えた影響

　東日本大震災の際には，震災直後の決算時において融資先の実態把握を行うことが困難な状況であったことから，銀行業の自己査定および貸倒引当金の計上に関しては特例的な措置がとられた。本研究では，銀行業のうち主要行および被災地の地域銀行に焦点を当てて，東日本大震災が銀行の融資に与えた影響，さらにその後の復旧や復興の状況がどのように 2011 年 3 月期およびそれ以降の決算期の貸倒引当金および関連損益，ならびに注記に反映されたのか分析を行った。その結果，以下の実態が明らかとなった。財務指標に関しては，被災 3 県の地域銀行を除くとその影響は限定的であり，不良債権比率は 2011 年 3 月期よりもむしろ翌年度に上昇していた。貸倒引当金の計上について，様々な特例措置が認められることとなったが，実際にその特例によって貸倒引当金を計上したことを開示した銀行も，そのほとんどは被災 3 県の地域銀行であった。なお，東日本大震災による貸倒引当金に関して，損益計算書への影響は区分掲記により開示されているが，貸借対照表への影響額はほとんど開示されていなかった。

5.1　東日本大震災時における銀行業の状況

　東日本大震災の際には，金融上の特別な措置がとられることとなり，特に銀行の融資関連では旧債務の返済猶予・返済条件変更等への対応や適切な債権放棄，または当面の資金繰りのための新規融資における柔軟な対応，さらには被災地の復旧や復興に向けての支援などが実施され，銀行業の果たした役割は大きい。

一方で，東日本大震災直後の決算時において融資先の実態把握を行うことが困難な状況であったことから，銀行業の自己査定および貸倒引当金の計上に関しては特例的な措置がとられた。すなわち，金融庁の公表する金融検査マニュアルにおいては，金融機関および債務者の被害状況ならびに担保物件，保証人の状況等の実態を合理的に判断できる範囲内で可能な限り自己査定に反映させ，その上でこれが困難な資産については，それまでに把握している情報により査定しその旨を注記する，あるいは，再評価・実査が困難な担保物件はそれまでに把握している担保評価で査定し，その旨を注記するという対応が容認されることが明記された。主要行等向けおよび中小・地域金融機関向けの総合的な監督指針においても，東日本大震災の影響により直ちに経営再建計画を策定することが困難な債務者について，中小企業に限らず経営再建計画の策定の猶予および経営再建計画の計画期間の合理的な期間の延長を可能とした。

また，日本公認会計士協会は，監査人の立場から東日本大震災による災害に関する会計上の取扱いを会長通牒として公表し，取引先の財政状態が悪化し，売掛金等の営業債権の貸倒等のリスクが高まる場合もあるため，債権の評価（担保権の評価を含む）に関して留意を促した。データ収集や会計上の見積りの合理性について困難な場合には，ある程度の概算による会計処理も合理的な見積りの範囲内にあると判断できる場合もあり，合理的な損失等の見積りが財務諸表に適切に反映された上で，データ収集や会計上の見積りの制約に関する重要な事項が注記において適切に開示されることが求められるとした（日本公認会計士協会，2011）。

本章では，上記のような背景の下で，銀行業のうち被災地にも融資先を有し，かつ福島第一原子力発電所事故により財務および経営に大きな損害を受けた東京電力への融資残高の大きい主要行，および特に影響が大きかったと考えられる被災地の地域銀行に焦点を当てて，東日本大震災が銀行の融資に与えた影響，さらにその後の復旧や復興の状況がどのように2011年3月期およびそれ以降の決算期の貸倒引当金および関連損益，ならびに注記に反映されたのかを明らかにし，ディスクロージャーのあり方についての課題について考察する。

5.2 金融上の特別な措置

　金融は，経済活動を支える極めて重要なインフラである。2011年3月11日の東日本大震災の発生後には，直ちに内閣府特命担当大臣（金融）および日本銀行総裁の連名で，金融機関に対して被災者の状況に応じ，金融上の特例措置を講ずることを要請したことが公表された（金融庁，2011）。銀行業に対しては，旧債務の返済猶予・返済条件変更等への対応や適切な債権放棄，または当面の資金繰りのための新規融資における柔軟な対応，さらには被災地の復旧や復興に向けての支援などが要請されるとともに，以下の手当がなされた。

5.2.1　中小企業円滑化法の期限延長

　「中小企業者等に対する金融の円滑化を図るための臨時措置に関する法律」（以下，「中小企業円滑化法」という。）は，金融危機で悪化した中小企業の資金繰りを支援する対策として，金融機関に対して，中小企業から債務の弁済にかかる返済猶予や条件変更等の申込みがあった場合に，事業の改善または再生の可能性を勘案しつつ，できるだけ要望に応えるように努めることを求めるものであった。中小企業円滑化法は2009年12月に施行され，当初予定では2011年3月までの時限立法であった。この中小企業円滑化法の施行に合わせて金融庁の金融検査マニュアルや主要行等向けおよび中小・地域金融機関向けの総合的な監督指針についても改定が行われ，中小企業に対して貸付条件の変更が認められた場合においても，その債権が貸出条件緩和債権として不良債権に区分されない要件が従来よりも拡充された[1]。

　東日本大震災の影響を勘案し，2011年3月31日に，中小企業円滑化法の期限を2012年3月末まで延長する改正中小企業円滑化法が成立し，同日に公布・施行された[2]。

1　中小企業が条件変更等を行う際に，経営再建計画等がなくても，最長1年以内に計画等を策定できる見込みがあれば，貸出条件緩和債権には該当しないとされた。
2　中小企業円滑化法はさらに2012年3月30日に，期限を2013年3月末まで延長する改正法が成立し，31日に公布・施行された。

5.2.2　金融機能強化法の改正

　東日本大震災により金融機能に様々な影響が懸念される中，国の資本参加の枠組みである金融機能強化法に震災の特例を規定する「東日本大震災に対処するための金融機能強化法等改正法」が2011年6月22日に成立した。この法律は，東日本大震災により自己資本の充実を図ることが主として業務を行っている地域における円滑な信用供与を実施するために必要となった金融機関（以下，「震災特例金融機関等」という。）について，経営強化計画の記載事項や国の資本参加の基準の要件の特例を設けることにより，広域にわたる被災地域において金融機能を維持・強化するとともに，預金者に安心感を与える枠組みを設けるものであった。この法律は7月26日付で公布，翌27日より適用となり，2011年9月に仙台銀行に対して300億円の資金注入が決定され，その後2012年12月までにかけて計12の金融機関に対して，2,165億円の公的資金が投入されていた[3]。

5.2.3　金融検査マニュアルおよび監督指針上の手当

　東日本大震災直後の決算時において金融機関が融資先の実態把握を行うことが困難な状況であったことから，自己査定および貸倒引当金の計上に関して金融庁の金融検査マニュアルにおいて，以下の特例措置が講じられた。

　すなわち，東日本大震災により連絡が一時的に取れないこと等から，金融機関が実態把握を行うことが一時的に困難となっている債務者を対象として，債務者の被害状況ならびに担保物件，保証人の状況等の実態を合理的に判断できる範囲内で可能な限り自己査定に反映させ，その上でこれが困難な資産については，それまでに把握している情報により査定しその旨を注記する，あるいは，再評価・実査が困難な担保物件はそれまでに把握している担保評価で査定し，その旨を注記するという対応が容認されることが明記された。

　また，被災地に限らず，東日本大震災の影響を受けている債務者を対象と

3　対象金融機関は仙台銀行，筑波銀行，七十七銀行，相双信用組合，いわき信用組合，宮古信用金庫，気仙沼信用金庫，石巻信用金庫，あぶくま信用金庫，那須信用組合，東北銀行，じもとホールディングス（きらやか銀行）（預金保険機構，2024）。

して，以下のとおり運用の明確化措置が図られた。東日本大震災の影響により計画停電や原材料の調達難などから財務状況等が一時的に悪化している債務者については，東日本大震災による赤字・延滞を「一過性」のものと判断できる場合には債務者区分の引き下げを行わなくてもよいことを明確化した。さらに，貸倒引当金の貸倒実績率等の算定に当たっては，今般の東日本大震災の影響による貸倒等の実績は異常値として，東日本大震災の影響がない貸出金の貸倒実績率等に算入しなくてもよいことを明確化した[4]。

金融庁の主要行等向けおよび中小・地域金融機関向けの総合的な監督指針においても，被災地に限らず，東日本大震災の影響により直ちに経営再建計画を策定することが困難な債務者に対して，以下の特例措置が講じられた。

まず，東日本大震災前は中小企業に限って貸出条件変更時の経営再建計画の策定を最長1年間猶予していたところ，この取り扱いを中小企業以外にも適用し，あわせて既に貸出条件変更に応じた中小企業の経営再建計画の策定猶予期間の再延長を認めた。また，東日本大震災前は，中小企業以外は経営再建計画の計画期間を概ね3年，中小企業は原則5年としていたところ，合理的な期間の延長を可能とした。

これらの手当は，それまでの実務よりも不良債権残高，貸倒引当金残高を相対的に減少させる効果につながったと考えられる。

5.3　会計上の取り扱い

日本公認会計士協会は，2011年3月30日に，東日本大震災による災害に関して監査上の留意事項をとりまとめた会長通牒「東北地方太平洋沖地震による災害に関する監査対応について」を公表した（日本公認会計士協会，2011）。会長通牒は監査人の立場からの留意事項として記載されているが，間接的に災害により影響を受けた場合の会計処理の基本的な考え方と具体的

4　この他，平成23年11月22日には，金融庁は「『資本性借入金』の積極的活用について」を発表し，金融検査マニュアルに記載されている「資本性借入金」について，「資本」とみなすことができる条件を明確化し，東日本大震災の影響等で資本が毀損している企業について，一定の条件の下で，既存の借入金が「資本性借入金」に条件変更され資本とみなされることにより融資を受けやすくなるなどの効果が期待された。

な会計処理等について，企業側の立場からの留意事項も示したものであると
いえる。

5.3.1　会長通牒のポイント

　会長通牒においては，現行の会計基準を踏まえたものであり新たな会計処
理を示したものではないとしながら，東日本大震災直後の決算に際しての基
本的な考え方のポイントとして以下の2点を示した。

　まず，データ収集や会計上の見積りに関して困難なケースに関しての，会
計上の見積りの合理性について，災害発生の状況から判断し，それぞれの会
計事象に関わる会計基準が想定する事実確認や見積りの合理性要件と比較
し，ある程度の概算による会計処理も合理的な見積りの範囲内にあると明記
した。また，データ収集や会計上の見積りに関して困難な状況においても，
まず合理的な損失等の見積りを財務諸表に適切に反映して会計処理すること
が必要であり，その上でデータ収集や会計上の見積りに関する重要な事項を
注記において適切に開示することを求めた。

5.3.2　銀行業の決算への影響

　銀行業の決算に限定すると，東日本大震災の影響を最も受けたのは貸出金
等の評価，すなわち貸倒引当金の計上である。

　「5.2　金融上の特別な措置」で記載したとおり，金融検査マニュアルにお
いて金融機関が実態把握を行うことが一時的に困難となっている債務者につ
いては，債務者の被害状況ならびに担保物件，保証人の状況等の実態を合理
的に判断できる範囲内で可能な限り自己査定に反映させ，これが困難な資産
については，それまでに把握している情報により査定すること，再評価・実
査が困難な担保物件はそれまでに把握している担保評価で査定することが許
容された。ただし，会長通牒にも記載されているとおり，そのような特例措
置に従った場合には，その旨を注記することが必要である。

5.4 先行研究

　中小企業円滑化法に関する研究として，近藤（2011）は，中小企業円滑化法の無秩序な実行は潜在的な不良債権や処理コストの増大により，将来における金融機関の経営体力の消耗，不況の長期化，金融システム不安の原因となりうる点を指摘している。東日本大震災時の金融機関に関する研究では，細野（2010）は東日本大震災以前からパフォーマンスの悪い金融機関では，さらなる不良債権処理により規制自己資本を満たせなくなることを避けるため，当面の自己資本比率の維持を目的として被災企業に対する返済猶予や追い貸しを行うインセンティブを持つ可能性を指摘した。植杉他（2012）は，阪神・淡路大震災において，企業パフォーマンスの効果を取り除いた上で，被災地に所在する金融機関と取引している企業ほど倒産確率が高まる可能性を指摘し，優良な企業であっても旧債務の返済負担が残る場合に，様々な理由から資金制約に直面する二重債務問題の発生について言及した。

　東日本大震災の金融機関への影響を分析した研究として，小川（2012）は，東北6県の地域金融機関52行を対象に，2010年3月期から2012年3月期にかけての貸出条件変更申請への対応の実証分析を行い，東日本大震災後は不良債権比率が高い金融機関ほど条件変更申請に対する受諾率が低下すること，東日本大震災によりバランスシートが毀損した金融機関はさらなる財務状況の悪化を恐れて申請受諾をためらうこと，受諾率が高い金融機関ほど公的資金注入を申請しやすく，申請を受諾した多くの金融機関の財務状況が悪化したという事実を得た。

　吉田（2015）は，東日本大震災発生日から決算短信がされる以前まで，3月11日前場終値から4月8日終値までの株価の下落率が大きかった銀行業について，大きな被害を報じるものではなかったにもかかわらず大きな株式の下落につながった初期の適時開示によるディスクロージャーと有価証券報告書によるディスクロージャーを比較している。

　東日本大震災が銀行の決算における貸倒引当金に与えた影響を直接分析した先行研究は見当たらなかった。

5.5 リサーチ・デザイン

　東日本大震災が銀行の決算における貸倒引当金に与えた影響を分析するため，銀行業の中でも影響が大きかったと思われる主要行および被災地の地域金融機関に焦点を当てて，資産査定および貸倒引当金に与えた影響を分析する。具体的には，2011年3月期およびその前後の決算期の貸倒引当金および関連損益，その他の与信関連費用等の推移を把握するとともに，2011年3月期およびそれ以降の決算期における関連する注記，ならびに不良債権等の開示に東日本大震災の影響がどのように反映されたのかを分析する。

5.5.1　分析対象

　前述のとおり，分析の対象は主要行および被災地の地域銀行とし，主要行と地域銀行とに分けて分析を行う。

　主要行は，みずほ銀行，みずほコーポレート銀行[5]，三菱東京UFJ銀行，三井住友銀行，りそな銀行，三菱UFJ信託銀行，中央三井信託銀行，住友信託銀行，みずほ信託銀行，新生銀行およびあおぞら銀行の11行とする。なお，中央三井信託銀行と住友信託銀行は2012年4月1日に合併したため，2013年3月期については合併後の三井住友信託銀行を対象とし，全10行を対象とする。

　被災地の地域銀行は，被災地に本部を有する地域銀行とし，被災地を (1)宮城，岩手，福島の被災3県（以下，「被災地グループ1」という。），(2)被災3県に比較的被害の大きかった太平洋沿岸の青森，茨城，千葉の3県を加えた6県（以下，「被災地グループ2」という。），(3) 被災3県に青森，秋田，山形を追加した東北6県（以下，「被災地グループ3」という。），(4)東北6県に関東1都6県・北海道を加えた東日本全体（以下，「被災地グループ4」という。）の4つのパターンに区分した。地域銀行の範囲としては，地方銀行，第二地方銀行および埼玉りそな銀行とした。

　上記 (1) から (4) の被災地の地域銀行のグルーピングごとの銀行の数

5　みずほ銀行とみずほコーポレート銀行は，2013年7月1日に合併し，「みずほ」銀行となった。

第5章　東日本大震災が銀行の貸倒引当金に与えた影響 —— *133*

図表5-1　被災地の地域銀行のグルーピング

グルーピング		岩手・宮城・福島	青森	秋田・山形	茨城・千葉	北海道・その他関東	対象行計	割合
1	被災3県	8（7）					8（7）	7.5%
2	被災3県および太平洋沿岸	8（7）	2（2）		5（5）		15（14）	14.2%
3	東北6県	8（7）	2（2）	5（5）			15（14）	14.2%
4	東日本	8（7）	2（2）	5（5）	5（5）	14（12）	34（31）	32.1%

注：地方銀行協会加盟行，第二地方銀行協会加盟行および埼玉りそな銀行の計106行を対象とする。
　　割合は106行に対する各グループの対象行の比率である。
　　（　）内は，2011年3月期における上場行の数であり，銀行持株会社傘下行を含む。

は，図表5-1のとおりである。

5.5.2　分析手法

　5.5.1に記載した主要行および地域銀行について，2009年3月期から2013年3月期までの5年間の財務指標を時系列で比較し，個々の銀行について開示内容を個別に分析する。地域銀行については，時系列の他，被災地グループ1から4のグループ別の比較も実施する。

5.5.2.1　財務指標

　各銀行の財務指標として，総資産，債権残高，総資本利益率（ROA），規制上の自己資本比率，貸倒引当金，与信費用および不良債権比率を時系列に分析する。与信費用は一般貸倒引当金繰入額，個別貸倒引当金繰入額，貸出金償却，その他の与信関係費用の合計から貸倒引当金戻入益および償却債権取立益を控除して算定し，不良債権比率として，金融再生法による破産更生債権・危険債権・要管理債権比率および3者を合計した開示債権比率の推移を分析した[6]。

　財務指標は原則として銀行の連結ベースの数値とし，銀行連結の数値が開

6　各行の公表する決算短信および決算短信説明資料より集計した。

示されていない場合には銀行単体ベースとした。なお，部分直接償却の取り扱いなど，銀行間で会計方針が異なっている場合，本来は会計方針を合わせるための調整を施すべきであるが，会計方針を合わせた場合の影響額が必ずしも公表数値より把握することができなかったので，会計方針の相違の調整は行わずそのまま比較した。

5.5.2.2　注記および開示

各銀行が2011年3月期以降2013年3月期までに有価証券報告書，半期報告書，四半期報告書，決算短信，四半期決算短信，上場する証券取引所の要請する適時開示において，東日本大震災に関して貸倒引当金に関わる決算の内容に関して注記または開示した事項について，アイ・エヌ情報センターが提供する企業情報データベース eol でキーワード検索し，その内容につき個別に分析した。

5.6　分析結果

5.6.1　主要行
5.6.1.1　財務指標の推移

主要行の2009年3月期から2013年3月期までの平均財務指標の推移は，図表5-2のとおりである。

要管理債権比率については，2011年3月期は他の年度と比べて若干上昇している傾向にある。東日本大震災の直接的または間接的な影響により融資先の財務状況が悪化し貸出条件の緩和が行われた影響による可能性がある。その他の財務指標に関しては，2011年3月期に悪化しているという実態は見受けられなかった。

5.6.1.2　東京電力への融資状況

2010年3月期から2013年3月期までの主要行の東京電力に対する融資残高の推移は図表5-3のとおりである。

東日本大震災後に主要な取引金融機関より総額約2兆円の緊急融資が無担保・低利で実行された。2011年11月4日に公表された「特別事業計画」（原子力損害賠償支援機構・東京電力，2011）によると，2011年9月末時点で

図表 5-2　主要行の財務指標の推移

項　　目	詳　　細	Mar-09	Mar-10	Mar-11	Mar-12	Mar-13
自己資本比率（*）	規制上の自己資本比率	11.77%	13.88%	15.50%	16.12%	15.38%
債権残高	対数	16.55	16.49	16.46	16.47	16.64
貸倒引当金	貸倒引当金／債権残高	1.30%	1.31%	1.26%	1.15%	1.06%
与信費用	与信費用／債権残高	0.95%	0.38%	0.17%	0.05%	-0.04%
不良債権比率	開示債権／債権残高	1.90%	2.47%	2.32%	2.21%	2.17%
破産更生債権比率	破産更生債権／債権残高	0.63%	0.60%	0.43%	0.32%	0.31%
危険債権比率	危険債権／債権残高	0.89%	1.33%	1.34%	1.34%	1.33%
要管理債権比率	要管理債権／債権残高	0.33%	0.48%	0.52%	0.50%	0.48%
総資産	対数	17.15	17.14	17.16	17.16	17.32
ROA	当期純利益／総資産	-0.65%	0.19%	0.34%	0.35%	0.44%

（*）自己資本比率区分

	Mar-09	Mar-10	Mar-11	Mar-12	Mar-13
自己資本比率（国際統一基準）	12.59%	15.64%	16.95%	17.22%	16.23%
自己資本比率（国内基準）	10.78%	11.78%	13.77%	14.81%	14.11%

注：主要行の開示資料より筆者が集計した。
　　自己資本比率（国際統一基準）は 2013 年 3 月期よりバーゼルⅢに基づいており，比
　　率の算定方法が 2012 年 3 月期以前のバーゼルⅡに基づく算定方法とは異なっている
　　ので，参考値として記載している（以下の分析でも同様である）。
　　2012 年 3 月期までは合併前の中央三井信託銀行と住友信託銀行，2013 年 3 月期は合
　　併後の三井住友信託銀行の財務指標に基づいているため，2012 年 3 月期までは 11
　　行，2013 年 3 月期は 10 行の平均となっている。

は緊急融資は 1 兆 9,650 億円の残高となっていた。緊急融資以外も含めた
2011 年 9 月末における 66 行からの借入残高は，3 兆 8,159 億円であり，そ
の内訳は長期借入金が 3 兆 4,119 億円，短期借入金が 4,040 億円となってい
た。東京電力の短期借入金については弁済期に借換，長期借入金は約定通り
弁済とすることで，金融機関に対して東京電力に対する長期にわたる与信の
維持と 2011 年 3 月末の借入残高の復元が要請された。
　さらに 2012 年 5 月 9 日に主務大臣の認定を受け公表された「総合特別事
業計画」においては，全ての取引金融機関が原子力損害賠償支援機構および
東京電力との協議の結果に従い，借換等により与信を維持すること，新規融

136 —— 第Ⅰ部 巨大災害のディスクロージャー

図表5-3　主要行の東京電力への融資の状況

	a. 2010年 3月期	b. 2011年 3月期	c. 2012年 3月期	d. 2013年 3月期	b-a	d-a
（銀行別残高）						
日本政策投資銀行	4,041	3,722	4,500	6,195	▲ 319	+2,154
三井住友銀行	2,909	9,590	9,427	7,829	+6,681	+4,920
みずほコーポレート銀行	2,010	6,880	6,795	5,315	+3,971	+3,305
三菱東京UFJ銀行	1,772	4,540	4,292	3,499	+2,768	+1,727
三菱UFJ信託銀行		2,378	2,237	1,931		
中央三井信託銀行／ 三井住友信託銀行		1,933	1,863	3,428		
日本生命保険	1,497					
第一生命保険	1,432					
計	13,661	29,043	29,114	28,197	+15,382	+14,536
（個別貸借対照表残高）						
長期借入金	14,663	38,201	32,163	29,804	+23,538	+15,141
短期借入金	358	404	440	95	+46	▲ 263
1年以内返済予定固定負債	7,191	7,520	9,199	11,141	+329	+3,950
合　計	22,212	46,125	41,802	41,040	+23,913	+18,828

注：東京電力が公表している各年度の事業報告書より筆者が集計した。なお，銀行別残高
については上位6行程度のみが開示されているため，空白箇所が必ずしも0を意味す
るわけではない。
1年以内返済予定固定負債には，借入金以外の負債も含まれている可能性がある。
2012年3月期までは合併前の中央三井信託銀行，2013年3月期は合併後の三井住友
信託銀行の融資残高である。

資等の実行や短期の融資枠の設定等により，約1兆円の追加与信を実行する
こと等が取引金融機関に対して要請された[7]。

7　2013年12月18日付日経新聞によると，総合特別事業計画の認定と並行して取引金融機関は総
額1兆700億円の追加融資に応じる方針を決め，2012年夏に第1弾の融資が実行され，第2弾
として2013年12月26日に取引金融機関11社が総額5,000億円の融資を実施するとの見込みで
あるとされた。さらに金融機関が貸し倒れリスクを抑える目的で東京電力向け融資を担保付に切
り替え，2013年末に担保付融資が1兆円を超える水準となるところ，将来的には担保付となって
いる東京電力向け融資を無担保に切り替えることを金融機関に要請し，4月以降に無担保への切
り替えがなされたとの新聞報道があった。

5.6.1.3　開示の状況

　東京証券取引所の場合，上場会社の運営，業務もしくは財産または当該上場有価証券に関する重要な事項であって，投資者の投資判断に著しい影響を及ぼす事項が発生した場合は，直ちにその内容を開示しなければならないとされている（適時開示）[8]。東日本大震災直後の主要行の適時開示の状況は，2011 年 3 月 14 日に「業績の変更予定なし」と開示した銀行が 1 行のみであり，この銀行は翌日に仙台支店の貸出金と東北地方対象のノンリコースローンの金額を開示した。その他の主要行は特別な開示は行っていない。主要行の多くにとって，東日本大震災の影響は投資者の投資判断に著しい影響を及ぼす事項ではなかったと考えられる。

　東日本大震災直後の 2011 年 3 月期の主要行の決算に関する開示は以下のとおりである。まず，貸倒引当金に関する会計方針について，東日本大震災における影響額について合理的包括的に見積り計上を行い，一般貸倒引当金の積み増しを実施した旨の開示を行ったのが 1 行，東日本大震災関連で貸倒引当金の積み増しを行ったと記載した銀行が 1 行であった。

　融資に関連する貸借対照表の注記に関しては，合理的包括的に計上した東日本大震災による一般貸倒引当金の積増額を開示した銀行が 2 行であり，被災 3 県への貸付額の開示を行ったのが 1 行であった。後者の 1 行は，以後 2013 年 3 月期まで IR 資料において貸付額の開示を継続した。

　東京電力への融資に関する事項を含む，福島第一原子力発電所事故に関しては，特に開示している主要行はなかった。「5.6.1.2　東京電力への融資状況」に記載したとおり，東日本大震災後に主要行から多額の融資が実行されたが，主要行の財政状態，および経営成績に対して，東京電力への融資は大きな影響を及ぼすものではないとの判断がなされたものと考えられる。

5.6.2　地域銀行

5.6.2.1　財務指標の推移

　被災地グループ 1（被災 3 県）の地域銀行の 2009 年 3 月期から 2013 年 3

8　有価証券上場規程第 402 号。他の証券取引所も同様に規定されている。

図表 5-4　被災地グループ 1（被災 3 県）の財務指標の推移

全体

項　　目	詳　　細	Mar-09	Mar-10	Mar-11	Mar-12	Mar-13
自己資本比率	規制上の自己資本比率	10.49%	10.72%	9.96%	10.82%	11.21%
債権残高	対数	13.69	13.69	13.70	13.75	13.78
貸倒引当金	貸倒引当金／貸出金残高	1.46%	1.42%	1.96%	1.72%	1.39%
与信費用	与信費用／貸出金残高	0.48%	0.27%	0.93%	0.13%	-0.08%
不良債権比率	開示債権／与信総額	3.98%	3.76%	4.00%	4.26%	3.60%
破産更生債権比率	破産更生債権／与信総額	1.59%	1.48%	1.52%	1.14%	0.99%
危険債権比率	危険債権／与信総額	2.01%	1.89%	2.17%	2.70%	2.25%
要管理債権比率	要管理債権／与信総額	0.39%	0.39%	0.31%	0.41%	0.37%
総資産	対数	14.10	14.13	14.14	14.30	14.36
ROA	当期純利益／総資産	-0.16%	0.15%	-0.37%	0.02%	0.19%

資産規模上位 4 行

項　　目	詳　　細	Mar-09	Mar-10	Mar-11	Mar-12	Mar-13
自己資本比率	規制上の自己資本比率	11.60%	11.92%	11.37%	11.60%	11.92%
債権残高	対数	14.34	14.35	14.37	14.43	14.46
貸倒引当金	貸倒引当金／貸出金残高	1.49%	1.42%	1.89%	1.73%	1.47%
与信費用	与信費用／貸出金残高	0.60%	0.19%	0.84%	0.10%	-0.03%
不良債権比率	開示債権／与信総額	3.46%	3.19%	3.29%	3.50%	3.05%
破産更生債権比率	破産更生債権／与信総額	1.15%	1.06%	1.28%	1.04%	0.90%
危険債権比率	危険債権／与信総額	1.95%	1.74%	1.64%	1.98%	1.67%
要管理債権比率	要管理債権／与信総額	0.36%	0.39%	0.37%	0.47%	0.48%
総資産	対数	14.79	14.83	14.86	15.05	15.12
ROA	当期純利益／総資産	-0.12%	0.18%	-0.17%	0.14%	0.16%

資産規模下位 4 行

項　　目	詳　　細	Mar-09	Mar-10	Mar-11	Mar-12	Mar-13
自己資本比率	規制上の自己資本比率	9.39%	9.52%	8.55%	10.03%	10.51%
債権残高	対数	13.03	13.03	13.02	13.08	13.10
貸倒引当金	貸倒引当金／貸出金残高	1.43%	1.42%	2.03%	1.70%	1.32%
与信費用	与信費用／貸出金残高	0.35%	0.35%	1.03%	0.15%	-0.13%
不良債権比率	開示債権／与信総額	4.50%	4.33%	4.71%	5.02%	4.15%
破産更生債権比率	破産更生債権／与信総額	2.03%	1.90%	1.75%	1.24%	1.07%
危険債権比率	危険債権／与信総額	2.06%	2.05%	2.70%	3.42%	2.82%
要管理債権比率	要管理債権／与信総額	0.41%	0.38%	0.25%	0.35%	0.26%
総資産	対数	13.42	13.43	13.43	13.56	13.60
ROA	当期純利益／総資産	-0.19%	0.11%	-0.58%	-0.09%	0.22%

注：岩手銀行，東北銀行，七十七銀行，東邦銀行，北日本銀行，仙台銀行，福島銀行およ
　　び大東銀行の開示資料より，各財務指標の平均値を筆者が集計した。上位は七十七銀
　　行，東邦銀行，岩手銀行，北日本銀行の 4 行，下位はその他の 4 行を集計したもので
　　ある。
　　与信費用には特別損失に計上した項目を含み，償却債権取立益と貸倒引当金戻入益を
　　控除した。
　　被災地グループ 1 の地域銀行は全て自己資本比率規制に関して国内基準行である。

月期までの財務指標の推移は，図表 5-4 のとおりである。資産規模は銀行業の経営に対して大きな影響を与えるため，対象行全体を対象とした分析の他，資産規模により 2 区分した分析も行った。

被災地グループ 1 は，財務指標に東日本大震災の影響を大きく受けている。自己資本比率は東日本大震災の影響により 2011 年 3 月期に低下したが，主として公的資金の注入により 2012 年 3 月期には上昇している。貸倒引当金も東日本大震災の影響を直後の決算に織り込んだ影響により，2011年 3 月期に増加しているが，2012 年 3 月期以降は低下している。与信費用は 2011 年 3 月期に著しく増加し，それに伴い ROA も低下しているが，翌年には回復している。貸倒引当金と与信費用の状況から，東日本大震災時に保守的に貸倒引当金を計上した可能性がある。一方，不良債権比率は 2011年 3 月期に上昇したが，さらに翌年も主として危険債権の増加により上昇している。その一因として，2011 年 3 月期には状況が把握できていない先については不良債権に織り込まれていないこと，および 2012 年 3 月期には東日本大震災の間接的な影響によりさらに信用リスクが高まった可能性がある。

資産規模による区分では，両グループとも同様の傾向にあるが，資産規模の小さな区分の銀行の方がより深刻な影響を受けているといえる。

次に，被災地グループ 2（被災 3 県に太平洋沿岸の茨城・千葉・青森の 3県を追加）の 2009 年 3 月期から 2013 年 3 月期までの財務指標の推移は，図表 5-5 のとおりである。被災地グループ 2 全体の分析の他，被災 3 県を除いたベースでの分析も実施している。

被災地グループ 2 全体でみると，自己資本比率，貸倒引当金，与信費用および ROA については被災地グループ 1 と同様の趨勢であるが，東日本大震災の影響はやや弱まり，自己資本比率と不良債権比率はリーマン・ショックの影響を受けた 2009 年 3 月期の方が悪い比率となっている。不良債権比率に関しては，危険債権比率および要管理債権比率が 2012 年 3 月期に上昇した影響が大きく，2011 年 3 月期よりも 2012 年 3 月期に，より上昇している。被災 3 県を除いたベースでは，2011 年 3 月期の不良債権比率が若干上昇し，2012 年 3 月期・2013 年 3 月期で危険債権比率・要管理債権比率が高

140 —— 第Ⅰ部　巨大災害のディスクロージャー

図表5-5　被災地グループ2（被災3県＋太平洋沿岸）の財務指標の推移

全体

項　　目	詳　　細	Mar-09	Mar-10	Mar-11	Mar-12	Mar-13
自己資本比率（＊）	規制上の自己資本比率	10.45%	10.96%	10.56%	11.31%	11.69%
債権残高	対数	14.09	14.13	14.14	14.18	14.21
貸倒引当金	貸倒引当金／貸出金残高	1.43%	1.35%	1.60%	1.42%	1.22%
与信費用	与信費用／貸出金残高	0.50%	0.28%	0.62%	0.12%	0.01%
不良債権比率	開示債権／与信総額	3.73%	3.41%	3.54%	3.62%	3.22%
破産更生債権比率	破産更生債権／与信総額	1.31%	1.19%	1.17%	0.88%	0.74%
危険債権比率	危険債権／与信総額	2.03%	1.85%	2.01%	2.31%	2.07%
要管理債権比率	要管理債権／与信総額	0.39%	0.37%	0.35%	0.43%	0.41%
総資産	対数	14.50	14.53	14.57	14.68	14.72
ROA	当期純利益／総資産	-0.28%	0.17%	-0.09%	0.12%	0.23%

（＊）自己資本比率区分

自己資本比率（国内基準）		10.36%	10.83%	10.36%	11.10%	11.52%
自己資本比率（国際統一基準）		11.70%	12.80%	13.37%	14.35%	14.05%

青森・茨城・千葉のみ

項　　目	詳　　細	Mar-09	Mar-10	Mar-11	Mar-12	Mar-13
自己資本比率（＊）	規制上の自己資本比率	10.41%	11.24%	11.26%	11.88%	12.24%
債権残高	対数	14.56	14.63	14.65	14.67	14.71
貸倒引当金	貸倒引当金／貸出金残高	1.39%	1.27%	1.18%	1.07%	1.02%
与信費用	与信費用／貸出金残高	0.53%	0.30%	0.26%	0.12%	0.12%
不良債権比率	開示債権／与信総額	3.43%	3.00%	3.02%	2.90%	2.78%
破産更生債権比率	破産更生債権／与信総額	0.99%	0.86%	0.78%	0.58%	0.46%
危険債権比率	危険債権／与信総額	2.06%	1.79%	1.83%	1.86%	1.86%
要管理債権比率	要管理債権／与信総額	2.06%	1.79%	1.83%	1.86%	1.86%
総資産	対数	14.95	14.98	15.06	15.11	15.13
ROA	当期純利益／総資産	-0.41%	0.20%	0.23%	0.23%	0.27%

（＊）自己資本比率区分

自己資本比率（国内基準）		10.20%	10.98%	10.90%	11.47%	11.93%
自己資本比率（国際統一基準）		11.70%	12.80%	13.37%	14.35%	14.05%

注：被災3県の地域銀行8行の他，青森・茨城・千葉の3県に本店を有する青森銀行，み
　　ちのく銀行，常陽銀行，筑波銀行，千葉銀行，千葉興業銀行，京葉銀行の7行の開示
　　資料より，各財務指標の平均を筆者が集計した。
　　被災地グループ2の中で，千葉銀行は自己資本比率において国際統一基準適用行であ
　　る。

第5章　東日本大震災が銀行の貸倒引当金に与えた影響 —— *141*

図表 5-6　被災地グループ 3（東北 6 県）の財務指標の推移

全体

項　　目	詳　　細	Mar-09	Mar-10	Mar-11	Mar-12	Mar-13
自己資本比率	規制上の自己資本比率	10.28%	11.15%	10.57%	10.90%	11.33%
債権残高	対数	13.76	13.77	13.78	13.83	13.86
貸倒引当金	貸倒引当金／貸出金残高	1.67%	1.62%	1.79%	1.53%	1.26%
与信費用	与信費用／貸出金残高	0.54%	0.28%	0.63%	0.10%	0.00%
不良債権比率	開示債権／与信総額	4.25%	3.73%	3.93%	3.80%	3.28%
破産更生債権比率	破産更生債権／与信総額	1.45%	1.32%	1.30%	0.94%	0.82%
危険債権比率	危険債権／与信総額	2.18%	2.00%	2.11%	2.36%	2.02%
要管理債権比率	要管理債権／与信総額	0.46%	0.32%	0.38%	0.46%	0.39%
総資産	対数	14.16	14.20	14.23	14.34	14.38
ROA	当期純利益／総資産	-0.45%	0.14%	-0.14%	0.08%	0.17%

青森・秋田・山形のみ

項　　目	詳　　細	Mar-09	Mar-10	Mar-11	Mar-12	Mar-13
自己資本比率	規制上の自己資本比率	10.04%	11.65%	11.26%	10.99%	11.47%
債権残高	対数	13.84	13.85	13.87	13.92	13.95
貸倒引当金	貸倒引当金／貸出金残高	1.91%	1.84%	1.60%	1.32%	1.11%
与信費用	与信費用／貸出金残高	0.61%	0.29%	0.28%	0.08%	0.09%
不良債権比率	開示債権／与信総額	4.54%	3.69%	3.86%	3.29%	2.92%
破産更生債権比率	破産更生債権／与信総額	1.28%	1.13%	1.05%	0.72%	0.64%
危険債権比率	危険債権／与信総額	2.37%	2.12%	2.05%	1.98%	1.77%
要管理債権比率	要管理債権／与信総額	0.55%	0.25%	0.47%	0.52%	0.41%
総資産	対数	14.24	14.29	14.32	14.38	14.41
ROA	当期純利益／総資産	-0.77%	0.12%	0.13%	0.14%	0.15%

注：被災 3 県の地域銀行 8 行の他，青森・秋田・山形の 3 県に本店を有する地域銀行である青森銀行，みちのく銀行，秋田銀行，北都銀行，荘内銀行，山形銀行，きらやか銀行の 7 行の開示資料より，各財務指標の平均を筆者が集計した。
　　被災地グループ 3 の地域銀行は全て自己資本比率において国内基準行である。

142 —— 第Ⅰ部　巨大災害のディスクロージャー

めとなっていることを除けば，東日本大震災による大きな影響はみられない[9]。

被災地グループ3（東北6県）の2009年3月期から2013年3月期までの財務指標の推移は，図表5-6のとおりである。被災地グループ3全体の分析の他，被災3県を除いたベースでの分析も実施している。

被災地グループ3全体でみると，自己資本比率，貸倒引当金，与信費用，不良債権比率，ROAについては概ね被災地グループ1と同様の趨勢であるが，東日本大震災の影響はやや弱まり，被災地グループ2と同様に自己資本比率と不良債権比率はリーマン・ショックの影響を受けた2009年3月期の方が悪い比率となっている。被災3県を除いたベースでは，2011年3月期の不良債権比率が高く，2012年3月期の自己資本比率が低下していることおよび2012年3月期の要管理債権比率が若干上昇していることを除けば，東日本大震災による大きな影響はみられない[10]。

被災地グループ4（東日本）の2009年3月期から2013年3月期までの財務指標の推移は，図表5-7のとおりである。被災地グループ4全体の分析の他，被災地グループ2，3に属する地域銀行を除外したベースでの分析も実施している。

被災地グループ4全体でみると，自己資本比率，貸倒引当金，与信費用，不良債権比率，ROAについては東日本大震災の影響はかなり弱まり，リーマン・ショックの影響を受けた2009年3月期の方が悪い比率となっている。唯一危険債権比率は東日本大震災発生翌年度の2012年3月期の方が2009年3月より高い。被災地グループ2，3に属する地域銀行を除いたベースでは，財務指標に東日本大震災の影響はほとんどみられない[11]。

9　被災地グループ1と同様に，資産規模により2区分した分析も行ったが，規模の小さいグループの方がより東日本大震災の影響を受けているという点は同様である。なお，被災3県を除いた3県において，資産規模が小さい区分では，東日本大震災の影響よりもむしろ2009年3月期のリーマン・ショックの影響の方が大きかった。

10　被災地グループ1，2と同様に，資産規模により2区分した分析も行ったが，規模の小さいグループの方がより東日本大震災の影響を受けているという点は同様である。なお，被災3県を除いたベースにおいて，資産規模が小さい区分では，2009年3月期ほどではないものの，2011年3月期においてより不良債権比率・危険債権比率の悪化がみられ，2012年3月期において自己資本比率の低下と要管理債権比率の上昇がみられた。

図表 5-7　被災地グループ 4 （東日本）の財務指標の推移

全体

項　　目	詳　　細	Mar-09	Mar-10	Mar-11	Mar-12	Mar-13
自己資本比率（＊）	規制上の自己資本比率	10.12%	10.79%	10.69%	11.06%	11.32%
債権残高	対数	14.25	14.27	14.29	14.33	14.36
貸倒引当金	貸倒引当金／貸出金残高	1.65%	0.82%	1.07%	1.02%	1.01%
与信費用	与信費用／貸出金残高	0.67%	0.34%	0.44%	0.12%	0.12%
不良債権比率	開示債権／与信総額	4.07%	3.65%	3.68%	3.54%	3.32%
破産更生債権比率	破産更生債権／与信総額	1.33%	1.13%	1.03%	0.79%	0.66%
危険債権比率	危険債権／与信総額	2.17%	2.04%	2.14%	2.25%	2.16%
要管理債権比率	要管理債権／与信総額	0.50%	0.44%	0.45%	0.49%	0.48%
総資産	対数	14.63	14.67	14.70	14.77	14.81
ROA	当期純利益／総資産	-0.19%	0.18%	0.07%	0.17%	0.20%

（＊）自己資本比率区分

		Mar-09	Mar-10	Mar-11	Mar-12	Mar-13
自己資本比率（国内基準）		10.03%	10.63%	10.48%	10.78%	11.07%
自己資本比率（国際統一基準）		11.47%	12.47%	12.83%	13.92%	13.92%

被災地グループ 2, 3 に属する地域銀行を除く

項　　目	詳　　細	Mar-09	Mar-10	Mar-11	Mar-12	Mar-13
自己資本比率（＊）	規制上の自己資本比率	9.75%	10.39%	10.63%	10.88%	10.92%
債権残高	対数	14.60	14.61	14.62	14.65	14.68
貸倒引当金	貸倒引当金／貸出金残高	1.78%	1.74%	1.61%	1.40%	1.28%
与信費用	与信費用／貸出金残高	0.87%	0.42%	0.32%	0.13%	0.24%
不良債権比率	開示債権／与信総額	4.19%	3.85%	3.67%	3.49%	3.54%
破産更生債権比率	破産更生債権／与信総額	1.36%	1.08%	0.89%	0.72%	0.57%
危険債権比率	危険債権／与信総額	2.27%	2.20%	2.24%	2.22%	2.40%
要管理債権比率	要管理債権／与信総額	0.56%	0.58%	0.54%	0.54%	0.57%
総資産	対数	14.96	14.99	15.02	15.05	15.07
ROA	当期純利益／総資産	0.07%	0.21%	0.22%	0.24%	0.20%

（＊）自己資本比率区分

		Mar-09	Mar-10	Mar-11	Mar-12	Mar-13
自己資本比率（国内基準）		9.63%	10.12%	10.25%	10.30%	10.26%
自己資本比率（国際統一基準）		11.24%	12.30%	12.56%	13.70%	13.86%

注：被災地グループ 2, 3 に属する銀行の他，北海道に本店を有する北海道銀行および北
　　洋銀行，ならびに茨城・千葉を除く関東地方に本店を有する群馬銀行，東和銀行，足
　　利銀行，栃木銀行，武蔵野銀行，埼玉りそな銀行，八千代銀行，東京都民銀行，東日
　　本銀行，東京スター銀行，横浜銀行，神奈川銀行の 14 行を加えた，計 34 行の開示資
　　料より，各財務指標の平均を筆者が集計した。
　　千葉銀行および群馬銀行は自己資本比率において国際統一基準適用行である。また，
　　横浜銀行は 2010 年 3 月期より国際統一基準適用行となっている。

144 —— 第Ⅰ部　巨大災害のディスクロージャー

5.6.2.2　開示の状況

5.6.2.2.1　適時開示

　東日本大震災直後の地域銀行の適時開示の状況を被災地グループ別に分類した結果は以下のとおりである。まず被災地グループ 1 に属する地域銀行では，直後の 2011 年 3 月 13 日に影響は不明である旨の開示を行った銀行が 1 行存在し，4 月 18 日以降 5 月 10 日までに震災関連による貸倒引当金の積み増しによる業績修正を開示した銀行が 6 行存在した[12]。2011 年 4 月から 2012 年 3 月までの間に公的資金の検討について開示した銀行が 4 行存在した。

　被災地グループ 2 に属する地域銀行（被災地グループ 1 に属する地域銀行を除く）では，直後の 2011 年 3 月 14 日に影響がない旨を記載した銀行が 1 行存在し，4 月 25 日に 1 行が与信費用の増加による業績修正を開示し，別の 1 行は 4 月 28 日に与信費用の減少を開示した。2011 年 4 月 28 日に公的資金の検討について 1 行が開示した。

　被災地グループ 3 に属する地域銀行（被災地グループ 1，2 に属する銀行を除く）では，東日本大震災の影響で経営統合の延期のリリースを行った銀行が 1 行存在したが，その他の被災地グループ 3，4 に属する地域銀行（被災地グループ 2，3 に属する銀行を除く）には，東日本大震災の影響に関して適時開示を行った銀行はなかった。

5.6.2.2.2　会計方針

　「5.2　金融上の特別な措置」および「5.3　会計上の取り扱い」で記載したとおり，東日本大震災に関連して貸倒引当金の計上に特例が設けられた。このような特例を適用した旨を開示した地域銀行は，被災地グループ 1 に属する銀行では 5 行存在し，被災地グループ 2 に属する銀行（ただし被災地グループ 1 に属する銀行を除く）では 1 行存在した。

11　被災地グループ 1，2，3 と同様に，資産規模により 2 区分した分析も行ったが，規模の小さいグループの方がより東日本大震災の影響を受けているという点は他のグループと同様である。なお，被災地グループ 2，3 に属する地域銀行を除いたベースにおいて，資産規模が大きい区分では 2011 年 3 月期が 2009 年 3 月期よりも ROA が低くなっており，資産規模が小さい区分では 2011 年 3 月期以降に危険債権比率が上昇しており，その比率は 2009 年 3 月期より高くなっている。東日本大震災の間接的な影響が作用している可能性がある。

12　うち 1 行は一旦業績修正を開示した後に，再修正を開示している。

被災地グループ1では，「予想損失率／引当率に一定の調整を行った」旨を記載した銀行が2行，「被害地域を別グルーピングとした」旨を開示した銀行が2行，実態把握困難な債務者について合理的方法（あるいは簡便的方法または推定）によった旨の開示を行った銀行が4行存在した。その他東日本大震災の間接的影響の積み増しや一般貸倒引当金の積み増しについて言及した銀行が2行存在した。

被災地グループ2に属する銀行では，債務者の実態を合理的に判断できる範囲内で可能な限り自己査定に反映させ，合理的な損失等の見積額を計上」した旨の開示を行った銀行が1行存在した。被災地グループ3，4に属する地域銀行（被災地グループ1，2に属する銀行を除く）では，会計方針に関して特別な取り扱いを適用した旨の記載はなかった。

5.6.2.2.3　損益計算書の開示

損益計算書に関しては，東日本大震災による貸倒引当金繰入額の計上区分および特別損失に貸倒引当金繰入を別掲しているかどうかという観点から被災地グループ別に分析を行った。

まず，東日本大震災による貸倒引当金繰入額について，被災地グループ1に属する地域銀行全8行のうち，その全額を特別損失に計上している銀行が7行であり，貸倒引当金繰入額を特別損失に計上し，一般貸倒引当金繰入額は経常費用に計上している銀行が1行であった。すなわち，ほとんどが東日本大震災による貸倒引当金繰入額を全額特別損失に計上していた。被災地グループ2に属する地域銀行（被災地グループ1に属する銀行を除く）では，全額を特別損失に計上した銀行が1行，全額を経常費用として計上した銀行が1行であり，被災地グループ3に属する地域銀行（被災地グループ1，2に属する銀行を除く）では全額特別損失に計上している銀行が1行であった。

次に特別損失に貸倒引当金繰入を別掲しているか否かという点については，被災地グループ1で別掲している銀行が4行，被災地グループ3（グループ1，2を除く）では1行が別掲していたが，被災地グループ2（被災地グループ1を除く）では別掲している銀行はなかった。総じて，東日本大震災による貸出金関連損益への影響が大きかった地域銀行は，そのほとんど

が東日本大震災の影響を損益計算書において区分して開示しているといえる。

なお，被災地グループ３で決算短信説明資料において，貸倒償却引当費用のうち東日本大震災による影響額を注記している銀行が１行存在した。

5.6.2.2.4　貸借対照表の注記

貸借対照表の注記に関して，東日本大震災関連の注記を実施したのは全て被災地グループ１に属する地域銀行である。２行は甚大な被害を受けた地域の債務者への引当額の開示を行っており，１行が推定されたリスク管理債権見合い相当額[13]の開示を行っていた。損益計算書に係る開示に比べると，東日本大震災の影響に関して貸借対照表に係る注記はほとんどなされていなかったといえる。

5.6.2.2.5　不良債権比率

不良債権に震災による影響を織り込んでいるかどうかに関して，被災地グループ１に属する地域銀行のうち１行のみが「状況が把握できている先については織り込むが，一部債務者については織り込んでいない」旨，および推定されたリスク管理債権見合い相当を開示し，「通常の資産査定と異なるため含めていない」旨の開示を行った。

また，被災地グループ２に属する地域銀行（被災地グループ１に属する銀行を除く）のうち１行が，東日本大震災の影響に伴う格付低下により不良債権が増加した旨を記載していた。総じて，不良債権比率への東日本大震災の影響についてはほとんど開示がなされていなかったといえる。

5.6.2.2.6　2011年３月期後の状況

2011年３月期後の状況に関しての被災地グループ別の開示の状況は以下のとおりである。まず，被災地グループ１では，適時開示による業績の上方修正を行った銀行が１行あった。東日本大震災関連の貸倒引当金に関して，追加繰り入れを行った１行が「保守的に自己査定を行った」旨を開示し，反対に貸倒引当金戻入を行った２行は「保守的に計上していたのを戻入した」旨の開示を行った。不良債権については増加したとの注記を行ったのが１行

13　「5.6.2.2.5 不良債権比率」で記載のとおり，推定されたリスク管理債権見合い相当額はリスク管理債権には含めていない旨の開示がなされていた。

であった。

被災地グループ 2 では，不良債権について東日本大震災の影響に伴う格付低下により増加したとの開示を行った銀行が 1 行存在したが，その他に東日本大震災関連の特別な開示はなかった。被災地グループ 3 では，東日本大震災の影響による貸倒引当戻入を 1 行が開示した。

財務指標の推移と開示の状況より，特に被災地グループ 1 に関して，2011 年 3 月期決算において保守的に貸倒引当金を計上していたことが窺える。一方，不良債権に関しては 2011 年 3 月期に状況が把握できておらず織り込めなかった先があったことおよびその後の東日本大震災の間接的な影響によりさらに信用リスクが高まったことにより，その後に増加した可能性がある。

5.7　小括

本章では，東日本大震災により融資が影響を受けたと考えられる主要行および被災地の地域銀行について，影響の内容およびその程度を分析した。その結果，まず財務指標に関しては，被災 3 県の地域銀行を除くとその影響は限定的であることが明らかとなった。

貸倒引当金の計上について，様々な特例措置が認められることとなったが，実際にその特例によって貸倒引当金を計上したことを開示した銀行も，そのほとんどは被災 3 県の地域銀行であった。

注記・開示事項に関して，まず東日本大震災に係る適時開示は，被災 3 県の地域銀行の業績予想修正を除くと少数であり，キーワード検索によると福島第一原子力発電所事故に関する開示の該当はなかった。

損益計算書上，東日本大震災に関わる貸倒引当金を特別損失に区分表示している被災グループの地域銀行は散見されたが，貸借対照表への影響額を開示している事例は少数であった。東日本大震災により影響を受けた融資，あるいは東日本大震災の影響で積み増しされた貸倒引当金の残高の情報も次年度以降の各銀行の経営成績や財政状態を判断するのに重要な情報であることを鑑みると，損益計算書だけではなく貸借対照表への影響額も併せて開示さ

れるべきであったと考える。

　不良債権比率は，2011年3月期よりもむしろ2012年3月期に上昇していた。その要因としては1行が開示していたように，2011年3月期には正確な査定でないために不良債権として織り込んでいなかったこと，および東日本大震災後の間接的な影響により信用リスクが高まった可能性が挙げられる。2011年3月期の不良債権に対する東日本大震災の影響について，特別な開示は上記の1行を除きなされていなかった。しかしながら，不良債権が東日本大震災によりどの程度増加したのか，という情報は銀行の利害関係者にとって重要であり，十分な開示がなされるべきである。東日本大震災時の特別な取り扱いにより合理的に判断できる範囲内で査定が行われたとしても，正式な査定による不良債権に含めた上で，その金額を注記等で開示する方がより望ましいのではないだろうか。

　分析上の課題として，以下の点を認識している。まず，財務指標の分析対象期間を2009年3月期より2013年3月期の5年間としたが，2009年3月期においてはリーマン・ショックの影響を受けているため，平準的な財務の傾向を判断するにはより長期間の分析を実施することが望ましい。次に財務指標の集計に関して，基本的には銀行連結上の数値としながら，単体上の情報しか開示されていない銀行もあったこと，各行で部分直接償却の実施の有無など会計処理方針に相違があったことなどから，必ずしも平仄が合っていない。連結と単体の数値が混在していることに関しては，連単倍率が大きい銀行はほとんどなかったため大きな影響はないものと考えているが，データの制約から精緻な結果とはなっていないことには留意が必要である。

参考文献

植杉威一郎・内田浩史・内野泰助・小野有人・間真実・細野薫・宮川大介，2012.「大震災と企業行動のダイナミクス」RIETI Discussion Paper Series 12-P-001, 1-60.

小川一夫，2012.「東日本大震災後の中小企業における二重債務問題」『商工金融』第62巻第10号，5-27.

金融庁，2011.「東日本大震災についての金融庁・財務局・金融機関の対応状況」，〈https://www.fsa.go.jp/ordinary/earthquake201103/jokyo.html〉

原子力損害賠償支援機構・東京電力，2011.「特別事業計画—「親身・親切」な賠償の実現

に向けた「緊急特別事業計画」―」（2011 年 10 月 28 日）．東京電力，<https://www.tep co.co.jp/cc/press/11110403-j.html>

原子力損害賠償支援機構・東京電力，2012．「総合特別事業計画」（2012 年 4 月 27 日），<https://www.tepco.co.jp/cc/press/2012/1203274_1834.html>

近藤万峰，2011．「リレーションシップ・バンキング行政の下における地域銀行の中小企業金融円滑化法への取り組み―各行のディスクロージャーデータを用いた分析―」『会計検査研究』第 44 号，73-89．

日本銀行金融機構局，2011．「リスク管理と金融機関経営に関する調査論文　2010 年度銀行決算の概要」BOJ Reports and Research Papers，2011 年 8 月．

日本公認会計士協会，2011．会長通牒平成 23 年第 1 号「東北地方太平洋沖地震による災害に関する監査対応について」（平成 23 年 3 月 30 日），〈https://jicpa.or.jp/news/information/files/kaichou-tuucho-1-20110330.pdf〉

細野薫，2010．『金融危機のミクロ経済分析』東京大学出版会．

堀江康熙，2012．「東日本大震災の地域金融に及ぼす影響」『金融構造研究』第 34 号，66-73．

堀江康熙・川向肇，2011．「東日本大震災の地域金融に及ぼす影響」『經濟學研究』（九州大学）第 78 巻第 2・3 合併号，1-38．

森祐司，2011．「東日本大震災と地域金融」『大和総研調査季報』2011 年秋季号第 4 号，4-21．

預金保険機構，2024，「金融機能強化法に基づく資本参加実績一覧」，〈https://www.dic.co.jp/kastudo/shihonzokyo.html〉

吉田靖，2015．「東日本大震災と金融機関のディスクロージャー」『東京経大学会誌（経営学）』第 286 号，151-158．

第6章

東日本大震災と経営者の
業績予想開示行動

　東日本大震災の発生直後の 2011 年 3 月期決算発表において，多くの企業が 2012 年 3 月期の業績予想の開示を見送った。本章では，これらの企業が業績予想の非開示を選択した理由について，Dye（1985）などが示した情報偏在モデルに基づき実証的に検討する。情報偏在モデルとは，企業価値に関する情報を知っている経営者もいれば知らない経営者もいるという，情報の偏在がある状況を想定し，ある水準以下の企業価値の経営者は企業価値に関する情報を持っていたとしても，当該情報（bad news）の非開示を選択するという結論を導出するモデルである。このモデルに基づけば，大震災発生直後のような情報の不確実性が高い時，業績見通しが悪い企業（Bad News を有する企業）ほど，業績予想の非開示を選択すると考えられる。本章での実証分析により，情報偏在モデルに基づく仮説と整合する結果が得られている。

6.1　問題意識

　本章の目的は，東日本大震災の発生直後における経営者の業績予想開示行動を明らかにすることにある。

　東日本大震災は，地震，津波，そして原子力発電所の事故が重なり，わが国の第 2 次世界大戦後最大の人的・物的な被害をもたらした。社会インフラの毀損やサプライチェーン寸断による部品・商品不足，また電力供給の制約をはじめとする二次的な影響なども生じ，製造業・非製造業を問わず，また被災地に留まらず，全国規模で企業活動に大きな影響を与えた。内閣府の推

計によれば，東日本大震災の被害総額は社会資本ストックなどの直接被害だけで 16 兆 9,000 億円であり，この金額には東京電力福島第一原子力発電所の事故による被害額（放射線に対する風評被害など）は含まれていない。

　東日本大震災を巡っては，地震の規模，津波の高さ，そして原子力発電所の事故など，様々な場面で「想定外」というフレーズが繰り返されてきた。しかし，東日本大震災は全く想定できなかったものではなく，その発生の不確実性の高さゆえに，あえて想定から外していた企業も少なくなかったようである。とはいえ，コストも利用可能な資源も有限であることを考えると，想定外にした企業の判断を直ちに問題視することは難しいかもしれない。

　ところで，企業の情報開示面に着目すれば，多くの企業は東日本大震災直後から被災状況をインターネットで報告するなど，積極的に情報開示を行っていた。2011 年 3 月期の決算発表においても，決算実務上の困難にもかかわらず，前年（2010 年 3 月期）とほぼ同様の日程で決算発表を行う企業が多く，投資家への情報開示に向けた企業の努力が垣間見られた。しかし，業績予想については，東日本大震災の直接の被害だけでなく，節電や風評被害など多方面に影響があり，将来業績を正確に見通せないとして，開示を見送る企業が多かった。

　業績予想は，自社の状況および将来の経営方針に関して最も詳細かつ正確な情報を有する経営者自身が，業績見通しを投資家に伝達するコミュニケーション・ツールであり，情報の非対称性の緩和，売り買いの価格差（bid ask spread）の縮小，アナリスト間の利益予想の分散の縮小，証券自体の市場流動性の向上といった効果が知られている。それゆえに，業績予想の非開示に対して，仕方のない行為と前向きに捉える意見がある一方で，震災後の不確実性の高い状態だからこそ，情報優位な立場にある経営者が業績予想の開示を通じて将来の見通しを示し，株価形成を安定化させるべきだったとする意見もある。

　このような業績予想の是非については別の機会に論じるとして，本章では，東日本大震災の発生直後という経営環境が不確実な状況下で，経営者がどのように業績予想の開示行動を行ったのかについて，Dye（1985）などが提唱している情報偏在モデルに基づき検証する。

6.2 東日本大震災時における業績予想の開示制度と開示状況

　わが国の業績予想開示は，兜倶楽部で記者に配布される決算短信の中に業績予想の記載欄が設けられていたことから始まったとされている。全国証券取引所協会が主導で決算短信を見直したのは 1980 年であり，それ以降，証券取引所が主体となって業績予想の開示要請を続けている。

　東日本大震災の発生時において，業績予想の開示方法は，原則的な取扱いと例外的な取扱いの 2 つが存在していた。原則的な取扱いとしては，中間期（第 2 四半期連結累計期間）と通期における売上高，営業利益，経常利益，当期純利益，1 株当たり当期純利益，配当の業績予想を特定数値（ポイント予想）で開示することとされていた。また，例外的な取扱いとしては，レンジ形式での予想や翌四半期の 3 ヶ月予想を開示したり，社内の業績管理を年次でのみ行っている場合に中間期予想の開示を省略したり，適切な予想が困難な場合には，業績予想を非開示にしたりすることも可能であった。ただし，その場合には，取引所に事前相談を行う必要があり，業績予想を開示しない場合には，その合理的な理由の記載が求められていた。それゆえに，大半の上場企業は原則的な取扱いに従って業績予想の開示を行っており，東京証券取引所の調査によれば，2010 年 3 月期の決算発表では，97% 弱の企業が通期の業績予想を特定数値で開示していた。

　ところで，東日本大震災の発生前から，とりわけ金融危機以降において，業績の先行きを見通すことが困難として，業績予想の開示を見送る企業が存在していた。ソフトバンク株式会社やヤフー株式会社など，従来から業績予想を開示しない企業に加えて，JFE ホールディングス株式会社や信越化学工業株式会社などわが国を代表する企業まで，前期の決算発表時点で当期の通期予想を開示していなかった。その理由として，JFE ホールディングス株式会社の数土社長（当時）は，「原材料価格や鋼材価格が以前よりはるかに大きく揺れ動くうえ，期初時点ではこれらの価格も決まっていなかった。こうした状況で収益予想などできるはずがない。合理的な予想ができないのにあえて数字を出してもミスリードするだけだし，マーケットを変に利益誘導し

かねない。」(『日本経済新聞』朝刊 2009 年 6 月 19 日) と答えている。

　このような実務界の意見は, 日本取締役会『ディスクロージャーの改善に関する提言』(2010 年 3 月 29 日) や経済団体連合会『財務報告に関わるわが国開示制度の見直しについて』(2010 年 7 月 20 日) でまとめられた。実務界が特に強調したのは次の 3 点である。(1) 他国と比較して, わが国のディスクロージャー制度は過剰であること, (2) 既に四半期決算短信や四半期報告に基づくタイムリーな実績情報の開示がなされており, 業績予想に従来のような有用性がなくなっていること, (3) そもそも業績予想を行うのはアナリストの仕事であり, 企業が自ら業績予想を開示したのではアナリスト本来の能力が鍛えられないこと。そして, 業績予想開示を廃止もしくは完全な自主開示に切り替えるべきであり, その代わり, アナリストや投資家が自ら企業業績の長期予想を行えるように, IR 情報を充実すべきとしている。

　実務界から業績予想開示を廃止すべきという要望が出ていた最中に, 東日本大震災が発生した。東京証券取引所は東日本大震災直後の 3 月 18 日に「東日本大震災を踏まえた決算発表等に関する取り扱いについて」を公表し, 企業各社の実情を考慮して柔軟に対応することを発表した。この取り扱いの中で, 企業が震災により速やかに決算内容を把握・開示できない場合には, 45 日以内に固執することなく, 決算内容を確定した時点で開示を行うことができるとした。また, 業績の見通しを立てることが難しい場合にも, 決算短信および四半期決算短信において, 業績予想を非開示にできるとした。

　東京証券取引所の調査によれば, 東日本大震災の影響で決算発表日を遅らせる企業が一部見られたものの, 多くの企業ではほぼ前年 (2010 年 3 月期) と同様の日程での決算発表が行われた。期末日から決算発表日までの平均所要日数は, 2010 年 3 月期決算が 39.4 日であったのに対し, 2011 年 3 月期決算は 39.3 日と, 若干の短縮 (−0.1 日) となった。他方, 業績予想については, 東日本大震災の直接の被害だけでなく, 節電や風評被害など多方面に影響があり, 将来業績を正確に見通すことが困難な状況であることから, 2011 年 3 月期の決算発表時点で業績予想の開示を見送る企業が多くみられた。『日本経済新聞』朝刊 (2011 年 6 月 9 日) によれば, 東日本大震災後に

決算発表した2月期，3月期企業の計2,749社のうち473社（約17%）が決算発表時に業績予想を開示しなかった。

IR協議会が会員企業を対象に実施したアンケート調査（回答企業数：202社）によれば，業績予想を開示しなかった企業（41社，20.3%）の非開示の理由は，(1) 業績予想の前提（電力不足やサプライチェーンの復活，需要回復など）を定めにくいため（30社，73.2%），(2) 震災の影響が顧客・供給元に及んでいるため（23社，56.1%），(3) 先行きが見えた時に公表するため（13社，31.7%），もともと公表していないため（4社，9.8%）の順で回答が多かった。他方，業績予想を開示した企業（160社，79.2%）の開示理由は，(1) 投資家などのニーズが高いため（137社，85.6%），(2) 継続して開示するため（114社，71.3%），(3) 投資家などの不安や懸念を解消するため（82社，51.3%），(4) 可能な範囲で震災の影響や回復について開示するため（74社，46.3%）の順で回答が多かった。

6.3　先行研究と仮説構築

業績予想開示は，米国では自発的開示に該当し，この枠組みで研究が進められている。わが国では，前述のように，大多数の企業が開示している事実上の強制的開示であり，業績予想の修正に関しては，金融商品取引法（第166条第2項）や東京証券取引所の有価証券上場規程（第405条第1項）により規制されている[1]。しかし，いくら規制されているとはいえ，業績予想値およびその開示時期の決定が経営者の判断に委ねられていることを考えると，業績予想開示はわが国においても自発的な情報開示の側面も有している

1　企業に関する重要事実を知った者が，その情報の公表前に株式等の取引を行った場合，インサイダー取引に該当するとして刑罰の対象となる。金融商品取引法の第166条第2項では，重要事実の内容が規定されており，決算情報も重要事実に含められている。具体的には，上場企業の売上高，経常利益，純利益，配当につき，公表された直近の予想値（予想値がない場合は，前年度の実績値）に比較して，新たに算出した予想値または決算において差異が生じた場合，重要事実に該当するとして，速やかな開示が求められている。また，証券取引所でも上場規程が定められており，例えば東京証券取引所における有価証券上場規程第405条第1項では，上場企業の売上高，営業利益，経常利益，純利益，配当について，公表された直近の予想値（予想値がない場合は，前年度の実績値）に比較して，新たに算出した予想値または決算において差異が生じた場合は，直ちにその内容を開示しなければならないとされている。

と考えられる。そこで，自発的開示に関する理論と実証結果を援用しながら，東日本大震災の発生直後における経営者の業績予想開示行動を実証的に明らかにする。なお，本章での情報開示に関する理論については，椎葉他（2010）に大きく依拠している。情報開示理論の詳細については，椎葉他（2010）をご参照いただきたい。

　情報開示の代表的なモデルに完全開示モデル（full disclosure model）がある。これは Grossman and Hart（1980）や Milgrom（1981）などによって展開されたモデルであり，経営者が企業価値に関する私的情報を有していることを前提に，その私的情報がどのような内容であったとしても，市場の諸力によって完全開示という結果が導かれるとするものである。とはいえ，完全開示モデルが明示的・暗黙的に前提とする以下の仮定は単純化されすぎており，完全開示モデルがあらゆる状況のもとで成立するわけではない。それゆえに，実際の経営者による情報開示行動を説明できるモデルを展開するために，以下の仮定を緩め，完全開示という結果を修正する検討が進められている。

　(1) 経営者による情報開示にコストがかからない。
　(2) 投資家は全ての経営者が私的情報を持っていることを知っている。
　(3) 経営者が開示する情報は真実である。
　(4) 投資家は開示された情報を同じように理解し反応する。
　(5) 投資家は経営者の目的関数を知っている。

　(1) の仮定を緩めた研究に Verrecchia（1983）などがある。Verrecchia（1983）は，機密情報の開示コスト（proprietary cost）など，情報開示にコストがかかる状況下での企業の情報開示行動を理論的に分析し，市場の諸力をもってしても，ある水準以下の企業価値の経営者が企業価値に関する私的情報（bad news）の非開示を選択するという，完全開示モデルとは異なる結果を得ている。これは企業価値が低いから私的情報の非開示が選択されるのか，それとも開示コストが高いから非開示が選択されるのかを，投資家が区別できないことによる。

　ここで機密情報（proprietary information）とは，情報の開示によって

競争相手に重要な情報が知られ，結果として開示企業のキャッシュ・フロー
獲得能力に負の影響を与えるような情報をいう。機密情報の代表例として，
事業別や所在地別のセグメント情報などがある。これらの情報は，競合他社
に収益源となる事業や地域を伝えてしまうため，新規参入を招くことで企業
の競争優位性を喪失させ，企業のキャッシュ・フロー獲得能力を低下させる
恐れがある。業績予想については，その開示により投資家の期待値を改訂さ
せ，結果として株価に影響を及ぼすかもしれないが，企業のキャッシュ・フ
ロー獲得能力には直接影響を及ぼさないと考えられる。それゆえに，Dye
（1985）は業績予想を非機密情報（non-proprietary information）に区分し
ている。したがって，資本市場における経営者の業績予想開示行動を検討す
る際に，この開示コストモデル（disclosure cost model）に準拠することは
やや無理があると思われる。

　続いて，（2）の仮定を緩めた研究にはDye（1985）などがある。Dye
（1985）は，企業価値に関する情報を知っている経営者もいれば，知らない
経営者もいる可能性があるという，情報の偏在がある状況を想定して分析
し，ある水準以下の企業価値の経営者は企業価値に関する情報を持っていた
としても，当該情報（bad news）の非開示を選択するという結論を導出し
ている。これは，経営者による情報非開示の理由が，企業価値が低いからな
のか，そもそも企業価値に関する情報を持っていないからなのかを，投資家
が区別できないことによる[2]。経営者の保有する私的情報が非機密情報で，
当該情報の開示に伴うコストが小さいと考えられる場合でも，完全開示モデ
ルと異なる結果が導出される点に，この情報偏在モデル（uncertain infor-
mation endowment model）の特徴がある。

---

[2] 企業の価値が0.5より大きい場合（good newsの場合），経営者は情報を開示すると考える。経
　営者が情報を開示しなければ，投資家はその理由を，（A）そもそも企業価値についての情報を
　持っていないか，（B）企業価値についての情報を持っていても，企業価値が0.5より小さい（bad
　news）と考える。（A）の確率が0.25の場合，（B）の確率は0.375（＝0.75×0.5）になる。情報
　が開示されないことを前提とした場合の事後確率は，ベイズの定理に従えば，（A）の場合，0.4
　（＝0.25÷（0.25＋0.375）），（B）の場合，0.6（＝0.375÷（0.25＋0.375））になる。企業の価値
　は，（A）の場合が0.5，（B）の場合が0.25（0から0.5までの一様分布の期待値）となるため，
　投資家は情報を開示しない企業を0.35（＝0.4×0.5＋0.6×0.25）と評価する。この場合，企業の
　価値が0.35より大きい企業の経営者は，情報の開示を選択すると考えられる。このロジックを
　繰り返すと，1/3以上の価値を有する企業の経営者は，情報開示を選択すると考えられる。

また，モデルの外生変数により結果がどう変化するのかを調べた比較静学（comparative statics）の分析では，経営者による情報の入手確率が高まれば，情報開示の可能性も高まるとの結果が得られている。これは，経営者が情報を持っていないからというよりもむしろ，企業価値がある水準以下であることを示す情報（bad news）を有しているから情報の非開示を選択したと，投資家が解釈できるようになるためである。それゆえに，例えば，時間の経過により経営者の情報入手可能性が高まる状況のもとでは，情報開示の可能性が高まるのに対し，それでも情報が開示されない場合は，経営者の保有する情報が bad news と推測できるようになることが示唆される。

ところで，経営者の業績予想が非機密情報に該当するとすれば，業績予想の開示行動の検討に際して，開示コストモデルよりも情報偏在モデルを用いる方が適切である。そこで，情報偏在モデルで得られた結果を震災時における経営者の業績予想開示行動に当てはめると，次のようなインプリケーションが導出されよう。すなわち，東日本大震災発生時のような情報の不確実性が高い時，震災に関する情報（bad news）を経営者が入手しているのかどうかを外部から判断することは困難であり，経営者が業績予想を開示しなかったとしても，経営者が将来の見通しに関する私的情報を有していないからか，それともその私的情報が bad news だからかを投資家が判断することは難しい。このような状況のもとでは，bad news の業績予想は，非開示が選択されると考えられる。

このような推測は，これまで得られている実証分析の結果とも整合する。Kothari *et al.*（2009）は効率的市場を前提に，経営者が good news に比べて bad news の開示を控えるのかどうかを株式市場の反応に基づき分析した。その結果，bad news の開示による負の株式リターン（の絶対値）が good news の開示による正の株式リターン（の絶対値）を上回るという結果を得た。これは，経営者が全ての情報を即座に開示するのではなく，good news をより早く開示し，bad news はその累積が一定水準に達するまで開示を控えることを示すものである。また，CFO（企業財務責任者）へのインタビューをもとにサーベイ調査を行った Graham *et al.*（2005）によれば，CFO の多くが bad news の早期開示により会計情報の透明性に関す

る評判を高めたり，訴訟リスクを低めたりできると回答しているものの，bad news は分析や解釈に時間がかかるし，その開示前に環境が改善されることを期待するため，good news より開示が遅れるとも回答している。

わが国でも，同様の行動が観察されている。東京証券取引所が2003年1月に設置した「四半期財務諸表の作成及び開示に関する検討委員会」の第二回議事要旨によると，特別損失などの計上による最終利益の下方修正が決算期末近辺に集中しており，bad news の適時開示が行われていないこと，その理由として，株式等保有有価証券の価格の予測が難しい以外にも，減損処理，早期退職制度などの実施の有無などを業績に反映させていないことが挙げられている。

このように，Dye（1985）などが示した情報偏在モデルと整合して，good news は早期開示される一方，bad news は開示が遅れることが先行研究でも観察されている。これは，巨大災害発生時のような情報の不確実性が高い時，より顕著に観察されると考えられるため，本章では以下の仮説を設定する。

仮説：業績見通しの悪い企業の経営者ほど，平成23年（2011年）東北地方太平洋沖地震直後の決算発表時点において業績予想の非開示を選択する。

6.4 リサーチ・デザイン

6.4.1 業績見通しに関する代理変数

業績見通しに関する代理変数として，本章では，(1) 平成23年（2011年）東北地方太平洋沖地震の発生日（2011年3月11日）から2011年3月期の決算発表日前日までの規模調整累積異常リターン（cumulative abnormal return: $CAR_{i,t}$）または累積リターン（cumulative return: $CR_{i,t}$）と，(2) 2012年3月期における連結純利益の期初予想値（$E(NP_{i,t})$）を用いる。$E(NP_{i,t})$ は，不均一分散を緩和するために，2011年3月末時点の株式時価総額でデフレートしている。

$CAR_{i,t}$ は次の手順で算定する。まず 2011 年 3 月末時点の株式時価総額を基準にして，10 分位ポートフォリオを作成する。次に，各企業の日次リターンから，当該企業と同程度の規模の企業群から構成されるポートフォリオの単純平均日次リターンを控除し，規模調整日次リターンを算定する。最後に，2011 年 3 月 11 日から決算発表前日までの規模調整日次リターンを累計し，規模調整累積異常リターン（$CAR_{i,t}$）を算定する。業績見通しとして $CAR_{i,t}$ を用いるのは，Chen $et\ al.$（2011）が指摘するように，業績予想の非開示選択時点での過去の株式リターンが，業績見通しに関する経営者の期待の前提となる情報（マクロ経済要因，需要の変化など）を反映していると考えられるからである。$CAR_{i,t}$ が負に大きいほど，当該企業の経営者は将来の業績見通しをネガティブに捉えている可能性が高いと考えられる。なお，投資家とは異なり，経営者はリスク（規模）調整なしのリターンをもとに将来の業績見通しを捉えている可能性もあるため，規模調整なしの累積リターン（$CR_{i,t}$：2011 年 3 月 11 日から決算発表前日までの日次リターンの累計）も算定する。

$E(NP_{i,t})$ は期初時点における経営者の業績予想値である。2011 年 3 月期の決算発表時点で業績予想を開示しない経営者は，その時点では業績見通しを有していない可能性がある。とはいえ，$E(NP_{i,t})$ は期初時点における経営者の業績見通しを直接示すものであることから，本章では業績見通しに関する代理変数として利用する。企業の $E(NP_{i,t})$ が負に大きいほど，当該企業の経営者は将来の業績見通しをネガティブに捉えている可能性が高いと考えられる。

6.4.2　分析モデル

平成 23 年（2011 年）東北地方太平洋沖地震の発生直後の決算発表日において業績予想を非開示にした決定要因を分析するために，Chen $et\ al.$（2011）や Houston $et\ al.$（2010）に倣い，以下のロジスティック回帰モデルを用いる。

$$NonDis_{i,t} = \beta_0 + \beta_1 Return_{i,t} + \beta_2 E(Numbers_{i,t})$$
$$+ \beta_3 Numbers_{i,t-1} + \beta_4 Log(Days_{i,t-1}) \qquad \text{(6-1)}$$
$$+ \beta_5 Log(MV_{i,t}) + \varepsilon_{i,t}$$

　ここで，$NonDis_{i,t}$ は 2011 年 3 月期の決算発表時点で 2012 年 3 月期における業績予想を非開示であれば 1，開示していれば 0 の二項変数である。$Return_{i,t}$ は 2011 年 3 月 11 日から決算発表日前日まで累積した株式リターンであり，規模調整累積異常リターン（$CAR_{i,t}$）または規模調整なし累積リターン（$CR_{i,t}$）を用いる。$E(Numbers_{i,t})$ は 2012 年 3 月期の期初予想値であり，連結純利益（$E(NP_{i,t})$）を用いる。$Numbers_{i,t-1}$ は 2011 年 3 月期の実績値であり，連結売上高（$Sales_{i,t-1}$）および連結純利益（$NP_{i,t-1}$）を用いる。どちらの変数も，不均一分散を緩和するために，2011 年 3 月末時点の株式時価総額でデフレートしている。$Log(Days_{i,t-1})$ は 2010 年 3 月期の決算発表日から 2011 年 3 月期の期初予想値の開示日までの日数の対数変換値，$Log(MV_{i,t})$ は 2011 年 3 月末時点における株式時価総額の対数変換値である。

　他の要素をコントロールした上でも，業績見通しに関する 2 つの変数（$Return_{i,t}$，$E(Numbers_{i,t})$）と $NonDis_{i,t}$ の間に有意な負の相関が観察されれば，経営者の業績見通しが悪いほど，業績予想の非開示が選択されると判断できよう。

6.4.3　サンプルと記述統計量

　本章では，前述の仮説を検証するにあたり，以下の条件を満たす企業を分析対象とする。

(1) 東京証券取引所業種分類で，銀行業，証券・商品先物取引業，保険業，その他金融業を除く上場企業である。

(2) 事業年の決算月数が 12 ヶ月である。

(3) 連結財務諸表データ，業績予想データ，調整済み株価データが日経 NEEDS Financial Quest2.0 から入手可能である。

分析の都合上，3 月決算企業を分析対象とする。分析対象期間は，2012

162 —— 第 I 部　巨大災害のディスクロージャー

年3月決算期の単年度である。異常値の処理として，異常値を排除する方法とウィンザー化する方法があるが，本章では単年度の分析ゆえにサンプル数が少ないことから，各変数の上下1％をウィンザー化する方法を選択した。分析に必要な所定の条件を満たし，かつ欠損値を排除した後のサンプルは，調整済み株価データを除いた場合は計2,126企業，含めた場合は計1,223企業である。

　図表6-1は記述統計量である。全ての変数の上下1％をウィンザー化し，異常値の影響を排除しているものの，例えば$Sales_{i,t-1}$の標準偏差が大きく，分析結果に対する異常値の影響が若干懸念される。したがって，後述するが，業績予想の開示企業と非開示企業で業績見通しなどを比較するに際して，対応のない独立2群の平均値差の検定であるt検定（Student t-test）に加えて，ノンパラメトリック検定の1つであるMann-WhitneyのU検定（U-test）も行うこととする。

　図表6-2は各変数間の相関マトリックスである。右上三角行列はPearsonの積率相関係数，左下三角行列はSpearmanの順位相関係数であり，上段の数値は相関係数，下段の数値はp値を示している。両相関係数において，$E(NP_{i,t})$と$NP_{i,t-1}$の間に高い正の相関が見られる。回帰分析の推定において多重共線性の問題が懸念されたため，VIF（variance inflation factor）を算出したところ，一般に多重共線性が懸念される水準である10を大きく下回る結果が得られた。したがって，多重共線性は重大な問題にな

図表 6-1　記述統計量

	N	平均値	標準偏差	最小値	第1四分位	中央値	第3四分位	最大値
$CAR_{i,t}$	1,223	0.025	0.485	-2.338	-0.167	0.065	0.280	1.895
$CR_{i,t}$	1,223	0.024	0.435	-1.351	-0.180	-0.036	0.163	2.166
$E(NP_{i,t})$	2,126	0.076	0.061	-0.214	0.044	0.070	0.104	0.274
$Sales_{i,t-1}$	2,126	4.202	4.071	0.244	1.672	2.919	5.127	23.608
$NP_{i,t-1}$	2,126	0.045	0.141	-0.853	0.027	0.062	0.104	0.318
$Log(Days_{i,t-1})$	2,126	0.028	0.243	0	0	0	0	2.556
$Log(MV_{i,t})$	2,126	10.119	0.740	8.684	9.572	10.020	10.602	12.252

第6章 東日本大震災と経営者の業績予想開示行動 —— *163*

図表6-2 変数間の相関マトリックス

	$CAR_{i,t}$	$CR_{i,t}$	$E(NP_{i,t})$	$Sales_{i,t-1}$	$NP_{i,t-1}$	$Log(Days_{i,t-1})$	$Log(MV_{i,t})$
$CAR_{i,t}$		0.607	-0.049	0.016	-0.038	-0.015	0.158
		0.000	0.090	0.565	0.185	0.606	0.000
$CR_{i,t}$	0.624		0.021	-0.063	-0.006	0.009	0.097
	0.000		0.425	0.016	0.831	0.744	0.000
$E(NP_{i,t})$	-0.100	-0.005		0.256	0.390	-0.035	-0.111
	0.000	0.845		0.000	0.000	0.110	0.000
$Sales_{i,t-1}$	0.010	-0.053	0.320		0.011	-0.053	-0.293
	0.714	0.044	0.000		0.598	0.014	0.000
$NP_{i,t-1}$	-0.091	-0.034	0.635	0.183		-0.087	0.151
	0.001	0.189	0.000	0.000		0.000	0.000
$Log(Days_{i,t-1})$	-0.031	-0.001	-0.045	-0.080	-0.027		0.037
	0.285	0.983	0.038	0.000	0.215		0.089
$Log(MV_{i,t})$	0.276	0.045	-0.119	-0.368	0.025	0.010	
	0.000	0.084	0.000	0.000	0.246	0.661	

らないと考えられるため，ロジスティック回帰分析の際にはこれらの変数を同時に含めて推定を行うこととする。

6.5 分析結果

6.5.1 決算発表時における業績予想の開示状況

図表6-3は，平成23年（2011年）東北地方太平洋沖地震直後の2011年3月期およびその前年（2010年3月期）の決算発表時点に開示された2012年3月期および2011年3月期の業績予想の開示状況である。2011年3月期の業績予想は，2,098社（98.68%）が開示しており，非開示企業は28社（1.32%）のみであった。他方，2012年3月期の業績予想は，2011年3月期の決算発表時点では，1,786社（84.01%）が開示し，340社（15.99%）が非開示を選択した。非開示の割合が大幅に上昇していることがわかる。なお，業績予想の非開示の割合は，日本経済新聞や日本IR協議会の調査結果とは

図表 6-3　決算発表時における業績予想の開示状況

	2012 年 3 月期	2011 年 3 月期
開示企業数	1,786 （84.01%）	2,098 （98.68%）
非開示企業数	340 （15.99%）	28 （1.32%）

ぼ同じである。

　図表 6-4 は，業種別（東京証券取引所分類）による業績予想の開示状況である。多くの業種で，2012 年 3 月期の業績予想を非開示に変更していることがわかる。特に輸送用機器業では，全ての企業が決算発表時点で 2011 年 3 月期の業績予想を開示していたのに対し，2012 年 3 月期の業績予想は過半数の企業が非開示にした。トヨタ自動車株式会社は，業績予想を非開示にした理由として，「東日本大震災の影響により，現時点では合理的な業績予想の算定ができないため，未定としています。」と述べている[3]。他には，鉄鋼業に属する企業が業績予想を非開示に変更する傾向が強かった。他方，電気・ガス業に属する企業は，原子力発電所の停止など先の読めない状況だったにもかかわらず，東京電力を除く全ての企業が業績予想を開示していた。例えば，中部電力は業績予想を開示した上で，次のように記している。「上記の予想は，本資料の発表日現在において入手可能な情報及び将来の業績に影響を与える不確実な要因に係る本資料発表日現在における仮定を前提としております。実際の業績は，今後様々な要因によって予想数値と異なる可能性があります。」

6.5.2　業績予想の開示企業と非開示企業の比較

　2011 年 3 月期の決算発表時に 2012 年 3 月期の業績予想を開示した企業と

3　日産自動車株式会社は 2011 年 3 月期の決算発表時に，2012 年 3 月期の業績予想を開示しているものの，次の文言を付記している。「業績予想につきましては，現時点で入手可能な情報に基づいており，リスクは不確実性を含んでいます。従いまして，今後の当社グループの事業領域を取りまく経済情勢，市場の動向，為替の変動等により，実施の業績が現状の業績見通しと大きく異なる可能性があることをご承知おき下さい。」

図表 6-4　業種別による業績予想の開示状況

	2012.3 期		2011.3 期	
	開示企業数	非開示企業数	開示企業数	非開示企業数
ガラス・土石製品	39	6	44	1
ゴム製品	9	5	14	0
サービス業	140	16	152	4
その他製品	55	10	64	1
パルプ・紙	19	0	19	0
医薬品	38	2	39	1
卸売業	204	29	233	0
化学	139	30	167	2
海運業	14	0	14	0
機械	150	29	178	1
金属製品	45	19	62	2
空運業	2	1	3	0
建設業	122	11	132	1
鉱業	5	0	5	0
小売業	111	7	115	3
情報・通信業	179	11	186	4
食料品	74	7	81	0
水産・農林業	5	1	6	0
精密機器	31	4	34	1
石油・石炭製品	5	1	6	0
繊維製品	34	5	39	0
倉庫・輸送関連業	31	3	34	0
鉄鋼	24	20	41	3
電気・ガス業	13	1	14	0
電気機器	156	40	194	2
非鉄金属	24	6	30	0
不動産業	46	3	47	2
輸送用機器	24	64	88	0
陸運業	48	9	57	0
合　　計	1,786	340	2,098	28

第 I 部　巨大災害のディスクロージャー

図表 6-5　t 検定の結果

変　　数	N	平均値		t 値	p 値
		開示企業	非開示企業		
$CAR_{i,t}$	1,223	0.036	-0.024	-1.735 *	0.083
$CR_{i,t}$	1,223	0.046	-0.061	-4.346 ***	0.000
$E(NP_{i,t})$	2,126	0.078	0.068	-2.368 **	0.018
$SALES_{i,t-1}$	2,126	4.173	4.357	0.762	0.446
$NP_{i,t-1}$	2,126	0.043	0.055	1.393	0.164
$Log(Days_{i,t-1})$	2,126	0.019	0.076	2.576 **	0.010
$Log(MV_{i,t})$	2,126	10.079	10.327	5.413 ***	0.000

注：*** は 1 ％水準，** は 5 ％水準，* は 10 ％水準で有意（両側検定）。

図表 6-6　Mann-Whitney の U 検定の結果

変　　数	N	中央値		z 値	p 値
		開示企業	非開示企業		
$CAR_{i,t}$	1,223	0.071	0.042	-2.081 **	0.037
$CR_{i,t}$	1,223	-0.019	-0.063	-4.333 ***	0.000
$E(NP_{i,t})$	2,126	0.071	0.065	-2.239 **	0.025
$SALES_{i,t-1}$	2,126	2.863	3.128	2.084 **	0.037
$NP_{i,t-1}$	2,126	0.061	0.067	1.755 *	0.079
$Log(Days_{i,t-1})$	2,126	0	0	4.273 ***	0.000
$Log(MV_{i,t})$	2,126	9.981	10.232	5.864 ***	0.000

注：*** は 1 ％水準，** は 5 ％水準，* は 10 ％水準で有意（両側検定）。

非開示の企業で業績見通しなどを比較する。図表 6-5 は対応のない独立 2 群の平均値差の検定である t 検定（Student t-test）の結果を，図表 6-6 は Mann-Whitney の U 検定（U-test）の結果を，それぞれ示している。各行において，非開示企業の数値から開示企業の数値を差し引いて検定統計量

（t 値，z 値）を算出しており，その値が正（負）であれば，各変数の値が非開示企業の方が大きい（小さい）ことを意味する。

図表 6-5 と図表 6-6 をみると，いずれの場合も，$CAR_{i,t}$，$CR_{i,t}$，$E(NP_{i,t})$ の検定統計量（t 値，z 値）が負であり，かつ統計的にも有意な値をとっていることがわかる。この結果は，業績予想の非開示企業の方が開示企業よりも株式リターンと利益予想値が悪く，業績予想の非開示企業は将来の業績見通しが悪いことを示唆する。これは仮説を支持する結果である。他には，$Log(Days_{i,t-1})$ と $Log(MV_{i,t})$ の検定統計量が正かつ統計的にも有意な値をとっている。これは，前期において業績予想を非開示にした企業は当期も非開示にする傾向にあること，および企業規模の大きい企業が業績予想を非開示にする傾向にあることを示唆する。

6.5.3 ロジスティック回帰分析

図表 6-7 は，調整済み株価データを含まない 2,126 企業を対象にしたロジスティック回帰の推定結果である。各係数の z 値の算出にあたっては，誤差

図表 6-7　ロジスティック回帰分析（2,126 社）

	予想符号	係数	z 値	p 値
Cons	/	3.402	2.02 **	0.043
$E(NP_{i,t})$	（−）	−5.065	−2.93 ***	0.003
$SALES_{t-1}$	（＋）	0.058	2.34 **	0.019
$NP_{i,t-1}$	（−）	0.476	0.83	0.408
$Log(Days_{i,t-1})$	（＋）	0.815	4.49 ***	0.000
$Log(MV_{i,t})$	（＋）	0.388	3.31 ***	0.001
Industry F. E.			Yes	
PseudoR$_2$			0.158	
Log Pseudo Likelihood			−781.237	
N			2,126	

注：*** は 1 ％水準，** は 5 ％水準で有意（両側検定）。

168 —— 第Ⅰ部　巨大災害のディスクロージャー

項のクロスセクションでの相関を考慮するため，Petersen（2009）や太田（2013）に倣い，業種クラスター（東京証券取引所業種分類）に基づいて補正を加えた標準誤差（one-way cluster robust standard error）を用いている。

　図表 6-7 によると，$E(NP_{i,t})$ の係数は 1 ％水準で有意な負の値を示している。これは，連結純利益の期初予想値が悪いほど，業績予想の非開示が選択されることを示唆しており，仮説を支持する結果である。他方，$Sales_{i,t-1}$ と $Log(MV_{i,t})$ の係数はいずれも 1 ％水準で正に有意であった。$Sales_{i,t-1}$ と $Log(MV_{i,t})$ はそれぞれ，前期の連結売上高と株式時価総額であり，企業の規模が反映された数値であるため，規模が大きい企業は平成 23 年（2011 年）東北地方太平洋沖地震直後に業績予想を非開示にする傾向にあることが判明した。また，$Log(Days_{i,t-1})$ の係数も 1 ％水準で正に有意であり，過去の業績予想の開示行動が平成 23 年（2011 年）東北地方太平洋沖地震発生時においても継続することが明らかになった。

　続いて，図表 6-8 は $CAR_{i,t}$ または $CR_{i,t}$ といった株式リターンに関する変数を加えたモデルのロジスティック回帰の推定結果である。調整済み株価データを含めるため，サンプル数は 1,223 企業に減少している。図表 6-8 の左側は説明変数に $CAR_{i,t}$ を，右側は $CR_{i,t}$ を用いた場合の推定結果である。各係数の z 値の算出方法は，図表 6-7 と同じである。

　図表 6-8 によれば，$CAR_{i,t}$ と $CR_{i,t}$ の係数はいずれも統計的に有意な負の値を示している。この結果は，平成 23 年（2011 年）東北地方太平洋沖地震の発生日から決算発表日前日までの株式リターンの落ち込みが大きい企業ほど，業績予想を非開示にすることを示唆するものである。前述のように，業績予想の非開示選択時点での過去の株式リターンは，業績見通しに関する経営者の期待の前提となる情報を反映していると考えられる。株式リターンが負に大きい企業ほど，その経営者は将来の見通しに対してネガティブに捉えていると考えられるため，業績予想の非開示を選択するとの仮説を立てていたが，その仮説を支持する結果が得られた。

　他の変数の係数については，図表 6-7 とほぼ同じ結果が得られている。$E(NP_{i,t})$ の係数は有意水準が下がるものの，統計的に有意な負の値を示して

第6章　東日本大震災と経営者の業績予想開示行動 —— *169*

図表 6-8　ロジスティック回帰分析（1,223 社）

	予想符号	係数	z 値		p 値	係数	z 値		p 値
Cons	/	6.921	2.94	***	0.003	7.233	3.15	***	0.002
$CAR_{i,t}$	（－）	-0.445	-2.27	**	0.023				
$CR_{i,t}$	（－）					-0.797	-2.96	***	0.003
$E(NP_t)$	（－）	-5.067	-2.02	**	0.044	-4.767	-1.90	*	0.058
$SALES_{t-1}$	（＋）	0.090	4.22	***	0.000	0.081	3.99	***	0.000
$NP_{i,t-1}$	（－）	-0.057	-0.09		0.926	-0.112	-0.19		0.850
$Log(Days_{i,t-1})$	（＋）	1.323	6.92	***	0.000	1.351	6.75	***	0.000
$Log(MV_{i,t})$	（＋）	0.267	1.59		0.113	0.263	1.55		0.121
Industry F. E.			Yes				Yes		
PseudoR$_2$			0.195				0.201		
Log Pseudo-Likelihood			-478.380				-474.873		
N			1,223				1,223		

注：*** は 1 ％水準，** は 5 ％水準，* は 10 ％水準で有意（両側検定）。

おり，連結純利益の期初予想値が小さいほど，業績予想の非開示が選択されることが判明した。また，$Sales_{i,t-1}$ の係数は 1 ％水準で正に有意であり，前期連結売上高が大きい企業は企業規模が大きいからか，平成 23 年（2011 年）東北地方太平洋沖地震直後に業績予想を非開示にする傾向にあることが判明した。また，$Log(Days_{i,t-1})$ の係数も 1 ％水準で正に有意であり，過去の業績予想の開示行動が平成 23 年（2011 年）東北地方太平洋沖地震発生時においても継続することが明らかになった。

6.6　小括

　本章では，平成 23 年（2011 年）東北地方太平洋沖地震の発生直後における経営者の業績予想開示行動を分析した。とりわけ，平成 23 年（2011 年）

東北地方太平洋沖地震直後に見られた業績予想の非開示の要因について，Dye（1985）などが示した情報偏在モデルに基づき実証分析を行った。情報偏在モデルによれば，巨大災害発生直後のような情報の不確実性が高い時，業績見通しの悪い企業は業績予想の非開示を選択すると考えられる。本章では，業績見通しの代理変数として，株式リターン（平成 23 年（2011 年）東北地方太平洋沖地震発生日から 2011 年 3 月期の決算発表日前日までの累積分）と連結純利益の期初予想値（2012 年 3 月期）を用いた上で，2012 年 3 月期の業績予想を対象に実証分析を行った。

　本章で明らかになった点は，以下の 3 点である。

(1) 2011 年 3 月期の決算発表時点における業績予想の開示状況を確認した結果，15.99% の企業が 2012 年 3 月期の業績予想を開示していなかった。前年（2011 年 3 月期）の業績予想を開示しなかった企業は 1.32% であり，平成 23 年（2011 年）東北地方太平洋沖地震後の非開示率は大幅に上昇した。非開示が目立った業種は，輸送用機器業や鉄鋼業である。電気・ガス業に属する企業は，原子力発電所の停止など先の読めない状況だったにもかかわらず，東京電力を除く全ての企業が業績予想を開示していた。

(2) t 検定および Mann-Whitney の U 検定の結果，2011 年 3 月期の決算発表時点において業績予想を非開示にした企業は，開示企業に比べて，平成 23 年（2011 年）東北地方太平洋沖地震発生日から決算発表日前日までの株式リターン（規模調整累積異常リターン，累積リターン）や 2012 年 3 月期の連結純利益の期初予想値が小さかった。

(3) ロジスティック回帰分析の結果，平成 23 年（2011 年）東北地方太平洋沖地震発生日から決算発表日前日までの株式リターン（規模調整累積異常リターン，累積リターン）や 2012 年 3 月期の連結純利益の期初予想値が小さい企業ほど，業績予想を非開示にする傾向にあった。また，規模が大きい企業が業績予想を非開示にすること，過去の業績予想の開示行動が大震災発生時においても継続することが明らかになった。

　最後に今後の展望を示しておく。本章では，東日本大震災後の業績見通し

が悪い企業ほど，業績予想を非開示にすることを示したにすぎず，業績予想の非開示が投資家の情報環境に及ぼす影響については分析を行っていない。米国では，業績予想の非開示後にアナリスト数が減少し，アナリスト予想の分散とアナリスト予想の誤差が大きくなるなど，投資家の情報環境が悪化することが観察されている（Houston *et al.*, 2010 ; Chen *et al.*, 2011）。業績予想は監査・保証の対象外であり，上方または下方バイアスが介在しやすいとはいえ，強制的に開示された監査済みの決算情報よりも投資家の期待値改訂に影響を及ぼすといった結果も報告されている[4]。そうであるとすれば，わが国でも，業績予想の非開示により投資家の情報環境が悪化した可能性がある。

　他方，企業の多くは，東日本大震災からの復興状況を自社のホームページなどで報告するなど，IR の機会を増やして株主や投資家のニーズに応えようとしていた。そのような IR が業績予想を代替していた可能性もあり，業績予想の非開示だけをもって投資家の情報環境が悪化したとは言えないかもしれない。業績予想は市場で強く求められる一方で，廃止を求める実務界の声もあるだけに，その非開示が投資家の情報環境に及ぼす影響については，公平な視点で実証分析により明らかにされる必要がある。

参考文献

Beyer, A., Cohen, D. A., Lys, T. Z., Walther, B. R., 2011. The financial reporting environment: review of the recent literature, *Journal of Accounting and Economics* 50(2-3), 296-343.

Chen, S., Matsumoto, D., Rajgopal, S., 2011. Is silence golden? An empirical analysis of firms that stop giving quarterly earnings guidance, *Journal of Accounting and Economics* 51(1-2), 134-150.

Dye, R. A., 1985. Disclosure of nonproprietary information, *Journal of Accounting Research* 23(1), 123-145.

Graham, J., Harvey, C. R., Rajgopal, S., 2005. The economic implications of corporate

---

4　Beyer *et al.*（2011）によれば，四半期の株価変動のうち 28.37% が会計情報の開示日周辺で生じており，そのうち 15.67%（会計情報の開示に伴う株価変動の 55.23%）が業績予想の開示日周辺で，3.21%（同 11.31%）が利益のプレアナウンスメント周辺（決算日から決算発表日までに開示された業績予想）で生じているのに対し，決算発表日周辺では 2.32%（同 8.18%），SEC ファイリング日周辺では 1.03%（同 3.64%）しか株価変動が見られない。

financial reporting, *Journal of Accounting and Economics* 40(1-3), 3-73.

Grossman, S. J., Hart, O. D., 1980. Takeover bids, the free-rider problem, and the theory of the corporation, *Bell Journal of Economics* 11(1), 42-64.

Houston, J. F., Lev, B., Tucker, J., 2010. To guide or not to guide? Causes and consequences of stopping quarterly earnings guidance, *Contemporary Accounting Research* 27(1), 143-185.

Kothari, S. P., Shu, S., Wysocki, P. D., 2009. Do managers withhold bad news?, *Journal of Accounting Research* 47(1), 241-276.

Milgrom, P. R., 1981. Good news and bad news: Representation theorems and applications, *Bell Journal of Economics* 12(2), 380-391.

Petersen, M. A., 2009. Estimating standard errors in finance panel date sets: comparing approaches, *The Review of Financial Studies* 22(1), 435-480.

Verrecchia, R. E., 1983. Discretionary disclosure, *Journal of Accounting and Economics* 5, 179-194.

太田浩司, 2013. 「パネル・データ分析におけるクラスター頑健手法の使用について」『証券アナリストジャーナル』第51巻第11号, 77-87.

経済団体連合会, 2010. 「財務報告に関わるわが国開示制度の見直しについて」, <https://www.keidanren.or.jp/japanese/policy/2010/069.html>

椎葉淳・高尾裕二・上枝正幸, 2010. 『会計ディスクロージャーの経済分析』, 同文舘出版.

東京証券取引所, 2012. 「業績予想開示に関する実務上の取扱いについて」, <http://www.jpx.co.jp/equities/listed-co/format/forecast/tvdivq0000004vt9-att/b7gje6000002f7t2.pdf>

日本IR協議会, 2011. 「震災後の影響と情報開示」, <https://www.jira.or.jp/download/newsrelease_20110518.pdf>

日本証券経済研究所, 2011. 「上場会社における業績予想開示の在り方に関する研究会報告書」日本取引所グループ, <http://www.jpx.co.jp/equities/listed-co/format/forecast/tvdivq0000004vt9-att/b7gje6000001vb42.pdf>

日本取締役協会, 2010. 「ディスクロージャーの改善に関する提言―投資家にとって有意義な企業情報の充実に向けて―」, <http://www.jacd.jp/news/100329_01report.pdf>

第Ⅱ部　巨大災害と資本市場

第7章

平成23年（2011年）東北地方太平洋沖地震直後のディスクロージャーと株式市場の反応

　第4章では，平成23年（2011年）東北地方太平洋沖地震直後の1週間が特に企業の開示が集中していた時期であったことが示されたが，本章ではそれらの開示が，株式市場でどのように評価されたかをイベント・スタディの手法により検証した。災害などに関するイベント・スタディでは，既知の企業特性により，株式市場は異なる反応となることを示す研究が多く，開示内容そのものを分析対象とする研究は重要であるにもかかわらず多くない。本研究では東京証券取引所第1部，第2部またはマザーズに上場していた企業による開示を分析対象として検証した結果，市場の反応は，その情報内容と時期により異なるものであった。すなわち平成23年（2011年）東北地方太平洋沖地震発生直後の1週間では，その内容が「被害あり」の場合，市場はマイナスに有意となる反応を示しており，さらに「調査中」の場合は，よりマイナスの影響が強くなる結果となった。一方，「被害なし」の場合，開示直後では有意ではないものの，やや日数をおいてプラスに有意となっており，情報価値があることが示された。しかし，地震発生から2週間を経過すると，市場の反応は有意でない結果が得られた。

　震災に限らず，企業による開示には，迅速性と正確性の両方が求められるが，これらの結果は，迅速なディスクロージャーの重要性を支持するものと考えられる。

7.1　巨大災害とイベント・スタディ

　経済活動に深刻な影響を与える巨大災害が発生した場合，投資家はメディ

アの報道等により，その事実を直後に知ることができる。例えば，東日本大震災の場合，地震の震源とマグニチュードや，震度の地域分布は比較的早期にある程度の正確性を持って知ることができる。しかし，個別企業の損害状況は経営者自身としても正確に把握するのは難しく，地域経済にダメージがある場合，業績への影響を見積もることはさらに困難である。また，個別企業の事故に関しても，投資家は企業の開示情報よりも先にメディアの報道等で発生を知る場合が多い。このように企業の開示よりも先に災害・事故などの発生情報により，あるいは災害が実際に発生する前であってもハリケーンの接近情報により，被害があると予想される企業の株価が下落することがある。これとは逆に，甚大な被害が発生した後の建設需要や損害保険需要の増加が予想され，企業によっては災害発生直後から株価の上昇が起きる場合もある。

　既存の研究対象のイベントとしては，スリーマイル島での原子力発電所事故，ハリケーン・アンドリュー，カリフォルニア地震，阪神・淡路大震災さらには福島第一原子力発電所事故などがある。まず，スリーマイル島での原子力発電所事故に関しては，Hill and Schneeweis（1983）が，原子力発電所を所有する General Public Utility 社の月次の異常収益率は事故発生の1979 年 3 月から 5 月まで有意にマイナスであるが，電力株全体および原子力発電所のウエイトが 10 ％未満の 30 銘柄では 0 と有意には異ならないこと，しかし，原子力発電所のウエイトが 10 ％以上の 34 銘柄のポートフォリオに関しては，同年の 3 月および 4 月において有意にマイナスになることを示している。その後はこの形の論文が続き，Bowen *et al.*（1983）は日次異常リターンを用いて検証し，電力株全体のポートフォリオとそのうち原子力のシェアが 20 ％以上の 21 銘柄によるポートフォリオは，事故直後ではいずれも 3 日目のみが有意にマイナスになっているが，事故を起こしたプラントを設計した Babcock & Wilcox 社のプラントを持つ 11 銘柄のポートフォリオは，2 日目と 3 日目が有意にマイナスでかつその影響も他のポートフォリオより大きくなっていることを示している。ただし，Spudeck and Moyer（1989）は事故の 2 週間前に出された原子力発電所に関する規制が影響している可能性も指摘している。

第7章　平成23年(2011年)東北地方太平洋沖地震直後のディスクロージャーと株式市場の反応 —— *177*

　次に，チョルノービリ原子力発電所の事故は，1986年4月26日（土）に発生したが，当時のソビエト連邦政府は，この情報を即座には公表せず，ニュースが流れたのは28日（月）の米国市場の取引時間中であった。Fields and Janjigian（1989）は，事故以前から米国電力株全体の異常リターンはマイナスの傾向が続き，28日の異常リターンが有意でマイナスになり，しかもその翌日は原子力発電所を持つ電力株の方がネガティブな影響が大きいことを示している。

　また，自然災害を対象としている研究として，Shelor *et al.*（1992）はカリフォルニアでの地震により，損害保険需要が増加することを期待して損保株にプラスの影響を与えたとしている。これとは対照的に，Lamb（1995）はハリケーン・アンドリューが損保株にマイナスの影響を与えたことを示している。これらの災害のうち，地震や原子力発電所の事故の発生を事前に予想することは困難であるが，Ewing *et al.*（2006）は，ハリケーンに関しては気象情報により，その発生から発達状況・針路などが一定の精度で予測可能であり，被害についてもある程度の予測は可能であることを用いて，実際の被害発生前にも損保株にマイナスの影響を与えていることを示している。

　その他にも，Blose *et al.*（1996）はスペースシャトルの事故と関連のある銘柄を扱っており，さらにMaloney and Mulherin（2003）は，取引量の影響について指摘している。Carter and Simkins（2004）は9.11のショックの影響が空運株間での現金保有により差のある結果となっていることを示している。

　一方，本研究の対象である東日本大震災は，地震や津波による被害のみならず原子力発電所事故を伴った巨大災害であったが，先行研究にはエネルギー関連株を扱ったものが多い。Serita and Xu（2012）は東日本大震災および原子力損害の賠償に関する法律改正の2つをイベントとして国内のエネルギー関連企業の株式リターンに関して重回帰分析による分析をしている。Ferstl *et al.*（2012）は日欧米の原子力関連株と代替エネルギー株の変動をこれらの国の原子力政策の違いと関連付けている。Kawashima and Take-da（2012）は国内の電力株について原子力依存度との関係を検証している。Lopatta and Kaspereit（2014）は，14か国52銘柄の原子力エネルギー企

業に関して，電源構成が株式リターンに与える影響を分析している。また，Basse Mama and Bassen（2013）は，日欧の電力株を従来型と代替エネルギー型に分けて伝染効果を検証している。さらに，Hsiao *et al.*（2021）は個別企業ではなく7か国のWorld Nuclear Association指数を用いて，政策なども含む原子力イベントを対象とし伝染効果の検証を行っている。

　以上の研究はいずれも，原子力発電所事故またはエネルギー政策等と企業または業種の特性の関連の研究であり，イベント直後の企業による個別の開示による影響の分析までには至っていない。

　これに対し，巨大災害に関連するイベント直後の企業による開示を扱っている研究も存在する。國村他（1998）は，1995年の阪神・淡路大震災に関するファイリング情報を開示した134銘柄を対象とし，地震発生から3期間に分けて株式市場の反応を分析しているものの，個別の開示内容や開示日と株価動向の関係の検証は行っていない。しかし吉田他（2002）はこれらのファイリング情報による影響を伝染効果も含めてイベント・スタディの方法により実証している。これら2論文によれば，阪神・淡路大震災に関して，企業による開示またはメディアによる報道が市場に大きく影響した時期は地震発生の1月17日から2月3日までとなっている。だたし，開示のタイミングや開示方法，他の情報との関係を対象としており，開示内容にある被害の程度を扱ったものとはなっていない。また，吉田（2003）は，104行の銀行株を分析対象とし，融資先の震災による債務不履行の影響と市場の反応をAharony and Swary（1983）の伝染効果の定義により検証している。特にBessler and Nohel（2000）のクロスセクション分析を応用し，震源に近い兵庫県内店舗比率の影響は1月24日までマイナスで有意であり，純粋伝染効果ではなく地理的特性を反映している情報伝染効果の存在を支持している。

　これらと同様に吉田（2021）は東日本大震災での銀行株の伝染効果を吉田（2015）の開示データに基づいて検証している。これらの結果から，阪神・淡路大震災および東日本大震災の両方で，市場は銀行による開示がない場合でも，早くから銀行の地理的特性により異なった反応をしていたとしている。

このように災害に起因する個別の開示内容に対する株式市場の反応を検証している研究は重要でありながら多くはない。その中で本研究は，第4章による開示内容の分類のうち，「被害あり」，「被害なし」，「調査中」という最も基本的な被害の程度を表す分類を用いて，これらの内容の違いによる株式収益率に差があったかどうか，さらに開示の時期によっても異なるかどうかを検証することとする。続く7.2節で地震発生直後の市場の状況と分析方法を示す。7.3節では分析結果を述べ，最後に7.4節で本章の結果をまとめる。

7.2　地震発生直後の市場の状況と分析方法

　2011年3月11日は3月の第2金曜日のため，朝方にデリバティブのSQ算出があり，これは特段の異常なく通過していたが，現物株式市場の終了時刻直前の14時46分18.1秒に三陸沖を震源とする平成23年（2011年）東北地方太平洋沖地震が発生した。このとき，宮城県中部で震度4から5弱程度などとする緊急地震速報（警報）は14時46分48.8秒に発表され，主要動の到達は震源に近い石巻市で14時46分50秒，東京千代田区では14時47分52秒で暫く揺れが続いた。14時49分には宮城県の6メートルを最高とする津波警報が発表され，現物市場が終了後の15時14分に警報の津波の高さは10メートル以上に修正された。津波の被害は福島第一原子力発電所にも及び，19時3分には，原子力緊急事態宣言が発令された。その後も，地震の揺れによる被害，津波による被害が多数報じられる中，3月12日15時36分に福島第一原子力発電所1号機付近で水素ガス爆発が発生し，週明けの株式市場の現物取引が開始された約2時間後の14日11時1分に3号機の建屋が爆発，15日には2号機，3号機，4号機の破損，火災などが続々と発生し，地震の揺れと津波による被害だけではなく，放射能汚染による被害の拡大と，電力不足やサプライチェーンの断絶等による被害の拡大も心配されることとなった。このような事態のため，直接的な被害を被った企業のみならず，多くの企業への影響が心配され，企業価値の不確実性は高まったものと考えられる。事実，現物株式の実効スプレッドは図表7-1のように，東日本大震災により急拡大した後，その減少は緩やかなものとなっている[1]。

180 —— 第Ⅱ部　巨大災害と資本市場

図表 7-1　平成 23 年（2011 年）東北地方太平洋沖地震前後の実効スプレッドの分布の推移実効スプレッド（ベーシス）の対数

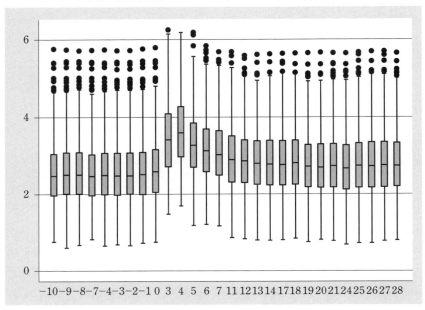

2011 年 3 月 11 日との差（日）

注：実効スプレッドは，ザラバ成行注文の約定時の価格と，約定直前の仲値（最良売り気配と最良買い気配の平均）との差の絶対値を仲値で割った値の日中の約定件数による平均である。すなわち，売気配で約定した場合，

　　実効スプレッド＝(約定価格－仲値)／仲値×100
買気配で約定した場合，
　　実効スプレッド＝(仲値－約定価格)／仲値×100

である。本グラフの対象株式は，東京証券取引所第 1 部上場株式であるが，ただし，東京電力，監理銘柄，3 月 11 日以降に東京証券取引所第 1 部に上場した株式，株価が 10 円未満となる日がある株式，実効スプレッド＝0 となる日がある株式，実効スプレッド＞10000 ベーシスとなる株式は除外する。グラフの横軸は 2011 年 3 月 11 日を 0 とし，カレンダーベースの日付の差であり，縦軸は実効スプレッド（ベーシス）の対数である。箱ひげ図の箱の中の横線がメディアン，箱の下部が第 1 四分位，上部が第 3 四分位，ひげは箱から（第 3 四分位－第 1 四分位）×1.5 となるデータの存在範囲を示している。

1　ここでの実効スプレッドは現物市場の取引時間中の平均であるため，横軸のメモリが 0 と表示されている 3 月 11 日にはほとんど影響は出ていない。

7.2.1 イベント・スタディの手法

今日，イベント・スタディは様々な分野において実証分析に用いられているが，地震発生直後の反応を分析する場合には，次のような特徴を考慮する必要がある。まず，決算の発表日などと異なり，地震の発生は事前には予測できないが，発生後は短時間のうちに地域レベルでの被害状況を報道などにより市場参加者は知ることになる。しかし，各企業個別の被害状況は企業自身も直ぐには把握できず，第4章のように様々な開示がなされていくこととなる。次に，その内容も，被害がないことを伝えるものから，具体的な被害内容を伝えるものまで多岐にわたっており，特に企業によっては，短期間に複数回の開示が行われ，その精度が段階的に高まっていくものもあり，初期においては被害規模に関する金額的な開示は少ない。

このため，本章では平成23年（2011年）東北地方太平洋沖地震発生直後から4月1日までの間の企業の大震災関連の開示をイベントとし，基本的にはPatell（1976）の方法に従い，イベントの短期的な影響を日次の累積異常収益率で計測し，開示内容に関しては，第4章での分類を用いて，「被害あり」，「被害なし」，「調査中」の3つに分け，開示日を1週間ごとに分けて，4月1日までの開示を対象とした場合に，開示からの日数により市場の反応に違いがあるかどうかを検証することとする。したがって，検証に用いる帰無仮説は，次のとおりである。

仮説H_0：対象企業による開示後の累積異常リターンの平均は0である

この帰無仮説に関してt統計量を用いた統計的検定を行う。

各株式の累積異常リターンは，次のように算出する。まず，（7-1）式のFama and French（1993）の3ファクター・モデルを推計する。ここで，第i株式について，そのt時点における株式のリターンをr_{it}とし，r_{ft}はt時点におけるリスク・フリー・レート，r_{mt}はt時点におけるマーケット・ポートフォリオのリターン，SMB_tはt時点における小型株ポートフォリオと大型株ポートフォリオのリターンの差，HML_tはt時点におけるバリュー株ポートフォリオとグロース株ポートフォリオのリターンの差，ε_{it}は攪乱項

とする。

$$r_{it} - r_{ft} = \alpha_i + \beta_i (r_{mt} - r_{ft}) + s_i SMB_t + h_i HML_t + \varepsilon_{it}$$
$$\mathrm{E}[\varepsilon_{it}] = 0, \mathrm{Var}[\varepsilon_{it}] = \sigma^2_{\varepsilon i} \tag{7-1}$$

また，α_i，β_i，s_i，h_i，$\sigma^2_{\varepsilon i}$ は 3 ファクター・モデルのパラメータであり，推定期間を 2010 年 10 月 1 日から地震発生前日の 2011 年 3 月 10 日までとして最小 2 乗法を用いて推定する。

次に t 時点における第 i 株式の異常リターン AR_{it} は，(7-1) 式の推計結果を用いて，次の (7-2) 式により求める。

$$AR_{it} = r_{it} - r_{ft} - (\hat{\alpha}_i + \hat{\beta}_i (r_{mt} - r_{ft}) + \hat{s}_i SMB_t + \hat{h}_i HML_t) \tag{7-2}$$

最後にイベント期間における第 j 開示[2] の累積異常リターン CAR は，その開示を行った第 i 株式の異常リターンを，(7-1) 式の推計結果を用いて (7-2) 式により外挿する際の標準誤差の推定値 $\hat{\sigma}_j$ で除すことにより標準化し，イベント日（0 day）から T 日間にわたって累積することによって (7-3) 式のように算出する。ここで，k は第 j 開示のイベント日である。

$$CAR_{jT} = \sum_{\tau=1}^{T} \frac{AR_{i,k+\tau}}{\hat{\sigma}_j} \tag{7-3}$$

7.2.2 分析に用いるデータ

本章では 2010 年 12 月末時点で東京証券取引所第 1 部，第 2 部またはマザーズに上場していた企業[3] の 2011 年 4 月 1 日金曜日 14 時 59 分[4] までの大震災に関する開示をイベントとして対象とする。ただし，東京電力はストップ安の日が複数あること，適時開示以外の情報やマスコミによる報道が他企業と比べて格段に多いことから除外する。株式のリターンには QUICK Astra の日次トータル・リターンを用いることとする。リスク・フリー・

2　1 株式につき，2 件以上の開示がある場合も考慮して，開示を示す場合は添え字 j を使用してイベントを区別する。

3　この期間で最も遅く上場した株式は，2010 年 12 月 21 日上場の日本メディカルネットコミュニケーションズである。

4　実際にはこの期間で最も遅い開示は 4 月 1 日 14 時 20 分であった。

レートにはコール・レート翌日ものを，各ファクターには久保田・竹原（2007）のものを用いる。東京証券取引所の営業日の14時59分までに開示されたものは，前営業日をイベント日（0 day）とし，営業日の15時以降に開示されたものは，当日をイベント日とする。休業日に開示されたものは直前の営業日をイベント日とする。検証にあたって，累積異常リターンは，イベント日を起点として，5営業日後まで算出する。

7.3　分析結果

図表7-2にはイベント日を地震発生から3月31日までとして，開示内容別に5営業日後までの累積異常リターンの検定結果を示している。開示内容を区別していない「全て」では，1日および2日がマイナスであるが，有意水準5％では，1日のみが有意である。これに対し，4日および5日はプラスだが4日のみ有意となっている。

開示内容別としては，「被害あり」が全体のうち79.3％を占めており，件数的には開示内容を区別しない場合においても「被害あり」の影響が強くなることが考えられるが，平均値の絶対値を見ると「調査中」の下落が最も大きく，当初は「被害あり」の下落が，「被害なし」の上昇を上回っている。

図表7-2　内容別累積異常リターンの推移（イベント日≦3月31日）

経過日数	全て $n=1557$		被害あり $n=1234$		被害なし $n=305$		調査中 $n=18$	
	平均	t値	平均	t値	平均	t値	平均	t値
1	-0.3059	-4.15 ***	-0.3757	-4.51 ***	0.0947	0.61	-2.3075	-2.42 **
2	-0.1825	-1.92 *	-0.2375	-2.25 **	0.2306	1.15	-3.4171	-1.97 *
3	0.0445	0.46	0.0062	0.06	0.3596	1.63	-2.6694	-2.53 **
4	0.2246	2.14 **	0.1804	1.54	0.5413	2.23 **	-2.1120	-2.17 *
5	0.3810	3.46 *	0.3131	2.67 ***	0.7782	2.66 ***	-1.6893	-1.79

注：単位：％
　　t値：平均＝0を帰無仮説とする検定，***：有意水準1％，**：有意水準5％，
　　　　*：有意水準10％で有意であることを示す。

184 —— 第Ⅱ部　巨大災害と資本市場

図表 7-3　内容別累積異常リターンの推移（イベント日 ≦ 3 月 18 日）

経過日数	全て $n=1319$		被害あり $n=1011$		被害なし $n=291$		調査中 $n=17$	
	平均	t 値	平均	t 値	平均	t 値	平均	t 値
1	-0.3404	-4.09 ***	-0.4404	-4.58 ***	0.1192	0.74	-2.2582	-2.24 **
2	-0.1777	-1.65 *	-0.2540	-2.07 **	0.2747	1.32	-3.3873	-1.84 *
3	0.0770	0.70	0.0173	0.14	0.4412	1.93 *	-2.6115	-2.33 **
4	0.2967	2.52 **	0.2342	1.75 *	0.6461	2.57 **	-1.9725	-1.93 *
5	0.4873	3.94 ***	0.4063	3.02 ***	0.8768	2.89 ***	-1.3625	-1.45

注：単位：％
　　t 値：平均＝0 を帰無仮説とする検定，＊＊＊：有意水準 1 ％，＊＊：有意水準 5 ％，
　　　　＊：有意水準 10 ％で有意であることを示す。

　しかし，「被害あり」は 3 日にプラスに転じ，5 日には両者ともプラスで有意になっているが，その大きさは「被害なし」の方が大きい。途中で符号が反転していることは，市場が過剰に反応している可能性もある。「調査中」は件数が少ないことに注意が必要であるが，特に「被害あり」よりも下落が大きくなっており，市場の反応は開示内容により差があることが示された。

　図表 7-3 は，イベント日が平成 23 年（2011 年）東北地方太平洋沖地震発生翌週の 3 月 18 日金曜日までの場合である。件数的には，この期間の開示が最も多く，前述の全期間とほぼ同様な結果となっている。

　図表 7-4 は，イベント日が平成 23 年（2011 年）東北地方太平洋沖地震発生翌々週の 3 月 22 日から 3 月 25 日まで，図表 7-5 はさらにその翌週の 3 月 28 日から 3 月 31 日までの場合である。両期間とも，「被害なし」および「調査中」の標本数が全くないか非常に少ない場合は対象から除外している。したがって，「全て」においても，ほとんどが「被害あり」の開示である。図表 7-4 において 1 日および 2 日の累積異常リターンの平均は -0.2％程度で，図表 7-3 と比較すると 1 日は約半分，2 日は同程度であるが，有意水準 5 ％では全ての日で有意ではない。図表 7-5 では，1 日がプラスであるが，いずれの日も有意ではない。したがって，株式市場は平成 23 年（2011年）東北地方太平洋沖地震発生後約 1 週間までのディスクロージャーに対し

第7章　平成23年(2011年)東北地方太平洋沖地震直後のディスクロージャーと株式市場の反応 ── *185*

図表7-4　内容別累積異常リターンの推移（3月22日≦イベント日≦3月25日）

経過日数	全て $n=136$		被害あり $n=132$	
	平均	t値	平均	t値
1	-0.2117	-1.23	-0.2003	-1.14
2	-0.2759	-1.26	-0.2640	-1.18
3	-0.0770	-0.29	-0.0462	-0.17
4	-0.0489	-0.16	-0.0223	-0.07
5	-0.1175	-0.40	-0.1318	-0.44

注：単位：％
　　t値：回帰係数＝0を帰無仮説とする検定，
　　　　有意水準10％でも帰無仮説を棄却でき
　　　　ない。

図表7-5　内容別累積異常リターンの推移（3月28日≦イベント日≦3月31日）

経過日数	全て $n=102$		被害あり $n=91$		被害なし $n=10$	
	平均	t値	平均	t値	平均	t値
1	0.0153	0.06	0.0895	0.34	-0.3440	-0.56
2	-0.1202	-0.42	-0.0157	-0.05	-0.6903	-1.37
3	-0.2134	-0.76	-0.0415	-0.14	-1.4337	-2.12 *
4	-0.3420	-1.10	-0.1232	-0.38	-1.9182	-2.32 **
5	-0.3286	-1.07	-0.0776	-0.25	-1.9218	-1.93 *

注：単位：％
　　帰無仮説：平均＝0，＊＊：有意水準5％，＊：有意水準10％で有
　　　　意であることを示す。

て，その後のものよりも大きく反応していたことを支持する結果が得られた
と考えることができる。

7.4　小括

　本章では，平成23年（2011年）東北地方太平洋沖地震直後のディスク

ロージャーによる株式市場の反応をイベント・スタディの手法により検証した。平成23年（2011年）東北地方太平洋沖地震の発生により，企業業績の不確実性は高まり，実効スプレッドの拡大が見られた。そのような中，第4章のように多数の企業による開示が行われていたが，市場の反応は，その情報内容と時期により異なるものであった。平成23年（2011年）東北地方太平洋沖地震直後の1週間が特に企業の開示が集中していた時期であったが，東京証券取引所第1部，第2部またはマザーズに上場していた企業を分析対象とし，開示企業の累積異常リターンの分布により検証すると，平成23年（2011年）東北地方太平洋沖地震発生後2週以降の開示は分布の平均を0とする帰無仮説を棄却できない。しかし，平成23年（2011年）東北地方太平洋沖地震直後の1週間での開示は，その内容が「被害あり」の場合，即座に分布の平均はマイナスに有意となっており，さらに「調査中」の場合は，被害が大きい可能性を懸念して，よりマイナスの影響が強くなっていることを示唆するものとなっている。一方，「被害なし」の場合，開示直後では有意ではないが，4日および5日ではプラスに有意となっており，その情報に価値のある可能性を示す結果となった。

　本章の調査では，複数の開示を行った場合や，実効スプレッドと開示との関係，「調査中」と開示した企業のその後の開示状況やその他の開示内容での検証を行っておらず，今後の研究課題である。震災に限らず，企業による開示には，迅速性と正確性の両方が求められるが，「被害なし」や「調査中」という開示にも情報価値があることが検証されたことは，迅速なディスクロージャーの重要性を支持するものと考えられる。

謝辞

　本章の研究は，日本ディスクロージャー研究学会特別プロジェクトおよび日本学術振興会科学研究費基盤研究（B）課題番号15H03402の財政的援助の他，著者の1人である吉田靖が日本学術振興会 科学研究費JP25516012，同JP19K01758，および統計数理研究所一般研究1（2022-ISMCRP-1015）を受けたものの成果の一部である。実効スプレッドおよび3ファクターのデータは，早稲田大学 竹原均 教授算出のものを利用している。記して感謝の意を表する。

第7章 平成23年(2011年)東北地方太平洋沖地震直後のディスクロージャーと株式市場の反応 —— *187*

参考文献

Aharony, J., Swary, I., 1983. Contagion effects of bank failures: Evidence from capital markets, *The Journal of Business* 56(3), 305-322.

Basse Mama, H., Bassen, A., 2013. Contagion effects in the electric utility industry following the Fukushima nuclear accident, *Applied Economics* 45(24), 3421-3430.

Bessler, W., Nohel, T., 2000. Asymmetric information, dividend reductions, and contagion effects in bank stock returns, *Journal of Banking & Finance* 24(11), 1831-1848.

Blose, L. E., Bornkamp, R., Brier, M., Brown, K., Frederick, J., 1996. Catastrophic events, contagion, and stock market efficiency: The case of the space shuttle challenger. *Review of Financial Economics* 5(2), 117-129.

Bowen, R. M., Castanias, R. P., Daley, L. A., 1983. Intra-industry effects of the accident at Three Mile Island, *Journal of Financial and Quantitative Analysis* 18(1), 87-111.

Carter, D. A., Simkins, B. J., 2004. The market's reaction to unexpected, catastrophic events: The case of airline stock returns and the September 11th attacks, *The Quarterly Review of Economics and Finance* 44(4), 539-558.

Ewing, B. T., Hein, S. E., Kruse, J. B., 2006. Insurer stock price responses to Hurricane Floyd: An event study analysis using storm characteristics, *Weather and Forecasting* 21(3), 395-407.

Fama, E. F., French, K. R., 1993. Common risk factors in the returns on stocks and bonds, *Journal of Financial Economics* 33(1), 3-56.

Fields, M. A., Janjigian, V., 1989. The effect of Chernobyl on electric-utility stock prices, *Journal of Business Research* 18(1), 81-87.

Ferstl, R., Utz, S., Wimmer, M., 2012. The effect of the Japan 2011 disaster on nuclear and alternative energy stocks worldwide: An event study, *Business Research* 5(1), 25-41.

Hill, J., Schneeweis, T., 1983. The effect of Three Mile Island on electric utility stock prices: A note, *The Journal of Finance* 38(4), 1285-1292. doi:10.2307/2328026.

Hsiao, C. Y-L., Ou, Y., Sheng, N., Wei, X., 2021. Measuring contagion effects of nuclear energy policies and events, *International Journal of Energy Research* 45(8), 11510-11525.

Kawashima, S., Takeda, F., 2012. The effect of the Fukushima nuclear accident on stock prices of electric power utilities in Japan, *Energy Economics* 34(6), 2029-2038.

Lamb, R. P., 1995. An exposure-based analysis of property-liability insurer stock values around Hurricane Andrew, *The Journal of Risk and Insurance* 62(1), 111-123.

Lopatta, K., Kaspereit, T., 2014. The cross-section of returns, benchmark model parameters, and idiosyncratic volatility of nuclear energy firms after Fukushima Dai-ichi, *Energy Economics* 41(January), 125-136.

Maloney, M. T., Mulherin, J. H., 2003. The complexity of price discovery in an efficient market: The stock market reaction to the Challenger crash, *Journal of Corporate Finance* 9(4), 453-479.

Patell, J. M., 1976. Corporate forecasts of earnings per share and stock price behavior: Empirical tests, *Journal of Accounting Research* 14(2), 246-276.

Serita, T., Xu, P., 2012. The Fukushima nuclear accident, damage compensation resolution and energy stock returns, *25th Australasian Finance and Banking Conference*.

Shelor, R. M., Anderson, D. C., Cross, M. L., 1992. Gaining from loss: Property-liability insurer stock values in the aftermath of the 1989 California Earthquake, *The Journal of Risk and Insurance* 59(3), 476-488.

Spudeck, R. E., Moyer, R. C., 1989. A note on the stock market's reaction to the accident at Three Mile Island. *Journal of Economics and Business* 41(3), 235-240.

國村道雄・吉田靖・福田武之, 1998. 「阪神大震災における適時開示と株式市場の調整」『証券経済学会年報』第 33 号, 1-14.

久保田敬一・竹原均, 2007. 「Fama-French ファクターモデルの有効性の再検証」『現代ファイナンス』第 22 号, 3-23.

吉田靖, 2003. 「阪神大震災における銀行株の伝染効果」『現代ディスクロージャー研究』第 4 号, 43-51.

吉田靖, 2015. 「東日本大震災と金融機関のディスクロージャー」『東京経大学会誌 (経営学)』第 286 号, 151-158.

吉田靖, 2021. 「東日本大震災における銀行株の伝染効果」『東京経大学会誌 (経営学)』第 312 号, 13-19.

吉田靖・國村道雄・福田武之, 2002. 「阪神大震災におけるファイリング情報の効果」『経営財務研究』第 22 巻第 1 号, 35-49.

第8章

東日本大震災と決算短信公表後の株価ドリフト

　本章は，会計情報の意思決定有用性とディスクロージャーの重要性の視点から，東日本大震災前後における決算短信公表後の株価ドリフト（post-earnings-announcement drift: PEAD）および公表時の利益反応係数（earnings response coefficient: ERC）について比較・検討を行った。震災は，企業の決算内容およびディスクロージャーに対する影響を通じ，決算短信が持つ将来キャッシュ・フローに関連する情報の不確実性を高めたと考えられる。そのような不確実性の高い情報に対して，市場は小さなERCを示す一方，不確実性が解消されるにつれて資産価格の変化がもたらされ，PEADが観察されると期待される。以上の議論に基づき分析を行った結果，東日本大震災後の期間において，決算短信の内容（good news/bad news）別に分けたポートフォリオ間で有意なリターンの差異，すなわちPEADが観察された。一方ERCについては，東日本大震災前後で大きさの変化が見られなかっただけでなく，不確実性を高めたと期待される要因とERCの大きさとの関係性も見出せなかった。この要因を調査するために行った追加分析の結果からは，東日本大震災前後でgood news/bad newsの持続性に関するミスプライシングが生じていた，言い換えれば東日本大震災によって市場参加者が限定合理的な行動をとっていたことが示唆された。

8.1　決算短信公表後の株価ドリフト

　本章の調査は，会計情報の意思決定有用性とディスクロージャーの重要性の視点から，東日本大震災後における企業の決算短信公表時の市場反応の観

察を目的としている。2011 年 3 月期の決算日間近に発生した東日本大震災は、企業の決算内容だけでなく、そのディスクロージャーに対しても多大な影響を与えた。本章では、大震災が株式市場に与えたインパクトを捕捉するため、震災前後の決算短信公表を対象とし、短信公表後の株価ドリフト（PEAD）および公表時の利益反応係数（ERC）について比較・検討を行う。

　PEAD といったいわゆる「市場アノマリー」は、市場参加者の合理的行動を前提とした伝統的なファイナンスの視点、市場参加者の限定合理的な行動を前提とした行動ファイナンスの視点、それぞれの視点で多くの研究がなされてきた。本章は、会計情報の意思決定有用性とディスクロージャーの重要性に依拠し、市場参加者の合理的行動を前提として、決算短信が持つ将来における経済状況の変化に関する情報、特に将来キャッシュ・フローに関連する情報の不確実性に焦点を当てる。巨大災害によって、決算短信が持つ将来キャッシュ・フローに関連する情報の不確実性が高まれば、市場参加者はそのような情報に対して低い評価ウェイトをおく、すなわち小さな ERC を示すと考えられる。一方、不確実性が解消されるにつれて、市場参加者は当初のシグナルがもたらす情報に対するウェイトを増加させ、結果として資産価格の変化をもたらす、すなわち PEAD が観察されると期待される。

　本章は以下の構成をとる。次の 8.2 節において、PEAD に関する先行研究を概観するとともに東日本大震災による決算短信の内容およびディスクロージャーに対する影響を議論する。そして 8.3 節では本章の分析デザインを構築し、8.4 節において分析結果の考察を行う。続く 8.5 節において分析結果を踏まえた追加分析を行い、最後の 8.6 節で本章の結論を述べる。

8.2　東日本大震災と PEAD

8.2.1　東日本大震災と決算短信情報の不確実性

　多くの上場企業が決算を間近に控えた 3 月 11 日に発生した東日本大震災は、企業の決算内容に直接的な影響を与えただけでなく、その後のディスクロージャーにも大きな影響を与えた。ここでは、会計情報の意思決定有用性とディスクロージャーの重要性の観点から震災の影響を検討する。

東日本大震災の翌週以降，東日本大震災に関連する数多くのタイムリー・ディスクロージャーが行われ，東日本大震災による被害の有無や，被害がある場合にはその状況が開示された。東日本大震災による物的な被害については，その後の決算短信において「災害による損失」といった名称の特別損失として損益計算書に計上されている。災害による損失は工場などの物的被害に関するテンポラリーな損失ではあるが，その被害がどれだけ企業内に波及し，将来の収益ならびにキャッシュ・フローの状況に影響するかは不確実である。したがって，東日本大震災による損失を計上した企業，すなわち東日本大震災による物的被害を被った企業は，決算短信情報によって将来キャッシュ・フローの見込額を評価することがその他の企業に比べて難しい状況にあると考えられる。言い換えれば東日本大震災による損失の計上企業は，決算短信が持つ将来キャッシュ・フローに関連する情報の不確実性が高い状況にあると考えられる。

　東日本大震災は，企業に対して物的な一次被害を与えただけでなく，交通網の麻痺によるサプライチェーンの寸断，福島第一原子力発電所事故に起因した計画停電による操業停止，福島第一原子力発電所事故による風評被害や不安に起因する消費の落ち込みなどの二次被害も与えた。したがって，平常時と比べて，東日本大震災後の決算短信情報が持つ情報内容が変化している可能性が指摘される。すなわち，平常時と比べて，決算短信情報が持つ将来キャッシュ・フローに関連する情報の不確実性の程度は全体的に高まっている可能性がある。

　決算短信情報自体に対する影響のほか，その後のディスクロージャーに対して東日本大震災が与えた影響として，決算短信公表の遅延と業績予想の非開示が挙げられる。東京証券取引所は，2011年3月18日に「東日本大震災を踏まえた決算発表等に関する取扱いについて」を公表した。東京証券取引所は，上場企業に対して決算日から45日以内の決算短信の公表を要請している[1]。しかし当該文書では，東日本大震災により速やかに決算の内容を把握・開示することが困難な場合には，45日以内などの時期にとらわれる必

1　東京証券取引所は，『決算短信・四半期決算短信の作成要領等』において，「とりわけ，事業年度又は連結会計年度に係る決算については，遅くとも決算期末後45日（45日目が休日である場

要はなく，決算内容が確定できたところで開示してよい旨が記されている。また東京証券取引所は，従来上場企業に対して次期の業績予想を決算短信において開示することを要請してきた。しかし当該文書では，東日本大震災により業績の見通しを立てることが困難な場合には，決算短信および四半期決算短信において，業績予想を開示する必要はない旨が記されている[2]。

　もし，期末から決算短信公表までのラグが 45 日を超えるならば，東京証券取引所の要請通りに決算短信を公表できない何らかの事情があると推測できる。その場合，当該決算短信が持つ将来キャッシュ・フローに関連する情報の不確実性は高いと予測される。また，業績予想の開示を見送った企業は，経営者が自社の将来の業績に対する見通しを立てられない状況にあることを意味する。したがってこの場合にも，決算短信が持つ将来キャッシュ・フローに関連する情報の不確実性が非常に高い状況にあると考えられる。次項では，東日本大震災によりもたらされた決算短信が持つ将来キャッシュ・フローに関連する情報の不確実性と PEAD との関連について，先行研究の概観を通じて検討する。

8.2.2　PEAD と情報の不確実性

　PEAD は，正（負）の利益サプライズの公表後，数ヶ月間にわたり正（負）の超過リターンが観察される現象を指し，最もよく知られた市場アノマリーのひとつである。PEAD に関してはこれまで多くの研究蓄積があり，その原因として過小反応仮説（Freeman and Tse, 1989 ; Bernard and Thomas, 1989, 1990 等），情報のオーバーロード（石塚・河，1992a, 1992b ; Shick *et al.*, 1990 等），過小評価（Frazzini, 2006 ; Grinblatt and Han, 2005 等），自信過剰仮説（Daniel *et al.*, 1998 ; Liang, 2003 等）など，

　合は，翌営業日）以内に内容のとりまとめを行い，その開示を行うことが適当であり，決算期末後 30 日以内（期末が月末である場合は，翌月内）の開示が，より望ましいものと考えられます（以下略）」としている。

2　その後東京証券取引所は，2012 年 3 月 23 日に「業績予想開示に関する実務上の取扱いについて」を公表した。当該文書では，引き続き上場企業に将来予測情報の積極的開示を要請するものの，(1) 従来の「次期の業績予想」の形式に限定されない柔軟な記載様式の容認，(2) 業績予想を行わない場合また又は独自の形式で行う場合の東京証券取引所への事前相談の廃止，(3) (2) の場合に限定した「理由」の開示の廃止が記されている。

投資家の行動の合理性ならびに限定合理性それぞれの仮定の下で様々な仮説が提示され実証されている。

　前項で確認したように，東日本大震災は決算短信が持つ将来キャッシュ・フローに関連する情報の不確実性を増大させたと考えられる。DeGroot（1970）などのベイズ決定理論に関する研究において，期待損失を最小化する投資家はノイズを持つ不確実な情報に対して合理的に低いウェイトを付することを示している。すなわち合理的な投資家は，将来キャッシュ・フローに関連する情報の不確実性が高い会計情報，特に利益情報に対して過小反応を行うことが期待される。

　Francis *et al.*（2007）はこの観点から，限定合理性を前提とした行動モデルと，完全合理性を前提とした不完備情報下[3]の合理的な構造的不確実性（rational structural uncertainty）モデルの両モデルを用いてアノマリーの分析を行った Brav and Heaton（2002）に依拠した研究を行っている。Brav and Heaton（2002）では，投資のペイオフ構造の変化に関する不確実性に直面した合理的な（ベイズ決定理論に基づく）投資家の行動についてモデル分析を行っている。分析の結果，合理的な投資家は不確実性が高いシグナルに対して低い評価ウェイトをおく一方，不確実性が解消されるにつれて当初のシグナルがもたらす情報に対するウェイトを増加させ，結果として資産価格の変化がもたらされることを示している[4]。Francis *et al.*（2007）は，Brav and Heaton（2002）の分析結果に基づき，Dechow and Dichev（2002）におけるアクルーアルズの質の尺度を情報の不確実性の尺度として用いて，情報の不確実性が高い場合に ERC が小さくなることを実証している。

　Brav and Heaton（2002）ならびに Francis *et al.*（2007）に依拠すれば，決算短信が持つ将来キャッシュ・フローに関連する情報の不確実性は震災によって増大し，市場参加者による決算短信情報の過小評価をもたらした，言い換えれば小さな ERC をもたらしたと予想される。そして，決算短信公表後に新情報がリリースされて不確実性が減少するにつれて，市場参加

3　ここでの不完備情報とは，経済環境の構造，特に投資からのペイオフ構造の変化に関する情報についての不完備性を意味している。

4　Francis *et al.*（2007）は，投資家が新情報に合わせてペイオフ構造に対する評価パラメータの推定値を適切に変更させるという意味において，この効果を「合理的学習」と呼んでいる。

者が決算短信情報に対するウェイトを増加させて株価が変化した，言い換えればPEADがもたらされたと予想できる。次節では，本節での議論を踏まえて研究デザインを構築する。

8.3　リサーチ・デザイン

8.3.1　仮説

前節での議論に基づき，本章では以下のPEADに関する仮説1，ERCに関する仮説2aならびに仮説2bを設定する。

仮説1：　　東日本大震災後の決算短信に対するPEADは，東日本大震災前の決算短信に対するPEADよりも大きい。

仮説2a：　東日本大震災後のERCは，大震災前のERCよりも小さい。

仮説2b：　ERCは，決算短信が持つ将来キャッシュ・フローに関連する情報の不確実性が高いほど小さい。

次項では，上記の仮説を検証するための分析モデルを構築する。

8.3.2　分析モデル

8.3.2.1　分析1：仮説1の検証

本章では，Bernard and Thomas（1989）にしたがって仮説1の検証を行う。図表8-1は本章で使用する変数である。

はじめに，企業ごとに期首の発行済総株式数を用いて日次の時価総額を計算し，日次の時価総額に基づく10分位ポートフォリオを日次で作成する。そして（8-1）式のように，各企業iのτ日における日次リターン$R_{i\tau}$から，それぞれが属する10分位ポートフォリオpのτ日における平均日次リターン$R_{p\tau}$を控除し，企業iのτ日における異常リターン$AR_{i\tau}$を求める。

$$AR_{i\tau} = R_{i\tau} - R_{p\tau} \qquad\qquad (8\text{-}1)$$

次に，各企業の決算短信公表日を0日として[5]，以下の（8-2）式のように決算短信公表後の$AR_{i\tau}$を累積し，企業iのt期における累積異常リターン$CAR(1, T)_{it}$を計算する。CARの累積期間Tは，15日間，30日間，60

第8章　東日本大震災と決算短信公表後の株価ドリフト —— *195*

図表8-1　分析に用いた変数の定義

被説明変数

AR_{it}	規模調整済異常リターン
$CAR(a,b)_{it}$	a 日から b 日まで累積した累積異常リターン
UE_{it}	期待外利益，$UE_{it}=(EPS_{it}-EPS_{it-1})/Sp_{it-1}$ ここで，EPS_{it}：1株当たり当期純利益，Sp_{it-1}：期首の株価

説明変数：東日本大震災後・年度ダミー変数

EQ	東日本大震災後の決算期なら 1，東日本大震災前の決算期なら 0 を取るダミー変数
$Year$	2012 年 3 月決算期なら 1，それ以外は 0 を取るダミー変数

説明変数：将来キャッシュ・フローに関する情報の不確実性に関するダミー変数

Lag_{it}	決算日から 45 日以内に決算短信を公表していれば 0，していなければ 1 を取るダミー変数
$Area_i$	東日本大震災の被害が大きかった県（岩手・宮城・福島・茨城）に本社がある企業ならば 1，それ以外は 0 を取るダミー変数
MF_{it}	決算短信公表時に次年度の業績予想を公表していなければ 1，していれば 0 を取るダミー変数
SL_{it}	連結損益計算書に震災関連損失を計上していれば 1，していなければ 0 を取るダミー変数

説明変数：コントロール変数

$List_{it}$	東京証券取引所第 2 部上場企業なら 1，第 1 部上場企業なら 0 を取るダミー変数
$Size_{it-1}$	期首の総資産額の自然対数
$Leverage_{it-1}$	期首のレバレッジ・レシオ（総負債額／総資産額）
$Growth_{it-1}$	期首の売上高成長率

5　決算短信公表日は，決算短信の公表時間が 15：00 以降の場合は翌営業日を決算短信公表日とし，それ以外はその日を決算短信公表日としている。

日間，90 日間，120 日間とする。

$$CAR(1,T)_{it} = \sum_{\tau=1}^{T} AR_{i\tau} \tag{8-2}$$

　PEAD の検証に際し，以下の（8-3）式にしたがい，企業 – 年ごとに期待外利益 UE_{it} を求める。本章では，UE_{it} を 1 株当たり当期純利益（EPS_{it}）に基づくナイーブモデルにより求め，規模の調整のために期首の株価 Sp_{it-1} でデフレートしている[6]。

$$UE_{it} = \frac{EPS_{it} - EPS_{it-1}}{Sp_{it-1}} \tag{8-3}$$

そして，サンプルを UE_{it} の大きさで年度別に 5 分位し[7]，最も UE_{it} が大きいポートフォリオ（$UE5_{it}$）と最も小さいポートフォリオ（$UE1_{it}$）間の $CAR(1,T)_{it}$ の差異の有意性検定を行う。もしポートフォリオ間の $CAR(1,T)_{it}$ の差異が有意であれば，決算短信公表後も期待外利益の大きさにしたがってリターンがドリフトしている，すなわち PEAD が生じているとみなされる。

　UE_{it} による 5 分位ポートフォリオ基づく分析の他に，本章では UE_{it} の符号（good news/bad news）別にポートフォリオを構築し，両ポートフォリオ間の $CAR(1,T)_{it}$ の差異についても有意性検定を行う。Basu（1997）等でも分析されているように，bad news の持続性は低い一方 good news の持続性は高いため，bad news の ERC は good news の ERC よりも小さくなると期待される。しかし，決算短信が持つ将来キャッシュ・フローに関連する情報の不確実性が高ければ，市場参加者は good news と bad news の持続性の評価を合理的であるにせよ市場効率性からかけ離れた形で評価する可能性がある。その場合は，Brav and Heaton（2002）の結果にしたがえば，ERC の過小評価が発生し，その後にリリースされる新情報によって不確実性が解消されるにつれて PEAD が生じると考えられる。

　以上の分析は，東日本大震災の前後でサンプルを分割して行い，東日本大

6　経常利益を用いてナイーブに計算した期待外利益を用いた場合，EPS の当初予想値を用いて計算した期待外利益を用いた場合も，本章の分析結果は概ね変化しなかった。

7　Bernard and Thomas（1989）は 10 分位で分析を行っているが，本章ではサンプル数が少ないことを考慮し，5 分位で分析を行っている。

震災前後での PEAD の大きさを比較する。このほか，東日本大震災後のサンプルを 2011 年 3 月期と 2012 年 3 月期に分割し，東日本大震災後 2 期間における PEAD の比較も併せて行う。

8.3.2.2　分析 2：仮説 2a と仮説 2b の検証

仮説 2a および仮説 2b の検証のために，Francis *et al.*（2007）に基づいて以下の（8-4）式ならびに（8-5）式を推定する。（8-4）式は全サンプルを用いて推定し，（8-5）式は東日本大震災後のサンプルのみを用いて推定する。

$$
\begin{aligned}
CAR(-15,0)_{it}=&\alpha_0+\alpha_1 UE_{it}+\alpha_2 UE_{it}\times EQ+\alpha_3 UE_{it}\times Lag_{it}\\
&+\alpha_4 UE_{it}\times Area_i+\alpha_5 UE_{it}\times MF_{it}+\alpha_6 UE_{it}\times List_{it} \quad (8\text{-}4)\\
&+\alpha_7 Size_{it-1}+\alpha_8 Leverage_{it-1}+\alpha_9 Growth_{it-1}+\varepsilon_{it}
\end{aligned}
$$

$$
\begin{aligned}
CAR(-15,0)_{it}=&\alpha_0+\alpha_1 UE_{it}+\alpha_2 UE_{it}\times Year+\alpha_3 UE_{it}\times Lag_{it}\\
&+\alpha_4 UE_{it}\times Area_i+\alpha_5 UE_{it}\times MF_{it}+\alpha_6 UE_{it}\times SL_{it}\\
&+\alpha_7 UE_{it}\times List_{it}+\alpha_8 Size_{it-1}+\alpha_9 Leverage_{it-1} \quad (8\text{-}5)\\
&+\alpha_{10} Growth_{it-1}+\varepsilon_{it}
\end{aligned}
$$

（8-4）式ならびに（8-5）式は，一般的な ERC を測定する回帰式に，UE_{it} と決算短信が持つ将来キャッシュ・フローに関連する情報の不確実性を表す変数との交差項，そしてコントロール変数を加えたものである。被説明変数としては，決算短信公表日の 15 日前から累積した $CAR(-15,0)_{it}$ を用いている[8]。

（8-4）式では，決算短信が持つ将来キャッシュ・フローに関連する情報の不確実性を表す変数として，東日本大震災後の決算期なら 1，東日本大震災前の決算期なら 0 を取るダミー変数 EQ，決算日から 45 日以内に決算短信を公表していれば 0，していなければ 1 を取るダミー変数 Lag_{it}，東日本大震災による被害が大きかった県（岩手・宮城・福島・茨城）に本社がある企業ならば 1，それ以外は 0 を取るダミー変数 $Area_i$，決算短信公表時に次

8　代替的に $CAR(-10,0)_{it}$，$CAR(-5,0)_{it}$，$CAR(-3,0)_{it}$ を用いた場合も同様の結果を得ている。

年度の業績予想を公表していなければ1，していれば0を取るダミー変数 MF_{it} を採用し，それぞれの変数と UE_{it} との交差項を式に加えている。前節では言及していないが，東日本大震災による被害が大きかった県に本社がある企業は，それ以外の都道府県に本社がある企業に比べ，決算短信が持つ将来キャッシュ・フローに関連する情報の不確実性が高いことが予想される。この観点から $Area_i$ も分析に加えている。これらの変数と UE_{it} との交差項の係数は負になると予想される。

コントロール変数としては，東京証券取引所第2部上場企業なら1，第1部上場企業なら0を取るダミー変数 $List_{it}$ と UE_{it} との交差項を式に加えたほか，Francis et al.（2007）に倣い期首の総資産額の自然対数 $Size_{it-1}$，期首のレバレッジ・レシオ $Leverage_{it-1}$，期首の売上高成長率 $Growth_{it-1}$ を加えている。

Warfield et al.（1995）や Jiang and Kim（2004）が示しているように，情報の非対称性の小さい企業ほど，将来業績を効率的に予測できるため，株価は利益が持つ将来業績に関する情報をよりタイムリーに反映すると期待される。すなわち，情報の非対称性が小さい（大きい）企業ほど ERC は大きく（小さく）なると予想される。したがって，東京証券取引所第2部上場企業は東京証券取引所第1部上場企業に比べて情報の非対称性が大きいと期待されるので，$List_{it}$ と UE_{it} との交差項の係数は負になると予想される。

$Size_{it-1}$ は，規模の代理変数である。Scott（2014）でも指摘されているように，大企業ほど株価の報知性（informativeness）が高く，相対的に利益の情報内容は小さいと考えられる。よって ERC は大企業ほど小さくなると期待され，$Size_{it-1}$ の係数は負になると予想される。$Leverage_{it-1}$ は，株式市場における決算短信情報の利用度に関する代理変数である。Dhaliwal et al.（1991）が検証しているように，レバレッジの高い企業の会計情報は株主よりも債権者にとって有用な情報であると考えられる。よって，レバレッジが低い企業よりも高い企業は決算短信情報の株式市場における重要性が低くERC は小さくなり，$Leverage_{it-1}$ の係数は負になると予想される。

$Growth_{it-1}$ は成長機会の代理変数である。Collins and Kothari（1989）が示しているように，市場が効率的ならば，企業の成長機会が損益計算書に

おける認識よりも早く株価に反映されると考えられる。したがって，将来の成長機会が大きいほど市場の反応は大きくなる，すなわち ERC は大きくなり，$Growth_{it-1}$ の係数は正になると予想される。

（8-5）式では，EQ の代わりに 2012 年 3 月決算期なら 1，それ以外は 0 を取るダミー変数を使用している。2011 年 3 月期の決算短信公表は大震災直後の混乱の中で行われており，決算短信公表にネガティブな影響を与えることが期待される。しかし，2011 年 3 月期の決算短信情報に対する大震災の直接的影響は 2011 年 3 月 11 日から 2011 年 3 月 31 日までの 21 日間のみに止まっている一方，2012 年 3 月期の決算短信情報は 1 年間全体にわたり東日本大震災の直接的影響を受けているといえる。したがって，決算短信が持つ将来キャッシュ・フローに関連する情報の不確実性は，2011 年 3 月期よりも 2012 年 3 月期の方が大きいと考えられ，UE_{it} との交差項の係数は負になると予測される。

また（8-5）式では，決算短信が持つ将来キャッシュ・フローに関連する情報の不確実性を表す変数として，連結損益計算書に東日本大震災による損失を計上していれば 1，していなければ 0 を取るダミー変数 SL_{it} を追加している。災害による損失は直接的な被害額を計上しているのみであり，その被害がどれだけ企業内に波及し，将来キャッシュ・フローの状況に影響するかは不確実である。すなわち，災害による損失を計上している企業は，決算短信が持つ将来キャッシュ・フローに関連する情報の不確実性が高い状況にあると期待され，UE_{it} との交差項の係数は負になると予測される。なお，コントロール変数は（8-4）式と同様である。

8.3.3 データ

本章の分析対象は，2007 年から 2012 年までの 6 年間における銀行・証券・保険業を除く，東京証券取引所第 1 部および第 2 部に上場している 3 月決算企業の決算短信（連結）である[9]。分析対象のうち，(1) SEC 基準適用

9　データベース上，決算短信データと有価証券報告書データは別々に収録されている。それぞれの収録データは個々に収集できるほか，決算短信データが収録されていない場合に，有価証券報告書データを優先して収集することができる。本章は決算短信（連結）を分析対象としているが，データの利用可能性の観点から，有価証券報告書データを優先して収集し，分析に利用して

企業ならびに IFRS 任意適用企業，（2）決算月数が 12 ヶ月以外の企業，（3）いわゆるリーマン・ショックの影響を大きく受けている 2009 年 3 月期を除き，1,548 社，6,988 企業 - 年を抽出した。データ収集にあたり，財務データと株価データは，日経「NEEDS-Financial QUEST」を使用し，株価データは権利落ち修正・配当修正済みのものを用いた。また，決算短信の公表時間ならびに東日本大震災関連特別損失に関する情報は，アイ・エヌ情報センターの eol に収録されている適時開示情報と有価証券報告書からそれぞれ収集した。

上記に対し，分析 1 では，$CAR(1,15)_{it}$ から $CAR(1,120)_{it}$ それぞれの上下 0.5% ずつを外れ値としてカットオフし [10]，1,532 社，6,824 企業 - 年をサンプルとして採用した。分析 2 では，（8-4）式ならびに（8-5）式に用いたダミー変数以外の各変数それぞれの上下 0.5% ずつを外れ値としてカットオフし，1,513 社，6,709 企業 - 年をサンプルとして採用した。

分析 1 ならびに分析 2 で用いたサンプルの年度別・上場部別分布を図表

図表 8-2　分析 1（PEAD の検証）に利用したサンプルの年度別・上場部別分布

決算期	東京証券取引所 第 1 部	東京証券取引所 第 2 部	合計
2007 年 3 月期	1,081	275	1,356
2008 年 3 月期	1,099	225	1,324
2010 年 3 月期	1,119	243	1,362
大震災前小計	3,299	743	4,042
2011 年 3 月期	1,122	274	1,396
2012 年 3 月期	1,133	253	1,386
大震災後小計	2,255	527	2,782
合　計	5,554	1,270	6,824

いる。なお，本章のサンプルにおいて，決算短信データと有価証券報告書データにおける違いは，EPS の四捨五入上の微小な差異を除いては存在していない。

10　分析 1 ならびに分析 2 のサンプル選択において，各変数の ±3σ を超えるオブザベーションを外れ値としてカットオフした場合も，分析結果は変化しなかった。

第8章　東日本大震災と決算短信公表後の株価ドリフト —— *201*

図表 8-3　分析 2（ERC の検証）に利用したサンプルの年度別・上場部別分布

決算期	東京証券取引所 第 1 部	東京証券取引所 第 2 部	合計
2007 年 3 月期	1,067	272	1,339
2008 年 3 月期	1,089	232	1,321
2010 年 3 月期	1,087	231	1,318
大震災前小計	3,243	735	3,978
2011 年 3 月期	1,104	266	1,370
2012 年 3 月期	1,111	250	1,361
大震災後小計	2,215	516	2,731
合　計	5,458	1,251	6,709

図表 8-4　分析 2 に利用した変数の記述統計量（全サンプル：$N = 6,709$）

変数名	平均値	標準偏差	Q1	中央値	Q3
$CAR(-15,0)_{it}$	0.001	0.076	-0.046	-0.002	0.043
UE_{it}	0.029	0.164	-0.018	0.005	0.034
Lag_{it}	0.099	0.299	0.000	0.000	0.000
$Area_{it}$	0.007	0.083	0.000	0.000	0.000
MF_{it}	0.048	0.213	0.000	0.000	0.000
$List_{it}$	0.186	0.390	0.000	0.000	0.000
$Size_{it-1}$	25.056	1.431	24.042	24.887	25.931
$Leverage_{it-1}$	0.518	0.199	0.369	0.525	0.673
$Growth_{it-1}$	0.016	0.152	-0.068	0.015	0.088

8-2 と図表 8-3 でそれぞれ示している。東京証券取引所第 1 部上場企業は，第 2 部上場企業のおよそ 4.37 倍程度であり，年度間のサンプル数に大きな変動は見られない。分析 2 で用いた変数の記述統計量を図表 8-4 と図表 8-5 で示している。図表 8-4 では全サンプルの記述統計量，図表 8-5 は東日本

202 —— 第Ⅱ部　巨大災害と資本市場

図表 8-5　分析 2 に利用した変数の記述統計量（震災後のみ：$N=2{,}731$）

変数名	平均値	標準偏差	Q1	中央値	Q3
$CAR(-15{,}0)_{it}$	-0.001	0.073	-0.045	-0.002	0.042
UE_{it}	0.027	0.154	-0.021	0.007	0.043
Lag_{it}	0.042	0.202	0.000	0.000	0.000
$Area_{it}$	0.007	0.085	0.000	0.000	0.000
MF_{it}	0.104	0.305	0.000	0.000	0.000
SL_{it}	0.492	0.500	0.000	0.000	1.000
$List_{it}$	0.189	0.392	0.000	0.000	0.000
$Size_{it-1}$	25.045	1.442	24.036	24.882	25.914
$Leverage_{it-1}$	0.510	0.201	0.360	0.512	0.672
$Growth_{it-1}$	-0.010	0.168	-0.108	-0.016	0.065

　大震災後のサンプルのみの記述統計量である。Lag_{it} の平均は図表 8-4 において 0.099 である一方，図表 8-5 においては 0.042 である。すなわち，決算日から決算短信公表日までの平均日数が，予想に反して東日本大震災後に早まっていることが確認できる。MF_{it} の平均は，図表 8-4 において 0.048 である一方，図表 8-5 においては 0.104 である。業績予想の非公表企業については，予想通り東日本大震災後に増加していることが確認できる。最後に図表 8-6 と図表 8-7 では，分析 2 で用いた変数間の相関表を示している。図表 8-6 では全サンプルによる相関表，図表 8-7 は東日本大震災後のサンプルのみによる相関表である。分析上問題となりえる説明変数間の大きな相関関係は観察されない。ただし $CAR(-15{,}0)_{it}$ と UE_{it} との相関は，予想に反して図表 8-6 の全サンプル（0.118）よりも図表 8-7 の東日本大震災後のサンプル（0.163）の方が大きい値を示しており，分析 2 の結果に影響を与える可能性がある。

図表 8-6　分析 2 に利用した変数の相関表（全サンプル：$N=6{,}709$）

	$CAR(-15,0)_{it}$	UE_{it}	Lag_a	$Area_a$	MF_{it}	$List_{it}$	$Size_{it-1}$	$Leverage_{it-1}$	$Growth_{it-1}$
$CAR(-15,0)_{it}$		0.075 **	0.025 *	−0.005	−0.004	−0.002	0.018	0.040 **	−0.006
UE_{it}	0.118 **		−0.022	−0.017	0.039 **	0.043 **	−0.052 **	0.139 **	−0.193 **
Lag_{it}	0.022	−0.032 **		0.002	−0.018	0.098 **	−0.108 **	0.064 **	0.033 **
$Area_{it}$	−0.003	−0.008	0.002		0.006	−0.004	0.011	0.012	0.014
MF_{it}	−0.003	0.068 **	−0.018	0.006		−0.003	0.062 **	0.005	−0.147 **
$List_{it}$	−0.003	−0.001	0.098 **	−0.004	−0.003		−0.475 **	0.029 *	−0.020
$Size_{it-1}$	0.032 **	−0.018	−0.104 **	0.003	0.048 **	−0.511 **		0.194 **	0.008
$Leverage_{it-1}$	0.025 *	0.089 **	0.065 **	0.010	0.006	0.028 *	0.169 **		−0.002
$Growth_{it-1}$	0.014	−0.180 **	0.035 **	0.024	−0.167 **	−0.033 **	0.028 *	−0.014	

注：** 　1％水準で有意，* 　5％水準で有意。
　　右上三角行列：Pearson の積率相関係数，左下三角行列：Spearman の順位相関係数。

8.4　分析結果

8.4.1　分析 1：仮説 1 の検証結果

　以下の図表 8-8 では，PEAD の東日本大震災前後での比較結果を示している。パネル A は UE_{it} による 5 分位ポートフォリオに基づく分析結果，パネル B は UE_{it} の符号（good news/bad news）に基づく分析結果をそれぞれ示している。パネル A において，東日本大震災前の $UE5_{it}$ と $UE1_{it}$ 間の CAR の差異は，いずれのウィンドウでも有意ではない。東日本大震災後の $UE5_{it}$ と $UE1_{it}$ 間の CAR の差異は，$CAR(1,60)_{it}$ では有意に正の値を示しているものの，それ以外のウィンドウでは有意ではない。

　パネル B において，東日本大震災前の good news と bad news 間の CAR の差異は，UE_{it} による 5 分位ポートフォリオに基づく分析結果と同様に，いずれのウィンドウでも有意ではない。一方，東日本大震災後の good news と bad news 間の CAR の差異は，$CAR(1,15)_{it}$ および $CAR(1,90)_{it}$ では 5 ％水準，それ以外のウィンドウでは 1 ％水準で有意に正の値を示している。したがって，good news と bad news に基づく分析においては，仮説 1 を支持する結果が得られている。ただし，good news 公表後に負の

図表 8-7　分析 2 に利用した変数の相関表　(震災以降：N=2,731)

	CAR(−15,0)_it	UE_it	Lag_it	Area_it	MF_it	SL_it	List_it	Size_it−1	Leverage_it−1	Growth_it−1
CAR(−15,0)_it		0.086 **	0.018	−0.022	0.021	−0.007	−0.020	0.004	−0.067 **	0.003
UE_it	0.163 **		0.007	−0.025	0.077 **	−0.048 *	0.049 **	−0.089 **	0.097 **	−0.212 **
Lag_it	0.020	−0.014		0.046 *	0.059 **	0.043 *	0.033	−0.051 **	0.014	−0.062 **
Area_it	−0.025	−0.018	0.046 *		0.013	0.062 **	0.013	0.002	0.015	0.011
MF_it	0.014	0.109 **	0.059 **	0.013		0.022	−0.002	0.097 **	0.022	−0.187 **
SL_it	−0.005	−0.036	0.043 *	0.062 **	0.022		−0.170 **	0.276 **	0.088 **	0.015
List_it	−0.012	−0.007	0.033	0.013	−0.002	−0.170 **		−0.478 **	0.007	−0.020
Size_it−1	0.006	−0.064 **	−0.050 **	−0.007	0.082 **	0.293 **	−0.514 **		0.200 **	0.004
Leverage_it−1	−0.071 **	0.048 *	0.014	0.014	0.024	0.088 **	0.005	0.176 **		−0.036
Growth_it−1	0.042 *	−0.252 **	−0.080 **	0.021	−0.225 **	0.031	−0.040 *	0.028	−0.057 **	

注：** 1 ％水準で有意，* 5 ％水準で有意。
右上三角行列：Pearson の積率相関係数，左下三角行列：Spearman の順位相関係数。

図表 8-8　分析 1：PEAD の東日本大震災前後での比較結果

パネル A：期待外利益（UE_{it}）に基づく 5 分位ポートフォリオの CAR の比較（大震災前後）

CAR 累積期間	大震災前			大震災後		
	$UE5_{it}$（高）	$UE1_{it}$（低）	Diff.（高-低）	$UE5_{it}$（高）	$UE1_{it}$（低）	Diff.（高-低）
1〜+15	-0.005	-0.003	-0.002	-0.014	-0.013	-0.001
1〜+30	-0.007	-0.006	-0.002	-0.006	-0.014	0.008
1〜+60	-0.018	-0.013	-0.005	-0.033	-0.058	0.025 **
1〜+90	-0.027	-0.020	-0.006	-0.051	-0.057	0.006
1〜+120	-0.026	-0.037	0.011	-0.044	-0.068	0.024
N	808	808		556	556	

パネル B：決算内容（Good News/Bad News）に基づく 2 分位ポートフォリオの CAR の比較（震災前後）

CAR 累積期間	大震災前			大震災後		
	Good News	Bad News	Diff.（G-B）	Good News	Bad News	Diff.（G-B）
1〜+15	-0.002	0.000	-0.002	0.000	-0.007	0.007 *
1〜+30	-0.002	-0.002	0.000	-0.001	-0.010	0.009 **
1〜+60	-0.002	-0.006	0.004	-0.005	-0.032	0.026 **
1〜+90	-0.003	-0.009	0.006	-0.009	-0.026	0.016 *
1〜+120	-0.005	-0.014	0.009	-0.008	-0.033	0.025 **
N	2,320	1,722		1,609	1,173	

CAR が観察されているため，「正（負）の利益サプライズの公表後，数ヶ月間にわたり正（負）の異常リターンが観察される現象」とする PEAD の定義とは，厳密には適合しない結果であるといえる。

　次頁の図表 8-9 では，PEAD の東日本大震災後の年度比較結果を示している。図表 8-8 と同様に，パネル A は UE_{it} による 5 分位ポートフォリオに基づく分析結果，パネル B は UE_{it} の符号（good news/bad news）に基づく分析結果をそれぞれ示している。パネル A において，2011 年 3 月期の $UE5_{it}$ と $UE1_{it}$ 間の CAR の差異は，$CAR(1,120)_{it}$ では 5 ％水準，$CAR(1,90)_{it}$ では 1 ％水準で有意に負の値を示している。一方 2011 年 3 月期の

図表 8-9　分析 1：PEAD の東日本大震災後の年度比較結果

パネル A：期待外利益（UE_{it}）に基づく 5 分位ポートフォリオの CAR の比較（2011 年／2012 年）

CAR 累積期間	2011 年 3 月期			2012 年 3 月期		
	$UE5_{it}$（高）	$UE1_{it}$（低）	Diff.（高-低）	$UE5_{it}$（高）	$UE1_{it}$（低）	Diff.（高-低）
1〜+15	-0.016	-0.017	0.001	-0.014	-0.008	-0.006
1〜+30	-0.008	-0.019	0.011	-0.007	-0.006	0.000
1〜+60	-0.020	-0.033	0.012	-0.049	-0.081	0.032 *
1〜+90	-0.060	-0.014	-0.045 **	-0.044	-0.090	0.047 **
1〜+120	-0.060	-0.022	-0.037 *	-0.031	-0.102	0.071 **
N	279	279		277	277	

パネル B：決算内容（Good News/Bad News）に基づく 2 分位ポートフォリオの CAR の比較（2011 年／2012 年）

CAR 累積期間	2011 年 3 月期			2012 年 3 月期		
	Good News	Bad News	Diff.（G-B）	Good News	Bad News	Diff.（G-B）
1〜+15	-0.004	-0.013	0.010 *	0.004	-0.003	0.007
1〜+30	-0.003	-0.017	0.014 **	0.001	-0.004	0.006
1〜+60	-0.005	-0.018	0.013 *	-0.006	-0.042	0.036 **
1〜+90	-0.015	0.003	-0.018 *	-0.002	-0.048	0.045 **
1〜+120	-0.015	-0.001	-0.015	0.002	-0.057	0.058 **
N	890	506		719	667	

$UE5_{it}$ と $UE1_{it}$ 間の CAR の差異は，$CAR(1,60)_{it}$ では 5 ％水準，$CAR(1,90)_{it}$ および $CAR(1,120)_{it}$ では 1 ％水準で有意に正の値を示している。このように，東日本大震災後の両年度ともに比較的長い累積期間の CAR で有意な差異が観察されているが，その方向性が異なっている。ゆえに，2011 年 3 月期と 2012 年 3 月期を合計した図表 8-8 パネル A の東日本大震災後の結果では，CAR の差異が両決算期間で相殺されて，$CAR(1,60)_{it}$ 以外において有意な PEAD が観察されなかったと考えられる。

　パネル B において，2011 年 3 月期の good news と bad news 間の CAR の差異は，$CAR(1,15)_{it}$ と $CAR(1,60)_{it}$ では 5 ％水準，$CAR(1,30)_{it}$ では 1 ％水準で有意に正の値を示しているが，$CAR(1,90)_{it}$ では 5 ％水準で有意

に負の値に転じ，さらに累積した $CAR(1,120)_{it}$ では有意性が失われている。一方，2012年3月期の good news と bad news 間の CAR の差異は，$CAR(1,15)_{it}$ と $CAR(1,30)_{it}$ では有意でないものの，$CAR(1,60)_{it}$ から $CAR(1,120)_{it}$ では1％水準で有意に正の値を示している。このように，2011年3月期においては比較的短い累積期間の CAR で有意な差異が観察される一方，2012年3月期においては比較的長い累積期間の CAR で有意な差異が観察されている。

ただし，図表8-9においても図表8-8と同様に，good news 公表後に負の CAR が観察されているため，PEAD の厳密な定義には適合しない結果であるといえる。分析2の結果も考慮しつつ，追加的な調査が必要だと考えられる。

8.4.2 分析2：仮説2a・2b の検証結果

次頁の図表8-10では，仮説2a および仮説2b を検証するために構築した（8-4）式の推定結果を示している。全てのモデルにおいて UE_{it} の係数は1％水準で有意に正であり，ERC が正常に計測されていることが確認できる。しかしながら，決算短信が持つ将来キャッシュ・フローに関する情報の不確実性を表す変数との交差項は全て有意ではなく，モデル3における決算短信公表までのラグに関するダミー変数と UE_{it} との交差項（$UE_{it} \times Lag_{it}$）の係数以外は予想に反して正の値を示している。したがって，東日本大震災後の ERC は東日本大震災前に比べて小さいとはいえず，仮説2a は支持されない。同様に，決算短信が持つ将来キャッシュ・フローに関する情報の不確実性が高くとも ERC は小さいとはいえず，仮説2b も支持されない。

コントロール変数については，上場部に関するダミー変数と UE_{it} との交差項（$UE_{it} \times List_{it}$）の係数は，予想通り1％水準で有意に負であった。一方，$Size_{it}$ の係数は予想に反して正の値を示し有意でなく，$Leverage_{it}$ の係数も予想に反して5％水準で有意に正であった。また，$Growth_{it}$ の係数は正の値を示していたが有意ではなかった。

図表8-11では，東日本大震災後の期間を対象として構築した（8-5）式の推定結果を示している。（8-4）式の結果と同様に，全てのモデルで UE_{it} の

208 —— 第Ⅱ部 巨大災害と資本市場

図表 8-10　分析 2：(8-4) 式の推定結果（全サンプルを用いた推定結果　$N=6,709$）

$$CAR(-15,0)_{it} = \alpha_0 + \alpha_1 UE_{it} + \alpha_2 UE_{it} \times EQ_{it} + \alpha_3 UE_{it} \times Lag_{it}$$
$$+ \alpha_4 UE_{it} \times Area_i + \alpha_5 UE_{it} \times MF_{it} + \alpha_6 UE_{it} \times List_{it} \quad (8\text{-}4)$$
$$+ \alpha_7 Size_{it-1} + \alpha_8 Leverage_{it-1} + \alpha_9 Growth_{it-1} + \varepsilon_{it}$$

変数	期待符号	モデル 1 係数 t 値/F 値	モデル 2 係数 t 値/F 値	モデル 3 係数 t 値/F 値	モデル 4 係数 t 値/F 値	モデル 5 係数 t 値/F 値	モデル 6 係数 t 値/F 値
定数項	?	-0.023	-0.023	-0.023	-0.023	-0.023	-0.024
		-1.399	-1.425	-1.399	-1.411	-1.411	-1.435
UE_{it}	+	**0.048**	**0.044**	**0.048**	**0.048**	**0.047**	**0.045**
		6.799 **	**5.545 ****	**6.598 ****	**6.781 ****	**6.533 ****	**5.400 ****
$UE_{it} \times EQ_{it}$	−		0.013				0.008
			1.084				0.607
$UE_{it} \times Lag_{it}$	−			-0.001			0.000
				-0.047			0.021
$UE_{it} \times Area_{it}$	−				0.054		0.043
					0.393		0.309
$UE_{it} \times MF_{it}$	−					0.036	0.031
						1.594	1.315
$UE_{it} \times List_{it}$	?	**-0.042**	**-0.043**	**-0.042**	**-0.042**	**-0.044**	**-0.044**
		-3.522 **	**-3.625 ****	**-3.518 ****	**-3.515 ****	**-3.690 ****	**-3.715 ****
$Size_{it}$	?	0.001	0.001	0.001	0.001	0.001	0.001
		1.052	1.073	1.052	1.065	1.063	1.084
$Leverage_{it}$	−	**0.010**	**0.010**	**0.010**	**0.010**	**0.010**	**0.010**
		2.042 *	**2.065 ***	**2.042 ***	**2.042 ***	**2.031 ***	**2.048 ***
$Growth_{it}$	+	0.004	0.005	0.004	0.004	0.005	0.005
		0.718	0.793	0.720	0.713	0.802	0.828
Adj. R_2		0.008	0.008	0.008	0.008	0.008	0.008
		11.620 **	9.879 **	9.682 **	9.707 **	10.109 **	6.790 **

第8章　東日本大震災と決算短信公表後の株価ドリフト ── *209*

図表8-11　分析2：(8-5) 式の推定結果
(東日本大震災後のサンプルを用いた推定結果　$N=2{,}731$)

$$CAR(-15{,}0)_{it}=\alpha_0+\alpha_1 UE_{it}+\alpha_2 UE_{it}\times Year+\alpha_3 UE_{it}\times Lag_{it}$$
$$+\alpha_4 UE_{it}\times Area_i+\alpha_5 UE_{it}\times MF_{it}+\alpha_6 UE_{it}\times SL_{it}+\alpha_7 UE_{it}\times List_{it} \quad (8\text{-}5)$$
$$+\alpha_8 Size_{it-1}+\alpha_9 Leverage_{it-1}+\alpha_{10}Growth_{it-1}+\varepsilon_{it}$$

変数	期待符号	モデル1 係数 t値/F値	モデル2 係数 t値/F値	モデル3 係数 t値/F値	モデル4 係数 t値/F値	モデル5 係数 t値/F値	モデル6 係数 t値/F値	モデル7 係数 t値/F値
定数項	?	-0.020	-0.018	-0.021	-0.020	-0.020	-0.019	-0.019
		-0.809	-0.719	-0.842	-0.808	-0.800	-0.772	-0.760
UE_{it}	+	**0.082**	**0.108**	**0.084**	**0.082**	**0.076**	**0.076**	**0.106**
		6.788 **	7.597 **	6.904 **	6.765 **	6.123 **	5.109 **	5.992 **
$UE_{it}\times Year$	−		-0.064					-0.059
			-3.466 **					-3.037 **
$UE_{it}\times Lag_{it}$	−			-0.042				-0.049
				-1.301				-1.509
$UE_{it}\times Area_{it}$	−				0.002			0.017
					0.012			0.124
$UE_{it}\times MF_{it}$	−					0.051		0.025
						2.164 *		0.946
$UE_{it}\times SL_{it}$	−						0.013	0.001
							0.698	0.061
$UE_{it}\times List_{it}$	?	**-0.081**	**-0.081**	**-0.077**	**-0.081**	**-0.087**	**-0.078**	**-0.080**
		-4.441 **	-4.480 **	-4.200 **	-4.438 **	-4.739 **	-4.213 **	-4.151 **
$Size_{it}$	?	0.001	0.001	0.001	0.001	0.001	0.001	0.001
		1.309	1.221	1.349	1.307	1.300	1.277	1.267
$Leverage_{it}$	−	**-0.030**	**-0.031**	**-0.031**	**-0.030**	**-0.031**	**-0.030**	**-0.031**
		-4.250 **	-4.330 **	-4.308 **	-4.250 **	-4.283 **	-4.248 **	-4.407 **
$Growth_{it}$	+	0.011	0.014	0.011	0.011	0.011	0.010	0.015
		1.250	1.680	1.279	1.250	1.333	1.237	1.719
Adj. R_2		0.020	0.024	0.020	0.019	0.021	0.019	0.023
		11.880 **	11.943 **	10.185 **	9.897 **	10.694 **	9.979 **	7.511 **

係数は1％水準で有意に正であり，ERCが正常に計測されていることが確認できる。2012年3月期に関するダミー変数とUE_{it}との交差項（$UE_{it} \times Year$）の係数は，モデル2とモデル7において1％水準で有意に負の値を示している。すなわち，東日本大震災による影響を大きく受けている2012年3月期決算短信公表におけるERCの方が過小評価されていることを意味している。

　しかしながら，決算短信が持つ将来キャッシュ・フローに関する情報の不確実性を表す変数において，業績予想の開示を見送った企業に関するダミー変数とUE_{it}との交差項（$UE_{it} \times MF_{it}$）の係数は，モデル5において5％水準で有意だが予想に反して正の値を示している。また，他の交差項の係数は全て有意ではなく，決算短信公表までのラグに関するダミー変数とUE_{it}との交差項（$UE_{it} \times Lag_{it}$）の係数以外は予想に反して正の値を示している。

　以上より，決算短信公表の遅延や経営者の業績予想非開示等の震災による影響は，ERCの過小評価にはつながっていないことが理解できる。特に，東日本大震災関連特別損失に関する情報は，決算短信公表前のタイムリー・ディスクロージャーが行われた段階で既に株価に織り込まれているため，ERCと関連しないと解釈することができる。したがって，東日本大震災後の期間において，本章の仮説2bは支持されない。

8.5　追加分析：期待外利益の内容別の分析 ───────

　分析2において，東日本大震災後のERCは過小評価されておらず，決算短信公表の遅延や業績予想の有無といったディスクロージャーに対する影響，本社の所在地や災害による損失の計上といった不確実性要因とも関連していなかった。分析1において，東日本大震災後にUE_{it}の大きさに基づくポートフォリオ間でPEADが観察されなかった一方，good newsとbad news間でPEADが観察されていることを踏まえると，good newsとbad newsそれぞれが持つ将来キャッシュ・フローに関連する情報の不確実性ないしは情報内容が東日本大震災前後で変化しているか，それぞれが持つ持続性を市場参加者が合理的に評価していないことが指摘できる。

この結果に基づき，本節では以下の（8-6）式を用いて期待外利益の内容別の分析を行う。先の分析では，決算短信が持つ将来キャッシュ・フローに関連する情報の不確実性を表す変数とERCの過小評価との関連性が認められなかったため，（8-6）式では当該変数とUE_{it}との交差項を省いている。

$$CAR(-15,0)_{it} = \alpha_0 + \alpha_1 UE_{it} + \alpha_2 UE_{it} \times List_i + \alpha_3 Size_{it-1}$$
$$+ \alpha_4 Leverage_{it-1} + \alpha_5 Growth_{it-1} + \varepsilon_{it} \tag{8-6}$$

図表8-12のパネルAでは，全サンプルを用いて東日本大震災前後別・good news/bad news別に（8-6）式を推定した結果を示している。東日本大震災前の期間におけるgood newsのUE_{it}の係数は5％水準で有意に正である一方，bad newsのUE_{it}の係数は正であるものの有意ではない。先に述べたように，bad newsの持続性は低い一方good newsの持続性は高いため，good newsで有意なERCが観察された一方bad newsでは観察されなかったと考えられる。しかしながら，東日本大震災後は，bad newsのUE_{it}の係数が1％水準で有意に正である一方，good newsのUE_{it}の係数は正であるものの有意ではない。8.3節で述べたように，決算短信が持つ将来キャッシュ・フローに関連する情報の不確実性によって，市場参加者がgood news/bad newsの持続性を合理的であるにせよ市場効率性からかけ離れた形で評価しているならば，ERCは過小評価されるはずである。しかし，本章では，good news/bad newsのERCが一律に過小評価されている証拠は見いだせていない。したがって市場参加者は，bad newsの持続性を高く評価する一方，good newsの持続性を低く評価している，言い換えれば市場参加者は，持続性に関するミスプライシングを行っていると解釈できる。

図表8-12のパネルBでは，東日本大震災後の期間について年度別・good news/bad news別に（8-6）式を推定した結果を示している。2011年3月期におけるgood newsのUE_{it}の係数は5％水準で有意に正である一方，bad newsのUE_{it}の係数も1％水準で有意に正であり，その大きさはgood newsより大きい。パネルAの結果と同様に，この結果は2011年3月期において市場参加者がgood newsの持続性よりもbad newsの持続性の方が

図表 8-12　追加分析：(8-6) 式の推定結果

$$CAR(-15,0)_{it} = \alpha_0 + \alpha_1 UE_{it} + \alpha_2 UE_{it} \times List_i + \alpha_3 Size_{it-1} + \alpha_4 Laverage_{it-1} \\ + \alpha_5 Growth_{it-1} + \varepsilon_{it}$$

(8-6)

パネル A：全サンプルを用いた推定結果（N=6,709）

変数	期待符号	震災前		震災後	
		GN N=2,278	BN N=1,700	GN N=1,582	BN N=1,149
		係数 t 値 /F 値	係数 t 値 /F 値	係数 t 値 /F 値	係数 t 値 /F 値
定数項	?	−0.007 −0.225	−0.049 −1.402	0.025 0.727	−0.034 −0.894
UE_{it}	+	**0.024** **2.270** *	0.049 1.705	0.011 0.686	**0.098** **3.286** **
$UE_{it} \times List_{it}$	?	−0.022 −1.300	−0.026 −0.605	**−0.066** **−3.161** **	−0.056 −1.349
$Size_{it}$	?	0.000 −0.417	0.001 0.875	0.000 −0.259	0.002 1.033
$Leverage_{it}$	−	**0.043** **5.001** **	**0.036** **3.620** **	−0.009 −0.894	**−0.036** **−3.360** **
$Growth_{it}$	+	0.009 0.762	−0.031 -2.169 *	0.003 0.285	0.023 1.887
$Adj.\ R_2$		0.014 7.569 **	0.009 4.102 **	0.006 2.874 **	0.025 6.847 **

パネル B：震災後のサンプルを用いた分析結果（N=2,731）

変数	期待符号	2011 年 3 月期		2012 年 3 月期	
		GN N=875	BN N=495	GN N=707	BN N=654
		係数 t 値 /F 値	係数 t 値 /F 値	係数 t 値 /F 値	係数 t 値 /F 値
定数項	?	0.050 1.101	−0.075 −1.342	0.016 0.318	0.012 0.240
UE_{it}	+	**0.049** **2.371** *	**0.138** **3.431** **	−0.053 −2.177 *	0.065 1.513
$UE_{it} \times List_{it}$	?	**−0.115** **−4.288** **	−0.086 −1.562	0.010 0.288	−0.029 −0.462
$Size_{it}$	?	−0.002 −0.935	0.002 1.036	0.000 0.237	0.000 0.199
$Leverage_{it}$	−	0.018 1.308	−0.007 −0.460	**−0.037** **−2.706** **	**−0.059** **−3.845** **
$Growth_{it}$	+	0.029 1.436	−0.007 −0.353	0.012 0.656	0.011 0.597
$Adj.\ R_2$		0.019 4.412 **	0.020 3.012 **	0.021 4.025 **	0.028 4.711 **

大きいと認識している，すなわち持続性に関するミスプライシングが生じているためであると理解できる。また 2012 年 3 月期において，good news の UE_{it} の係数は 5 ％水準で有意に負である一方，bad news の UE_{it} の係数は正であるものの有意ではない。この結果は，2012 年 3 月期において good news が負の持続性を有していると市場参加者が認識している，すなわち 2012 年 3 月期決算短信についても，持続性に関するミスプライシングが生じていると理解できる。

8.6 小括

　本章は，会計情報の意思決定有用性とディスクロージャーの重要性の視点から，東日本大震災が株式市場に与えたインパクトを捕捉するため，東日本大震災前後の決算短信公表における PEAD と ERC について比較・検討を行った。Bernard and Thomas（1989）に基づく分析から，本章の仮説 1「東日本大震災後の決算短信に対する PEAD は，東日本大震災前の決算短信に対する PEAD よりも大きい」は，期待外利益の内容（good news/bad news）に基づく分析においてのみ概ね支持された。しかし，Francis *et al.*（2007）に基づく分析から，本章の仮説 2a「東日本大震災後の ERC は，東日本大震災前の ERC よりも小さい」および仮説 2b「ERC は，決算短信が持つ将来キャッシュ・フローに関連する情報の不確実性が高いほど小さい」は支持されなかった。以上の結果を踏まえて行った追加分析では，市場参加者が東日本大震災後に bad news の持続性を高く評価する一方，good news の持続性を低く評価していることを示唆する結果が得られた。加えて 2012 年 3 月期においては，市場参加者が good news が負の持続性を持つと評価していることを示唆する結果も得られた。

　本章は，投資家の合理的な行動を前提として，決算短信情報が持つ将来キャッシュ・フローに関連する情報の不確実性に着目してきた。Brav and Heaton（2002）や Francis *et al.*（2007）に基づくならば，市場参加者が good news/bad news の持続性を合理的であるにせよ，情報の不確実性によって市場効率性からかけ離れた形で評価している場合，ERC はニュース

の内容を問わず過小評価されるはずである。しかし本章では，good news/bad news に対する ERC が一律に過小評価されている証拠は見いだせておらず，それぞれの持続性をミスプライシングしていることを示唆する結果を得ている。分析1において good news/bad news 別に作成したポートフォリオ間でのみ PEAD が確認された原因は，追加分析の結果を踏まえて考察すれば，情報の不確実性による ERC の過小評価ではなく，期待外利益の持続性に関するミスプライシングにあると解釈できる。

　東日本大震災後の企業は，物的な一次被害のみならずサプライチェーンの寸断や消費の落ち込みなどの二次被害も被った。このような状況下では，全ての企業に対して将来における業績の落ち込みはやむなしという評価が市場で下されていても不自然ではない。そのため，市場参加者はたとえ企業が good news を公表していても，その持続性は低いないしは将来減益に転じると判断していた一方，bad news の持続性は高いと判断していたと解釈できる。すなわち，将来において全ての企業の業績が落ち込むといった代表性ヒューリスティックの使用による認知バイアスが生じていた，言い換えれば限定合理的な意思決定がなされていた可能性が指摘される。そして，決算短信公表後に被害状況等に関する新情報が公表されるにしたがい，市場参加者の認知バイアスが解消されて信念が改訂され，PEAD が生じたと考えられる。

　証券取引所等の規制当局が求めるディスクロージャーは，あくまで市場参加者の合理的な行動を前提としたものである。しかしながら，本章で示されたように，東日本大震災後のような特殊な状況下において，市場参加者は一時的に限定合理的な行動をとる可能性がある。したがって本章の結果からは，東日本大震災後のような特殊な状況下において，既存の枠組みを活用したディスクロージャーの拡充策を講じるだけでなく，市場参加者の認知バイアスを解消し合理的な行動を促すための新たな施策の必要性が示唆される。

参考文献

Basu, S., 1997. The conservatism principle and the asymmetric timeliness of earnings. *Journal of Accounting and Economics* 24(1), 3-37.

Bernard, V. L., Thomas, J. K., 1989. Post-Earnings-Announcement Drift: Delayed price response or risk premium? *Journal of Accounting Research* 27(Supplement), 1-36.

Bernard, V. L., Thomas, J. K., 1990. Evidence that stock prices do not fully reflect the implications of current earnings for future earnings. *Journal of Accounting and Economics* 13(4), 305-340.

Brav, A., Heaton, J. B., 2002. Competing theories of financial anomalies. *Review of Financial Studies* 15(2), 575-606.

Collins, D. W., Kothari, S. P., 1989. An analysis of the intertemporal and cross-sectional determinants of earnings response coefficients. *Journal of Accounting and Economics* 11(2-3), 143-181.

Daniel, K., Hirshleifer, D., Subrahmanyam, A., 1998. Investor psychology and security market under and overreactions. *The Journal of Finance* 53(6), 1839-1885.

Dechow, P. M., Dichev, I. D., 2002. The quality of accruals and earnings: The role of accrual estimation errors. *The Accounting Review* 77(Supplement), 35-59.

DeGroot, M. H., 1970. *Optimal Statistical Decisions*. McGraw-Hill.

Dhaliwal, D. S., Lee, K. J., Fargher, N. L., 1991. The association between unexpected earnings and abnormal security returns in the presence of financial leverage. *Contemporary Accounting Research* 8(1), 20-41.

Francis, J., LaFond, R., Olsson, P., Schipper, K., 2007. Information uncertainty and Post-Earnings-Announcement-Drift. *Journal of Business Finance & Accounting* 34(3-4), 403-433.

Frazzini, A., 2006. The disposition effect and underreaction to news. *The Journal of Finance* 61(4), 2017-2046.

Freeman, R. N., Tse, S., 1989. The multiperiod information content of accounting earnings: Confirmations and contradictions of previous earnings reports. *Journal of Accounting Research* 27(Supplement), 49-79.

Grinblatt, M., Han, B., 2005. Prospect theory, mental accounting, and momentum. *Journal of Financial Economics* 78(2), 311-339.

Jiang, L., Kim, J-B., 2004. Foreign equity ownership and information asymmetry: Evidence from Japan. *Journal of International Financial Management & Accounting* 15(3), 185-211.

Liang, L., 2003. Post-earnings announcement drift and market participants' information processing biases. *Review of Accounting Studies* 8(2-3), 321-345.

Scott, W. R., 2014. *Financial Accounting Theory*, 7th Edition. Pearson Canada.

Shick, A. G., Gordon, L. A., Haka, S., 1990. Information quality: A temporal approach. *Accounting, Organization and Society* 15(3), 199-220.

Warfield, T. D., Wild, J. J., Wild, K. L., 1995. Managerial ownership, accounting choices, and the informativeness of earnings. *Journal of Accounting and Economics* 20(1), 61-91.

石塚博司・河榮徳, 1992a. 「決算集中化が会計の情報効果に及ぼす影響 (一)」『會計』第 142 巻第 1 号, 88-102.

石塚博司・河榮徳, 1992b. 「決算集中化が会計の情報効果に及ぼす影響 (二)」『會計』第 142 巻第 2 号, 262-273.

第9章

東日本大震災と信用リスクの分析

　東日本大震災は未曾有の大津波と福島第一原子力発電所事故を引き起こし，東北地方を中心に甚大な被害をもたらした。本章では，この東日本大震災による自治体や一般企業の信用リスクへの影響を明らかにするため，地方債と社債のスプレッドについて分析した。起債時と流通時における両方のスプレッドを分析した結果，震源地に近い自治体が発行した地方債のスプレッドが高くなっていることが明らかとなった。2000年代に入り，地方債の信用リスクを確認する研究結果が多く報告されており，本章の結果はそれに整合している。また，震災損失額の多い企業が発行した社債のスプレッドが高くなっていることも明らかとなった。この結果は，関連する特定の電力会社による影響を強く反映しているものであり，非常に特殊性が高いものであると解釈される。総じて，地方債と社債において同様な結果であり，市場は東日本大震災による被害をリスク要因の1つとして評価していたと考えられる。

9.1　東日本大震災の発生

　2011年3月11日，三陸沖を震源とするマグニチュード9の平成23年（2011年）東北地方太平洋沖地震が発生した。そして，その後の津波により，東北地方に壊滅的な被害をもたらすことになった。緊急災害対策本部の発表（2012年11月27日）によると，死者・行方不明者は15,874・2,774名，負傷者は6,114名，建築物の全壊は129,628戸，半壊は266,443戸，一部破損は728,592戸となり，未曾有の被害をもたらした。

　これによる経済に与える影響も大きく，いろいろな調査・統計が直後から

発表されている。鎌田・中野（2011）によれば，内閣府（2011 年 3 月）は，直接的被害（ストック）は 16 兆円から 25 兆円で阪神・淡路大震災の約 2 倍と推定している。また，間接的被害（GNP）は 1 兆 2,500 億円から 2 兆 2,500 億円と予想している。経済産業省のヒアリング（2011 年 4 月）によれば生産拠点の約 6 割が復旧しているが，原材料や部品等の調達が困難となっている。特に加工業種において調達不足の解消が遅れると見込まれている。経済産業省の鉱工業生産動向（2011 年 3 月）では生産指数は 15.3% 減少しており，特に輸送機械，非鉄金属，一般機械，精密機械，石油・石炭，化学，電子部品・デバイスにおいて大きく減少している。また，東京商工リサーチの調査（2011 年 5 月）では東北 4 県に本社を置く企業は 32,341 社であり，建設業，サービス業，小売業が多く，中小・零細企業が集中している。倒産する企業も増え，その原因は直接的被害よりも取引先の被災，商品・原材料の流通不足，予約キャンセルといった間接的被害が約 9 割となっている。

　地方財政の点から，平成 23 年（2011 年）東北地方太平洋沖地震およびその後の津波，福島第一原子力発電所事故等による災害を議論したものとして，島津（2011）が挙げられる[1]。東北地方は東日本大震災が発生する以前から財政的に苦しく，特にリーマン・ショック後に発行した臨時財政対策債によりプライマリーバランスは悪化していた。こうした状況下で大震災が起こり，復興のために財政的に相当苦しくなると予想される。がれき処理やインフラ整備に多額の費用負担が予想される一方，人口流出や失業増加による住民税の減少が予想され，税収が大きく落ち込むと思われる。国からの特別交付税のほか，地方債による資金調達が必要であり，共同発行や住民参加型の工夫が必要であると指摘している。図表 9-1 は福島県と宮城県の東日本大震災前後の経済指標をまとめたものである。参考として愛知県のデータも掲

1　島津（2011）は阪神・淡路大震災を取り上げて議論している。神戸市の歳入は震災後，半減したが，市債はそれ程大きくは増加しなかった。それは，神戸市では産業が集中しており，市税収入が確保しやすかったからである。それでも，「震災プレミアム」としてスプレッドが拡大して，それは近年まで続いた。それに比べて兵庫県では県債の残高は 10 年で倍増し，プライマリーバランスは継続的にマイナスとなっている。兵庫県は，県全体の市町村の災害復旧事業を担っており，歳出が嵩んだためである。

第9章　東日本大震災と信用リスクの分析 —— *219*

図表 9-1　福島県と宮城県の経済指標

福島県

	歳入（億円）	うち国庫支出金	県税（億円）	県内総生産（億円）	人口（万人）
2007 年度	8,436	1,049	2,441	78,720	206.8
2008 年度	8,680	1,151	2,347	74,228	205.5
2009 年度	9,480	1,640	1,959	70,786	204.3
2010 年度	9,120	1,237	1,775	70,071	202.9
2011 年度	22,984	11,217	1,700	64,324	198.9
2012 年度	18,107	5,148	1,864	68,266	196.2

宮城県

	歳入（億円）	うち国庫支出金	県税（億円）	県内総生産（億円）	人口（万人）
2007 年度	7,800	838	2,954	83,331	234.4
2008 年度	7,956	1,022	2,917	79,538	233.9
2009 年度	8,733	1,467	2,548	78,053	233.6
2010 年度	8,564	1,040	2,378	78,358	233.3
2011 年度	19,725	6,511	2,265	76,330	231.1
2012 年度	19,879	4,672	2,578	84,849	232.7

（参考）　　　　　　　　　　　　　　　　愛知県

	歳入（億円）	うち国庫支出金	県税（億円）	県内総生産（億円）	人口（万人）
2007 年度	23,253	1,852	14,135	374,673	734.9
2008 年度	24,048	2,177	13,339	333,178	739.4
2009 年度	24,406	3,072	9,608	321,023	740.9
2010 年度	22,745	2,258	9,158	317,060	741.1
2011 年度	22,656	2,130	8,938	318,815	742.0
2012 年度	22,521	2,090	9,255	323,074	742.6

注：各県および内閣府のホームページから作成した。

載している。これをみると，福島県は 2011 年度において国庫支出金の急増によって歳入は大きく増加しているが，県税，県内総生産，人口は減少していることがわかる。県内総生産や人口については 2012 年度も同様な状況になっている。それに対して，宮城県では県税や県内総生産は 2011 年度において減少しているが，2012 年度には回復している。宮城県に比べて福島県

220 —— 第 II 部　巨大災害と資本市場

の経済的な復興が遅れていることを示している。

　また，一般企業については，特に福島第一原子力発電所事故に関連して東京電力が注目されている。平成 23 年（2011 年）東北地方太平洋沖地震発生直後から同社に関するニュースが報道され，メルトダウンや汚染水の有無に関して連日のように議論された。平成 23 年（2011 年）東北地方太平洋沖地震から約 2 年が経過した頃には廃炉に関するニュースが多く報じられ，脱原子力発電等の国民的な関心事の 1 つとなった。同社の決算書をみると，多額の災害特別損失や災害特別引当金が計上されている。災害特別損失は10,204 億円（2011 年 3 月期），2,978 億円（2012 年 3 月期），402 億円（2013年 3 月期）であり，災害損失引当金は順に 8,317 億円，7,875 億円，7,020 億円となっている。同社の株主資本は 15,581 億円（2011 年 3 月期）であるので，当初の災害特別損失のみを取り上げても約 65% に相当し，災害の規模が如何に大きかったかを示している。東日本大震災直前には 2,153 円であった同社の株価は，2011 年 3 月末では 466 円に下がり，2 年後の 2013 年 3 月末でも 255 円と低迷している。また，同社は東日本大震災前の 2010 年 9 月に第 568 回債（10 年債，300 億円）を発行して以来，起債しておらず，社債による資金調達は全く行っていない。行っていないというより，行うことができないという方が適切かもしれない。

　東日本大震災による東北地方における被害は甚大であり，復興のために多くの資金が必要となる。その中心的な調達手段は地方債の発行であり，その信用リスクについて分析するのが本章の目的である。また，本章では企業の社債についても取り上げ，起債時と流通時の両方のスプレッドについて分析する。

9.2　先行研究

　地方債の信用リスクについては多くの議論があり，当該リスクは存在しないとする見解も出されている[2]。これは政府による財政的な保証があること

2　自治体のスプレッド分析は，全く無用であると主張する論説もある（海道，2002 参照）。

や保有者が主に政府や公的金融機関で，満期まで売却しない特徴があることによるとされている。しかし，2000年以降，その状況に変化があり，信用リスクを確認する多くの研究結果が公表されている。例えば，大山他（2006）は環境の変化[3]から信用リスクの違いが生じていることを指摘し，東京，横浜，大阪，北海道の地方債を取り上げて分析している。分析の結果，個別ファクターが2002年と2006年に増加しており，自治体間の違いが大きくなっていることを明らかにしている。より多くのサンプルを取り上げた本山（2004）や中里（2008）の研究においても，自治体間のスプレッドの違いが明らかとなっている。特に，格付けや経常収支比率，地方債残高といった財務指標との関係が析出され，財政状況に応じて市場の評価が行われていることが示されている。Bayoumi *et al.*（1995）に代表されるアメリカの研究においても同様な結果であり，地方債の信用リスクについて市場は適切に評価している。

　災害による被害やそのリスクに焦点を当てた場合，アメリカのハリケーン・カトリーナ[4]に関連する研究が数多く行われている。Richardson（2006）とDenison（2006）はカトリーナ後における地方債の格付けについて分析し，ルイジアナ州債やニューオーリンズ市債の格付けが下落していることを明らかにしている。特にDenison（2006）は，債券価格が2日後（総力救援体制の要請），4日後（最初の被害報告），そして，8日後（格付けの降格）に大きく下落していることを指摘している。また，Marlowe（2006）はルイジアナ州，テキサス州，アラバマ州，ミシシッピ州の州債を取り上げて，カトリーナ後の取引について分析している。分析の結果，ルイジアナ州債については大口取引の売りと小口取引の買いが増加しており，特殊な動きがあることを明らかにしている。機関投資家による売り抜けの可能性が強いことを指摘している。

3　地方財政の悪化や地方分権化のため，格差が拡大するとともに，個別交渉方式や地方債協議制度の導入等が挙げられている。環境の変化については土居（2004）でも論じられている。

4　ハリケーン・カトリーナは2005年8月25日にフロリダに上陸し，すぐにメキシコ湾にそれたが，29日にはルイジアナ州に再上陸して北上し，アメリカ南東部に大きな損害を与えた。特に，ニューオーリンズ市はその8割が水没した。死者は1,600人以上，行方不明者4,000人以上，損害額は600億ドルから1,200億ドルに達するとされている（Marlowe, 2006参照）。

カトリーナ以外の災害についても研究は行われており，Fowles *et al.*（2009）はカリフォルニア州の地震災害[5]を取り上げて，地方債における地震リスクの評価について分析している。起債時の利回りと地震ハザードデータの関係を分析し，特にカトリーナ（2005 年 8 月）以後，両者の間に強い正の関係があることを明らかにしている。地震リスクは以前から存在していたが，カトリーナを契機に再認識され，地方債の利回りに影響を与えていると考えられる。また，広く環境災害について企業の社債を分析した研究として，Schneider（2011）が挙げられる。1978 年のラブキャナル運河汚染事件，1984 年のボパール化学工場事故，1989 年のエクソンバルディーズ号原油流出事故，2010 年のメキシコ湾石油掘削事故といった環境災害がしばしば発生し，甚大な影響を及ぼしている。特に，紙・パルプや化学産業に焦点を当てて有毒ガスを発生させる在庫水準と社債スプレッドの関係を分析し，両者の間に正の関係があることを明らかにしている。

東日本大震災に関して，社債に焦点を当てた研究として程島（2014）があり，電力会社とガス会社のリスクプレミアムについて分析している。2009年 10 月から 2012 年 7 月までの週次データによる分析の結果，東京電力，東北電力，そして原子力発電を行っていた電力会社のプレミアムが高いことを明らかにしている。

9.3　問題提起

投資リターン（利回り）は，理論的には安全利回りとリスクプレミアムの合計であり，債券についても同様である。債券のリスクプレミアムは，その発行者の格付け（財政状態）やその他の変数に依存すると考えられる[6]。財政状態は過去および現在までの実態に関係し，自治体では経常収支比率，実質公債費比率，財政力指数など，企業では負債比率やキャッシュ・フロー獲得能力などによって測定される。さらに，これらの変数に影響を与える様々

5　わが国の地震に関連する分析として植杉他（2012）が挙げられる。阪神・淡路大震災による倒産，企業移転，設備投資への影響について分析している。
6　リスクプレミアムについては Fowles *et al.*（2009）が議論している。

な情報もリスクプレミアムを決定する要因であり，その1つに東日本大震災に代表される災害が挙げられる。災害によって将来多額の復興費用が必要となり，自治体の財政に深刻な影響を与えることは容易に予想できる。企業においても，災害によって物的設備を中心とした被害を受けた場合，当該企業の収益性は悪化し，そのリスクプレミアムにも影響を与えると考えられる。

　そのため，本章では東日本大震災による被害に焦点を当てて，自治体や企業の債券利回りについて次の仮説を提起する。

仮説：地方債や社債の利回りは，東日本大震災による被害が大きいほど高くなる。

　地方債と社債の違いは，自治体には政府の後楯があり，一概に決められないが，相当程度，政府による財政的な援助がある。その意味では地方債のデフォルトリスクは非常に小さいという解釈もできる。一方，企業では政府の支援は少なく，社債にはデフォルトリスクが存在している。したがって，地方債の利回りは今回の被害と関係が弱く，社債の利回りは関係が強いと予想される。次の9.4節以降において，東日本大震災による被害が市場においてどのように評価されているかを，起債時と流通時の両方の利回り，リスクプレミアムについて分析して明らかにする

9.4　分析方法

　自治体のデータは総務省の都道府県の主要財政指標一覧（https://www.soumu.go.jp/iken /shihyo_ichiran.html）から，企業の財務データは日経NEEDS財務データ（DVD）から収集している。震災損失額のデータは，EDINETで入手できるXBRLデータ（連結）から収集している。具体的には，平成23年（2011年）東北地方太平洋沖地震が発生した2011年3月から翌年2月までの決算データに限定して「災害損失」関連の項目を抽出して，当該企業の震災損失額としている。但し，タイの洪水（2011年8-12月）によるデータが混ざっているため，2011年8月決算以降のデータについて

は，各企業の有価証券報告書を手作業で調査して，洪水による損失額を削除している。

発行時における債券のデータは日本証券業協会が刊行する『公社債便覧』から収集している。償還までの期間を統一するため，本章の分析では10年満期の債券に限定している。地方債（都道府県債）と社債についてともに2006年4月から2013年3月までを分析対象とし，最終的にそれぞれ725サンプル，499サンプルを取り上げている。債券発行時のスプレッド（以下，「起債スプレッド」という。）は，発行月が等しい10年満期国債の利回りとの差として定義している。

起債スプレッド＝債券の応募者利回り－国債の応募者利回り (1)

また，発行後における債券のデータは日経NEEDS-BULK/FDS店頭債券データから収集している。地方債（都道府県債）と社債についてともに2006年4月から2013年3月までを分析対象とし，3月，6月，9月，12月データに限定して，最終的にそれぞれ634サンプル，2,420サンプルを取り上げている[7]。起債時と異なり流通時においては当該月に複数の債券の利回りが存在している。本章では10年満期の債券のうち，満期までの償還期間が3年から9年までのものに限定し，これらの利回りの平均値を当該発行者の利回りとしている。国債についても同様に利回りを計算し，その差額を債券発行後のスプレッド（以下，「流通スプレッド」という。）として定義している。

流通スプレッド＝債券の平均利回り－国債の平均利回り (2)

前節で提起した仮説を検証するため，東日本大震災による被害を示す変数として，地方債については震源地から都道府県庁所在地までの距離の逆数

---

7 本章では3月，6月，9月，12月の流通スプレッドを取り上げて分析した。説明変数は年次データであるので，被説明変数であるスプレッドと属性のズレがある。この点を考慮して，3月の流通スプレッドのみを取り上げた分析も行った。その分析結果は本章の結果（図表9-8，図表9-9）と同様であるが，検証すべき係数の有意性は低下している。

を，社債については総資産に対する震災損失額の比率（震災損失比率）を取り上げる。また，東日本大震災発生以後の年度を1とするダミー変数である震災ダミーを取り上げて，距離や震災損失比率との交差項によって仮説の検証を行う。具体的な推定モデルは次の2式である。

地方債スプレッド
$$= a_0 + a_1 \,震災ダミー + a_2 \,震源地からの距離（逆数）$$
$$+ a_3 \,震災ダミー × 震源地からの距離（逆数） + a_4 \,公債残高比率$$
$$+ a_5 \,経常収支比率 + a_6 \,実質公債費比率$$
$$+ a_7 \,歳入額（+ a_8 \,平均残存年数）$$

$$(3)$$

社債スプレッド
$$= b_0 + b_1 \,震災ダミー + b_2 \,震災ダミー × 震災損失比率$$
$$+ b_3 \,負債比率 + b_4 \,キャッシュ・フロー比率 + b_5 \,利子補填比率$$
$$+ b_6 \,総資産（+ b_7 \,平均残存年数）$$

$$(4)$$

東日本大震災の被害がスプレッドに反映されているとすれば，a3とb2はいずれもプラスの符号が析出されると予想される。これらの推定モデルにおいて，東日本大震災以外の要因をコントロールするため，いくつかの変数を取り上げる。公債残高比率は期末の公債残高を歳入（公債収入を除く）で割った比率，経常収支比率は経常的経費を経常一般財源で割った比率，実質公債費比率は公債費（元利償還金）を経常一般財源で割った比率である。また，負債比率とキャッシュ・フロー比率は負債と営業キャッシュ・フローを総資産で割った比率，利子補填比率は営業利益と受取利息の合計額を支払利息で割った比率である。規模をコントロールするため，地方債では歳入額を，社債では総資産を取り上げている。流通スプレッドの分析においては，平均残存年数を最後のコントロール変数として加えている。上記で述べたように流通スプレッドの分析では，満期までの償還期間が3年から9年の債

券を取り上げており，残存期間が異なっている。通常，期間が長くなれば利回りも高くなるので，これを調整するためコントロール変数として追加している。なお，平均残存年数以外のコントロール変数は各々の直前期のデータを用いて推定している。

9.5 分析結果

9.5.1 起債スプレッドの分析

図表 9-2 は福島県債，宮城県債，千葉県債の起債スプレッド（2006 年 4 月以後）を折れ線グラフに示したものである。10 年満期の都道府県債に限定すると，震源地に近い自治体では福島県と千葉県のみが平成 23 年（2011 年）東北地方太平洋沖地震発生後に起債を行っている。なお，参考情報として，5 年満期債を発行している宮城県のスプレッドについてもグラフに示している。福島県債のスプレッドは 2008 年 11 月と 2010 年 11 月において約 0.25% であったが，平成 23 年（2011 年）東北地方太平洋沖地震が発生した 2011 年 3 月以後は 0.1% 以下となっている。宮城県債（5 年債）についても

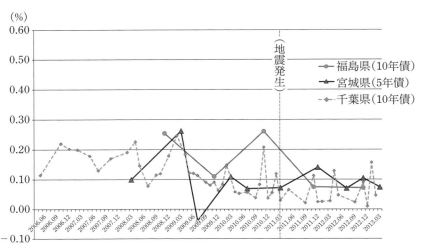

図表 9-2　地方債の起債スプレッド（福島県，宮城県，千葉県）

2011 年 12 月は 0.14% と少し上昇しているが，平成 23 年（2011 年）東北地方太平洋沖地震発生後，スプレッドは大きく上昇してはいない。千葉県は多くの債券を発行しており，そのスプレッドは小刻みに上下変動しているが，傾向としては減少している。このように数値をみる限り，平成 23 年（2011年）東北地方太平洋沖地震発生後において地方債のスプレッドの上昇を確認することはできない。

また，図表 9-3 は東京電力債，東北電力債と関西電力債の起債スプレッドを示したものである。いずれも平成 23 年（2011 年）東北地方太平洋沖地震発生前においては，0.1% から 0.3% の範囲で変動していた。この大地震が発生した以降，東京電力は起債していないし，関西電力は 10 年債を発行していないのでデータはない。東北電力は 3 回の起債を実施しており，そのいずれも 0.6% 近くの高いスプレッドが測定されている。

図表 9-4 は地方債の起債スプレッドの要因について分析した結果を示している。2011 年 3 月以後を示す震災ダミーの係数は -0.157 で，その t 値は -10.418 となっている。平成 23 年（2011 年）東北地方太平洋沖地震前に比べて，地震発生以後は全体的にスプレッドが減少していることを示してい

図表 9-3 電力債の起債スプレッド（東京電力，東北電力，関西電力）

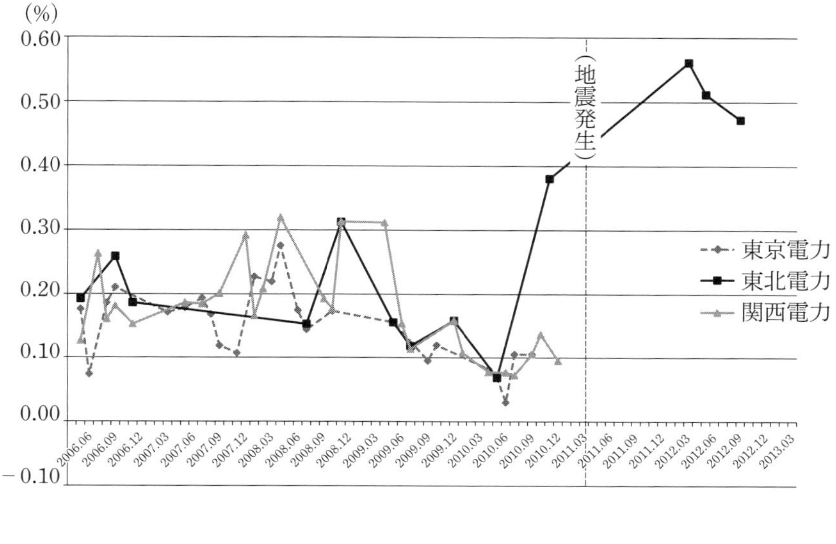

る。震災ダミーと震源地からの距離（逆数）の交差項は係数が 26.597 であり，t 値は 3.651 となっている。東日本大震災以後においては，震源地近郊の地方債のスプレッドは高いという結果を示している。そのほか，コントロール変数では公債残高比率は期待とは反対の係数の符号になっているが，経常収支比率，実質公債費比率や歳入額は説明力のある変数になっている。

　震源地からの距離に替えて，福島県と千葉県を示すダミー変数（県ダミー）を説明変数として分析した結果が，図表 9-4 の右側に示されている。これをみると，震災ダミーと県ダミーの交差項は t 値が 3.400 となり，その係数は統計的に有意（1 % 水準）となっている。これは，この 2 県が発行する地

図表 9-4　地方債の起債スプレッドの分析

		係数	（t 値）	係数	（t 値）
定数項		0.212	（1.475）	0.155	（-1.071）
震災ダミー		-0.157	（-10.418）	-0.112	（-19.238）
距離（逆数）		0.049	（0.009）		
県ダミー				-0.024	（-2.123）
震災ダミー * 距離（逆数）	(+)	26.597	（3.651）		
震災ダミー * 県ダミー	(+)			0.055	（3.400）
公債残高比率	(+)	-0.024	（-2.612）	-0.025	（-2.656）
経常収支比率	(+)	0.152	（2.003）	0.205	（2.624）
実質公債費比率	(+)	0.558	（6.738）	0.484	（6.311）
歳入額	(-)	-0.011	（-2.038）	-0.010	（-1.809）
R^2		0.375		0.370	
adj-R^2		0.369		0.364	
F 値		61.408		60.094	
確率		0.000		0.000	
サンプル数		725		725	

注：震災ダミーは 2011 年 3 月以後を 1 とするダミー変数である。
　　距離は震源地から各都道府県庁の所在地までを測定している。
　　県ダミーは福島県と千葉県を 1 とするダミー変数である。
　　公債残高比率は期末の公債残高を歳入（公債収入を除く）で割った比率である。
　　経常収支比率は経常的経費を経常一般財源で割った比率である。
　　実質公債費比率は公債費（元利償還金）を経常一般財源で割った比率である。
　　歳入額は対数変換後のデータを使って推定している。

方債のスプレッドが高くなっており，東日本大震災の被害を受けた自治体の信用リスクが上がっていることを示している。

図表9-5は社債の起債スプレッドの要因について分析した結果を示している。震災ダミーの係数は -0.119 であり，t 値は -7.461 となっている。地方債と同様に，平成23年（2011年）東北地方太平洋沖地震以後，スプレッドは全体として減少傾向にある。震災ダミーと震災損失比率の交差項は係数が 7.909 であり，t 値は 2.473 となっている。予想通りのプラスの符号であり，かつ，その係数は有意（1%水準）となっている。東日本大震災による損失額の大きさは，企業の社債発行時におけるプレミアムに影響を与えているという結果が得られている。コントロール変数ではキャッシュ・フロー比

図表9-5　社債の起債スプレッドの分析

		係数	（t 値）	係数	（t 値）
定数項		0.945	（8.272）	0.893	（7.434）
震災ダミー		-0.119	（-7.461）	-0.118	（-7.410）
電力ダミー				-0.054	（-3.125）
震災ダミー＊震災損失比率	（+）	7.909	（2.473）	1.550	（0.397）
震災ダミー＊震災損失比率＊電力ダミー	（+）			15.343	（3.634）
負債比率	（+）	-0.018	（-0.156）	-0.021	（-0.187）
キャッシュ・フロー比率	（-）	-1.595	（-5.622）	-1.553	（-5.498）
利子補塡比率	（-）	0.002	（1.651）	0.002	（1.656）
総資産	（-）	-0.039	（-5.388）	-0.035	（-4.607）
R^2		0.199		0.211	
adj-R^2		0.189		0.198	
F 値		20.327		16.376	
確率		0.000		0.000	
サンプル数		499		499	

注：震災ダミーは2011年3月以後を1とするダミー変数である。
　　電力ダミーは東北電力を1とするダミー変数である。
　　震災損失比率は震災損失額を総資産で割った比率である。
　　負債比率は負債を総資産で割った比率である。
　　キャッシュ・フロー比率は営業キャッシュ・フローを総資産で割った比率である。
　　利子補塡比率は営業利益と受取利息の合計額を支払利息で割った比率である。
　　総資産は対数変換後のデータを使って推定している。

率と総資産については期待通りのマイナスの係数が推定されており，説明力のある変数となっている。

東北電力を示すダミー変数（電力ダミー）を追加して分析した結果が，図表 9-5 の右側に示されている。東京電力は平成 23 年（2011 年）東北地方太平洋沖地震以後に起債を行っていないので，電力ダミーとして取り上げていない。これをみると，震災ダミーと震災損失比率の交差項は t 値が 0.397 となり，その係数は有意ではない。これは，東北電力をコントロールした場合，震災損失額は説明力がないことを示している。一方，震災ダミー，損失比率と電力ダミーの交差項は係数が 15.343 で，その t 値は 3.634 となっている。東北電力が発行する社債のスプレッドが高くなっており，東日本大震災の影響により信用リスクが上昇していたと解釈できる。

9.5.2 流通スプレッドの分析

図表 9-6 は福島県債，宮城県債，千葉県債，茨城県債の流通スプレッド（2006 年 4 月以後）を折れ線グラフに示したものである。福島県債の流通ス

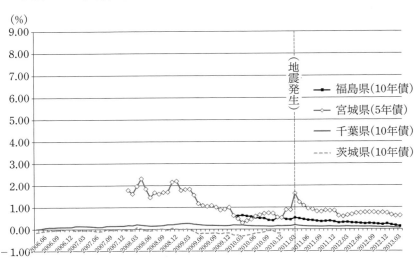

図表 9-6 地方債の流通スプレッド（福島県，宮城県，千葉県，茨城県）

プレッドは2010年1月から計測されており，0.5%前後で推移していた。平成23年（2011年）東北地方太平洋沖地震が発生した2011年3月に少し増加しているが，その後，徐々に減少して0.1%台となっている。宮城県債（5年債）については，平成23年（2011年）東北地方太平洋沖地震発生時において1.63%という高いスプレッドが計測されている。しかし，その後は低下して0.6%から0.7%で推移しており，平成23年（2011年）東北地方太平洋沖地震の発生前に比べて高くなっていない。千葉県債については，安定して非常に低いスプレッドとなっている。このように起債スプレッドと同様に，数値上では地方債の流通スプレッドは上昇していないようである。

図表9-7は東京電力債，東北電力債と関西電力債の流通スプレッドを示したものである。いずれも平成23年（2011年）東北地方太平洋沖地震前においては0.2%前後で推移していた。平成23年（2011年）東北地方太平洋沖地震発生後は東京電力のスプレッドは急増しており，2011年10月には

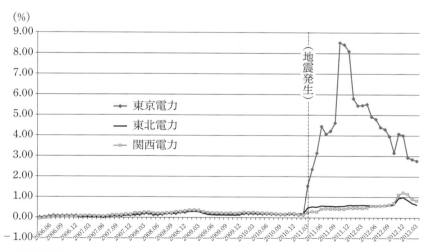

図表9-7　電力債の流通スプレッド（東京電力，東北電力，関西電力）

8　東京電力に関するニュースは非常に多いため，どのニュースがスプレッドに影響したかを特定するのは困難であるが，2011年10月には，福島第一原子力発電所事故時における東電テレビ会議の映像が公表されている。また，2012年11月には，損害賠償や汚染処理が巨額のため，東京電力自体では負担が難しく，国への追加支援の要請が行われている。

8.51% となっている[8]。その後は減少しているが，2012 年 11 月には 1 % 近く増加して 4.09% となっている。依然として，東京電力の流通スプレッドは非常に高い水準である。一方，東北電力は平成 23 年（2011 年）東北地方太平洋沖地震発生直後には 0.19% から 0.47% に急増し，その後も高い水準で推移している。東京電力の動きと同様に，2012 年 11 月にはさらに増加して 1 % 近くの高いスプレッドとなっている。関西電力は平成 23 年（2011 年）東北地方太平洋沖地震およびそれ以後の東日本大震災による直接的な被害はなく，有価証券報告書においても損失額は報告されていない。しかし，関西電力の流通スプレッドは，東北電力と非常によく似た動きを示している。

図表 9-8 は地方債の流通スプレッドの要因について分析した結果を示している。2011 年 3 月以後を示す震災ダミーと震源地からの距離（逆数）の交差項は係数が 14.510 であり，t 値は 2.301 となっている。起債スプレッド

図表 9-8　地方債の流通スプレッドの分析

		係数	（t 値）	係数	（t 値）
定数項		-0.900	(-6.101)	-0.920	(-6.575)
震災ダミー		-0.078	(-5.903)	-0.054	(-9.706)
距離（逆数）		-12.265	(-3.122)		
県ダミー				-0.061	(-4.958)
震災ダミー＊距離（逆数）	(+)	14.510	(2.301)		
震災ダミー＊県ダミー	(+)			0.049	(2.481)
公債残高比率	(+)	-0.026	(-3.271)	-0.033	(-4.193)
経常収支比率	(+)	0.542	(5.988)	0.636	(7.003)
実質公債費比率	(+)	0.507	(6.461)	0.528	(6.836)
歳入額	(-)	-0.007	(-1.396)	-0.010	(-2.051)
平均残存年数	(+)	0.125	(31.681)	0.123	(34.314)
R^2		0.824		0.829	
adj-R^2		0.822		0.827	
F 値		365.331		378.599	
確率		0.000		0.000	
サンプル数		634		634	

注：県ダミーは福島県，宮城県，千葉県，茨城県を 1 とするダミー変数である。
　　平均残存年数は満期までの残存償還年数の平均値である。

の分析と同様に，流通スプレッドにおいても震源地からの距離は説明力を
持っており，平成23年（2011年）東北地方太平洋沖地震以後，リスク要因
として評価されている。そのほか，経常収支比率と実質公債費比率は期待通
りのプラスの係数が推定されているとともに，説明力のある変数となってい
る。

　福島県，宮城県，千葉県と茨城県を示すダミー変数（県ダミー）を説明変
数として分析した結果が，図表9-8に示されている。これをみると震災ダ
ミーと県ダミーの交差項の係数は0.049であり，そのt値は2.481となって
いる。当該変数にかかる係数はプラスであり，1％水準で有意となってい
る。これは，震源地に近い自治体が発行する地方債の流通スプレッドは高
く，東日本大震災は地方債の信用リスクに影響を与えていることを示してい
る。

　図表9-9は社債の流通スプレッドの要因について分析した結果を示して
いる。震災ダミーと震災損失比率の交差項は係数が42.733であり，t値は
5.448となっている。予想通りのプラスの符号であり，かつ，その係数は統
計的に有意（1％水準）となっている。東日本大震災による損失額の大きさ
は社債の流通スプレッドに影響を与えているという結果が得られている。そ
のほか，負債比率，キャッシュ・フロー比率，利子補填比率と総資産が予想
通りの係数が推定され，説明力のある変数となっている。

　東京電力と東北電力を示すダミー変数（電力ダミー）を追加して分析した
結果が，図表9-9に示されている。これをみると，震災ダミーと震災損失
比率の交差項はt値が-0.355となり，その説明力は低下している。これは，
東京電力と東北電力をコントロールした場合，震災損失額は説明力がないこ
とを示している。一方，震災ダミー，損失比率と電力ダミーの交差項は係数
が60.940で，そのt値は6.534となっている。当該電力2社が発行する社債
の流通スプレッドは高くなっており，東日本大震災の影響によって，特定の
電力会社に限定して信用リスクが上がっているといえる[9]。

9　本章では結果を示していないが，関西電力を電力ダミーに追加した分析も行っている。その結
　果は図表9-9と同様であった（震災ダミー×震災損失比率×電力ダミーの係数＝59.233，t値＝
　6.467）。

234 —— 第Ⅱ部 巨大災害と資本市場

図表 9-9　社債の流通スプレッドの分析

		係数	（t 値）	係数	（t 値）
定数項		0.673	（4.464）	0.789	（5.415）
震災ダミー		-0.127	（-3.444）	-0.072	（-1.981）
電力ダミー				-0.365	（-5.762）
震災ダミー＊震災損失比率	（+）	42.733	（5.448）	-1.046	（-0.355）
震災ダミー＊震災損失比率＊電力ダミー	（+）			60.940	（6.534）
負債比率	（+）	0.466	（2.819）	0.345	（2.043）
キャッシュ・フロー比率	（-）	-4.209	（-4.647）	-4.079	（-4.528）
利子補塡比率	（-）	-0.0001	（-8.667）	-0.0001	（-8.489）
総資産	（-）	-0.068	（-6.695）	-0.069	（-6.984）
平均残存年数	（+）	0.129	（9.056）	0.125	（8.898）
R^2			0.147		0.164
adj-R^2			0.144		0.161
F 値			59.193		52.593
確率			0.000		0.000
サンプル数			2420		2420

注：電力ダミーは東京電力と東北電力を 1 とするダミー変数である。
　　平均残存年数は満期までの残存償還年数の平均値である。

9.6　小括

　本章では，東日本大震災による信用リスクへの影響について，地方債と社債を取り上げて分析した。東日本大震災の被害から復興するため，自治体は多額の資金を必要としており，その財政問題が深刻化するものと考えられる。国等からの復興支援もあるが，それは限定されており，各自治体の財政運営がその中心的な役割を担うものとされている。その財政は税収を基本とし，不足する部分は地方債の発行によって補塡される。各自治体の財政状況の違いは地方債の発行やその利払い・償還に影響を与え，その信用リスクも異なるものと考えられる。また，東日本大震災は一般企業にも物的損害だけでなく，サプライチェーンの中断や変更など大きな影響を与えた。企業におけるリスクへの影響を明らかにするため，本章では企業が発行している社債

についても取り上げて同様な分析を行った。

　起債時のスプレッドを分析した結果，震源地に近い自治体が発行した地方債と東北電力債のスプレッドが高くなっていることが明らかとなった。また，流通スプレッドの分析では，震源地に近い自治体が発行した地方債のスプレッドは高く，また，東京電力債と東北電力債についても同様に高くなっていることが明らかとなった。したがって，地方債については起債時においても流通時においても，東日本大震災の影響から震源地に近い自治体の信用リスクが高くなっていると考えられる。社債については東日本大震災によって多くの特別損失が発生しているが，特定の電力会社を除いて，その影響はほとんどないようである。ただし，東京電力と東北電力の2社については起債時も流通時もともにスプレッドが高く，東日本大震災による影響は当該信用リスクの上昇として明確に反映されている。

　一般企業は株式会社として独立した事業体であり，通常，デフォルトリスクが存在し，場合によっては解体清算に至ることもある。それに対して，自治体は国からの地方交付税等による公的援助が行われ，支払いの延期や免除等の「倒産」に至っても消滅することはない。本章の分析結果はこうした見方と異なる結果であると考えられる。本章で分析した企業は上場企業であり，その活動拠点を全国的に展開している。東日本大震災以前からも地理的分散を行っており，将来的にもそれが可能である。そのため，東日本大震災で損害を受けたが，その信用リスクに大きな影響を与えるものではないと，市場は評価したと考えられる。ただし，当該地域の電力会社については東日本大震災による被害が極めて大きい上に地理的なリスク分散が制限されているため，市場はリスクが高いと評価していると考えられる。自治体は当然ながら地理的分散は不可能であり，国からの資金的援助があるが，相当な長期間にわたり財政的な困窮が予想される[10]。こうした復興への深刻な財政運営を，市場は評価していると考えられる。

10　夕張市の例では，人件費の削減や公共料金の値上げなど，地域住民に相当な負担を伴うものとなっている（辻道，2010 参照）。

参考文献

Bayoumi, T., Goldstein, M., Woglom, G., 1995. Do credit markets discipline sovereign borrowers? Evidence from U.S. states. *Journal of Money, Credit and Banking* 27(4), 1046-1059.

Denison, D., 2006. Bond market reactions to Hurricane Katrina: An investigation of prices and trading activity of New Orleans bonds. *Municipal Finance Journal* 27(2), 39-52.

Fowles, J., Liu, G., Mamaril, C. B., 2009. Accounting for natural disasters: The impact of earthquake risk on California municipal bond pricing. *Public Budgeting & Finance* 29(1), 68-83.

Marlowe, J., 2006. Volume, liquidity, and investor risk perceptions in the secondary market: Lessons from Katrina, Rita, and Wilma. *Municipal Finance Journal* 27(2), 1-37.

Richardson, J. A., 2006. Natural disasters and state and local finance in Louisiana: A case study in 2005. *Municipal Finance Journal* 27(2), 53-74.

Schneider, T. E., 2011. Is environmental performance a determinant of bond pricing? Evidence from the U.S. pulp and paper and chemical industries. *Contemporary Accounting Research* 28(5), 1537-1561.

植杉威一郎・内田浩史・内野泰助・小野有人・間真実・細野薫・宮川大介，2012.「大震災と企業行動のダイナミックス」RIETI Policy Discussion Paper Series 12-P-001, 1-60.

大山慎介・杉本卓哉・塚本満，2006.「地方債の対国債スプレッドと近年の環境変化」日本銀行ワーキングペーパーシリーズ，No.06-J-23, 1-38.

海道亮輔，2002.「デフォルトは制度上ありえない以上，スプレッド比較には意味はない」『金融財政事情』8月19日号，22-30.

鎌田純一・中野かおり，2011.「東日本大震災による我が国ものづくり産業への影響」『立法と調査』第317号，137-148.

島津洋隆，2011.「東北3県の財政状況と地方債の選択肢の多様化」『大和総研調査季報』第4号，22-43.

辻道雅宣，2010.「夕張市の財政破綻の軌跡と再建の課題」『自治総研』通巻第384号，62-84.

土居丈朗，2004.「地方自治体の「破綻」はありえるか」『調査情報』（三菱信託銀行），2004年3月号（No.174），15-22.

中里透，2008.「財政収支と債券市場―市場公募地方債を対象とした分析―」『日本経済研究』第58号，1-16.

程島次郎，2014.「福島原発事故の電力会社とガス会社の社債への影響」『国際地域経済研究』第15号，5-15.

本山真，2004.「市場公募地方債のスプレッドに関する実証分析」『年金レビュー』8月号，3-15.

第10章

変換ベータ分布を用いた
地震デリバティブの評価理論

　本章は，大地震がもたらす損害に対するリスクヘッジ商品として開発され
ている地震デリバティブの評価を，極値理論と代表的経済主体モデルを用い
て分析する。特定地域，特定期間における大地震が発生する確率は非常に小
さいが，それが起これば非常に大きな災害が発生する特徴があり，それは大
雨，干ばつ，大風，高波のような自然災害に共通した特徴である。本章は，
これらの大災害をもたらす事象が一定期間内に生起する確率が3種類の極値
分布のいずれかに従うと考え，そのリスク中立確率をIkeda（2010）の変換
ベータ分布の特殊ケースとして導出した。応用例として，大地震発生を条件
として，地震の最大マグニチュードに応じてペイオフが定まる債券（CAT
bond）とともに，そのマグニチュードに対するコールオプションの均衡価
格を求めた。既存研究と異なる点は，代表的経済主体の存在を仮定して，一
般均衡のもとで大地震が発生するリスク中立確率を表現し，さらに，先物価
格が観測可能である場合に，リスク中立的評価関係を利用して，選好を表現
する母数が登場しない評価式を導出したことである。

10.1　はじめに

　日本では，古来より大地震による被害が繰り返されてきたが，その被害に
対するリスク管理は，これまで主に地震保険が担ってきた。地震保険に加入
した場合であっても，いざ地震が発生し，家屋の損壊等，損害が発生して
も，地震との因果関係の証明，実損額の査定など，保険金の受け取りまでは
時間がかかることが多く，迅速なリスク管理が難しい問題がある。また，保

険会社は引き受けたリスクを再保険市場へ移転することが行われるが，再保険市場自体が大震災の被害のような巨大リスクを負担するキャパシティがないため，保険料が高額にならざるをえない問題がおきる。序章で考察されたように，東日本大震災による東京電力福島第一原子力発電所事故において，東京電力は民間保険会社と原子力損害賠償責任保険契約を締結することができなかった。巨額の復興費用の負担の社会的な合意形成は，適切なディスクロージャー行動が必須であり，損害額の確認・算定等多くの困難な問題を解決しなければならない。

　これに対して，地震デリバティブは，契約期間中に予め定められた観測地点で，一定の条件を満たせば，約定した金額が迅速に支払われる。企業は平常時には金融機関へ手数料を支払い，地震リスクが顕在化し，支払事由となる指標（トリガー）が満たされた時点で金銭を受け取るのである。2007年10月に東日本旅客鉄道株式会社（JR東日本）とミュンヘン再保険会社の間で締結された地震デリバティブを例にとると，締結時から5年間の間に，東京駅から半径70km以内を震源地とするマグニチュード7.0以上7.7未満の地震が起きた時，震源の位置やマグニチュード別に定めた金額が再保険会社からJR東日本へ支払われ，マグニチュードが大きいほどその金額が大きくなるように設計されている。JR東日本は，この契約が非負のキャッシュ・フローをもたらすので，その対価として締結時に「プレミアム」を支払うというものである。非常に小さなマグニチュードをもつ地震も含めれば，対象期間中には無数の地震が発生しているので，契約の価値を算出する上で問題となるリスクは，一定期間において発生する地震の最大マグニチュードが，どの範囲にあるかという確率である。

　最大値マグニチュードがどの程度になるのか，その不確実性については，極値分布の理論を利用することができる。極値分布とは，有限個の独立，同一の分布に従う確率変数の実現値の中から最大値（あるいは最小値）を取り出したとき，適切に基準化された確率変数の個数を無限大にした場合の最大値（あるいは最小値）が従う確率分布のことであるが，元の確率分布を特定する必要がない利点がある。本章は，地震デリバティブの評価について，極値理論を適用する試みであるが，最大マグニチュードという変数自体が取り

引き可能な資産ではないため，不完備市場におけるリスク中立確率をどう特定するかという難問が存在する[1]。

この不完備市場における証券評価において，有力な方法を提供するのが，Negishi（1960）が最初に提示したとされる，代表的経済主体モデルである。本章は，代表的経済主体モデルを利用して対象となる指標（マグニチュード）の確率分布のリスク中立確率を特定するが，その際，Ikeda（2010）が示した，変換ベータ分布の特殊ケースとして，対象指標が3つの（全ての）タイプの極値分布に従うときに，それらの資産固有のプライシング・カーネル（asset specific pricing kernel）を導出し，対象指標の先渡価格の関数として，同指標に依存してペイオフが定まる債券であるカタストロフィー（CAT）債券，およびコールオプション価格を導出した[2]。本章は，地震リスクに対する派生証券を分析するが，導出された評価式は，地震に限らず，極値分布によって記述が可能な特定期間内に発生する大災害，例えば台風，洪水，高波，干ばつなどの自然災害の発生に呼応してペイオフが定まるCAT債や天候デリバティブについても利用可能である。

本章の構成は次のとおりである。次節では，本章が採用する代表的経済主体モデルを提示する。総消費および派生証券の対象指標が2変量変換ベータ分布に従うもとで，リスク回避的な効用関数が想定される。第3節では，対象指標が，全てのタイプの極値分布，すなわち，グンベル分布，フレシェ分布，ワイブル分布について，これらを変換ベータ分布の特殊ケースとして導出するとともに，それらの資産固有プライシング・カーネルを導出する。第4節では，対象指標固有のプライシング・カーネルを用いて，派生証券の例として，地震の最大マグニチュード等，極値分布に従うと考えられる指標に対して契約される大災害に対するヨーロッパ型コールオプションの評価式を

---

1 ファイナンス理論においては，リスク管理理論において，株式市場の暴落のように，投資収益率の確率分布の裾で発生する事象に対して，バリューアトリスク（VaR）あるいは期待ショートフォール（expected shortfall: ES）というリスク管理の手法が浸透しており，ここでも極値理論が利用されている。極値理論のファイナンス理論，保険理論への適用例については，Embrechts *et al.*（1997）が詳しい。

2 Vitiello and Poon（2010）は対象資産の収益が変換ガンマ分布に従うときの派生証券を評価している。変換ガンマ分布の特殊ケースとして，グンベル分布，ワイブル分布を含むとの記述があるが，その場合の資産固有プライシング・カーネルと派生証券の評価式は導出していない。また，対象収益の確率分布がフレシェ分布の場合については検討されていない。

導出する。第5節では結論が述べられる。

10.2 総消費，対象指標の確率分布が変換ベータ分布に従う場合の代表的経済主体モデル————————

　Rubinstein（1976）は，離散時間の1期間モデルを想定し，べき型効用関数をもつ代表的経済主体が存在し，総消費が対数正規分布に従うという完備とは限らない経済を仮定した。その経済において，将来収益が対数正規分布に従う資産に対するコールオプションの評価式をリスク中立確率を用いて導出すると，連続時間モデルにおける Black-Scholes 公式と同一の評価式が得られることを示した。べき型効用関数を想定したにもかかわらず，導出した評価式にはリスク選好を表すパラメターも，対象資産収益の期待収益率も現れない特徴があるため，評価式はあたかもリスク中立的経済における対象資産の収益と派生証券の関係を記述しているかのようにみえる。そこで，この関係をリスク中立的評価関係（risk neutral valuational relation: RNVR）とよぶのであるが，RNVR は動学的に完備ではない市場において，派生証券を評価する有力な方法を提供するものである。Brennan（1979）は，Rubinstein（1976）の結果を拡張し，総消費と対象資産の収益の同時確率分布が2変量正規分布あるいは2変量対数正規分布に従うとき，RNVR が存在するような代表的経済主体の効用関数のもとでのプライシング・カーネルおよび資産固有プライシング・カーネルを導出し，その応用例として，正規分布収益に対する派生証券評価式を提示している。Camara（2003）は，RNVR が成立する条件を，変換正規分布（transformed normal distribution）のクラスまで拡張し，Rubinstein および Brennan の結果を特殊ケースとして導いている。

　これらの研究は，経済が本質的にもつ不確実性を正規分布によって記述しており，大地震に代表される巨大災害リスクのように，特定地域，特定期間内に発生する確率は低いものの，発生した場合の被害が甚大であるようなリスクを記述するには適していない。また，近年，取引が増加している，気温，降水量，風力といった変数に対する派生証券や，会計数値にもとづくイ

ンセンティブ給与など，対象となる変数や指標自体が取引が不可能で，正規分布では記述できない不確実性をもつ契約の評価にも利用できない問題がある。

Ikeda（2010）は変換ベータ分布に従う場合について，代表的経済主体モデルを用いて選好パラメーターや期待収益率が現れない派生証券評価式を導出しているが，資産固有プライシング・カーネルが従う確率分布が対数正規分布以外の分布に従う数少ない研究成果である。同論文では，ファンダメンタルな不確実性の記述にベータ分布を採用しているが，この分布は，U-型，J-型の確率密度だけでなく，逆J-型や線形の形状をした確率密度も記述できる。その結果，正あるいは負の歪度，正あるいは負の超過尖度も対応可能である。ベータ分布の変換分布は更に汎用性に富み，例えばMcDonald and Xu（1995）による一般化ベータ分布は，その特殊ケースにガンマ分布や対数正規分布も含んでいる。

本章では，一定時間内に巨大地震が発生する確率が3種の極値分布のいずれかに従うと仮定するが，そのリスク中立確率をIkeda（2010）の結果を用いて，変換ベータ分布の特殊ケースとして導出する。具体例として地震リスクに対応した債券およびコールオプション契約を評価するが，先物価格を用いて導出された評価式は，不完備市場でありながら，代表的経済主体の選好パラメーターを含まない特徴をもつ。

10.2.1 モデル

以下では，経済の消費配分がパレート最適であることを仮定する。このとき，代表的経済主体が存在することが知られている。1期間モデルを仮定し，期初を時点0，期末を時点Tとする。この2時点の間には資産の売買を許さない[3]。

代表的経済主体のリスク回避的効用関数を$U(\bullet)$とする。この経済の期末

---

[3] この仮定によって，以下の分析ではBlack and Scholes（1973）が想定する，連続的取引が可能な経済を否定しており，市場の動学的完備性は満たされない。したがって，市場の完備性を保証するためには，市場に十分に多くの互いに線形独立なペイオフをもつ資産が取引されているか，あるいは，投資家の効用関数が特定のHARA型に属することが必要となる。詳細は，池田（2000）の第7章を参照されたい。

における総消費を W_T とする。このとき，プライシング・カーネルは，

$$\phi(W_T) = \frac{U'(W_T)}{E[U'(W_T)]} \tag{1}$$

で与えられるが，右辺分母の期待値は現実の確率によって計算されていることに注意する。プライシング・カーネルを用いれば，特定の資産の期末の収益・価格，あるいはそれ自体は売買不可能なインデックスの期末の水準 S_T に対して結ばれる先物契約における先物価格は，

$$F = E[\phi(W_T) S_T] \tag{2}$$

と求めることができる [4]。市場性のある資産については，その現在価値は，連続複利表示の無リスク利子率を r_f とすれば，

$$S = e^{-r_f T} E[\phi(W_T) S_T] \tag{3}$$

である。これらの計算には，W_T および S_T の2変量同時確率分布が必要となる。そこで，当該資産あるいは指標固有のプライシング・カーネルの条件付き期待値を用いて，

$$\phi(S_T) = E[\phi(W_T)|S_T] \tag{4}$$

と定義する [5]。このとき，先物価格は，

$$F = E[\phi(S_T) S_T] = \hat{E}[S_T] \tag{5}$$

として，単一の確率変数 S_T の密度関数がわかれば計算することができる。$E[\cdot]$ は S_T が従う確率密度 $g(S_T)$ を用いた期待値演算を，ハットを付した $\hat{E}[\cdot]$ は S_T のリスク中立確率密度 $\hat{g}(S_T) \equiv \phi(S_T) g(S_T)$ を用いた期待値演算を

4　ここでは，無リスク利子率が変動しない1期間モデルを仮定しているので，先物価格と先渡価格は同じになる。

5　この概念は，Brennan（1979, p.57）が条件付き限界効用関数（conditional marginal utility function）とよんだものである。本章では，意味が明確になるように Poon and Stapleton（2005）に倣って資産固有プライシング・カーネル（asset specific pricing kernel: ASPK）あるいは指標固有プライシング・カーネル（index specific pricing kernel）とよぶ。

表す。市場性のある資産においては，この先物価格に対応する現在価値は，

$$S = e^{-r_f T} E[\phi(S_T) S_T] = e^{-r_f T} \hat{E}[S_T] \tag{6}$$

である。

10.2.2　変換ベータ分布

以下の分析の準備として，結合密度が次式で与えられるような，2変量標準ベータ分布(X, Y)を導入する[6]。

$$g(x,y) = \frac{\Gamma(\Theta)}{\Gamma(\theta_1)\Gamma(\theta_2)\Gamma(\theta_3)} x^{\theta_1-1} y^{\theta_2-1} (1-x-y)^{\theta_3-1} \tag{7}$$

ただし，$\theta_i > 0$，$i = 1,2,3$，$\Theta = \theta_1 + \theta_2 + \theta_3$，$x, y \geq 0$，$x + y \leq 1$，$\Gamma(\bullet)$ はガンマ関数で，

$$\Gamma(\theta) = \int_0^\infty t^{\theta-1} e^{-t} dt, \quad \theta > 0$$

この周辺分布は $X \sim Beta(\theta_1, \theta_2 + \theta_3)$，$Y \sim Beta(\theta_2, \theta_1 + \theta_3)$ に従い，密度関数はそれぞれ，

$$g(x) = \frac{\Gamma(\Theta)}{\Gamma(\theta_1)\Gamma(\theta_2+\theta_3)} x^{\theta_1-1} (1-x)^{\theta_2+\theta_3-1}, \tag{8a}$$

$$g(y) = \frac{\Gamma(\Theta)}{\Gamma(\theta_2)\Gamma(\theta_1+\theta_3)} y^{\theta_2-1} (1-y)^{\theta_1+\theta_3-1} \tag{8b}$$

で与えられ，両者の相関係数は，

$$Corr[X,Y] = -\sqrt{\frac{\theta_1\theta_3}{(\theta_2+\theta_3)(\theta_1+\theta_3)}} \tag{8c}$$

である。次に，上の標準ベータ分布を変換し，総消費，対象指標を記述する確率分布を作り出す。変換は，厳密に単調かつ微分可能な関数 $f(\bullet)$，$h(\bullet)$

6　2変量ベータ分布の詳細については，Kotz *et al.*（2000）の第49章を見よ。

によって行い，総消費 W_T および対象指標 S_T が変換された結果，

$$f(W_T) \sim Beta(p_w=\theta_2, q_w=\theta_1+\theta_3), \quad h(S_T) \sim Beta(p=\theta_1, q=\theta_2+\theta_3)$$

になったとする。$f(\cdot)$ については，さらに単調増加性を仮定しておく。このとき変換される前の確率変数 W_T と S_T の密度関数は，

$$g(W_T) = f'(W_T) \frac{\Gamma(p_w+q_w)}{\Gamma(p_w)\Gamma(q_w)} [f(W_T)]^{p_w-1} [1-f(W_T)]^{q_w-1} \tag{9a}$$

$$g(S_T) = |h'(S_T)| \frac{\Gamma(p+q)}{\Gamma(p)\Gamma(q)} [h(S_T)]^{p-1} [1-h(S_T)]^{q-1} \tag{9b}$$

である。

次に，代表的経済主体の選好を特定する。彼の限界効用は，上で用いた $f'(W_T)>0$ であるような単調増加関数によって，

$$U'(W_T) = [f(W_T)]^{-\gamma}, \quad \gamma>0 \tag{10}$$

で与えられるものと仮定する。後に明らかになるが，γ はリスク回避の程度を表す母数である。2階微分を求めると，

$$U''(W_T) = (-\gamma)[f(W_T)]^{-\gamma-1} f'(W_T)$$

ゆえにアロウ・プラットの絶対的および相対的リスク回避度が増加関数となるか減少関数となるかは $f(W_T)$ の関数形に依存する[7]。

補助定理1 期末の総消費 W_T が変換ベータ分布に従い，代表的経済主体の効用関数が（10）式の限界効用で特徴づけられるならば，プライシング・カーネルは，

$$\phi(W_T) = [g(W_T)]^{-\gamma} \frac{\Gamma(p_w+q_w-\gamma)\Gamma(p_w)}{\Gamma(p_w+q_w)\Gamma(p_w-\gamma)} \tag{11}$$

---

7 本章では限界効用にべき型の関数形を仮定したが，$f(\cdot)$ に指数関数を用いれば，Camara（2003）が仮定した指数型の関数形も特殊ケースとして位置づけることができる。

で与えられる。

証明　Ikeda（2010）の Appendix を参照。∎

上記のプライシング・カーネルは，収益を生む資産が市場性をもたない場合，例えば気温，降水量，風力等の天候デリバティブの対象変数や地震のマグニチュードのような指標であっても成立する。

補助定理 2　期末の総消費 W_T と対象指標 S_T が 2 変量変換ベータ分布に従い，代表的経済主体の効用関数が（10）式の限界効用で特徴づけられるならば，指標固有プライシング・カーネルは，

$$\phi(S_T) = [1 - h(S_T)]^{-\gamma} \frac{\Gamma(p+q-\gamma)\Gamma(q)}{\Gamma(p+q)\Gamma(q-\gamma)} \tag{12}$$

である。

証明　Ikeda（2010）の Appendix を参照。∎

　Ikeda（2010）では，総消費および派生証券の対象資産・指標が 2 変量一般化ベータ分布（the bivariate generalized beta（GB）distribution）に従う場合を検討しているが，以下では，総消費が一般化ベータ分布，対象指標が極値分布に従うことを仮定する。このとき，総消費の変換関数は，

$$f(W_T) = \frac{\left(\dfrac{W_T - d_W}{b_W}\right)^{a_W}}{1 + c_W \left(\dfrac{W_T - d_W}{b_W}\right)^{a_W}} \tag{13}$$

ただし，$a_W > 0$，$0 \leq c_W \leq 1$，$b_W > 0$ であり，総消費の密度関数は，

$$g(W_T) = \frac{a_W(W_T - d_W)^{a_W p_W - 1}\left[1 - (1 - c_W)\left(\dfrac{W_T - d_W}{b_W}\right)^{a_W}\right]^{q_W - 1}}{b_W^{a_W p_W} B(p_W, q_W)\left[1 + c_W\left(\dfrac{W_T - d_W}{b_W}\right)^{a_W}\right]^{p_W + q_W}} \tag{14a}$$

となる。ここで，$B(p_W, q_W)$ は次式で定義されるベータ関数である。

$$B(p, q) = \int_0^1 u^{p-1}(1 - u)^{q-1} du = \frac{\Gamma(p)\Gamma(q)}{\Gamma(p + q)}, \quad p > 0, \quad q > 0. \tag{14b}$$

W_T の台（support）は，$W_T \in [d_W, b_W(1 - c_W)^{-1/a_W} + d_W]$ であり，この密度関数で $d_W = 0$ のときが，McDonald and Xu (1995) の (2.9) 式に一致する。

一般化ベータ分布は，6つのパラメーター（$a_W, b_W, c_W, d_W, p_W, q_W$）をもつが，McDonald and Xu (1985) が示す通り，これらのパラメーターを適宜設定することにより，第1種一般化ベータ分布（generalized beta of the first kind (GB1)），第1種ベータ分布（beta of the first kind (B1)），第1種逆ベータ分布（inverse beta of the first kind (IB1)），パレート分布（Pareto），第2種一般化ベータ分布（generalized beta of the second kind (GB2)），第2種ベータ分布（beta of the second kind (B2)），Singh-Maddala 分布，Fisk 分布（対数ロジスティック分布），Burr 3型および12型分布（Burr type 3 and 12），F分布，Rayleigh 分布，半正規分布（half-normal），半スチューデント t 分布（half-Student's t），Lomax 分布，Dagum 分布，逆 Lomax 分布，一般化ガンマ分布（generalized gamma），ガンマ分布（gamma），カイ二乗分布（χ^2），指数分布（exponential），対数正規分布（lognormal），変換一般化ガンマ分布（translated inverse generalized gamma），ガンマ分布（gamma），べき分布（power），一様分布（uniform）などが含まれている。総消費が，上に列挙した確率分布のどれかに従うならば，その変換関数に対応したリスク回避的効用関数を想定することによって，以下で示す解析解をもつ派生証券評価が可能になる。

さて，総消費が一般化ベータ分布に従うとき，リスク回避的な代表的投資家の限界効用が，(10) 式の具体例として，

第 10 章　変換ベータ分布を用いた地震デリバティブの評価理論 —— *247*

$$U'(W_T) = \left[\frac{\left(\dfrac{W_T - d_W}{b_W} \right)^{a_W}}{1 + c_W \left(\dfrac{W_T - d_W}{b_W} \right)^{a_W}} \right]^{-\gamma} \tag{15}$$

で表現されるとしてみよう。このとき，絶対的危険回避度を求めると，

$$ARA = \frac{a_W \gamma}{(W_T - d_W) \left[1 + c_W \left(\dfrac{W_T - d_W}{b_W} \right)^{a_W} \right]} \tag{16}$$

であり，$\dfrac{\partial}{\partial W_T} ARA < 0$ ゆえ DARA 型となる。また，$d_W = 0$ のときは効用関数として解析解が存在し，

$$U(W_T) = \frac{b_W^{a_W \gamma}}{1 - a_W \gamma} W_T^{1 - a_W \gamma} \,{}_2F_1\left(\frac{1}{a_W} - \gamma, \, -\gamma \, ; \, 1 + \frac{1}{a_W} - \gamma \, ; \, -c_W \left(\frac{W_T}{b_W} \right)^{a_W} \right) \tag{17a}$$

と記述できる。ただし，${}_2F_1(\bullet, \bullet ; \bullet ; \bullet)$ はガウスの超幾何関数 (hypergeometric series) であり，Pochhammer の記法 $(\lambda)_k = \lambda(\lambda + 1) \cdots (\lambda + k - 1)$ を用いて，

$$_2F_1(\alpha, \beta ; \gamma ; z) = \sum_{k=0}^{\infty} \frac{(\alpha)_k (\beta)_k}{(\gamma)_k} \cdot \frac{z^k}{k!} \tag{17b}$$

と定義される。この効用関数で，さらに $c_W = 0$ とすると，超幾何関数は 1 に収束し，

$$U(W_T) = \frac{b_W^{a_W \gamma}}{1 - a_W \gamma} W_T^{1 - a_W \gamma} \tag{18}$$

という，相対的リスク回避度が $a_W \gamma (> 0)$ のべき型効用関数に帰着することを確認できる。

　以上，総消費の確率分布として変換ベータ分布を，代表的経済主体の選好として DARA 型効用関数を仮定してプライシング・カーネルおよび指標固有プライシング・カーネルを導いた。このように仮定された不完備な経済に

248 ── 第Ⅱ部　巨大災害と資本市場

おいて，派生証券契約の対象指標が極値分布に従う場合の派生証券を評価するのが本章の目的であるが，その準備作業として，次の節では3つの型の極値分布について，これらを変換ベータ分布の特殊ケースとして位置づけておく。

10.3　変換ベータ分布としての極値分布 ──────

10.3.1　極値分布

　極値理論の本格的研究は Fisher and Tippett（1928），Gnedenko（1943）に遡るが，彼らは，極値分布には3つのタイプしかないことを証明している。詳細は他書に譲り，主要な結果のみ挙げておこう[8]。

定理1（Fisher-Tippett, Gnedenko の定理）独立同一の確率分布に従う n 個の確率変数 $X_1, X_2, \cdots, X_n$ について，その最大値を M_n とする。これを n に依存する定数の点列として，$\{a_n : a_n > 0 \ \forall n \in \boldsymbol{N}\}$ と $\{b_n\}_{n \in N}$ で基準化した確率変数を，

$$S_n \equiv \frac{M_n - b_n}{a_n}$$

とする。$n \to \infty$ のとき，

$$\Pr[S_n \leq s] = \Pr\left[\frac{M_n - b_n}{a_n} \leq s\right] \to G(s)$$

を満たす退化していない確率分布が存在するならば，$G(s)$ は次のどれかひとつになる。

　Ⅰ．グンベル（Gumbel）分布　$G(s) = \exp\left\{-\exp\left\{-\frac{s - \mu}{\sigma}\right\}\right\}$, $s \in \boldsymbol{R}$ (19a)

───────────────

8　邦文では，高橋・志村（2016）が最新の包括的な結果を知るのに有用である。

II. フレシェ（Fréchet）分布　$G(s) = \begin{cases} 0, & s < \mu \\ \exp\left\{-\left(\dfrac{s-\mu}{\sigma}\right)^{-\alpha}\right\}, & s \geq \mu \end{cases}$　　(19b)

III. ワイブル（Weibull）分布　$G(s) = \begin{cases} \exp\left\{-\left(-\dfrac{s-\mu}{\sigma}\right)^{\alpha}\right\}, & s \leq \mu \\ 1, & s > \mu \end{cases}$　(19c)

ただし，$-\infty < \mu < \infty$，$\sigma > 0$，$\alpha > 0$ である。これら3つのタイプの分布を極値分布とよぶ。

定理1において，$\mu = 0$，$\sigma = 1$ とした場合が，標準グンベル分布，標準フレシェ分布，標準ワイブル分布である。μ，σ はこれらの確率分布の基準化のための母数であるが，本章では後述するリスク中立確率の解釈において，ドリフト，ボラティリティとよぶ。

元の確率変数 $X_1, X_2, \cdots, X_n$ と3種の極値分布との対応関係であるが，元の確率変数が指数的に減衰する裾をもつとき，漸近分布はグンベル分布になる。正規分布，対数正規分布，指数分布，ガンマ分布，カイ二乗分布などが含まれる。元の分布は，グンベル分布あるいは標準ワイブル分布でもよい。これらの漸近分布がグンベル分布となる分布の特徴は，全ての次数について期待値が存在することである。

元の確率変数がべき乗的に減衰する裾をもつとき，漸近分布はフレシェ分布になる。例えば，パレート分布，コーシー分布，t 分布，F 分布，逆ガンマ分布，対数ガンマ分布などである。これらの分布の特徴は，裾の減衰を記述するパラメーター $\alpha \equiv 1/\xi$（裾指数）を超える次数では期待値が発散することである。

最後に，元の確率変数の分布関数が一様分布，ベータ分布などのように有限範囲の台で定義されるときには，漸近分布はワイブル分布になる。これらの分布は，全ての次数について期待値が存在する特徴がある[9]。

以上3種の確率分布について，分布関数の変数 s を以下で利用する変数 S_T に置き換えた上で密度関数を求めると次のとおりである（S_T は期末 T における対象指標の水準を表す）。

I. グンベル分布

$$g(S_T) = \frac{1}{\sigma} \exp\left\{ -\frac{S_T - \mu}{\sigma} \right\} \exp\left\{ -\exp\left\{ -\frac{S_T - \mu}{\sigma} \right\} \right\}, \quad S_T \in \mathbf{R} \quad (20a)$$

II. フレシェ分布

$$g(S_T) = \frac{\alpha}{\sigma} \left(\frac{S_T - \mu}{\sigma} \right)^{-\alpha - 1} \exp\left\{ -\left(\frac{S_T - \mu}{\sigma} \right)^{-\alpha} \right\}, \quad S_T \geq \mu \quad (20b)$$

III. ワイブル分布

$$g(S_T) = \frac{\alpha}{\sigma} \left(-\frac{S_T - \mu}{\sigma} \right)^{\alpha - 1} \exp\left\{ -\left(-\frac{S_T - \mu}{\sigma} \right)^{\alpha} \right\}, \quad S_T \leq \mu \quad (20c)$$

10.3.2 変換ベータ分布としての極値分布

Ikeda（2010）は，総消費と対象資産・対象指数が2変量の変換ベータ分布に従うときのプライシング・カーネルを導出しているが，極値分布も変換ベータ分布の特殊ケースと位置づけることができる。Ikeda（2010）の結果を利用するために，以下では3種の極値分布について，ベータ分布への変換ルールを特定する。

まず，（9b）式の結果を再掲しよう。S_T を厳密に単調かつ微分可能な関数 $h(\bullet)$ によっ変換した確率変数が，ベータ分布 $h(S_T) \sim Beta(p, q)$ に従うとき，変換される前の確率 S_T が従う確率分布を変換ベータ分布とよび，その密度関数は，

$$g(S_T) = |h'(S_T)| \frac{\Gamma(p + q)}{\Gamma(p)\Gamma(q)} [h(S_T)]^{p-1} [1 - h(S_T)]^{q-1} \tag{9b}$$

9　これら3種の極値分布の分布関数は，von Mises（1936）によって，次式で統一的に表現できることが示されている。

$$G(S_T) = \exp\left\{ -\left(1 + \xi \left(\frac{S_T - \mu}{\sigma} \right)^{-\frac{1}{\xi}} \right) \right\}, \quad -\infty < \xi < \infty$$

ただし，$\{S_T : 1 + \xi(S_T - \mu)/\sigma > 0\}$ とする。上式で定義された確率分布を，一般極値分布（generalized extreme value distribution）とよぶ。3つのタイプの極値分布との関係は，$\xi < 0$ のときワイブル分布，$\xi = 0$ のときグンベル分布，$\xi > 0$ のときフレシェ分布であり，$\xi(= 1/\alpha)$ を形状母数とよぶ。

第10章　変換ベータ分布を用いた地震デリバティブの評価理論 —— *251*

であった。いま，$p=1$ の場合について上式を書きなおすと，

$$g(S_T) = |h'(S_T)| q [1 - h(S_T)]^{q-1} \tag{21}$$

となる。さらに（21）式において，変換関数 $h(S_T)$ を次のように設定すると，3種類の極値分布密度（20a），（20b），（20c）に一致することを容易な計算で確かめることができる。

I. グンベル分布　$h(S_T) = 1 - \exp\left\{-\dfrac{1}{q}\exp\left(-\dfrac{S_T-\mu}{\sigma}\right)\right\},$ 　　(22a)

II. フレシェ分布　$h(S_T) = 1 - \exp\left\{-\dfrac{1}{q}\exp\left(-\dfrac{S_T-\mu}{\sigma}\right)^{-\alpha}\right\},$ 　　(22b)

III. ワイブル分布　$h(S_T) = 1 - \exp\left\{-\dfrac{1}{q}\left(-\dfrac{S_T-\mu}{\sigma}\right)^{\alpha}\right\}$ 　　(22c)

10.3.3　極値分布の指標固有プライシング・カーネルとリスク中立確率

　3種類の極値分布について，変換関数 $h(S_T)$ が明らかにできたので，補助定理2を用いると，対象指標固有のプライシング・カーネルを導出できる。以下に補助定理3として結果をまとめておく。

補助定理3　期末の総消費 W_T が変換ベータ分布，派生証券の対象資産あるいは対象指標 S_T が極値分布に従い，代表的経済主体の効用関数が（10）式を満たす限界効用で特徴づけられるならば，対象指標固有のプライシング・カーネルは，

I. グンベル分布　$\phi(S_T) = \exp\left\{\dfrac{\gamma}{q}e^{\left(-\frac{S_T-\mu}{\sigma}\right)}\left(1-\dfrac{\gamma}{q}\right)\right\}$ 　　(23a)

II. フレシェ分布　$\phi(S_T) = \exp\left\{\dfrac{\gamma}{q}\left(\dfrac{S_T-\mu}{\sigma}\right)^{-\alpha}\right\}\left(1-\dfrac{\gamma}{q}\right)$ 　　(23b)

III. ワイブル分布　$\phi(S_T) = \exp\left\{\dfrac{\gamma}{q}\left(-\dfrac{S_T-\mu}{\sigma}\right)^{\alpha}\right\}\left(1-\dfrac{\gamma}{q}\right)$ 　　　　(23c)

で与えられる。

証明　補助定理2において $p=1$ とおき，各極値分布について，変換関数を (12) 式へ代入する。■

定理2　期末の総消費 W_T が変換ベータ分布，派生証券の対象資産あるいは対象指標 S_T が極値分布に従い，代表的経済主体の効用関数が (10) 式の限界効用で特徴づけられるならば，対象指標のリスク中立確率 $\hat{g}(S_T)$ は，

I. グンベル分布

$$\hat{g}(S_T) = \frac{1}{\sigma}\exp\left\{-\frac{S_T-\hat{\mu}}{\sigma}\right\}\exp\left\{-\exp\left\{-\frac{S_T-\hat{\mu}}{\sigma}\right\}\right\}, \quad S_T \in \boldsymbol{R} \quad (24a)$$

ただし，$\hat{\mu} = \mu + \sigma \ln\left(1-\dfrac{\gamma}{q}\right)$

II. フレシェ分布

$$\hat{g}(S_T) = \frac{\alpha}{\hat{\sigma}}\left(\frac{S_T-\mu}{\hat{\sigma}}\right)^{-\alpha-1}\exp\left\{-\left(\frac{S_T-\mu}{\hat{\sigma}}\right)^{-\alpha}\right\}, \quad S_T \geq \mu, \quad (24b)$$

ただし，$\hat{\sigma} = \sigma\left(1-\dfrac{\gamma}{q}\right)^{\frac{1}{\alpha}}$

III. ワイブル分布

$$\hat{g}(S_T) = \frac{\alpha}{\hat{\sigma}}\left(-\frac{S_T-\mu}{\hat{\sigma}}\right)^{\alpha-1}\exp\left\{-\left(-\frac{S_T-\mu}{\hat{\sigma}}\right)^{\alpha}\right\}, \quad S_T \leq \mu, \quad (24c)$$

ただし，$\hat{\sigma} = \sigma\left(1-\dfrac{\gamma}{q}\right)^{-\frac{1}{\alpha}}$

で与えられる。

証明　$\hat{g}(S_T) = \phi(S_T)g(S_T)$ を求める。■

定理2の3種の分布のリスク中立確率を，観測確率（20a），（20b），（20c）式と見比べるとフレシェ分布とワイブル分布については，ボラティリティの母数σがリスク回避度に応じて修正されており，$0<1-(\gamma/q)<1$ゆえリスク回避の程度γが大きいほどフレシェ分布ではボラティリティが拡大され，ワイブル分布ではボラティリティが縮小されている。また，グンベル分布ではボラティリティは変わらないが，ドリフトμが修正され，$\ln(1-(\lambda/q))<0$ゆえ，ドリフトはリスク回避γおよびボラティリティσが大きいほど，下方へ調整されることになる。

よく知られているように，Black and Scholes（1973）が対象資産プロセスとして前提する幾何ブラウン運動ではその瞬間的な投資収益率は正規分布に従い，その平均パラメーター（ドリフト）が無リスク利子率に等しくなるようにリスク中立確率上で修正が施される。この現象は，Rubinstein（1976）の一般均衡モデルが明らかにしたように，べき型効用で特徴づけられる代表的経済主体のリスク回避度に応じたリスクプレミアムの調整が対象資産価格上で行われ，リスク中立確率上では期待収益率からあたかもリスクプレミアムが消失したように見えるというものであった。本章においても，べき型効用を特殊ケースとして含むリスク回避的な効用関数を代表的経済主体に仮定しているが，対象指標が極値分布に従うときには，リスク中立確率上では，グンベル分布以外ではドリフトではなく，ボラティリティの方が修正を受けるという際立った特徴があることが明らかになった。

10.4　大地震発生リスクに対する派生証券評価

10.4.1　大地震発生リスクに対する先物契約

地震やその他の自然現象について契約されるデリバティブが対象とする変数や指標は，売買することは不可能である。しかし，これらの変数や指標に対する種々の先物，先渡契約が現実に取引されている。例えば，1992年には，シカゴ商品取引所（CBOT）は，保険会社が地震，ハリケーン等の自然災害に対して支払った損害率を指標化したキャタストロフィー指数に対する先物（キャタストロフィー保険先物）を上場した。また，2002年には米国

のシカゴマーカンタイル取引所（CML）は，米国 15 都市の気温という売買不可能な変数について，低気温（CDD）と高気温（HDD）を指標化し，これらに対する先物契約を上場している。

　現在，地震の最大マグニチュードあるいはそれを指数化したインデクスに対する先物市場は存在しないが，企業価値や個人のリスク管理に役立つならば，森平（2012）が予測するように，資本市場は今後も果敢に大災害リスクに新たな商品開発を通じて立ち向かっていくものと思われる。そこで以下では地震の最大マグニチュードあるいはそれを指数化したインデクスの先物価格が観測可能な状況を想定して分析を進めることにする[10]。

　いま，無リスク利子率が変動しない 1 期間モデルを考え，その物理的時間を T 年とする。特定地域において，T 年間の期間で観測される最大マグニチュードあるいはこれを指標化したインデクスについて，限月が T 年後の先物の理論価格は，（5）式を用いて計算することができる。次の命題 1 は，地震の最大マグニチュードも含め，対象指標が極値分布に従う場合をまとめたものである。

命題 1　極値分布に従う対象指数について，限月が T 年後の先物価格は，

　I. 対象指数がグンベル分布に従う場合

$$F=\mu+\sigma\left[\gamma^*+\ln\left(1-\frac{\gamma}{q}\right)\right] \tag{25a}$$

　　　ただし，$\gamma^*\equiv-\Gamma'(1)\approx0.57721566$ は Euler-Mascheroni 定数。

　II. 対象指数がフレシェ分布に従う場合

$$F=\mu+\sigma\left(1-\frac{\gamma}{q}\right)^{\frac{1}{\alpha}}\Gamma\left(1-\frac{1}{\alpha}\right) \tag{25b}$$

　III. 対象指数がワイブル分布に従う場合

10　以下でとりあげる地震デリバティブは，定められた期間中における最大マグニチュードに対する派生証券である。他に，地震等の大規模自然災害により生じた損害を指標化した PCS などのインデクスに対する派生証券も開発されている。Abdessalem and Ohnishi（2014）は，PCS インデクスに対するコールオプションを極値理論を利用して評価している。

$$F = \mu - \sigma \left(1 - \frac{\gamma}{q} \right)^{-\frac{1}{\alpha}} \Gamma \left(1 + \frac{1}{\alpha} \right) \tag{25c}$$

である。

証明　第 10 章付録 A を参照。■

　先物市場において対象指標に関する先物契約が取り引きされ，先物価格 F が観測可能であるならば，命題 1 の結果を用いて代表的経済主体のリスク回避パラメーター γ を F の明示的な関数として表すことができる。そこで，定理 2 で導出したリスク中立確率から γ を消去すると，Black and Sholes (1973) の動学的完備市場モデルと同様に，リスク選好パラメーターを含まないリスク中立確率を求めることができる。

定理 3　期末の総消費 W_T が変換ベータ分布，派生証券の対象資産あるいは対象指標 S_T が極値分布に従い，代表的経済主体の効用関数が (10) 式の限界効用で特徴づけられるとする。対象指標について，限月が T 年後に設定された先物価格が観測可能であり，F であるとするならば，対象指標のリスク中立確率 $\hat{g}(S_T)$ は，

　I. グンベル分布

$$\hat{g}(S_T) = \frac{1}{\sigma} \exp\left\{ -\frac{S_T - F}{\sigma} - \gamma^* \right\} \exp\left\{ -\exp\left\{ -\frac{S_T - F}{\sigma} - \gamma^* \right\} \right\}, \quad S_T \in \boldsymbol{R} \tag{26a}$$

　　　ただし，$\gamma^* \approx 0.57721566$

　II. フレシェ分布

$$\hat{g}(S_T) = \frac{\alpha}{S_T - \mu} \left(\frac{F - \mu}{S_T - \mu} \cdot \frac{1}{\Gamma(1 - \varepsilon)} \right)^{\alpha} \exp\left\{ -\left(\frac{F - \mu}{S_T - \mu} \cdot \frac{1}{\Gamma(1 - \varepsilon)} \right)^{\alpha} \right\},$$
$$S_T \geq \mu, \tag{26b}$$

　III. ワイブル分布

$$\hat{g}(S_T) = \frac{\alpha}{\mu - S_T} \left(\frac{\mu - S_T}{\mu - F} \cdot \Gamma\left(1 + \frac{1}{\alpha}\right) \right)^{\alpha} \exp\left\{ -\left(\frac{\mu - S_T}{\mu - F} \cdot \Gamma\left(1 + \frac{1}{\alpha}\right) \right)^{\alpha} \right\},$$

$$S_T \leq \mu, \tag{26c}$$

で与えられる。

証明 命題1の結果をリスク選好パラメターγについて表し，定理2のリスク中立確率に代入，消去する。■

　定理3を用いれば，対象指標自体が売買不可能な不完備な市場であっても，リスク選好パラメターに依存しない派生証券の均衡価格式を導出できる。以下では，具体的な応用例として地震の最大マグニチュードに依存してペイオフが定まる CAT 債とコールオプション評価式を導出する。

10.4.2　地震発生リスクに対する債券（CAT Bond）の評価

　地震発生リスクに対して契約される大災害債券（catastrophe bond: CAT bond）には種々あるが，典型的には，大地震が発生した時には利子，額面の支払いが減額あるいは猶予されるタイプの債券が多い。例えば，Zimbidis, Frangos, and Pantelous（2007）が評価した満期5年の CAT 債券のペイオフは，同論文（2.3.4）式によれば次のような構造をもつ。

　まず，クーポン支払は，第t年度中に観測される最大マグニチュードをM_tとすると，

$$C_t = \begin{cases} K \cdot 3R, & \text{if} \quad M_t \in [0, 5.4] \\ K \cdot 2R, & \text{if} \quad M_t \in (5.4, 5.8] \\ K \cdot R, & \text{if} \quad M_t \in (5.8, 6.2] \\ 0, & \text{if} \quad M_t \in (6.2, \infty] \end{cases}, \quad t = 1, 2, 3, 4, 5 \tag{27a}$$

であり，最大マグニチュードが大きいほどクーポンレートは減免されて，6.2 を超える大地震発生のときにはクーポン支払は無しとなる。満期における額面の償還については，

$$K_5=\begin{cases} K, & \text{if } M_5\in[0,6.6] \\ (2/3)K, & \text{if } M_5\in(6.6,7.0] \\ (1/3)K, & \text{if } M_5\in(7.0,7.4] \\ 0, & \text{if } M_5\in(7.4,\infty] \end{cases} \tag{27b}$$

であり，最終年度に大きな地震がおきるほど償還額が減免され，マグニチュードが7.4を超える大地震発生のときには全額償還額は減免される仕組みになっている。

Zimbidis *et al.*（2007）は，ギリシアの実際の観測データを用いて，M の確率分布としてワイブル分布を用いて CAT 債券の価格を数値計算しているが，その際に用いている確率はリスク中立確率ではなく，観測確率をそのまま用いて期待値計算を行い，無リスク利子率にリスクプレミアムとして機械的に5％を上乗せした期待収益率を用いて期待値を割り引いて現在価値を算定している。この5％が地震リスクに対する市場のプレミアムであるが，なぜそのような水準を仮定できるのか，全く言及がないことは致命的な問題である。

以下では N 年の満期をもつ，額面が K，クーポンレートが R の CAT 債を評価するが，そのペイオフとして，彼らより簡易に次のように設定する。

$$C_t=\begin{cases} K\cdot R, & \text{if } M_t\in(0,m_1] \\ 0 & \text{if } M_t\in(m_1,\infty] \end{cases}, \quad t=1,\cdots,N \tag{28a}$$

$$K_N=\begin{cases} K, & \text{if } M_N\in(0,m_2] \\ 0 & \text{if } M_N\in(m_2,\infty] \end{cases} \tag{28b}$$

償還までは，各年度に生じた地震の最大マグニチュードが m_1 以下なら利子は全額支払い，最大マグニチュードがそれ以上であれば利子は全額減免する。同様に満期には，第 N 年度における地震の最大マグニチュードが m_2 を超えるならば元本の返済は行わないとすることで，典型的な CAT 債の特徴を捉えている。

命題2 極値分布に従う対象指数について，（28a）式と（28b）式のペイオ

フをもつ，額面 K 円，満期 N 年，クーポンレート R の CAT 債券の現在価値は以下のとおりである。なお，無リスク利子率 r_f（連続複利表示）は一定と仮定する。

I. 対象指数がグンベル分布に従う場合

$$
\begin{aligned}
P = {} & KR \cdot \exp\left\{-\exp\left\{\frac{F-m_1}{\sigma}-\gamma^*\right\}\right\} \cdot \frac{e^{-r_f}(1-e^{-Nr_f})}{1-e^{-r_f}} \\
& + e^{-Nr_f}K \cdot \exp\left\{-\exp\left\{\frac{F-m_2}{\sigma}-\gamma^*\right\}\right\}
\end{aligned}
\tag{28a}
$$

ただし，$\gamma^* \approx 0.57721566$

II. 対象指数がフレシェ分布に従う場合

$$
\begin{aligned}
P = {} & KR \cdot \exp\left\{-\left(\frac{m_1-\mu}{F-\mu}\Gamma\left(1-\frac{1}{\alpha}\right)^{-\alpha}\right)\right\} \cdot \frac{e^{-r_f}(1-e^{-Nr_f})}{1-e^{-r_f}} \\
& + e^{-Nr_f}K \cdot \exp\left\{-\left(\frac{m_2-\mu}{F-\mu}\Gamma\left(1-\frac{1}{\alpha}\right)^{-\alpha}\right)\right\}
\end{aligned}
\tag{28b}
$$

ただし，$m_1, m_2 \geq \mu$ を仮定する。

III. 対象指数がワイブル分布に従う場合

$$
\begin{aligned}
P = {} & KR \cdot \exp\left\{-\left(\frac{\mu-m_1}{\mu-F}\Gamma\left(1+\frac{1}{\alpha}\right)^{\alpha}\right)\right\} \cdot \frac{e^{-r_f}(1-e^{-Nr_f})}{1-e^{-r_f}} \\
& + e^{-Nr_f}K \cdot \exp\left\{-\left(\frac{\mu-m_2}{\mu-F}\Gamma\left(1+\frac{1}{\alpha}\right)^{\alpha}\right)\right\}
\end{aligned}
\tag{28c}
$$

ただし，$m_1, m_2 \leq \mu$ を仮定する。

証明　第 10 章付録 B を参照。■

10.4.3　地震発生リスクに対するコールオプションの評価

　現在のところ，未だ最大マグニチュードを対象指数とするオプション契約は開発されていないようであるが，リスク中立確率が得られたので，以下の

第10章　変換ベータ分布を用いた地震デリバティブの評価理論 —— **259**

ように容易にそのプレミアムを算定することができる。

命題3　無リスク利子率 r_f が一定で，対象指数が極値分布に従うとする。その先物価格 F が観測できるとき，権利行使価格（指標）が X，満期が T 後のヨーロッパ型コールオプションのプレミアムは以下のとおりである[11]。

I. 対象指数がグンベル分布に従う場合

$$
\begin{aligned}
C = e^{-r_f T}F + e^{-r_f T}\,\sigma\Bigg[\Gamma\Big(0,\exp\Big\{\frac{F-X}{\sigma}-\gamma^*\Big\}\Big) + \Big(\frac{F-X}{\sigma}-\gamma^*\Big)\exp \\
\Big\{-\exp\Big\{\frac{F-X}{\sigma}-\gamma^*\Big\}\Big\}\Bigg] - e^{-r_f T}X\Big[1-\exp\Big\{-\exp\Big\{\frac{F-X}{\sigma}-\gamma^*\Big\}\Big\}\Big]
\end{aligned} \tag{29a}
$$

ただし，$\gamma^* \approx 0.57721566$

II. 対象指数がフレシェ分布に従う場合

$$
\begin{aligned}
C = e^{-r_f T}\Bigg[\mu + (F-\mu)\,\frac{\Gamma\Big(1-\dfrac{1}{\alpha},\Big[\dfrac{1}{\Gamma\Big(1-\dfrac{1}{\alpha}\Big)}\cdot\dfrac{F-\mu}{X-\mu}\Big]^{\alpha}\Big)}{\Gamma\Big(1-\dfrac{1}{\alpha}\Big)} \\
\\
- X\exp\Big\{-r_f T - \Big[\dfrac{1}{\Gamma\Big(1-\dfrac{1}{\alpha}\Big)}\cdot\dfrac{F-\mu}{X-\mu}\Big]^{\alpha}\Big\}\Bigg]
\end{aligned} \tag{29b}
$$

11　これらの評価式には $e^{-r_f T}F$ という先物価格を無リスク利子率で割り引いた項が現れる。対象とする指標が売買可能な資産あるいはそれに対応した指標の場合には，$e^{-r_f T}F = S$ が成立し，当該資産・指標の現在の価格・値に一致する。しかし，地震のマグニチュードのように，それ自体売買が不可能な指標の場合には，現在の指標の S 値はその将来の値 S_T の現在価値にはなっていないので，この関係は成立しない。

III. 対象指数がワイブル分布に従う場合

$$C = e^{-r_f T} F + e^{-r_f T} (\mu - F) \left[1 - \frac{\Gamma\left(1 + \dfrac{1}{\alpha}, \left[\dfrac{\mu - X}{\mu - F} \Gamma\left(1 + \dfrac{1}{\alpha}\right)\right]^{\alpha}\right)}{\Gamma\left(1 + \dfrac{1}{\alpha}\right)} \right]$$

$$- e^{-r_f T} X \left[1 - \exp\left\{ -\left[\frac{\mu - X}{\mu - F} \Gamma\left(1 + \frac{1}{\alpha}\right) \right]^{\alpha} \right\} \right] \tag{29c}$$

ただし，$\Gamma(a,x) \equiv \displaystyle\int_x^\infty t^{a-1} e^{-t} dt$ は第2種不完全ガンマ関数である。

証明　第10章付録Cを参照。∎

　対象指数がグンベル分布に従う場合のコールオプション評価式を見ると，代表的経済主体のリスク回避パラメターγが消失しているだけでなく，ドリフトを表すμも現れない特徴があるが，これらのパラメターは先物価格Fに反映され，見かけ上は消失して見える Heston（1993）が言うところの"missing parameters"になっている。対象指数がフレシェ分布およびワイブル分布に従うときには，評価式にはリスク回避パラメターγは現れないものの，ドリフトパラメターは消失しない。かわりにボラティリティを表すσが消失しているが，フレシェ分布およびワイブル分布においてリスク中立確率上でリスク調整の役割を担うのがμではなくσであったことを思い起こせば，評価式の解釈は容易であろう。

10.5　小括

　本章は，Ikeda（2010）において提示された，総消費および派生証券の対象収益・対象指標が2変量変換ベータ分布に従う場合の代表的経済主体モデルを用いて，対象収益・対象指標が従う確率分布が，全てのタイプの極値分布，すなわち，グンベル分布，フレシェ分布，ワイブル分布について，対象指標固有プライシング・カーネル，リスク中立確率を導出した。さらに，当

該指標に対する先物価格が観測可能な場合に，代表的経済主体のリスク回避度を含まないリスク中立確率を導出し，Black-Schole の評価式同様に，リスク選好パラメーターおよびリスク調整されたドリフトあるいはボラティリティを含まない CAT 債券，およびヨーロッパ型コールオプションの評価式を導出した。

提示された評価式は，特定地域の特定期間における地震の最大マグニチュードを対象指標とする大地震デリバティブを想定したものであるが，対象指標が極値分布で記述できるような天候デリバティブ，例えば最大降雨量，最大積雪量，最高気温，最高湿度，最大風速などに対するデリバティブについても成立する評価式である。また最小値に対する契約についてはとりあげなかったが，最大値にマイナス符号をつけ，適宜変数を読みかえることによって，本章で示した分析方法をそのまま適用することができる。

第10章付録A　命題1の証明

I. 対象指標がグンベル分布に従う場合

高橋・志村（2016, p.23）によれば，標準グンベル分布を $\tilde{x}$ とすると，これは標準指数分布 ε を用いて $\tilde{x}=-\ln\varepsilon$ と表すことができる。いま，リスク中立確率のもとで対象指標は，

$$S_T = \hat{\mu} + \sigma\tilde{x} = \hat{\mu} + \sigma(-\ln\varepsilon) \tag{A1}$$

と表せる。S_T の積率母関数を，標準指数分布の確率密度が $g(\varepsilon)=e^{-\varepsilon}$ であることを用いて求めると，

$$
\begin{aligned}
M(t) &= \hat{E}\big[e^{t[\hat{\mu}+\sigma(-\ln\tilde{\varepsilon})]}\big] = e^{t\hat{\mu}}\hat{E}[\varepsilon^{-\sigma t}] \\
&= e^{t\hat{\mu}}\int_0^\infty \varepsilon^{-\sigma t}e^{-\varepsilon}\,d\varepsilon = e^{t\hat{\mu}}\int_0^\infty \varepsilon^{(-\sigma t+1)-1}e^{-\varepsilon}\,d\varepsilon \\
&= e^{t\hat{\mu}}\,\Gamma(1-\sigma t)
\end{aligned}
\tag{A2}
$$

となる。$\Gamma(\cdot)$ はガンマ関数である。先物価格は $F=\hat{E}[S_T]$ ゆえ1次積率を求めると，

$$\hat{E}[S_T] = \frac{d}{dt}M(t)\Big|_{t=0} = \hat{\mu}\,e^{t\hat{\mu}}\,\Gamma(1-\sigma t) - \sigma e^{t\hat{\mu}}\,\Gamma'(1-\sigma t)\Big|_{t=0}$$

$$= \hat{\mu}\cdot\Gamma(1) - \sigma\cdot\Gamma'(1) = \hat{\mu} + \gamma^*\sigma, \quad \gamma^* \equiv -\Gamma'(1) \tag{A3}$$

$$= \mu + \sigma\left[\gamma^* + \ln\left(1-\frac{\gamma}{q}\right)\right] \quad \left[\because \hat{\mu} = \mu + \ln\left(1-\frac{\gamma}{q}\right)\right]$$

を得る。上式にはガンマ関数を微分した値 $\Gamma'(1)$ が現れるが、その値は収束することが知られており、$-\Gamma'(1) \approx 0.57721566$ を Euler-Mascheroni 定数とよぶ。上式では同定数を、リスク回避度と区別するため、アステリスクを付して $\gamma^* \equiv -\Gamma'(1)$ と表している。

II. 対象指標がフレシェ分布に従う場合

標準フレシェ分布を $\tilde{x}$ とすると、これは標準指数分布 $\tilde{\varepsilon}$ を用いて $\tilde{x} = \tilde{\varepsilon}^{-\frac{1}{\alpha}}$ と表すことができる。したがって、リスク中立確率のもとで対象指標は、

$$S_T = \mu + \hat{\sigma}\,\tilde{\varepsilon}^{-\frac{1}{\alpha}} \tag{A4}$$

と表すことができる。先物価格はこの期待値ゆえ、

$$\hat{E}[S_T] = \mu + \hat{\sigma}\hat{E}\left[\varepsilon^{-\frac{1}{\alpha}}\right] = \mu + \hat{\sigma}\int_0^\infty \varepsilon^{-\frac{1}{\alpha}}e^{-\varepsilon}\,d\varepsilon = \mu + \hat{\sigma}\int_0^\infty \varepsilon^{\left(1-\frac{1}{\alpha}\right)-1}e^{-\varepsilon}\,d\varepsilon$$

$$= \mu + \hat{\sigma}\cdot\Gamma\left(1-\frac{1}{\alpha}\right) \tag{A5}$$

$$= \mu + \sigma\left(1-\frac{\gamma}{q}\right)^{\frac{1}{\alpha}}\Gamma\left(1-\frac{1}{\alpha}\right) \quad \left[\because \hat{\sigma} = \sigma\left(1-\frac{\gamma}{q}\right)^{\frac{1}{\alpha}}\right]$$

となる。

III. 対象指標がワイブル分布に従う場合

標準ワイブル分布 $\tilde{x}$ は、標準指数分布 $\tilde{\varepsilon}$ を用いて $\tilde{x} = -\tilde{\varepsilon}^{-\frac{1}{\alpha}}$ と表すことができるので、

$$S_T = \mu + \hat{\sigma}\,\tilde{x} = \mu + \hat{\sigma}\left(-\tilde{\varepsilon}^{\frac{1}{\alpha}}\right) \tag{A6}$$

について，リスク中立確率によって期待値を求めると，

$$\hat{E}[S_T] = \mu + \hat{\sigma}\hat{E}\left[-\tilde{\varepsilon}^{\frac{1}{\alpha}}\right] = \mu - \hat{\sigma}\int_0^\infty \varepsilon^{\frac{1}{\alpha}} e^{-\varepsilon}\,d\varepsilon = \mu - \hat{\sigma}\int_0^\infty \varepsilon^{\left(1+\frac{1}{\alpha}\right)-1} e^{-\varepsilon}\,d\varepsilon$$

$$= \mu - \hat{\sigma}\cdot\Gamma\left(1+\frac{1}{\alpha}\right) \tag{A7}$$

$$= \mu - \sigma\left(1-\frac{\gamma}{q}\right)^{-\frac{1}{\alpha}}\Gamma\left(1+\frac{1}{\alpha}\right) \quad \left[\because \hat{\sigma} = \sigma\left(1-\frac{\gamma}{q}\right)^{-\frac{1}{\alpha}}\right]$$

を得る。■

第10章付録 B　命題2の証明

クーポン債の評価ゆえ，定理3で導いたリスク中立確率を利用して，N 個のクーポンと満期に償還される額面の現在価値の合計として，

$$P = \sum_{t=1}^{N} e^{-r_f t}\hat{E}[C_t] + e^{-r_f N}\hat{E}[K_N] \tag{A8}$$

を求める。ここで第 t 年度のクーポンの期待値は $\hat{E}[C_t] = KR\cdot\hat{\mathrm{Pr}}(M_t < m_1)$，償還額面の期待値は $\hat{E}[K_N] = K\cdot\hat{\mathrm{Pr}}(M_N < m_2)$ であるから，

$$P = \sum_{t=1}^{N} e^{-r_f t}KR\cdot\hat{\mathrm{Pr}}(M_t < m_1) + e^{-r_f N}K\cdot\hat{\mathrm{Pr}}(M_N < m_2)$$

$$= KR\cdot\hat{\mathrm{Pr}}(M_t < m_1)\frac{e^{-r_f}(1-e^{-Nr_f})}{1-e^{-r_f}} + e^{-r_f N}K\cdot\hat{\mathrm{Pr}}(M_N < m_1) \tag{A9}$$

となる。上式においてリスク中立確率 $\hat{\mathrm{Pr}}(M_t < m_1)$ および $\hat{\mathrm{Pr}}(M_N < m_2)$ は，定理1で示した3種の極値分布の分布関数によって評価できるので，

I. 対象指標がグンベル分布に従う場合

$$\hat{\Pr}(M_t < m_1) = \exp\left\{-\exp\left\{-\frac{m_1 - \hat{\mu}}{\sigma}\right\}\right\}, \quad m_1 \in \boldsymbol{R} \tag{A10a}$$

II. 対象指標がフレシェ分布に従う場合

$$\hat{\Pr}(M_t < m_1) = \exp\left\{-\left(\frac{m_1 - \mu}{\hat{\sigma}}\right)^{-\alpha}\right\}, \quad m_1 \geq \mu \tag{A10b}$$

III. 対象指標がワイブル分布に従う場合

$$\hat{\Pr}(M_t < m_1) = \exp\left\{-\left(-\frac{m_1 - \mu}{\hat{\sigma}}\right)^{\alpha}\right\}, \quad m_1 \leq \mu \tag{A10c}$$

となる。なお，ここで$\{M_1, M_2, \cdots, M_t\}$は独立同一の分布に従い，簡単化のため1期間を$T=1$年と仮定している。$\hat{\Pr}(M_N < m_2)$については，$\hat{\Pr}(M_t < m_1)$の$m_1$を$m_2$に読みかえ，これらの結果を（A9）式へ代入する。■

第10章付録C　命題3の証明

コールオプションのプレミアムは，リスク中立確率密度を用いて，

$$C = e^{-r_f T}\hat{E}[S_T | S_T \geq X]\hat{\Pr}[S_T \geq X] - e^{-r_f T}X \cdot \hat{\Pr}[S_T \geq X] \tag{A11}$$

によって導出できる。

I. 対象指数がグンベル分布に従う場合

命題1の証明と同様に標準指数分布εを用いると，対象指数は（A1）式，即ち，

$$S_T = \hat{\mu} + \sigma\,(-\ln\hat{\varepsilon})$$

と表すことができるので，（A11）式右辺第1項の条件付き期待値部分は

$$\hat{E}[S_T|S_T \geq X]\hat{\mathrm{Pr}}[S_T > X] = \hat{\mu} - \sigma\hat{E}\left[\ln \hat{\varepsilon}\Big|\hat{\varepsilon} \leq \exp\left\{\frac{\hat{\mu} - X}{\sigma}\right\}\right]$$

$$\cdot \hat{\mathrm{Pr}}\left[\hat{\varepsilon} \leq \exp\left\{\frac{\hat{\mu} - X}{\sigma}\right\}\right]$$

を求めればよい。ここで，標準指数分布は任意の $k(>0)$ について，

$$\begin{aligned}
E[\ln \hat{\varepsilon}|\hat{\varepsilon} \leq k]\mathrm{Pr}[\hat{\varepsilon} \leq k] &= \int_0^k (\ln \varepsilon)\,e^{-\varepsilon}\,d\varepsilon \\
&= \int_0^\infty (\ln \varepsilon)\,e^{-\varepsilon}\,d\varepsilon - \int_0^k (\ln \varepsilon)\,e^{-\varepsilon}\,d\varepsilon \\
&= -\gamma^* - \left[(\ln k)\,e^{-k} + \int_0^k \varepsilon^{-1}e^{-\varepsilon}\,d\varepsilon\right] \\
&= -\gamma^* - \Gamma(0,k) - (\ln k)\,e^{-k}
\end{aligned} \tag{A12}$$

となる性質がある。ここで γ^* は Euler-Mascheroni 定数，$\Gamma(\cdot,\cdot)$ は第 2 種不完全ガンマ関数であり $\Gamma(a,x) \equiv \int_x^\infty t^{a-1}e^{-t}dt$ と定義される。したがって，（A11）式の条件付き期待値部分は，

$$\hat{E}[S_T|S_T \geq X]\hat{\mathrm{Pr}}[S_T > X] = \hat{\mu} + \sigma[\gamma^* + \Gamma(0,k) + (\ln k)\,e^{-k}], \quad k \equiv e^{\frac{\hat{\mu}-X}{\sigma}} \tag{A13}$$

となる。

次に（A11）式右辺の第 2 項の確率は，

$$\begin{aligned}
\hat{\mathrm{Pr}}[S_T \geq X] &= \hat{\mathrm{Pr}}\left[\hat{\varepsilon} \leq k \equiv e^{\frac{\hat{\mu}-X}{\sigma}}\right] = \int_0^k e^{-\varepsilon}\,d\varepsilon = 1 - e^{-k} \\
&= 1 - \exp\left\{-\exp\left\{\frac{\hat{\mu}-X}{\sigma}\right\}\right\}
\end{aligned} \tag{A14}$$

となるので，（A13），（A14）式を（A11）式へ代入し，$\hat{\mu} = F - \sigma\gamma^*$ を代入してリスク選好パラメーターを消去すると証明すべき本章（29a）式を得る。

II. 対象指数がフレシェ分布に従う場合

対象指数は，（A4）式が示す通り標準指数分布 ε を用いて，

$$S_T = \mu + \hat{\sigma}\, \varepsilon^{-\frac{1}{\alpha}}$$

と表すことができる。これを用いて（A11）式を求める。

（A11）式の条件付き期待値部分は，

$$\hat{E}[S_T|S_T \geq X]\hat{\Pr}[S_T \geq X] = \mu + \hat{\sigma}\hat{E}\left[\varepsilon^{-\frac{1}{\alpha}}\Big|\varepsilon \geq \left(\frac{X-\mu}{\hat{\sigma}}\right)^{-\alpha}\right] \cdot \hat{\Pr}\left[\varepsilon \geq \left(\frac{X-\mu}{\hat{\sigma}}\right)^{-\alpha}\right]$$

$$= \mu + \hat{\sigma}\int_{\left(\frac{X-\mu}{\hat{\sigma}}\right)}^{\infty}\varepsilon^{-\frac{1}{\alpha}}e^{-\varepsilon}\,d\varepsilon$$

$$= \mu + \hat{\sigma}\cdot\Gamma\left(1-\frac{1}{\alpha},\left(\frac{X-\mu}{\hat{\sigma}}\right)^{-\alpha}\right) \tag{A15}$$

となる。

（A11）式右辺の第 2 項の確率は，

$$\hat{\Pr}[S_T \geq X] = \hat{\Pr}\left[\varepsilon \geq k \equiv \left(\frac{X-\mu}{\hat{\sigma}}\right)^{-\alpha}\right] = 1 - \hat{\Pr}[\hat{\varepsilon} < k]e^{-k}$$

$$= \exp\left\{-\left(\frac{X-\mu}{\hat{\sigma}}\right)^{-\alpha}\right\} \tag{A16}$$

となるので，（A15），（A16）式を（A11）式へ代入し，さらに $\hat{\sigma} = \dfrac{F-\mu}{\Gamma\left(1-\dfrac{1}{\alpha}\right)}$

を代入すると本章（29b）式を得る。

III. 対象指数がワイブル分布に従う場合

対象指数は，（A6）式が示す通り標準指数分布 ε を用いて，

$$S_T = \mu + \hat{\sigma}\left(-\hat{\varepsilon}^{\frac{1}{\alpha}}\right)$$

と表すことができる。これを用いて（A11）式を求める。

（A11）式の条件付き期待値部分は，

第 10 章　変換ベータ分布を用いた地震デリバティブの評価理論 —— *267*

$$\hat{E}[S_T|S_T \geq X]\hat{\Pr}[S_T \geq X] = \mu - \hat{\sigma}\, \hat{E}\left[\varepsilon^{\frac{1}{\alpha}} \,\middle|\, \varepsilon \leq \left(\frac{\mu - X}{\hat{\sigma}}\right)^{\alpha}\right] \cdot \hat{\Pr}\left[\tilde{\varepsilon} \leq \left(\frac{\mu - X}{\hat{\sigma}}\right)^{\alpha}\right]$$

$$= \mu - \hat{\sigma}\left[\int_0^{\infty} \varepsilon^{\frac{1}{\alpha}} e^{-\varepsilon}\, d\varepsilon - \int_{\left(\frac{\mu-X}{\hat{\sigma}}\right)^{\alpha}}^{\infty} \varepsilon^{\frac{1}{\alpha}} e^{-\varepsilon}\, d\varepsilon\right]$$

$$= \mu - \hat{\sigma}\left[\Gamma\left(1 + \frac{1}{\alpha}\right) - \Gamma\left(1 + \frac{1}{\alpha}, \left(\frac{\mu - X}{\hat{\sigma}}\right)^{\alpha}\right)\right] \quad \text{(A17)}$$

となる。

（A11）式右辺の第 2 項の確率は，

$$\hat{\Pr}[S_T \geq X] = \hat{\Pr}\left[\tilde{\varepsilon} \leq k \equiv \left(\frac{\mu - X}{\hat{\sigma}}\right)^{\alpha}\right] = 1 - e^{-k}$$

$$= 1 - \exp\left\{-\left(\frac{\mu - X}{\hat{\sigma}}\right)^{\alpha}\right\} \quad \text{(A18)}$$

となる。（A17），（A18）式を（A11）式へ代入し，さらに $\hat{\sigma} = \dfrac{F - \mu}{\Gamma\left(1 + \dfrac{1}{\alpha}\right)}$ を

代入すると本文（29c）式を得る。■

謝辞

本章の研究は JSPS 科研費 15H03402 の助成を受けたものある。

参考文献

Abdessalem, M. B., Ohnishi, M., 2014. Catastrophe risk derivatives: A new approach. *Journal of Mathematical Finance* 4, 21-34.

Black, F., Scholes, M., 1973. The pricing of options and corporate liabilities. *Journal of Political Economy* 81(3), 637-654.

Brennan, M., 1979. The pricing of contingent claims in discrete time models. *The Journal of Finance* 34(1), 53-68.

Camara, A., 2003. A generalization of the Brennan-Rubinstein approach for the pricing of derivatives. *The Journal of Finance* 58(2), 805-819.

Embrechts, P., Klüpperlberg, C., Mikosch, T., 1997. *Modelling Extremal Events for Insurance and Finance*. Springer-Verlag.

Fisher, R. A., Tippett, L. H. C., 1928. Limiting forms of the frequency distribution of the largest or smallest member of a sample. *Mathematical Prioceedings of the Cam-*

bridge Philosophical Society 24(2), 180-190.

Gnedenko, B. V., 1943. Sur la distribution limite du terme maximum d'une série aléatoire. *Annals of Mathematics*, 44(3), 423-453.

Heston, S. L., 1993. Invisible parameters in option prices. *The Journal of Finance* 48 (3), 933-947.

Ikeda, M., 2010. Equilibrium preference free pricing of derivatives under the generalized beta distributions. *Review of Derivatives Research* 13, 297-332.

Kotz, S., Balakrishnan, N., Johnson, N. L., 2000. *Continuous Multivariate Distributions Vol.1: Models and Applications*, Second Edition. John Wiley & Sons.

Markose, S., Alentorn A., 2011. The generalized extreme value distribution, implied tail index, and option pricing. *The Journal of Derivatives* 18(3), 35-60.

McDonald, J. B., Xu, Y. J., 1995. A generalization of the beta distribution with applications. *Journal of Econometrics* 66(1-2), 133-152.

Negishi, T., 1960. Welfare economics and existence of an equilibrium for a competitive economy. *Metroeconomica* 12(2-3), 92-97.

Poon, S-H., Stapleton, R. C., 2005. *Asset Pricing in Discrete Time: A Complete Markets Approach*. Oxford University Press.

Rubinstein, M., 1976. The valuation of uncertain income streams and the pricing of options. *The Bell Journal of Economics* 7(2), 407-425.

Vitiello, L., Poon, S-H., 2010. General equilibrium and preference free model for pricing options under transformed gamma distribution. *The Journal of Futures Markets* 30(5), 409-431.

von Mises, R., 1936. La distribution de la plus grande de la valeurs. *Revue Mathématique de l'Union Interbalcanique* 1, 141-160.

Zimbidis, A. A., Frangos, N. E., Pantelous, A. A., 2007. Modeling earthquake risk via extreme value theory and pricing the respective catastrophe bonds. *Astin Bulletin* 37(1), 163-183.

池田昌幸, 2000. 『金融経済学の基礎』朝倉書店.

高橋倫也・志村隆彰, 2016. 『極値統計学』近代科学社.

森平爽一郎, 2012. 「大災害のリスクファイナンス」SAS ユーザー総会講演配布資料.

第11章

東日本大震災と原子力発電の
ディスクロージャー

　東日本大震災では，東京電力福島第一原子力発電所の甚大な原子力事故が発生した。東京電力は賠償，除染および事故炉の廃止措置などの責任を負うことになり，事業の継続性に疑義がもたれる状況に陥った。さらに，東日本大震災は原子力事故損害および原子炉等の廃止措置費用の甚大さ，ならびに対応の長期化を可視化させた。政府は，コストベネフィットを勘案して，東京電力を破綻させるよりもむしろ資金を投入して救済することを選択した。本章では，最初に東日本大震災直後の東京電力のディスクロージャーを分析する。そこでは東京電力の損害賠償額の評価などの高度な会計判断が行われていた。次に，東京電力の救済に係る政策過程を分析する。さらに，事故炉と通常炉の廃炉に係る会計制度の設計過程を分析する。

11.1　平成23年（2011年）東北地方太平洋沖地震後の株式市場の動向

　2011年7月4日には東京電力の異常リターンは19.82%（異常リターン18.62%，t値3.128）と1%水準で有意な上昇であった。東京電力株の売りポジションをとっていた投資家は相場が底堅いことをみて買い戻したことによるとみられていた（日本経済新聞，2011a）。7月21日には，原発賠償支援法案の修正協議再開などを手掛かりに東京電力株の買い膨らんだ（日本経済新聞，2011b）。この日の東京電力の株式リターンは15.91%（異常リターン15.98%，t値2.619）と1%水準で有意な上昇であった。7月27日には，原発賠償支援法案が衆議院で可決されたが，株主責任に関する文言を加えた

修正が行われたため，東京電力株が大幅に続落した（日本経済新聞，2011c）。株式リターンは，-15.82%（異常リターン -15.00%，t 値 -2.418），5 % 水準で有意な下落であった。

　8 月 3 日には，原子力損害賠償支援機構法（以下，「機構法」という。）が成立した。東京電力に対する政府支援スキームが決定したことから，資金繰りが確保され，破綻の危機が遠のいた（日本経済新聞，2011d）。株価には既にこうした情報は織り込み済みであったため，有意な異常リターンは観測されなかった。

　2011 年 8 月 9 日，東京電力は 2012 年第 1 四半期決算発表の際，政府の原子力損害賠償支援機構からの資金援助を特別利益に計上する方針を表明したことから，原子力発電の事業リスクが低下したとみなされ，8 月 10 日の東京電力などの電力株が急上昇した（日本経済新聞，2011e，2011g）[1]。この会計方針は，電力会社に統計的に有意なプラスのインパクトを与えた（図表 11-1）。それぞれの株式リターンは，東京電力 15.42%（異常リターン 14.60%，t 値 2.311），中部電力 7.79%（異常リターン 6.97%，t 値 3.242），関西電力 8.31%（異常リターン 7.48%，t 値 3.893），中国電力 7.71%（異常リターン 6.88%，t 値 3.984），北陸電力 4.78%（異常リターン 3.95%，t 値 2.423），東北電力 7.28%（異常リターン 6.46%，t 値 2.625），四国電力 4.98%（異常リターン 4.16%，t 値 2.473），九州電力 6.07%（異常リターン 5.25%，t 値 2.961），北海道電力 7.77%（異常リターン 6.95%，t 値 4.128），沖縄電力 4.49%（異常リターン 3.67%，t 値 2.214）であった。東京電力は 5 % 水準で有意な上昇，中部電力，関西電力，中国電力，東北電力，九州電力および北海道電力が 1 % 水準で有意な上昇，北陸電力，四国電力および沖縄電力が 5 % 水準で有意な上昇であった。

　2011 年 10 月 20 日には株式リターン 35.81%（異常リターン 36.54%，t 値 5.217），1 % 水準で有意な上昇，2012 年 1 月 10 に株式リターン 24.28%（異常リターン 23.96%，t 値 3.206），1 % 水準で有意な上昇が観測された。これらの株価の急騰は，特段のニュースがあったのではなく，短期売買目的の投

1　2011 年 8 月 9 日 15:00 に決算発表が行われたので，公表された情報は翌 10 日の株価に反映された。

第11章　東日本大震災と原子力発電のディスクロージャー ── *271*

図表 11-1　東京電力が政府の原子力損害賠償支援機構からの資金援助を特別利益に計上する方針を表明したこと（2011 年 8 月 9 日）が電力各社の株価（2011 年 8 月 10 日）に及ぼしたインパクト

	株式リターン	異常リターン		t 値	
東京電力	15.42	14.60	(	2.311	) *
中部電力	7.79	6.97	(	3.242	) **
関西電力	8.31	7.48	(	3.893	) ***
中国電力	7.71	6.88	(	3.984	) ***
北陸電力	4.78	3.95	(	2.423	) *
東北電力	7.28	6.46	(	2.625	) **
四国電力	4.98	4.16	(	2.473	) *
九州電力	6.07	5.25	(	2.961	) **
北海道電力	7.77	6.95	(	4.128	) ***
沖縄電力	4.49	3.67	(	2.214	) *

注：*** は p 値 <0.001，** は p 値 <0.01，* は p 値 <0.05 を表す（両側検定）。

資家の取引によるものであった（日本経済新聞，2011h，2012）。これら以外に 2012 年 3 月末までに東京電力の株価に統計的に有意な変動はなかった。

11.2　第 1 四半期決算短信・第 1 四半期報告書（2011 年 6 月期）の開示

11.2.1　第 1 四半期報告書（2011 年 6 月期）の財政状態

　東京電力は，2011 年 8 月 9 日に第 1 四半期決算短信を，8 月 10 日に第 1 四半期報告書をそれぞれ提出した。2012 年 3 月期第 1 四半期では，連結貸借対照表の固定負債に，原子力損害賠償引当金 3,977 億円を計上し，連結損益計算書の特別損失に同額を原子力損害賠償費として計上した。その結果，四半期純損失は△ 5,717 億円（前年同期△ 54 億円）であった。

　機構法が 2011 年 8 月 3 日に成立し，原子力損害賠償支援機構が新設され，東京電力に対して原子力損害賠償に必要な資金の援助を行うことになった。図表 11-2 は継続企業の前提に関する事項の注記である。東京電力は，

2011 年 3 月期決算に続き，継続企業の前提に関して重要な不確実性を認めた。この注記によれば，その理由は，「電気の安定供給の維持等を考慮し，当社は機構に対し収支の状況に照らし設定される特別な負担金を支払うこととされている。当社は徹底した経営合理化による費用削減や資金確保に取り

図表 11-2　継続企業の前提に関する事項の開示

　東北地方太平洋沖地震により被災した福島第一原子力発電所の事故等に関する原子力損害について，わが国の原子力損害賠償制度上，当社は原子力損害の賠償に関する法律（昭和 36 年 6 月 17 日　法律第 147 号。以下「原賠法」という）の要件を満たす場合，賠償責任を負うこととされている。従って，当社グループの財務体質が大幅に悪化し継続企業の前提に重要な疑義を生じさせるような状況が存在している。

　当社としては，原子力損害の原因者であることを真摯に受け止め，被害を受けられた皆さまへの補償を早期に実現するとの観点から，国の援助をいただきながら原賠法に基づく補償を実施することとし，誠意をもって補償するための準備を進めている。

　当社は原子力事故の収束と安全性の確保，電気の安定供給を確保するための設備投資，高騰する化石燃料の手当等に相当な資金が必要となる一方で，社債の発行及び金融機関からの借入等の資金調達も極めて厳しい状況にあることを踏まえ，こうした補償を確実に実施するために，原子力経済被害担当大臣に対し原賠法第 16 条に基づく国の援助の枠組みの策定をお願いした。

　それに対して，政府より「東京電力福島原子力発電所事故に係る原子力損害の賠償に関する政府の支援の枠組みについて（平成 23 年 5 月 13 日　原子力発電所事故経済被害対応チーム　関係閣僚会合決定，平成 23 年 6 月 14 日　閣議決定）」が公表され，その後，「原子力損害賠償支援機構法（以下「機構法」という）」が平成 23 年 8 月 3 日に成立した。機構法では，新設される原子力損害賠償支援機構（以下「機構」という）が，原子力損害の賠償の迅速かつ適切な実施等のため，当社に対し必要な資金の援助を行うこととされている。また，電気の安定供給の維持等を考慮し，当社は機構に対し収支の状況に照らし設定される特別な負担金を支払うこととされている。当社は徹底した経営合理化による費用削減や資金確保に取り組み，この法律に基づく支援を受けて賠償責任を果たしていく予定である。しかし，機構の具体的な運用等については今後の検討に委ねられていることを踏まえると，現時点では継続企業の前提に関する重要な不確実性が認められる。

　なお，四半期連結財務諸表は継続企業を前提として作成しており，継続企業の前提に関する重要な不確実性の影響を四半期連結財務諸表に反映していない。

出所：東京電力　第 1 四半期報告書（2011 年 6 月期）。

組み，この法律に基づく支援を受けて賠償責任を果たしていく予定である。しかし，機構の具体的な運用等については今後の検討に委ねられていることを踏まえると，現時点では継続企業の前提に関する重要な不確実性が認められる。」ということであった。

11.2.2　追加情報の開示

　企業会計基準委員会は，2011年3月25日，企業会計基準第12号「四半期財務諸表に関する会計基準」および企業会計基準適用指針第14号「四半期財務諸表に関する会計基準の適用指針」を改正した。これらの改正は，2010年6月の閣議決定「新成長戦略」で示された四半期報告の簡素化を反映したものである。これらの改正基準は2011年4月1日以降開始する連結会計年度および事業年度から適用されている。開示すべき注記も簡素化された。それにあわせて，四半期報告書の追加情報も限定的となった[2]。東京電力は，年度の財務諸表と比較して著しい変動がある項目として，福島第一原子力発電所の事故等に関する原子力損害の賠償に関する追加情報を開示した（図表11-3）。2011年3月期の決算では，原子力損害賠償の金額が合理的に見積もることができないという理由で原子力損害賠償引当金を計上されなかった。2012年3月期第1四半期では，2011年8月5日に原子力損害賠償紛争審査会「東京電力株式会社福島第一，第二原子力発電所事故による原子力損害の範囲の判定等に関する中間指針」が決定されたため，「避難等対象者の精神的損害に加え，客観的な統計データ等により合理的な見積りが可能となった避難指示等による就労不能に伴う損害や営業損害等について」，合理的な見積りが可能な範囲における概算額397,709百万円が「原子力損害賠償引当金」として引当計上されることになった。すなわち，2011年8月時点では，合理的に見積りが可能な範囲で，「避難等対象者の精神的損害」，

2　監査・保証実務委員会実務指針第77号「追加情報の注記について」では，追加情報の記載事項の例示として，「利害関係人が年度の財務諸表を理解していることを前提に，年度の財務諸表と比較して著しい変動がある項目や，借入金や社債等に付された財務制限条項に抵触している状況など，著しい変動の有無にかかわらず四半期財務諸表に重要な影響を及ぼすと認められる項目など，利害関係人が企業集団又は会社の財政状態，経営成績及びキャッシュ・フローの状況を適切に判断する上で必要と認められる項目」としている（日本公認会計士協会，2011）。

274 —— 第Ⅱ部　巨大災害と資本市場

「就労不能に伴う損害」や「営業損害」などが原子力損害賠償の対象となった。

　2011 年 8 月時点では，原子力損害賠償支援機構は，原子力損害の賠償の迅速かつ適切な実施等のため，東京電力に対し必要な資金の援助を行うこと

図表 11-3　福島第一原子力発電所の事故等に関する原子力損害の賠償に関する追加情報

　東北地方太平洋沖地震により被災した福島第一原子力発電所の事故等に関する原子力損害について，わが国の原子力損害賠償制度上，当社は原子力損害の賠償に関する法律（昭和 36 年 6 月 17 日　法律第 147 号）の要件を満たす場合，賠償責任を負うこととされている。また，その賠償額は原子力損害賠償紛争審査会（以下「審査会」という）が定める指針に基づいて算定されるなど，賠償額を合理的に見積ることができないことなどから，前連結会計年度においては計上していない。

　その後，平成 23 年 6 月 20 日の審査会で決定された「東京電力㈱福島第一，第二原子力発電所事故による原子力損害の範囲の判定等に関する第二次指針追補」では，避難等対象者の精神的損害の損害額の算定方法が具体的に定められた。加えて，「東京電力株式会社福島第一，第二原子力発電所事故による原子力損害の範囲の判定等に関する中間指針」が，一次指針，二次指針で示された賠償項目の追加だけでなく，これまでの指針の取り纏めとして，平成 23 年 8 月 5 日に決定された。これにより，避難等対象者の精神的損害に加え，客観的な統計データ等により合理的な見積りが可能となった避難指示等による就労不能に伴う損害や営業損害等について，当第 1 四半期連結会計期間において原子力損害賠償引当金を397,709 百万円計上している。これらの賠償額の見積りについては，参照するデータの精緻化や被害を受けられた皆さまとの合意等により今後変動する可能性があるものの，現時点での合理的な見積りが可能な範囲における概算額を計上している。

　なお，こうした賠償を実施するため，「原子力損害賠償支援機構法（以下「機構法」という）」が平成 23 年 8 月 3 日に成立した。機構法では，新設される原子力損害賠償支援機構（以下「機構」という）が，原子力損害の賠償の迅速かつ適切な実施等のため，当社に対し必要な資金の援助を行うこととされている。また，電気の安定供給の維持等を考慮し，当社は機構に対し収支の状況に照らし設定される特別な負担金を支払うこととされている。当社は徹底した経営合理化による費用削減や資金確保に取り組み，この法律に基づく支援を受けて賠償責任を果たしていく予定である。

　出所：東京電力　第 1 四半期報告書（2011 年 6 月期）。

第11章　東日本大震災と原子力発電のディスクロージャー —— *275*

を決定していた。また、東京電力は、原子力損害賠償支援機構に対し収支の状況に照らし設定される特別な負担金を支払うことになった。東京電力は、第1四半期（2011年6月期）時点では原子力損害賠償支援機構からの援助を受領していないので、会計上それを認識しなかった。

11.2.3　原子力損害の賠償に係る偶発債務

　東京電力は、2011年6月期の第1四半期報告書でも原子力損害の賠償に係る偶発債務を注記した（図表11-4）。原子力損害賠償紛争審査会の「東京電力株式会社福島第一、第二原子力発電所事故による原子力損害の範囲の判定等に関する中間指針」等の「記載内容や現時点で入手可能なデータ等により合理的に見積もることができない風評被害や間接被害および財物価値の喪失や減少」は偶発債務とされ、貸借対照表の負債に計上されなかった。

図表11-4　原子力損害の賠償に係る偶発債務に関する注記

　東北地方太平洋沖地震により被災した福島第一原子力発電所の事故等に関する原子力損害について、わが国の原子力損害賠償制度上、当社は原子力損害の賠償に関する法律（昭和36年6月17日　法律第147号）の要件を満たす場合、賠償責任を負うこととされている。その中で、原子力損害賠償紛争審査会は、平成23年6月20日に「東京電力㈱福島第一、第二原子力発電所事故による原子力損害の範囲の判定等に関する第二次指針追補」を、平成23年8月5日に「東京電力株式会社福島第一、第二原子力発電所事故による原子力損害の範囲の判定等に関する中間指針」を決定した。これにより、中間指針等における具体的算定方法及び客観的な統計データ等に基づき合理的な見積りが可能な額については、当第1四半期連結会計期間より原子力損害賠償引当金に計上しているが、中間指針等の記載内容や現時点で入手可能なデータ等により合理的に見積ることができない風評被害や間接被害及び財物価値の喪失や減少等については計上していない。

出所：東京電力　第1四半期報告書（2011年6月期）。

11.2.4　独立監査人の四半期レビュー報告書（2011年6月期）

　新日本有限責任監査法人は、2011年8月10日に独立監査人として2011年6月期の四半期レビュー報告書を東京電力の取締役会に提出した（図表11-5）。新日本有限責任監査法人は、「四半期連結財務諸表が、我が国にお

いて一般に公正妥当と認められる四半期連結財務諸表の作成基準に準拠して，東京電力株式会社及び連結子会社の平成23年6月30日現在の財政状態及び同日をもって終了する第1四半期連結累計期間の経営成績を適正に表示していないと信じさせる事項がすべての重要な点において認められなかった。」と結論づけた。この四半期レビュー報告書において，新日本有限責任監査法人は，強調すべき事項として，（1）追加情報の継続企業の前提に関する重要な不確実性が認められること，（2）現時点での合理的な見積りが可能な範囲における概算額として，原子力損害賠償引当金3,977億円を計上していること，（3）合理的に見積もることができない風評被害や間接被害および財物価値の喪失や減少等については計上していないことを指摘した[3]。

図表11-5 「独立監査人の四半期レビュー報告書」（東京電力，2012年3月期第1四半期）

独立監査人の四半期レビュー報告書

平成23年8月10日

東京電力株式会社
　　取締役会　御中

新日本有限責任監査法人

指定有限責任社員 業務執行社員	公認会計士	高橋　秀法	印
指定有限責任社員 業務執行社員	公認会計士	岡村　俊克	印
指定有限責任社員 業務執行社員	公認会計士	春日　淳志	印

　当監査法人は，金融商品取引法第193条の2第1項の規定に基づき，「経理の状況」に掲げられている東京電力株式会社の平成23年4月1日から平成24年3月

3　企業会計審議会は，2011年6月30日に「四半期レビュー基準の改訂に関する意見書」を公表した。監査人が当該記載を強調するために追記する強調事項とその他監査人が投資者等に説明することが適当であると判断して追記する説明事項とを区分して記載することになった。この改訂基準は，2011年4月1日以後開始する事業年度に係る四半期財務諸表の監査証明から適用されている。

31日までの連結会計年度の第1四半期連結会計期間（平成23年4月1日から平成23年6月30日まで）及び第1四半期連結累計期間（平成23年4月1日から平成23年6月30日まで）に係る四半期連結財務諸表，すなわち，四半期連結貸借対照表，四半期連結損益計算書，四半期連結包括利益計算書及び注記について四半期レビューを行った。

四半期連結財務諸表に対する経営者の責任

　経営者の責任は，我が国において一般に公正妥当と認められる四半期連結財務諸表の作成基準に準拠して四半期連結財務諸表を作成し適正に表示することにある。これには，不正又は誤謬による重要な虚偽表示のない四半期連結財務諸表を作成し適正に表示するために経営者が必要と判断した内部統制を整備及び運用することが含まれる。

監査人の責任

　当監査法人の責任は，当監査法人が実施した四半期レビューに基づいて，独立の立場から四半期連結財務諸表に対する結論を表明することにある。当監査法人は，我が国において一般に公正妥当と認められる四半期レビューの基準に準拠して四半期レビューを行った。

　四半期レビューにおいては，主として経営者，財務及び会計に関する事項に責任を有する者等に対して実施される質問，分析的手続その他の四半期レビュー手続が実施される。四半期レビュー手続は，我が国において一般に公正妥当と認められる監査の基準に準拠して実施される年度の財務諸表の監査に比べて限定された手続である。

　当監査法人は，結論の表明の基礎となる証拠を入手したと判断している。

監査人の結論

　当監査法人が実施した四半期レビューにおいて，上記の四半期連結財務諸表が，我が国において一般に公正妥当と認められる四半期連結財務諸表の作成基準に準拠して，東京電力株式会社及び連結子会社の平成23年6月30日現在の財政状態及び同日をもって終了する第1四半期連結累計期間の経営成績を適正に表示していないと信じさせる事項がすべての重要な点において認められなかった。

強調事項

1. 「継続企業の前提に関する事項」に記載されているとおり，東北地方太平洋沖地震により被災した福島第一原子力発電所の事故等に関する原子力損害について，わが国の原子力損害賠償制度上，会社は原子力損害の賠償に関する法律（昭和36年6月17日　法律第147号。以下「原賠法」という）の要件を満たす場合，賠償責任を負うこととされている。従って，会社グループの

財務体質が大幅に悪化し継続企業の前提に重要な疑義を生じさせるような状況が存在している。

　会社は原子力事故の収束と安全性の確保，電気の安定供給を確保するための設備投資，高騰する化石燃料の手当等に相当な資金が必要となる一方で，社債の発行及び金融機関からの借入等の資金調達も極めて厳しい状況にあることを踏まえ，こうした補償を確実に実施するために，原子力経済被害担当大臣に対し原賠法第16条に基づく国の援助の枠組みの策定をお願いした。

　それに対して，政府より「東京電力福島原子力発電所事故に係る原子力損害の賠償に関する政府の支援の枠組みについて（平成23年5月13日　原子力発電所事故経済被害対応チーム　関係閣僚会合決定，平成23年6月14日閣議決定）」が公表され，その後，「原子力損害賠償支援機構法（以下「機構法」という）」が平成23年8月3日に成立した。機構法では，新設される原子力損害賠償支援機構（以下「機構」という）が，原子力損害の賠償の迅速かつ適切な実施等のため，会社に対し必要な資金の援助を行うこととされている。また，電気の安定供給の維持等を考慮し，会社は機構に対し収支の状況に照らし設定される特別な負担金を支払うこととされている。会社は徹底した経営合理化による費用削減や資金確保に取り組み，この法律に基づく支援を受けて賠償責任を果たしていく予定である。しかし，機構の具体的な運用等については今後の検討に委ねられていることを踏まえると，現時点では継続企業の前提に関する重要な不確実性が認められる。

　四半期連結財務諸表は継続企業を前提として作成されており，このような重要な不確実性の影響は四半期連結財務諸表に反映されていない。

2.「追加情報　福島第一原子力発電所の事故等に関する原子力損害の賠償」に記載されているとおり，東北地方太平洋沖地震により被災した福島第一原子力発電所の事故等に関する原子力損害について，わが国の原子力損害賠償制度上，会社は原子力損害の賠償に関する法律（昭和36年6月17日　法律第147号）の要件を満たす場合，賠償責任を負うこととされている。また，その賠償額は原子力損害賠償紛争審査会（以下「審査会」という）が定める指針に基づいて算定されるなど，賠償額を合理的に見積ることができないことなどから，前連結会計年度においては計上していない。

　その後，平成23年6月20日の審査会で決定された「東京電力㈱福島第一，第二原子力発電所事故による原子力損害の範囲の判定等に関する第二次指針追補」では，避難等対象者の精神的損害の損害額の算定方法が具体的に定められた。加えて，「東京電力株式会社福島第一，第二原子力発電所事故による原子力損害の範囲の判定等に関する中間指針」が，一次指針，二次指針で示された賠償項目の追加だけでなく，これまでの指針の取り纏めとして，平成23年8月5日に決定された。これにより，避難等対象者の精神的損害に加え，客観的な統計データ等により合理的な見積りが可能となった避難指示等

第 11 章　東日本大震災と原子力発電のディスクロージャー ── *279*

による就労不能に伴う損害や営業損害等について，当第 1 四半期連結会計期間において原子力損害賠償引当金を 397,709 百万円計上している。これらの賠償額の見積りについては，参照するデータの精緻化や被害を受けられた皆さまとの合意等により今後変動する可能性があるものの，現時点での合理的な見積りが可能な範囲における概算額を計上している。

3.「注記事項　四半期連結貸借対照表関係　偶発債務　(3) 原子力損害の賠償に係る偶発債務」に記載されているとおり，東北地方太平洋沖地震により被災した福島第一原子力発電所の事故等に関する原子力損害について，わが国の原子力損害賠償制度上，会社は原子力損害の賠償に関する法律（昭和 36 年 6 月 17 日　法律第 147 号）の要件を満たす場合，賠償責任を負うこととされている。その中で，原子力損害賠償紛争審査会は，平成 23 年 6 月 20 日に「東京電力㈱福島第一，第二原子力発電所事故による原子力損害の範囲の判定等に関する第二次指針追補」を，平成 23 年 8 月 5 日に「東京電力株式会社福島第一，第二原子力発電所事故による原子力損害の範囲の判定等に関する中間指針」を決定した。これにより，中間指針等における具体的算定方法及び客観的な統計データ等に基づき合理的な見積りが可能な額については，当第 1 四半期連結会計期間より原子力損害賠償引当金に計上しているが，中間指針等の記載内容や現時点で入手可能なデータ等により合理的に見積ることができない風評被害や間接被害及び財物価値の喪失や減少等については計上していない。

当該事項は，当監査法人の結論に影響を及ぼすものではない。

利害関係

　会社と当監査法人又は業務執行社員との間には，公認会計士法の規定により記載すべき利害関係はない。

以　上

出所：東京電力　第 1 四半期報告書（2011 年 6 月期）。

11.3　訂正報告書（2011 年 11 月 5 日）────────

　2011 年 3 月期には，東京電力は福島第一原子力発電所の事故に関する原子力損害の賠償額を合理的に見積もることができないとして，引当計上しなかった。その後，東京電力は 2011 年 11 月 5 日に臨時報告書の訂正報告書を提出した。以下はその抜粋である。下線部は訂正箇所である。

また，福島第一原子力発電所の事故等に関する原子力損害について，わが国の原子力損害賠償制度上，当社は原子力損害の賠償に関する法律（昭和 36 年 6 月 17 日 法律第 147 号）の要件を満たす場合，賠償責任を負うこととされており，その賠償額は原子力損害賠償紛争審査会（以下「審査会」という）が定める指針に基づいて算定されるなど，賠償額を合理的に見積ることができないことなどから，前連結会計年度においては計上していない。（東京電力『臨時報告書の訂正報告書』2011 年 11 月 5 日）

その後，審査会は，平成 23 年 8 月 5 日に「東京電力株式会社福島第一，第二原子力発電所事故による原子力損害の範囲の判定等に関する中間指針」（以下「中間指針」という）を決定した。また，当社は，迅速かつ適切な賠償を行う観点から，中間指針で示された損害項目ごとに，賠償基準を策定している。これらにより，具体的算定方法及び客観的な統計データ等に基づき合理的な見積りが可能な額については，平成 24 年 3 月期第 2 四半期連結累計期間において原子力損害賠償引当金（原子力損害賠償費）に計上している。

一方で，こうした賠償の迅速かつ適切な実施のため，機構法に基づき新設された原子力損害賠償支援機構（以下「機構」という）が，当社に対し必要な資金の援助を行うこととされており，当該資金援助を原子力損害賠償支援の受入に伴う利益（原子力損害賠償支援機構資金交付金）として計上する。

この 2011 年 11 月 5 日付訂正報告書は，原子力損害賠償紛争審査会が「中間指針」を決定したため，賠償額を合理的に見積もり可能となったという論理構成である。そこで東京電力は 2012 年 3 月期第 2 四半期報告（2011 年 9 月期）において原子力損害賠償引当金を計上することとなった。

11.4　第 2 四半期報告書（2011 年 9 月期）の開示

11.4.1　第 2 四半期（2011 年 9 月期）の状況

東京電力の西沢俊夫社長は，2011 年 8 月 9 日の第 1 四半期報告（2011 年

6月期）の決算発表において，記者からの賠償金の支払いにどう対応するかという質問に対して，「（政府が中心となって新設する）原子力損害賠償支援機構から賠償資金をもらう。そのお金は決算上，利益として計上されるので債務超過になる可能性はない。（機構からの資金は）基本的に損害賠償に使わせてもらい，ほかはなるべく自力でやるよう最大の努力は図りたい」（日本経済新聞，2011g）と回答していた。政府の原子力損害賠償スキームには，機構からの資金援助によって東京電力が債務超過にならないようにすることが意図されていた。

東京電力は2011年11月4日に第2四半期決算短信（2011年9月期）を，11月8日に第2四半期報告書（2011年9月期）を開示した。図表11-6は，東京電力による「業績の状況」の説明である。原子力損害賠償支援機構から原子力損害賠償支援機構資金交付金5,436.38億円を受けることことが決定し，特別利益に計上されている。合理的見積りが可能な損害賠償見積額1兆109億円から原子力損害賠償補償契約に関する法律の規定による補償金の受

図表 11-6　東京電力による「業績の状況」の分析

当第2四半期連結累計期間の売上高は，前年同四半期比7.7％減の2兆5,027億円，経常損益は1,057億円の損失（前年同四半期は経常利益2,013億円）となった。

また，特別利益は，原子力損害賠償支援機構資金交付金5,436億円を計上したことなどから，5,681億円となった。

一方，特別損失は，東北地方太平洋沖地震により被災した資産の復旧等に要する費用または損失1,850億円に加え，福島第一原子力発電所の事故等に関する原子力損害の賠償について，合理的見積りが可能な損害賠償見積額1兆109億円から原子力損害賠償補償契約に関する法律の規定による補償金の受入見込額1,200億円を控除した8,909億円を計上したことから，1兆759億円となった。

これにより，四半期純損益は，6,272億円の損失（前年同四半期は四半期純利益922億円）となった。

なお，電気事業については，売上高において販売電力量を四半期ごとに比較すると，第1四半期・第3四半期と比べて，第2四半期・第4四半期の販売電力量は，冷暖房需要により増加し，相対的に高水準となる。また，第2四半期は，夏季のピーク需要に対応する供給コストの上昇を反映した夏季料金（7月1日から9月30日まで）を設定しており，売上高に季節的変動がある。

出所：東京電力 第2四半期報告書（2011年9月期）。

入見込額 1,200 億円を控除した 8,909 億円を特別損失に計上した。

11.4.2 原子力損害賠償スキームの会計学上の解釈

会計上では，原子力損害賠償支援機構による資金処理は次の 2 つの取引からなる。

〈取引 1：原子力損害賠償支援機構資金交付金の受贈〉
(借方) 未収原子力損害賠償支援機構資金交付金　　　5,436.38 億円
　／(貸方) 原子力損害賠償支援機構資金交付金　　5,436.38 億円
〈取引 2：原子力損害賠償の支払い〉
(借方) 災害特別損失　　　　　　　　　　　　　　　4,931.99 億円
　／(貸方) 原子力損害賠償引当金　　　　　　　　4,931.99 億円 [4]

図表 11-7 は，2011 年 9 月期のこれらの取引を概念化しものである。取引 1 は東京電力と原子力損害賠償支援機構の取引，取引 2 は東京電力と原子力事故被害者の取引である。取引 1 では，原子力損害賠償支援機構が東京電力への金銭贈与を確定する。東京電力は，その交付金を収益として認識して損益計算書の特別利益に計上すると同時に，貸借対照表の資産の部に未収金として交付金と同額を計上する。取引 2 では，東京電力が被害者への賠償金支払義務を負債として認識し，原子力損害賠償引当金を計上する。同時に，東京電力は，その引当当金繰入額を災害特別損失として，損益計算書の特別損失に計上する。会計上，取引 1 と取引 2 は別個の取引であることを注意すべきである。ただし，原子力損害賠償支援機構からの交付金と被害者への賠償金支払いが同額であるならば，特別利益と特別損失は相殺されて，株主資本が毀損することはない。経済的にみれば，これらの取引は，国が東京電力を仲介して原子力事故被害者に賠償金を支払っていることと同じである [5]。

4　第 2 四半期における原子力損害賠償引当金の繰入額は開示されていない。そこで，繰入額は，2011 年 6 月期の原子力損害賠償引当金残高 3,977.09 億円と 2011 年 9 月期の残高 8,909.08 億円の純増分を推計値とした。

5　東京電力に対して原子力損害賠償支援機構が賠償金支払いの資金を金銭授与（交付金）するのではなく貸し付けたのならば，東京電力はそれを債務として負債として認識しなければならな

第11章　東日本大震災と原子力発電のディスクロージャー ── *283*

　東京電力の株主資本を上回る純損失が発生すれば，債務超過となり，経済的には破綻状態になる。ただし株主は株主資本の額以上の損失を負担をすることはなく，債権者（社債権者，金融機関，原子力事故の賠償金請求者など）が残余財産を配分することになる。債務超過を回避するためには，新たに株式を出資するか，あるいは債務を減免することが必要であった。

　原子力損害賠償支援機構の金銭贈与による損害賠償のスキームは預金保険機構の金融機関の破綻処理スキームを参考にしたものといわれる（遠藤，2013）。預金保険機構は金融機関の破綻処理に際し，金銭贈与を実施していた（平成金融危機への対応研究会，2005；鎌倉，2005）[6]。金銭贈与は返済が要請されない資金援助であった。1998年以降，破綻前の金融機関に対しても，預金保険機構が優先株式，普通株式，劣後債，劣後ローンを引き受けることによって，資本増強措置として資金援助が実施された。原子力損害賠償支援機構の金銭贈与による損害賠償のスキームは，破綻していない東京電力に金銭贈与した点で，預金保険機構の破綻処理スキームとは異なる。

　原子力損害賠償支援機構の東京電力への資金提供は金銭贈与であるから，返済義務を負わない。それゆえ，原子力損害賠償支援機構の交付金は全額が国民負担となる[7]。

　原子力損害賠償支援機構資金交付金の申込みを行った日をもって収益計上するという会計方針に関しては，会計検査院が会計上の問題を指摘した。東京電力の考え方は，「23年度第2四半期末時点で，東京電力が申請を行った

かった。この場合の取引は，次のようになる。
〈取引1〉
（借方）原子力損害賠償支援機構からの未収金　　　　　　5,436.38億円
　／（貸方）原子力損害賠償支援機構に対する金銭債務　　5,436.38億円
〈取引2〉
（借方）災害特別損失　　　　　　　　　　　　　　　　　4,931.99億円
　／（貸方）原子力損害賠償引当金　　　　　　　　　　　4,931.99億円
　このケースでは，特別利益5,436.38億円を計上できないのでその額だけ純損失が増加する。その結果，2011年9月末の純資産は9,635億円から4,198億円まで減少することになる。この場合には，原子力事故の損害賠償責任は株主が負うことになる。
6　北海道拓殖銀行1兆7,732億円，日本長期信用銀行3兆2,350億円，日本債券信用銀行3兆1,414億円などの金銭贈与が実施された（鎌倉，2005）。
7　東京電力は，原子力損害賠償支援機構に対して一般負担金および特別負担金を支払うことになっている。それらの負担金は交付金の原資である交付国債元本の回収に充当される。

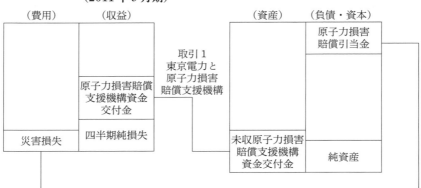

図表11-7 賠償金支払いのスキーム：東京電力2012年3月期第2四半期（2011年9月期）

金額については，実質的に，交付金を受け取る起因が発生していたものと考えることができるため，原子力損害賠償支援機構資金交付金については，「実現主義の原則」の範囲内において，23年度第2四半期末時点での収益認識が可能であると判断した。」（会計検査院，2013）であった。また，東京電力は，「東京電力福島原子力発電所事故に係る原子力損害の賠償に関する政府の支援の枠組みについて」（平成23年5月13日関係閣僚会合決定）に，「原子力損害が発生した場合の損害賠償の支払等に対応する支援組織（機構）を設ける。」，「機構は，原子力損害賠償のために資金が必要な原子力事業者に対し援助（資金の交付，資本充実等）を行う。援助には上限を設けず，必要があれば何度でも援助し，損害賠償，設備投資等のために必要とする金額のすべてを援助できるようにし，原子力事業者を債務超過にさせない。」などの具体的な支援の枠組みが含まれており，機構法は，同関係閣僚会合決定を受けて制定されたものであるから，上記関係閣僚会合決定の具体的な支援の枠組みが，機構法の法的枠組みとなっているとしている。」（会計検査院，2013）と主張した。これに対して，会計検査院は，「資金援助の決定が行われていないのに，「交付金を受け取る起因が発生していた」ことをもって「実現主義の原則」の範囲で収益の認識を行うこと，また，資金援助の決定

が 11 月 4 日に行われていたことをもって第 2 四半期末の 9 月 30 日までに収益が実現していたと判断することについては，疑問があるとする見方もある。」ことを指摘した。なお，原子力損害賠償支援機構は，「東電及び当機構の会計処理は，それぞれの会計方針に基づいて行われているものであり，個々の会計処理自体は適正になされているものと判断します。」としていた（会計検査院，2013）。

11.4.3　継続企業の前提に関する注記

　東京電力は，2011 年 9 月の第 2 四半期決算でも継続企業の前提に関する注記を開示した（図表 11-8）。その理由は，(1) 原子力事故の損害賠償による財務体質の悪化，(2) 原子力損害賠償支援機構と共同して策定した特別事業計画を改訂し，経営のあり方について中長期的視点からの抜本的な改革に向けた見直しを行う必要があることから継続企業の前提に関する不確実性があること，であった。

図表 11-8　東京電力による継続企業の前提に関する事項

　東北地方太平洋沖地震により被災した福島第一原子力発電所の事故等に関する原子力損害について，わが国の原子力損害賠償制度上，当社は原子力損害の賠償に関する法律（昭和 36 年 6 月 17 日　法律第 147 号。以下「原賠法」という）の要件を満たす場合，賠償責任を負うこととされている。従って，当社グループの財務体質が大幅に悪化し継続企業の前提に重要な疑義を生じさせるような状況が存在している。

　当社としては，事故の当事者であることを真摯に受け止め，被害を受けられた皆さまへの賠償を早期に実現するとの観点から，国の援助を受けながら原賠法に基づく賠償を実施することとしている。

　それに対して，政府より「東京電力福島原子力発電所事故に係る原子力損害の賠償に関する政府の支援の枠組みについて（平成 23 年 5 月 13 日　原子力発電所事故経済被害対応チーム　関係閣僚会合決定，平成 23 年 6 月 14 日　閣議決定）」が公表され，その後，「原子力損害賠償支援機構法（平成 23 年 8 月 10 日　法律第 94 号。以下「機構法」という）」が成立した。

　これを受け，当社は，原子力損害賠償支援機構（以下「機構」という）に対して，機構法第 41 条第 1 項第 1 号の規定に基づく資金援助（以下「資金交付」という）の申請を行うとともに，機構と共同して同第 45 条第 1 項の規定に基づき特別

事業計画を作成し，平成23年11月4日に主務大臣より同計画の認定を受けるとともに，機構より，要賠償額の見通しから原賠法第7条第1項に規定する賠償措置額を控除した金額の資金交付の決定を受けた。当社は徹底した経営合理化による費用削減や資金確保に取り組み，この法律に基づく支援を受けて賠償責任を果たしていく予定である。

しかし，同計画は当社及び機構が緊急に取り組むべき当面の課題を「緊急特別事業計画」としてとりまとめたものであり，今後の賠償金支払いと電気事業を的確に遂行するに足りる財務基盤の安定を図りつつ，電気事業制度の改革の動向等も踏まえ，当社の経営のあり方について中長期的視点からの抜本的な改革に向けた見直しを行うために，来春を目途に，同計画を改訂した「総合特別事業計画」を策定する必要があることを踏まえると，現時点では継続企業の前提に関する重要な不確実性が認められる。

なお，四半期連結財務諸表は継続企業を前提として作成しており，継続企業の前提に関する重要な不確実性の影響を四半期連結財務諸表に反映していない。

出所：東京電力 第2四半期報告書（2011年9月期）。

11.4.4　原子力損害の賠償に関する追加情報の開示

図表11-9は東京電力が開示した追加情報である。「避難等対象者の避難費用や精神的損害に加え，客観的な統計データ等により合理的な見積りが可能となった避難指示等による就労不能に伴う損害や営業損害および農林漁業における出荷制限等に伴う損害，農林漁業や観光業における風評被害等」の賠償額は，1兆109億円と見積もられた。東京電力は，賠償見積額から補償金1,200億円を控除した8,909億円を原子力損害賠償引当金に計上した。

図表11-9　東京電力による原子力損害の賠償に関する追加情報（2011年4月1日から2011年9月30日まで）の開示

（福島第一原子力発電所の事故等に関する原子力損害の賠償）

東北地方太平洋沖地震により被災した福島第一原子力発電所の事故等に関する原子力損害について，当社は事故の当事者であることを真摯に受け止め，被害を受けられた皆さまへの賠償を早期に実現するとの観点から，国の援助を受けながら原子力損害の賠償に関する法律（昭和36年6月17日 法律第147号）に基づく賠償を実施することとしている。その賠償額は原子力損害賠償紛争審査会（以下「審査会」という）が定める指針に基づいて算定されるなど，賠償額を合理的に見

積ることができないことなどから，前連結会計年度においては計上していない。

　その後，平成 23 年 8 月 5 日の審査会で「東京電力株式会社福島第一，第二原子力発電所事故による原子力損害の範囲の判定等に関する中間指針」（以下「中間指針」という）が決定された。さらに当社は迅速かつ適切な賠償を行う観点から，中間指針で示された損害項目ごとに，賠償基準を策定している。これらにより，避難等対象者の避難費用や精神的損害に加え，客観的な統計データ等により合理的な見積りが可能となった避難指示等による就労不能に伴う損害や営業損害および農林漁業における出荷制限等に伴う損害，農林漁業や観光業における風評被害等の賠償見積額 1,010,908 百万円から，原子力損害賠償補償契約に関する法律（昭和 36 年 6 月 17 日 法律第 148 号）の規定による補償金（以下「補償金」という）の受入見込額 120,000 百万円を控除した 890,908 百万円について，当第 2 四半期連結累計期間において原子力損害賠償引当金に計上している。これらの賠償額の見積りについては，参照するデータの精緻化や被害を受けられた皆さまとの合意等により今後変動する可能性があるものの，現時点での合理的な見積りが可能な範囲における概算額を計上している。

　一方で，こうした賠償の迅速かつ適切な実施のため，原子力損害賠償支援機構法（平成 23 年 8 月 10 日 法律第 94 号。以下「機構法」という）に基づき新設された原子力損害賠償支援機構（以下「機構」という）が，当社に対し必要な資金の援助を行うこととされている。当社は同年 9 月 30 日に機構に対して，機構法第 41 条第 1 項第 1 号に規定する同日時点での要賠償額の見通し額 663,638 百万円の資金援助（以下「資金交付」という）について要請し，当第 2 四半期連結累計期間において，同額から補償金の受入見込額 120,000 百万円を控除した，543,638 百万円を未収原子力損害賠償支援機構資金交付金に計上している。

　なお，当社が資金交付を受ける場合，機構法第 52 条第 1 項の規定に基づき，機構に対し当社収支の状況に照らし，電気の安定供給その他の原子炉の運転等に係る事業の円滑な運営の確保に支障を生じない限度において機構が定める特別な負担金を支払うこととされている。当社は徹底した経営合理化による費用削減や資金確保に取り組み，この法律に基づく支援を受けて賠償責任を果たしていく予定である。

出所：東京電力 第 2 四半期報告書（2011 年 9 月期）。

11.4.5　原子力損害の賠償に係る偶発債務の注記

　図表 11-10 は東京電力が第 2 四半期報告書（2011 年 9 月期）に開示した重要な偶発債務である。東京電力は原子力損害賠償額に関してその時点で合

288 —— 第Ⅱ部　巨大災害と資本市場

理的に見積もることができる範囲の概算額を計上し，中間指針等の記載内容
や現時点で入手可能なデータ等により合理的に見積もることができない農林
漁業や観光業以外の風評被害や，間接被害および財物価値の喪失や減少等に
ついては偶発債務とし，貸借対照表の負債に計上しなかった。

図表 11-10　原子力損害の賠償に係る偶発債務の注記

東北地方太平洋沖地震により被災した福島第一原子力発電所の事故等に関する原
子力損害について，当社は事故の当事者であることを真摯に受け止め，被害を受
けられた皆さまへの賠償を早期に実現するとの観点から，国の援助を受けながら
原子力損害の賠償に関する法律（昭和 36 年 6 月 17 日　法律第 147 号）に基づく賠
償を実施することとしている。その中で，原子力損害賠償紛争審査会は，平成 23
年 8 月 5 日に「東京電力株式会社福島第一，第二原子力発電所事故による原子力
損害の範囲の判定等に関する中間指針」（以下「中間指針」という）を決定した。
また，当社は，迅速かつ適切な賠償を行う観点から，中間指針で示された損害項
目ごとに，賠償基準を策定している。これらにより，具体的算定方法及び客観的
な統計データ等に基づき合理的な見積りが可能な額については，当第 2 四半期連
結累計期間において原子力損害賠償引当金に計上しているが，中間指針等の記載
内容や現時点で入手可能なデータ等により合理的に見積ることができない農林漁
業や観光業以外の風評被害や，間接被害及び財物価値の喪失や減少等については
計上していない。

出所：東京電力　第 2 四半期報告書（2011 年 9 月期）。

11.4.6　重要な後発事象の開示

　図表 11-11 は東京電力が第 2 四半期報告書（2011 年 9 月期）に開示した
重要な後発事象である。後発事象とは決算日後に発生した会社の財政状態，
経営成績およびキャッシュ・フローの状況に影響を及ぼす会計事象をいう
（日本公認会計士協会，2003）。東京電力は 2011 年 9 月 30 日に賠償額見通
し額 6,636 億円の資金援助を原子力損害賠償支援機構に要請した。資金交付
金の要請額から補償金 1,200 億円を控除した 5,436 億円を原子力損害賠償支
援機構交付金として損益計算書に計上した。

　その後，東京電力は，要賠償額の見通し額を 6,636 億円から 1 兆 109 億円
に増加させ，2011 年 10 月 28 日に機構に対して賠償措置額 1,200 億円を控

除した金額 8,909 億円の資金交付を原子力損害賠償支援機構に申請した。同年 11 月 4 日に東京電力は資金交付の決定を受けた。

東京電力は原子力損害賠償支援機構資金交付金については金額 5,436 億円を修正しない後発事象，すなわち開示後発事象とし，原子力損害賠償引当金については修正後発事象として，金額を 8,909 億円に修正して計上した。

図表 11-11　東京電力の後発事象の開示（2011 年 9 月期）

当社は平成 23 年 9 月 30 日に原子力損害賠償支援機構（以下「機構」という）に対して，原子力損害賠償支援機構法（平成 23 年 8 月 10 日　法律第 94 号）第 41 条第 1 項第 1 号の規定に基づく同日時点での要賠償額の見通し額 663,638 百万円の資金援助（以下「資金交付」という）について要請し，当第 2 四半期連結累計期間において，同額から原子力損害の賠償に関する法律（昭和 36 年 6 月 17 日法律第 147 号）第 7 条第 1 項に規定する賠償措置額（以下「賠償措置額」という）として原子力損害賠償補償契約に関する法律（昭和 36 年 6 月 17 日法律第 148 号）の規定による補償金（以下「補償金」という）の受入見込額 120,000 百万円を控除した，543,638 百万円を原子力損害賠償支援機構資金交付金に計上している。その後，当社は見積りの期間や範囲を見直し，同年 10 月 28 日に機構に対して要賠償額の見通し額 1,010,908 百万円から賠償措置額を控除した金額の資金交付の申請を行い，同年 11 月 4 日，賠償措置額として補償金の受入見込額を控除した額の資金交付の決定を受けた。したがって，原子力損害賠償支援機構資金交付金は，当連結会計年度において，347,270 百万円増加する見込みである。

出所：東京電力　第 2 四半期報告書（2011 年 9 月期）。

11.4.7　監査人の判断

図表 11-12 は 2011 年 9 月期の第 2 四半期レビュー報告書である。新日本有限責任監査法人は，開示された四半期財務諸表が適正に表示していないと信じさせる事項が全ての重要な点において認められなかったことを表明した。ただし，強調事項として，次の事実を記載している。

(1) 継続企業の前提に関する重要な不確実性が認められる。

(2) 当期から，原子力事故損害賠償額について現時点で合理的な見積りが可能な範囲において原子力損害賠償引当金 8,909 億円を計上したこと，また，未収原子力損害賠償支援機構資金交付金 5,436 億円を

計上した。

(3) 原子力損害の賠償に係る偶発債務が存在すること，すなわち，中間指針等の記載内容や現時点で入手可能なデータ等により合理的に見積もることができない農林漁業や観光業以外の風評被害や，間接被害および財物価値の喪失や減少等については計上していない。

(4) 重要な後発事象として，東京電力は，決算期末後，見積りの期間や範囲を見直し，2011 年 10 月 28 日に機構に対して要賠償額の見通し額 1 兆 109 億円から賠償措置額を控除した金額の資金交付の申請を行い，同年 11 月 4 日，賠償措置額として補償金の受入見込額を控除した額の資金交付の決定を受けた。

図表 11-12　東京電力の第 2 四半期レビュー報告書（2011 年 9 月期）

独立監査人の四半期レビュー報告書

平成 23 年 11 月 8 日

東京電力株式会社
　取締役会　御中

新日本有限責任監査法人

指定有限責任社員 業務執行社員	公認会計士	高橋　秀法	印
指定有限責任社員 業務執行社員	公認会計士	岡村　俊克	印
指定有限責任社員 業務執行社員	公認会計士	春日　淳志	印

　当監査法人は，金融商品取引法第 193 条の 2 第 1 項の規定に基づき，「経理の状況」に掲げられている東京電力株式会社の平成 23 年 4 月 1 日から平成 24 年 3 月 31 日までの連結会計年度の第 2 四半期連結会計期間（平成 23 年 7 月 1 日から平成 23 年 9 月 30 日まで）及び第 2 四半期連結累計期間（平成 23 年 4 月 1 日から平成 23 年 9 月 30 日まで）に係る四半期連結財務諸表，すなわち，四半期連結貸借対照表，四半期連結損益計算書，四半期連結包括利益計算書，四半期連結キャッシュ・フロー計算書及び注記について四半期レビューを行った。

第11章　東日本大震災と原子力発電のディスクロージャー ── *291*

四半期連結財務諸表に対する経営者の責任

　経営者の責任は，我が国において一般に公正妥当と認められる四半期連結財務諸表の作成基準に準拠して四半期連結財務諸表を作成し適正に表示することにある。これには，不正又は誤謬による重要な虚偽表示のない四半期連結財務諸表を作成し適正に表示するために経営者が必要と判断した内部統制を整備及び運用することが含まれる。

監査人の責任

　当監査法人の責任は，当監査法人が実施した四半期レビューに基づいて，独立の立場から四半期連結財務諸表に対する結論を表明することにある。当監査法人は，我が国において一般に公正妥当と認められる四半期レビューの基準に準拠して四半期レビューを行った。

　四半期レビューにおいては，主として経営者，財務及び会計に関する事項に責任を有する者等に対して実施される質問，分析的手続その他の四半期レビュー手続が実施される。四半期レビュー手続は，我が国において一般に公正妥当と認められる監査の基準に準拠して実施される年度の財務諸表の監査に比べて限定された手続である。

　当監査法人は，結論の表明の基礎となる証拠を入手したと判断している。

監査人の結論

　当監査法人が実施した四半期レビューにおいて，上記の四半期連結財務諸表が，我が国において一般に公正妥当と認められる四半期連結財務諸表の作成基準に準拠して，東京電力株式会社及び連結子会社の平成23年9月30日現在の財政状態並びに同日をもって終了する第2四半期連結累計期間の経営成績及びキャッシュ・フローの状況を適正に表示していないと信じさせる事項がすべての重要な点において認められなかった。

強調事項

1.「継続企業の前提に関する事項」に記載されているとおり，東北地方太平洋沖地震により被災した福島第一原子力発電所の事故等に関する原子力損害について，わが国の原子力損害賠償制度上，会社は原子力損害の賠償に関する法律（昭和36年6月17日　法律第147号。以下「原賠法」という）の要件を満たす場合，賠償責任を負うこととされている。従って，会社グループの財務体質が大幅に悪化し継続企業の前提に重要な疑義を生じさせるような状況が存在している。

　　それに対して，政府より「東京電力福島原子力発電所事故に係る原子力損害の賠償に関する政府の支援の枠組みについて（平成23年5月13日　原子力発電所事故経済被害対応チーム　関係閣僚会合決定，平成23年6月14日

閣議決定)」が公表され，その後，「原子力損害賠償支援機構法（平成23年8月10日　法律第94号。以下「機構法」という）」が成立した。

　これを受け，会社は，原子力損害賠償支援機構（以下「機構」という）に対して，機構法第41条第1項第1号の規定に基づく資金援助（以下「資金交付」という）の申請を行うとともに，機構と共同して同第45条第1項の規定に基づき特別事業計画を作成し，平成23年11月4日に主務大臣より同計画の認定を受けるとともに，機構より，要賠償額の見通しから原賠法第7条第1項に規定する賠償措置額を控除した金額の資金交付の決定を受けた。会社は徹底した経営合理化による費用削減や資金確保に取り組み，この法律に基づく支援を受けて賠償責任を果たしていく予定である。

　しかし，同計画は会社及び機構が緊急に取り組むべき当面の課題を「緊急特別事業計画」としてとりまとめたものであり，今後の賠償金支払いと電気事業を的確に遂行するに足りる財務基盤の安定を図りつつ，電気事業制度の改革の動向等も踏まえ，会社の経営のあり方について中長期的視点からの抜本的な改革に向けた見直しを行うために，来春を目途に，同計画を改訂した「総合特別事業計画」を策定する必要があることを踏まえると，現時点では継続企業の前提に関する重要な不確実性が認められる。

　四半期連結財務諸表は継続企業を前提として作成されており，このような重要な不確実性の影響は四半期連結財務諸表に反映されていない。

2.「追加情報　福島第一原子力発電所の事故等に関する原子力損害の賠償」に記載されているとおり，東北地方太平洋沖地震により被災した福島第一原子力発電所の事故等に関する原子力損害について，会社は国の援助を受けながら原子力損害の賠償に関する法律（昭和36年6月17日　法律第147号）に基づく賠償を実施することとしている。その賠償額は原子力損害賠償紛争審査会（以下「審査会」という）が定める指針に基づいて算定されるなど，賠償額を合理的に見積ることができないことなどから，前連結会計年度においては計上していない。

　その後，平成23年8月5日の審査会で「東京電力株式会社福島第一，第二原子力発電所事故による原子力損害の範囲の判定等に関する中間指針」（以下「中間指針」という）が決定された。さらに会社は迅速かつ適切な賠償を行う観点から，中間指針で示された損害項目ごとに，賠償基準を策定している。これらにより，避難等対象者の避難費用や精神的損害に加え，客観的な統計データ等により合理的な見積りが可能となった避難指示等による就労不能に伴う損害や営業損害および農林漁業における出荷制限等に伴う損害，農林漁業や観光業における風評被害等の賠償見積額1,010,908百万円から，原子力損害賠償補償契約に関する法律（昭和36年6月17日　法律第148号）の規定による補償金（以下「補償金」という）の受入見込額120,000百万円を控除した890,908百万円について，当第2四半期連結累計期間において原子力損害

賠償引当金に計上している。これらの賠償額の見積りについては，参照するデータの精緻化や被害を受けられた皆さまとの合意等により今後変動する可能性があるものの，現時点での合理的な見積りが可能な範囲における概算額を計上している。

一方で，こうした賠償の迅速かつ適切な実施のため，原子力損害賠償支援機構法（平成23年8月10日　法律第94号。以下「機構法」という）に基づき新設された原子力損害賠償支援機構（以下「機構」という）が，会社に対し必要な資金の援助を行うこととされている。会社は同年9月30日に機構に対して，機構法第41条第1項第1号に規定する同日時点での要賠償額の見通し額663,638百万円の資金援助（以下「資金交付」という）について要請し，当第2四半期連結累計期間において，同額から補償金の受入見込額120,000百万円を控除した，543,638百万円を未収原子力損害賠償支援機構資金交付金に計上している。

なお，会社が資金交付を受ける場合，機構法第52条第1項の規定に基づき，機構に対し会社収支の状況に照らし，電気の安定供給その他の原子炉の運転等に係る事業の円滑な運営の確保に支障を生じない限度において機構が定める特別な負担金を支払うこととされている。会社は徹底した経営合理化による費用削減や資金確保に取り組み，この法律に基づく支援を受けて賠償責任を果たしていく予定である。

3.「注記事項　四半期連結貸借対照表関係　2．偶発債務　(3) 原子力損害の賠償に係る偶発債務」に記載されているとおり，東北地方太平洋沖地震により被災した福島第一原子力発電所の事故等に関する原子力損害について，会社は国の援助を受けながら原子力損害の賠償に関する法律（昭和36年6月17日　法律第147号）に基づく賠償を実施することとしている。その中で，原子力損害賠償紛争審査会は，平成23年8月5日に「東京電力株式会社福島第一，第二原子力発電所事故による原子力損害の範囲の判定等に関する中間指針」（以下「中間指針」という）を決定した。また，会社は，迅速かつ適切な賠償を行う観点から，中間指針で示された損害項目ごとに，賠償基準を策定している。これらにより，具体的算定方法及び客観的な統計データ等に基づき合理的な見積りが可能な額については，当第2四半期連結累計期間において原子力損害賠償引当金に計上しているが，中間指針等の記載内容や現時点で入手可能なデータ等により合理的に見積ることができない農林漁業や観光業以外の風評被害や，間接被害及び財物価値の喪失や減少等については計上していない。

4.「重要な後発事象」に記載されているとおり，会社は平成23年9月30日に原子力損害賠償支援機構（以下「機構」という）に対して，原子力損害賠償支援機構法（平成23年8月10日　法律第94号）第41条第1項第1号の規定に基づく同日時点での要賠償額の見通し額663,638百万円の資金援助（以

下「資金交付」という）について要請し，当第2四半期連結累計期間におい
て，同額から原子力損害の賠償に関する法律（昭和36年6月17日　法律第
147号）第7条第1項に規定する賠償措置額（以下「賠償措置額」という）と
して原子力損害賠償補償契約に関する法律（昭和36年6月17日　法律第148
号）の規定による補償金（以下「補償金」という）の受入見込額120,000百万
円を控除した，543,638百万円を原子力損害賠償支援機構資金交付金に計上し
ている。その後，会社は見積りの期間や範囲を見直し，同年10月28日に機
構に対して要賠償額の見通し額1,010,908百万円から賠償措置額を控除した金
額の資金交付の申請を行い，同年11月4日，賠償措置額として補償金の受入
見込額を控除した額の資金交付の決定を受けた。したがって，原子力損害賠
償支援機構資金交付金は，当連結会計年度において，347,270百万円増加する
見込みである。

　当該事項は，当監査法人の結論に影響を及ぼすものではない。

利害関係
　会社と当監査法人又は業務執行社員との間には，公認会計士法の規定により記
載すべき利害関係はない。

以　　上

出所：東京電力 2012年3月期第2四半期報告書（2011年9月期）。

11.5　第3四半期報告書（2011年12月期）

11.5.1　2011年12月期第3四半期報告書の開示

　東京電力は，2012年2月13日に第3四半期決算短信（2011年12月期）
を，同年2月14日に第3四半期報告書（2011年12月期）をそれぞれ開示
した。第3四半期連結累計期間の営業収益は，3兆8,008億円（前第3四半
期連結累計期間3兆9,599億円），営業損益は△1,443億円（同3,269億円），
経常損益は△2,205億円（同4,0257億円）であった。原子力発電の減少か
ら燃料費が増大したため，東京電力の業績は急激に悪化した。東京電力は，
特別利益に原子力損害賠償支援機構資金交付金1兆5,803億円を計上，特別
損失には，東北地方太平洋沖地震により被災した資産の復旧等に係る災害特
別損失3,122億円，原子力損害賠償費1兆6,445億円を計上した。最終的

に，四半期純損益は，△ 6,230 億円（同 1,398 億円）となった。また，負債には，災害損失引当金 9,266 億円（2011 年 3 月末 8,317 億円），原子力損害賠償引当金 1 兆 5,753 億円，資産には，未収原子力損害賠償支援機構資金交付金 1 兆 216 億円を計上した。

11.5.2　継続企業の前提に関する事項

　東京電力は，2011 年 9 月期に続いて，2011 年 12 月期にも継続企業の前提に関する注記を開示した（図表 11-13）。東京電力は機構法第 45 条第 1 項の規定に基づき特別事業計画を作成し，2011 年 11 月 14 日に主務大臣からその認定を受けた。その後，東京電力は賠償額の見直しを行い，特別事業計画の変更を申請し，2012 年 2 月 13 日に認定を受けた。しかし，特別事業計画を改定した「総合特別事業計画」の策定が必要であるため，継続企業の前提に関する重要な不確実性が認められた。

図表 11-13　継続企業の前提に関する事項：2011 年 12 月期

　東北地方太平洋沖地震により被災した福島第一原子力発電所の事故等に関する原子力損害について，わが国の原子力損害賠償制度上，当社は「原子力損害の賠償に関する法律」（昭和 36 年 6 月 17 日 法律第 147 号。以下「原賠法」という）の要件を満たす場合，賠償責任を負うこととされている。従って，当社グループの財務体質が大幅に悪化し継続企業の前提に重要な疑義を生じさせるような状況が存在している。
　当社としては，事故の当事者であることを真摯に受け止め，被害を受けられた皆さまへの賠償を早期に実現するとの観点から，国の援助を受けながら原賠法に基づく賠償を実施することとしている。
　それに対して，政府より「東京電力福島原子力発電所事故に係る原子力損害の賠償に関する政府の支援の枠組みについて（平成 23 年 5 月 13 日 原子力発電所事故経済被害対応チーム 関係閣僚会合決定，平成 23 年 6 月 14 日閣議決定）」が公表され，その後，「原子力損害賠償支援機構法」（平成 23 年 8 月 10 日法律第 94号。以下「機構法」という）が成立した。
　これを受け，当社は，原子力損害賠償支援機構（以下「機構」という）に対して，機構法第 41 条第 1 項第 1 号の規定に基づく資金援助（以下「資金交付」という）の申請を行うとともに，機構と共同して同第 45 条第 1 項の規定に基づき特別事業計画を作成し，平成 23 年 11 月 4 日に主務大臣より同計画の認定を受けると

296 —— 第Ⅱ部　巨大災害と資本市場

ともに，機構より，要賠償額の見通しから原賠法第7条第1項に規定する賠償措置額を控除した金額の資金交付の決定を受けた。その後，当社は要賠償額の見通しの見直しを行い，機構法第46条第1項の規定に基づき特別事業計画の変更を申請し，平成24年2月13日に同計画の認定を受けている。当社は徹底した経営合理化による費用削減や資金確保に取り組み，この法律に基づく支援を受けて賠償責任を果たしていく予定である。

　しかし，同計画は当社及び機構が緊急に取り組むべき当面の課題を「緊急特別事業計画」としてとりまとめたものであり，今後の賠償金支払いと電気事業を的確に遂行するに足りる財務基盤の安定を図りつつ，電気事業制度の改革の動向等も踏まえ，当社の経営のあり方について中長期的視点からの抜本的な改革に向けた見直しを行うために，今春を目途に，同計画を改定した「総合特別事業計画」を策定する必要があることを踏まえると，現時点では継続企業の前提に関する重要な不確実性が認められる。

　なお，四半期連結財務諸表は継続企業を前提として作成しており，継続企業の前提に関する重要な不確実性の影響を四半期連結財務諸表に反映していない。

出所：東京電力　第3四半期報告書（2011年12月期）。

11.5.3　原子力損害の賠償に係る追加情報の開示

　図表11-14は東京電力が2011年12月期に開示した追加情報である。2011年12月6日に，原子力損害賠償紛争審査会が「東京電力株式会社福島第一，第二原子力発電所事故による原子力損害の範囲の判定等に関する」中間指針追補を決定した。また2011年12月26日に原子力災害対策本部が避難指示区域等の見直しに係る考え方を示した。東京電力はこれらの政府の方針に基づき，賠償額を算定した。その結果，「避難等対象者の避難費用や精神的損害に加え，客観的な統計データ等により合理的な見積りが可能となった避難指示等による就労不能に伴う損害や営業損害および農林漁業における出荷制限等に伴う損害，農林漁業や観光業における風評被害等」の賠償額の見積もりは，2011年9月期の1兆109億円から1兆7,645億円に増加した。そこで東京電力は，賠償見積額から補償金1,200億円を控除した1兆6,445億円（2011年9月期は8,909億円）を原子力損害賠償費に計上した。一方で，東京電力は同年12月27日に原子力損害賠償支援機構に対して，同日時点での要賠償額の見通し額1兆7,003億円の資金援助を申請し，補償金1,200億円を控除した1兆5,803億円を交付金に計上した。

図表 11-14　原子力損害の賠償に係る追加情報

（福島第一原子力発電所の事故等に関する原子力損害の賠償）

　東北地方太平洋沖地震により被災した福島第一原子力発電所の事故等に関する原子力損害について，当社は事故の当事者であることを真摯に受け止め，被害を受けられた皆さまへの賠償を早期に実現するとの観点から，国の援助を受けながら「原子力損害の賠償に関する法律」（昭和36年6月17日 法律第147号）に基づく賠償を実施することとしている。その賠償額は原子力損害賠償紛争審査会（以下「審査会」という）が定める指針に基づいて算定されるなど，賠償額を合理的に見積ることができないことなどから，前連結会計年度においては計上していない。

　その後，平成23年8月5日の審査会で「東京電力株式会社福島第一，第二原子力発電所事故による原子力損害の範囲の判定等に関する中間指針」（以下「中間指針」という）が決定され，同年12月6日には中間指針追補が決定された。さらに当社は迅速かつ適切な賠償を行う観点から，中間指針で示された損害項目ごとに，賠償基準を策定している。また，同年12月26日に原子力災害対策本部により「ステップ2の完了を受けた警戒区域及び避難指示区域の見直しに関する基本的考え方及び今後の検討課題について」が取りまとめられ，避難指示区域等の見直しに係る考え方が示された。これらにより，避難等対象者の避難費用や精神的損害，自主的避難等に係る損害に加え，客観的な統計データ等により合理的な見積りが可能となった避難指示等による就労不能に伴う損害や営業損害および農林漁業における出荷制限等に伴う損害，農林漁業や観光業における風評被害等の賠償見積額1,764,512百万円から，「原子力損害賠償補償契約に関する法律」（昭和36年6月17日法律第148号）の規定による補償金（以下「補償金」という）の受入額120,000百万円を控除した1,644,512百万円について，当第3四半期連結累計期間において原子力損害賠償費に計上している。これらの賠償額の見積りについては，参照するデータの精緻化や被害を受けられた皆さまとの合意等により今後変動する可能性があるものの，現時点での合理的な見積りが可能な範囲における概算額を計上している。

　一方で，こうした賠償の迅速かつ適切な実施のため，「原子力損害賠償支援機構法」（平成23年8月10日法律第94号。以下「機構法」という）に基づき新設された原子力損害賠償支援機構（以下「機構」という）が，当社に対し必要な資金の援助を行うこととされている。当社は同年12月27日に機構に対して，機構法第41条第1項第1号に規定する同日時点での要賠償額の見通し額1,700,322百万円の資金援助（以下「資金交付」という）について申請し，当第3四半期連結累計期間において，同額から補償金の受入額120,000百万円を控除した，1,580,322百万円を原子力損害賠償支援機構資金交付金に計上している。

298 —— 第Ⅱ部　巨大災害と資本市場

　なお，当社が資金交付を受ける場合，機構法第52条第1項の規定に基づき，機構に対し当社収支の状況に照らし，電気の安定供給その他の原子炉の運転等に係る事業の円滑な運営の確保に支障を生じない限度において機構が定める特別な負担金を支払うこととされている。当社は徹底した経営合理化による費用削減や資金確保に取り組み，この法律に基づく支援を受けて賠償責任を果たしていく予定である。

出所：東京電力　第3四半期報告書（2011年12月期）。

11.5.4　原子力損害の賠償に係る偶発債務の注記

　東京電力は，2011年8月5日に原子力損害賠償紛争審査会が決定した「東京電力株式会社福島第一，第二原子力発電所事故による原子力損害の範囲の判定等に関する中間指針」の賠償基準に従い，合理的な見積りが可能な額については，当第3四半期連結累計期間において原子力損害賠償引当金に計上した。合理的に見積もることができない農林漁業や観光業以外の風評被害や，間接被害および財物価値の喪失や減少等については計上せず，偶発債務として注記した（図表11-15）。

　2011年12月期には，廃棄物の処理および除染等の措置等に要する費用新たに偶発債務として開示した。すなわち，「平成二十三年三月十一日に発生した東北地方太平洋沖地震に伴う原子力発電所の事故により放出された放射性物質による環境の汚染への対処に関する特別措置法」（平成23年8月30日法律第110号。以下，「放射性物質汚染対処特措法」という。）に基づき講ぜられる廃棄物の処理および除染等の措置等に要する費用として請求また求償される額についても，東京電力は，2012年2月14日時点では，合理的に見積もることができないという理由から計上しなかった。

図表11-15　原子力損害の賠償に係る偶発債務：2011年12月期

　東北地方太平洋沖地震により被災した福島第一原子力発電所の事故等に関する原子力損害について，当社は事故の当事者であることを真摯に受け止め，被害を受けられた皆さまへの賠償を早期に実現するとの観点から，国の援助を受けながら「原子力損害の賠償に関する法律」（昭和36年6月17日　法律第147号）に基づく賠償を実施することとしている。その中で，原子力損害賠償紛争審査会は，平成23年8月5日に「東京電力株式会社福島第一，第二原子力発電所事故による

原子力損害の範囲の判定等に関する中間指針」(以下「中間指針」という)を決定し，同年 12 月 6 日には中間指針追補を決定した。また，当社は，迅速かつ適切な賠償を行う観点から，中間指針で示された損害項目ごとに，賠償基準を策定している。これらにより，具体的算定方法及び客観的な統計データ等に基づき合理的な見積りが可能な額については，当第 3 四半期連結累計期間において原子力損害賠償引当金に計上しているが，中間指針等の記載内容や現時点で入手可能なデータ等により合理的に見積ることができない農林漁業や観光業以外の風評被害や，間接被害及び財物価値の喪失や減少等については計上していない。なお，「平成二十三年三月十一日に発生した東北地方太平洋沖地震に伴う原子力発電所の事故により放出された放射性物質による環境の汚染への対処に関する特別措置法」(平成 23 年 8 月 30 日 法律第 110 号)に基づき講ぜられる廃棄物の処理及び除染等の措置等に要する費用として当社に請求又は求償される額については，現時点で当該措置の具体的な実施内容等を把握できる状況になく，合理的に見積ることができないことから計上していない。

出所：東京電力 第 3 四半期報告書 (2011 年 12 月期)。

11.5.5 監査人の判断

　新日本有限責任監査法人は四半期レビューにおいて，2011 年 12 月期の四半期財務諸表が適正に表示していないと信じさせる事項が全ての重要な点において認められなかったことを表明した。また，新日本有限責任監査法人は強調事項として，2011 年 9 月期と同様に，(1)「継続企業の前提に関する事項」，(2)「追加情報　福島第一原子力発電所の事故等に関する原子力損害の賠償，および (3)「注記事項　四半期連結貸借対照表関係　偶発債務 (3) 原子力損害の賠償に係る偶発債務」の記載事項が監査人の結論に影響を及ぼすものではないことを表明した。

11.6　決算短信 (2012 年 3 月期) と有価証券報告書 (2012 年 3 月期)

11.6.1 決算短信 (2012 年 3 月期) および有価証券報告書 (2012 年 3月期) の開示

　東京電力は，2012 年 5 月 14 日に決算短信 (2012 年 3 月期) を，6 月 28 日に有価証券報告書 (2012 年 3 月期) をそれぞれ開示した。2012 年 3 月期

の営業収益は，5兆3,494億円（前期5兆3,685億円），営業損益は△2,725億円（同3,996億円），経常損益は△4,004億円（同3,176億円）であった。営業収益は前年とほぼ同一水準であったが，原子力発電の停止や火力発電の燃料価格の上昇などにより燃料費が増大したため，営業利益と経常利益は赤字に転落した。2012年3月期には東京電力は，特別利益に原子力損害賠償支援機構資金交付金2兆4,262億円を計上，特別損失には，原子力損害賠償費2兆5,249億円を計上した。当期純損失は，△7,816.41億円（同1兆2,473億円）となった。また，負債には，災害損失引当金9,266億円（2011年3月末8,317億円），原子力損害賠償引当金2兆633億円，資産には，未収原子力損害賠償支援機構資金交付金1兆7,626億円が計上された。自己資本比率は，2011年3月期の10.53％から2012年3月期には5.07％に低下した。東京電力の資本金と資本剰余金の合計は，1兆1,446億円であるが，利益剰余金は2011年3月期の4,940億円から△2,874億円になった。営業キャッシュ・フローは，2011年3月期の9,887億円から2012年3月期には△28億円のマイナス水準になった。東京電力は財務的に深刻な状況に陥っていた。

11.6.2　継続企業の前提に関する事項

　東京電力は，2012年3月期にも継続企業の前提に関する注記を開示した（図表11-16）。東京電力は要賠償額の見通しを見直したことから，原子力損害賠償支援機構に対し，資金交付の額の変更の申請を行い，主務大臣に対し，原子力損害賠償支援機構と共同して緊急特別事業計画の変更の認定を申請し，2012年2月13日に主務大臣より同計画の変更の認定を受けるとともに，原子力損害賠償支援機構より資金交付の額の変更の決定の通知を受けた。その後，東京電力は，原子力損害賠償紛争審査会による中間指針第2次追補の策定等を受けて要賠償額の見通しを見直し，原子力損害賠償支援機構に対して，資金交付金額の変更と株式の引受けを申請した。2012年5月9日に主務大臣より緊急特別事業計画の認定を受け，原子力損害賠償支援機構より資金交付の額の変更および払込金額総額1兆円の株式引き受けの決定の通知を受けた。しかしながら，財務的状況の大幅な悪化のため，原子力損害

賠償支援機構による株式の引受けと電気料金の価格改定の認可を必要とし，継続企業の前提に重要な不確実性があることが認められた。

図表11-16　継続企業の前提に関する事項：2012年3月期

　東北地方太平洋沖地震により被災した福島第一原子力発電所の事故等に関する原子力損害について，わが国の原子力損害賠償制度上，当社は「原子力損害の賠償に関する法律」（昭和36年6月17日　法律第147号。以下「原賠法」という）の要件を満たす場合，賠償責任を負うこととされている。従って，当社グループの財務体質が大幅に悪化し継続企業の前提に重要な疑義を生じさせるような状況が存在している。

　当社は事故の当事者であることを真摯に受け止め，被害を受けられた皆さまへの賠償を早期に実現するとの観点から，国の援助を受けながら原賠法に基づく賠償を実施することとした。
　それに対して，政府より「東京電力福島原力発電所事故に係る原子力損害の賠償に関する政府の支援の枠組みについて」（平成23年5月13日　原子力発電所事故経済被害対応チーム　関係閣僚会合決定，平成23年6月14日　閣議決定）が公表され，その後，「原子力損害賠償支援機構法」（平成23年8月10日　法律第94号。以下「機構法」という）が成立した。
　これを受け，当社は原子力損害賠償支援機構（以下「機構」という）に対し，機構法第41条第1項第1号の規定に基づく資金援助（以下「資金交付」という）の申請を行い，主務大臣に対し，機構と共同して機構法第45条第1項の規定に基づき，緊急特別事業計画の認定を申請し，平成23年11月4日に主務大臣より同計画の認定を受けるとともに，要賠償額の見通しから原賠法第7条第1項に規定する賠償措置額を控除した金額について，機構より資金交付の決定の通知を受けた。その後，当社は要賠償額の見通しを見直したことから，機構に対し，機構法第43条第1項の規定に基づき，資金交付の額の変更の申請を行い，主務大臣に対し，機構と共同して機構法第46条第1項の規定に基づき，緊急特別事業計画の変更の認定を申請し，平成24年2月13日に主務大臣より同計画の変更の認定を受けるとともに，機構より資金交付の額の変更の決定の通知を受けた。
　一方，当社は，原子力損害賠償紛争審査会による「東京電力株式会社福島第一，第二原子力発電所事故による原子力損害の範囲の判定等に関する中間指針第二次追補（政府による避難区域等の見直し等に係る損害について）」（平成24年3月16日）の策定等を踏まえ，要賠償額の見通しを見直したことから，機構に対し，機構法第43条第1項の規定に基づき，資金交付の額の変更の申請を行うとともに，迅速かつ適切な賠償の実施に万全を期し，福島第一原子力発電所1〜4号機の

302 —— 第 II 部　巨大災害と資本市場

着実な廃止措置へ全力で取り組む態勢の整備に加え，電力の安定供給を確保すべく，自律的な資金調達力の早期回復に向けて財務基盤を強化することを目的として，機構法第 41 条第 1 項第 2 号の規定に基づく資金援助（以下「株式の引受け」という）の申請を行った。また，経営のあり方について中長期的視点からの抜本的な改革に向け，当社は機構と共同して緊急特別事業計画を見直し，主務大臣に対し，機構法第 46 条第 1 項の規定に基づき，総合特別事業計画の認定を申請し，平成 24 年 5 月 9 日に主務大臣より同計画の認定を受けるとともに，機構より資金交付の額の変更及び株式の引受け（払込金額総額 1 兆円）の決定の通知を受けている。さらに，当社の収益構造は，原子力電源の停止による火力電源への依存度の高まりにより大幅に悪化しており，同計画に基づく徹底的な経営合理化を実施することにより，費用を可能な限り削減していく。しかしながら，かかる徹底したコスト削減の取組みをもってしても，燃料費等のコスト増分を賄うことは困難な状況であり，現在の電気料金の水準では，自律的な資金調達が不可能なまま，財務基盤のさらなる弱体化が進み，迅速かつ適切な賠償や着実な廃止措置，電力の安定供給が不可能となるおそれがある。このような事態を避けるため，当社は電気料金の引上げをお願いせざるを得ない状況であり，お客さまにご理解を頂けるよう努めていくことを前提に，平成 24 年 5 月 11 日に経済産業大臣に対し，電気事業法第 19 条第 1 項の規定に基づく電気料金の改定の申請を行っている。

　当社は同計画に従い，経営の抜本的な改革に取り組むとともに，機構法に基づく支援を受けて迅速かつ適切な賠償，着実な廃止措置，電力の安定供給の確保への万全な対応を図っていくが，同計画の実施に際しては，機構が了解する株式の内容と引受条件であることを前提に，株主総会において必要な議案が決議された後，機構による株式の引受けが必要となることや，電気料金の改定の申請について，経済産業大臣による認可が必要となることを踏まえると，現時点では継続企業の前提に関する重要な不確実性が認められる。

　なお，連結財務諸表は継続企業を前提として作成しており，継続企業の前提に関する重要な不確実性の影響を連結財務諸表に反映していない。

出所：東京電力　有価証券報告書（2012 年 3 月期）。

11.6.3　災害損失引当金

　東京電力は 2012 年 3 月期に 7,875 億円（2011 年 3 月期 8,317 億円）の災害損失引当金を計上した（図表 11-17）。残高の主な内訳は，福島第一原子力発電所の事故の収束および廃止措置等に向けた費用または損失 5,123.43 億円，福島第一原子力発電所 1～4 号機の廃止に関する費用または損失のうち加工中等核燃料の処理費用 46 億円，福島第一原子力発電所 5・6 号機およ

び福島第二原子力発電所の原子炉の安全な冷温停止状態を維持するため等に要する費用または損失 1,886 億円である。これらは見積りによる概算額である。

図表 11-17　災害損失引当金の計上基準：2012 年 3 月期

① 　新潟県中越沖地震による損失等に係るもの
新潟県中越沖地震により被災した資産の復旧等に要する費用または損失に備えるため，当連結会計年度末における見積額を計上している。
② 　東北地方太平洋沖地震による損失等に係るもの
東北地方太平洋沖地震により被災した資産の復旧等に要する費用または損失に備えるため，当連結会計年度末における見積額を計上している。
　災害損失引当金に含まれる主な費用または損失の計上方法等については以下のとおりである。
a　福島第一原子力発電所の事故の収束及び廃止措置等に向けた費用または損失
　政府の原子力災害対策本部が設置する政府・東京電力統合対策室により策定された「東京電力福島第一原子力発電所・事故の収束に向けた道筋　ステップ 2 完了報告書」（平成 23 年 12 月 16 日）を受け，政府の原子力災害対策本部が設置する政府・東京電力中長期対策会議により「東京電力（株）福島第一原子力発電所 1 〜4 号機の廃止措置等に向けた中長期ロードマップ」（平成 23 年 12 月 21 日。以下「中長期ロードマップ」という）が策定された。これらに係る費用または損失のうち，通常の見積りが可能なものについては，具体的な目標期間と個々の対策内容に基づく見積額を計上している。
　なお，中長期ロードマップに係る費用または損失のうち，工事等の具体的な内容を現時点では想定できず，通常の見積りが困難であるものについては，海外原子力発電所事故における実績額に基づく概算額を計上している。
b　福島第一原子力発電所 1〜4 号機の廃止に関する費用または損失のうち加工中等核燃料の処理費用
　今後の使用が見込めない加工中等核燃料に係る処理費用について，使用済燃料再処理等準備引当金の計上基準に準じた見積額を計上している。
　なお，装荷核燃料に係る処理費用は使用済燃料再処理等準備引当金に含めて表示している。
c　福島第一原子力発電所 5・6 号機及び福島第二原子力発電所の原子炉の安全な冷温停止状態を維持するため等に要する費用または損失
　被災した福島第一原子力発電所 5・6 号機及び福島第二原子力発電所の今後の取扱いについては未定であるものの，原子炉の安全な冷温停止状態を維持するため等に要する費用または損失は，新潟県中越沖地震により被災した柏崎刈羽原子力

304 —— 第Ⅱ部　巨大災害と資本市場

発電所の復旧等に要する費用または損失と同程度と判断し，これに基づく見積額を計上している。

d　火力発電所の復旧等に要する費用または損失

被災した火力発電所の復旧等に要する費用または損失に備えるため，当連結会計年度末における見積額を計上している。

（追加情報）

・当連結会計年度末における災害損失引当金残高の内訳

①　　　新潟県中越沖地震による損失等に係るもの	37,208 百万円
②　　　東北地方太平洋沖地震による損失等に係るもの	750,299
うちa　福島第一原子力発電所の事故の収束及び廃止措置等 　　　　　に向けた費用または損失	512,343
b　福島第一原子力発電所1〜4号機の廃止に関する費用 　　　　　または損失のうち加工中等核燃料の処理費用	4,651
c　福島第一原子力発電所5・6号機及び福島第二原子力 　　　　　発電所の原子炉の安全な冷温停止状態を維持するため 　　　　　等に要する費用または損失	188,634
d　火力発電所の復旧等に要する費用または損失	17,774
e　その他	26,895
計	787,507

・福島第一原子力発電所の事故の収束及び廃止措置等に向けた費用または損失のうち中長期ロードマップに係る費用または損失の見積り

原子力発電所の廃止措置の実施にあたっては予め原子炉内の燃料を取り出す必要があるが，その具体的な作業内容等の決定は原子炉内の状況を確認するとともに必要となる研究開発等を踏まえての判断となる。従って，中長期ロードマップに係る費用または損失については，燃料取り出しに係る費用も含め，今後変動する可能性があるものの，現時点の合理的な見積りが可能な範囲における概算額を計上している。

出所：東京電力　有価証券報告書（2012年3月期）。

11.6.4　2012年6月時点での構造的課題の対策

東京電力は，直面する構造的課題への対応として，(1) 原子力損害賠償支援機構による株式の引受け（払込金額総額1兆円）要請，(2) 主要取引金融機関に対して約1兆円の追加与信の財政援助要請，(3) 電気料金の値上げ申請を講じた（図表11-18）。(1) については，後述するように，2012年7月31日に，原子力損害賠償支援機構が東京電力の優先株式1兆円を引き受け

た。（2）については，東京電力は東日本大震災後に金融機関からの緊急融資として1兆9,650億円の借り入れ（2020年度弁済予定）を実施していた（東京電力に関する経営・財務調査委員会，2011）。

図表11-18 「賠償・廃止措置・安定供給」対応のための財務基盤の強化策

イ．機構による当社株式の引受け

　平成24年3月，賠償と廃止措置に全力で取り組む態勢を整えるとともに，安定供給に必要な資金を確保し，財務基盤を強化するため，機構に対して当社が発行する株式（払込金額総額1兆円）の引受けを含む資金援助の申請を行った。その後，当社は，平成24年5月21日開催の当社取締役会において，機構を割当先とする優先株式（A種優先株式及びB種優先株式。以下A種優先株式及びB種優先株式をあわせて「本優先株式」という。）の発行を決議し，平成24年6月27日開催の当社定時株主総会において，本優先株式発行に必要な発行可能株式総数の増加等に関する承認を得た。本優先株式発行は，当該発行のために必要な手続が完了し，かかる手続がいずれも取り消されていないことを条件としており，また，機構による本優先株式の引受けは，当社による総合特別事業計画の履行に悪影響を及ぼす事象が存在しないこと等を条件としている。今後こうした条件を充足した上で，機構から出資を受けることにより，事業の継続性を確実なものとしていく。

ロ．金融機関への協力のお願い

　社債市場への復帰等自律的な資金調達が可能となるまでの間，すべての取引金融機関に対し，借換え等による与信の維持をお願いしていく。これに加え，平成23年3月11日から9月末日までの間に当社が弁済を行った取引金融機関に対し，機構からの出資にあわせて弁済額と同額の融資等による資金供与をお願いするとともに，主要取引金融機関に対しては，この資金供与額を含め約1兆円の追加与信を行うことをお願いしていく。

ハ．電気料金値上げのお願い

　事故発生以来，原子力発電所の停止により火力発電への依存度が高まり，燃料費が大幅に増加しているため，営業赤字が発生し続けており，現状のままでは電力の安定供給に著しい支障が生じるおそれがある。このため，当社としては，経営合理化を徹底してもなお賄えないコスト増について，最低限の電気料金の値上げをお客さまにお願いしている。電気料金の値上げにあたっては，不断の経営合理化を前提にするとともに，お客さまにご理解いただけるよう情報の開示を徹底するなど説明責任を十分に果たしていく。

出所：東京電力 有価証券報告書（2012年3月期）。

11.6.5 原子力損害賠償引当金

東京電力は，2012年3月期に2兆633億98百万円の原子力損害賠償引当金を計上した（図表11-19）。賠償の対象となったのは，避難等対象者の避難費用や精神的損害，自主的避難等に係る損害，客観的な統計データ等により合理的な見積りが可能となった避難指示等による就労不能に伴う損害や営業損害，農林漁業における出荷制限等に伴う損害，農林漁業や観光業における風評被害，一部を除く財物価値の喪失または減少等，である。

図表11-19　原子力損害賠償引当金の計上基準：2012年3月期

東北地方太平洋沖地震により被災した福島第一原子力発電所の事故等に関する原子力損害に係る賠償に要する費用に備えるため，当連結会計年度末における見積額を計上している。

当社は迅速かつ適切な賠償を行う観点から，原子力損害賠償紛争審査会で決定された平成23年8月5日の「東京電力株式会社福島第一，第二原子力発電所事故による原子力損害の範囲の判定等に関する中間指針」（以下「中間指針」という），同年12月6日の中間指針追補及び平成24年3月16日の中間指針第二次追補を踏まえ，これらの中間指針等で示された損害項目ごとに，賠償基準を策定している。また，平成23年12月26日には政府の原子力災害対策本部により「ステップ2の完了を受けた警戒区域及び避難指示区域の見直しに関する基本的考え方及び今後の検討課題について」が取りまとめられ，避難指示区域等の見直しに係る考え方が示されている。これらにより，避難等対象者の避難費用や精神的損害，自主的避難等に係る損害，客観的な統計データ等により合理的な見積りが可能となった避難指示等による就労不能に伴う損害や営業損害，農林漁業における出荷制限等に伴う損害，農林漁業や観光業における風評被害，一部を除く財物価値の喪失または減少等の賠償見積額から「原子力損害賠償補償契約に関する法律」（昭和36年6月17日　法律第148号）の規定による補償金の受入額を控除した金額を原子力損害賠償引当金に計上している。これらの賠償額の見積りについては，参照するデータの精緻化や被害を受けられた皆さまとの合意等により，今後変動する可能性があるものの，現時点の合理的な見積りが可能な範囲における概算額を計上している。

出所：東京電力 有価証券報告書（2012年3月期）。

11.7 訂正報告書（2014年5月14日）

　さらに東京電力は2014年5月14日に臨時報告書の2回目の訂正報告書を提出した（以下，抜粋）。下線部は訂正箇所である。

　また，福島第一原子力発電所の事故等に関する原子力損害について，わが国の原子力損害賠償制度上，当社は「原子力損害の賠償に関する法律」（昭和36年6月17日法律第147号）の要件を満たす場合，賠償責任を負うこととされており，その賠償額は原子力損害賠償紛争審査会（以下「審査会」という）が定める指針に基づいて算定されるなど，賠償額を合理的に見積ることができないことなどから，前連結会計年度においては計上していない。

　その後，当社は，迅速かつ適切な賠償を行う観点から，審査会で決定された平成23年8月5日の「東京電力株式会社福島第一，第二原子力発電所事故による原子力損害の範囲の判定等に関する中間指針」（以下「中間指針」という），同年12月6日の中間指針追補及び平成24年3月16日の中間指針第二次追補を踏まえ，これらの中間指針等で示された損害項目ごとに，賠償基準を策定している。また，平成23年12月26日には政府の原子力災害対策本部により「ステップ2の完了を受けた警戒区域及び避難指示区域の見直しに関する基本的考え方及び今後の検討課題について」が取りまとめられ，避難指示区域等の見直しに係る考え方が示されている。これらにより，具体的算定方法及び客観的な統計データ等に基づき合理的な見積りが可能な額については，平成24年3月期通期において原子力損害賠償引当金（原子力損害賠償費）に計上している。

　一方で，こうした賠償の迅速かつ適切な実施のため，「原子力損害賠償支援機構法」（平成23年8月10日　法律第94号。以下「機構法」という）に基づき新設された原子力損害賠償支援機構（以下「機構」という）が，当社に対し必要な資金の援助を行うこととされており，当該資金援助を原子力損害賠償支援の受入に伴う利益（原子力損害賠償支援機構資金交付金）として計上する。

東京電力は，この訂正報告書で，2011 年 4 月以降に決定された原子力損害の賠償枠組みの経緯を説明し，2012 年 3 月期通期において原子力損害賠償引当金を計上したことを開示した。

11.8　除染費用等の負担

11.8.1　放射性物質汚染対処特措法

2011 年 8 月 30 日に放射性物質汚染対処特措法が公布され，2012 年 1 月 1 日に全面施行された。放射性物質汚染対処特措法の措置は，原子力損害賠償法による損害に係るものとして，関係原子力事業者の負担の下に実施された。福島第一原子力発電所の事故により放出された放射性物資の除染費用は，当初，国が立替え，原子力事業者である東京電力が負担する。国は，社会的責任に鑑み，必要な措置を実施することになった。

2013 年 12 月 20 日の閣議では，「実施済み又は現在計画されている除染・中間貯蔵施設事業の費用は，放射性物質汚染対処特措法に基づき，復興予算として計上した上で，事業実施後に，環境省等から東京電力に求償する」と定められたが，その時点で計画されていない除染については取り決められていなかった。2013 年には，原子力損害賠償支援機構が引き受ける優先株式の処分益は，除染費用および中間貯蔵施設費用に充当することが決定された。2013 年 12 月 20 日の閣議決定（2013）によれば，原子力損害賠償支援機構が引きうけた優先株式の売却による利益の国庫納付により，除染費用相当分の回収を図るとし，売却益に余剰が生じた場合には，中間貯蔵施設の費用に充てるとした。不足が生じた場合には，東京電力の除染費用負担が電力の安定供給に支障がないように，負担金の円滑な返済について検討することになった。会計検査院（2015）の試算によれは，除染費用約 2.2 兆円を株式の売却益で回収するためには，平均売却価額が 1,050 円となることが必要となると推計された。

会計検査院（2021）によれば，国と地方自治体は 2011 年度から 2019 年度までに除染関係事業等 5 事業（①除染関係事業，②廃棄物関係事業，③①と②の混在事業，④中間貯蔵施設事業，⑤その他事業）に対して 6 兆 2,145 億

円を予算執行した。国が除染関係事業等5事業に支払った4兆3,094億円のうち，国は東京電力に3兆4,887億円の賠償請求等を行い，2兆6,032億円が合意され，東京電力によって支払われた（会計検査院，2021）。

11.9　廃炉の会計

11.9.1　日本の原子力発電の状況

　東日本大震災の原子力事故を契機に政府のエネルギー政策が変更され，原子力発電依存度の低減のために廃炉を円滑に進めることになった。

　日本の原子力発電の状況は，2024年10月30日時点で，12基が再稼働（10基が稼働中，2基が停止中），5基が設置変更許可，10基が新規制基準審査中，9基が未申請，24基が廃炉決定（東京電力ホールディングスの福島第一原子力発電所6基と福島第二発電所4基を含む）である（資源エネルギー庁，2024）。廃炉のプロセスは，第1段階（解体準備），第2段階（周辺設備解体），第3段階（原子炉領域設備解体）および第4段階（建屋等解体）の4ステップからなり，1基につき約30年かけて廃炉を完了させる（資源エネルギー庁，2022b）。2024年10月時点で，東京電力ホールディングス福島第一原子力発電所6基を除く廃炉決定済18基のうち，第2段階にあるのは日本原子力発電の東海発電所と敦賀発電所1号炉，中部電力浜岡原子力発電所の第1号炉と第2号炉，関西電力美浜発電所の第1号炉と第2号炉の6基である[8]。資源エネルギー庁（2022b）は第3段階が2020年代半ば以降に本格化すると見通している。

11.9.2　特定原子力施設

　東日本大震災以前，原子炉設置者等は，原子炉等規制法第64条により，危険時の措置として，「その所持する核燃料物質又は原子炉に関し，地震，火災その他の災害が起つたことにより，核燃料物質又は原子炉による災害が発生するおそれがあり，又は発生した場合においては，直ちに，命令で定め

8　原子力規制委員会ウェブサイト，「実用発電用原子炉に係る廃止措置実施方針の公表状況」，https://www.nra.go.jp/activity/regulation/reactor/haishi/jitsuyou.html

るところにより，応急の措置を講じなければならない」とされていた。2012年の原子炉等規制法の改正により，原子力規制委員会は，原子炉等規制法第64条の2第1項の規定により，同法第64条に基づき危険の措置を講じた原子力施設の保安および特定核燃料物質の防護のために，当該施設を「特定原子力施設」に指定し，特別の措置を講じるようになった。原子力規制委員会（2012）は，2012年11月17日に東京電力福島第一原子力発電所を特定原子力施設に指定し，東京電力に以下の特別な措置を要請した。

 Ⅰ．全体工程及びリスク評価について講ずべき措置

 Ⅱ．設計，設備について措置を講ずべき事項

  1．原子炉等の監視

  2．残留熱の除去

  3．原子炉格納施設雰囲気の監視等

  4．不活性雰囲気の維持

  5．燃料取出し及び取り出した燃料の適切な貯蔵・管理

  6．電源の確保

  7．電源喪失に対する設計上の考慮

  8．放射性固体廃棄物の処理・保管・管理

  9．放射性液体廃棄物の処理・保管・管理

  10．放射性気体廃棄物の処理・管理

  11．放射性物質の放出抑制等による敷地周辺の放射線防護等

  12．作業者の被ばく線量の管理等

  13．緊急時対策

  14．設計上の考慮

  15．その他措置を講ずべき事項

 Ⅲ．特定原子力施設の保安のために措置を講ずべき事項

 Ⅳ．特定核燃料物質の防護のために措置を講ずべき事項

 Ⅴ．燃料デブリの取出し・廃炉のために措置を講ずべき事項

 Ⅵ．実施計画を策定するにあたり考慮すべき事項

 Ⅶ．実施計画の実施に関する理解促進

 Ⅷ．実施計画に係る検査の受検

2012 年 12 月 7 日に東京電力は「福島第一原子力発電所　特定原子力施設に係る実施計画」を原子力規制委員会に申請した。2013 年 8 月 14 日に原子力規制委員会は東京電力の実施計画を認可した。それ以後，東京電力は実施計画にそって福島第一原子力発電所の保安および特定核燃料物質の防護を行っている。特定原子力施設に係る実施計画は変更があれば逐次認可申請される[9]。実施状況は，原子力規制委員会によって検査されている[10]。

11.9.3　原子力事故炉の安定化維持費用

「発電用原子炉設置者は，発電用原子炉を廃止しようとするときは，廃止措置を講じなければならない。」（原子炉等規制法第 43 条の 3 の 34 第 1 項）。さらに，「発電用原子炉設置者は，廃止措置を講じようとするときは，あらかじめ，原子力規制委員会規則で定めるところにより，当該廃止措置に関する計画を定め，原子力規制委員会の認可を受けなければならない。」（原子炉等規制法第 43 条の 3 の 34 第 2 項）。原子力発電所の廃炉に際し，原子炉の運転終了後も一定期間にわたって安定化維持が必要になる。

原子力事故のあった福島第一原子力発電所第 1 号機から 4 号機の安定化維持費用と賠償請求対応費用は，2012 年度から 2014 年度平均で，安定化維持費用 487 億円（放射線管理業務委託費 113 億円，滞留水処理装置の運転委託費 57 億円，その他委託費 45 億円，滞留水処理装置の点検・保守費用 166 億円，その他修繕費 49 億円，消耗品費等 58 億円）と賠償対応費用 278 億円（受付業務関連委託費 121 億円，コンサルティング関連委託費 87 億円，賃借費 17 億円，通信運搬費 11 億円，その他 22 億円）が見込まれていた（資産エネルギー庁，2012）。総合資源エネルギー調査会総合部会の電気料金審査専門委員会は，安定化維持費用と賠償対応費用を料金原価に算入することの妥当性の根拠として，(1)「安定状態維持は原子力災害対策特措法や原子炉

9　東京電力は福島第一原子力発電所（特定原子力施設）に係る実施計画の申請状況を自社のウェブサイトで公開している。https://www.tepco.co.jp/decommission/information/newsrelease/record/index-j.html

10　原子力規制委員会は福島第一原子力発電所（特定原子力施設）に係る実施計画」に係る検査の実施状況をウェブサイトで公開している。
https://www.nra.go.jp/activity/regulation/1F/gaiyou.html

規制法に基づく事業者の義務であり，義務を履行できない場合，法律的にも社会的にも東京電力は事業を継続していくことができないことから，東京電力にとって必要不可欠な費用としてその支出は東京電力の事業目的に合致している」，(2)「事故直後の緊急対応に係る費用や設備の構築に係る費用等は，事故という非能率的な状態から安定状態に移行させるための臨時的なものあるいは収益を生まない設備に係る資本的支出として特別損失として処理され，電気料金の原価には含まれないが，安定状態に移行した後に，電気事業を継続する上で必要となる経常費用については，従前よりも費用が増加していたとしても，料金原価として認めうる。」，(3)「安定状態維持に係る費用を料金原価に含めることは，通常の原子力発電所においても，発電所の停止後から廃炉開始までの間の安定状態維持に要する経常費用が電気料金原価に含まれることとも整合的である。」を挙げた（資源エネルギー庁，2012）。電気料金審査専門委員会の審議と経済産業大臣の認可を経て，原子力事故炉の安定状態維持に係る経常的な費用および賠償費用は，東京電力の電力サービスの受益者が負担することになった。もちろん，原子力事故の当事者である東京電力は安定状態維持に係る費用が事業目的に合致すること，および経常的な支出であることを受益者に開示し，経済産業省が料金原価算入の妥当性をモニタリングすることが必要となる。

11.9.4 特定原子力発電施設の廃止措置資産の会計処理

電力会社は，電気事業法第36条[11]および「原子力発電施設解体引当金に関する省令」（平成元年通商産業省令第30号)[12]に基づき，1989年より毎年，原子力発電所一基ごとの廃炉に必要な総見積額を算定し，通商産業大臣の承認を得た上で，原子力発電施設解体引当金を積み立てることが義務づけられていた[13]。2012年時点では，毎事業年度の原子力発電施設解体引当金

11　1989年時点の電気事業法第36条は次のように資産の償却等を規定していた。
　　「経済産業大臣は，電気事業の適確な遂行を図るため特に必要があると認めるときは，電気事業者に対し，電気事業の用に供する固定資産に関する相当の償却につき方法若しくは額を定めてこれを行なうべきこと又は方法若しくは額を定めて積立金若しくは引当金を積み立てるべきことを命ずることができる。」
12　1989年当初の省令名称は「原子炉等廃止措置引当金に関する省令」であった。平成2年に現在の名称に変更された。

要積立額は生産高比例法に基づき算出されていた。原子力発電施設解体費の総見積額を発電設備の見込運転期間（40年）にわたり，原子力の発電実績に応じて費用計上していた。この費用は料金原価に算入されていた。

2008年に「資産除去債務に関する会計基準」（企業会計基準第18号）および「資産除去債務に関する会計基準」適用指針」（企業会計基準適用指針第21号）が公表され，2010年4月1日以後開始する事業年度から適用されている（早期適用も認められていた）。

「原子力発電施設解体引当金に関する省令」が規定する「特定原子力発電施設」[14] の廃止措置についても資産除去債務会計基準が適用されている。原子力発電施設解体費の総見積額を運転期間にわたり費用計上する。電力各社は，2010年4月以降に始まる事業年度から，原子力発電施設解体引当金の額は資産除去債務に含まれている。

東日本大震災以前に中部電力（2009）は，2008年12月22日開催の取締役会において，浜岡原子力発電所の1号機と2号機の運転終了を決定していた。2009年3月期には中部電力（2009）は，浜岡原子力発電所1・2号運転終了関連損失として特別損失1,536億円を計上した。その内訳は，発電設備関連の損失等536億円（うち減損損失308億円），発電設備解体費用480億円，原子燃料損失および処理費用520億円であった。2009年3月期に固定負債として，2009年原子力発電施設解体引当金1,179億円（前年同期1,130億円），原子力発電所運転終了関連損失引当金870億円が計上された。図表11-20は，中部電力の浜岡発電所1・2号運転終了に係る減損損失の会計処理である。中部電力は，廃止決定済の発電設備である資産グループ（浜岡原

13　廃止措置の費用は，小型炉（50万kW級）が360～490億円程度，中型炉（80万kW級）が440～620億円程度，大型炉（110万kW級）が570～770億円程度と推測されていた（資源エネルギー庁，2013）。

14　原子力発電施設解体引当金に関する省令第1条第1項第1号により，特定原子力発電施設とは，次のように定義されている。

　　イ　実用発電用原子炉に係る発電用原子炉施設のうち，原子炉本体，核燃料物質の取扱施設及び貯蔵施設，原子炉冷却系統施設，計測制御系統施設，核燃料物質によって汚染された物の廃棄施設（容器に封入され，又は容器と一体的に固形化された廃棄物を保管するための施設を除く。）並びに原子炉格納施設

　　ロ　イに掲げる施設が設置される建物及びその附属設備（原子炉本体が設置される建物の基礎を除く。）

　　ハ　イに掲げる施設のほか，発電機その他の設備でロに掲げる建物内に設置されるもの

314 —— 第Ⅱ部　巨大災害と資本市場

子力発電所1・2号機）に減損の兆候を認識し，投資の回収が困難であるため，帳簿価額を回収可能価額まで減額し，当該減少額（308億円）を減損損失として特別損失に計上した。中部電力は，回収可能価額は正味売却価額を使用しており，正味売却価額については，他への転用や売却が困難であるため0円とした。

図表11-20　中部電力の浜岡発電所1・2号運転終了に係る減損損失の注記：2009年3月期

(1) 資産のグルーピングの方法

　当社グループは，原則として継続的に収支の把握を行っている単位ごとに資産のグルーピングを行っている。ただし，遊休資産や廃止等の処分が決定しておりその代替的な投資も予定されていない資産のうち重要なものについては，それぞれ独立した資産グループとしている。主なグルーピングの方法は以下のとおりである。

① 電気事業

　発電から販売までの資産が1つのネットワークとして構成されており，事業全体で収支の把握を行っているため，廃止を決定した資産等を除き事業全体を1つの資産グループとしている。なお，この資産グループについては減損の兆候はない。

② その他事業

　原則として事業ごと，地点ごとにグルーピングしている。

(2) 減損損失を認識した資産または資産グループ

用途	場所	種類	減損損失（百万円）
廃止決定済の発電設備等（電気事業固定資産，固定資産仮勘定）	浜岡原子力発電所1，2号機（静岡県御前崎市）	建物，構築物，機械装置等	30,861

　　固定資産の種類ごとの内訳
　　建物　1,396百万円，
　　構築物　2,996百万円，
　　機械装置　25,372百万円，
　　その他　1,097百万円

第 11 章　東日本大震災と原子力発電のディスクロージャー ── *315*

(3)　減損損失の認識に至った経緯

　上記設備については，浜岡原子力発電所 1，2 号機の運転終了に伴い，投資の回収が困難であるため，帳簿価額を回収可能価額まで減額し，当該減少額（30,861 百万円）を減損損失として浜岡 1，2 号運転終了関連損失に含めて特別損失に計上した。

(4)　回収可能価額の算定方法

　回収可能価額は正味売却価額を使用しており，正味売却価額については，他への転用や売却が困難であるため零円としている。

出所：中部電力 有価証券報告書（2009 年 3 月期）。

　東京電力は東日本大震災前の 2010 年 3 月期に 5,100 億円の原子力発電施設解体引当金（同年度の原子力発電施設解体引当金繰入額 185 億 94 百万円）を計上していた。東日本大震災後の 2011 年 3 月期では，原子力事故のあった福島第一発電所に対しては資産除去債務会計基準が適用され，原子力発電施設解体引当金 5,100 億円を引継いだ資産除去債務 7,918 億円が計上された。資産除去債務は 2012 年 3 月期時点では 8,032 億円，2013 年 3 月期時点では 8,265 億円であった[15]。

　東京電力（2012）は，2012 年の料金認可に際し，廃止措置を講じる福島第一原子力発電所の 1 号機から 4 号機については，（1）減価償却費および設備復旧に係る費用を特別損失に計上し，料金原価不算入とする，（2）運転維持費を経常費用として計上し，料金原価に算入することにした。また，東京電力（2012）は，福島第一原子力発電所の 5 号機と 6 号機および福島第二原子力発電所については，（1）減価償却費を経常費用として計上し，料金原価に算入する，（2）設備復旧に係る費用を特別損失に計上し，料金原価に不算入とする，（3）運転維持費用を経常費用に計上し，料金原価に算入することとした。なお，東京電力（2012）は「事業報酬については，本来原価に算入すべきところ，福島第一・第二の今後 10 年間の扱いが未定であることに加え，これら設備の「利益」を原価算入しているとの誤解を招きかねないこ

───────────

15　2013 年時点では，東京電力福島第一原子力発電所 1 号機から 4 号機の廃止措置関連費用は，合理的な見積りが可能な範囲で，約 9,600 億円が計上されていた（廃炉に係る会計制度ワーキンググループ，2013）。

と，今後の私どもの努力分として自主的に控除すべきと考えたことなどから」，申請時に原価不算入とした。

　中部電力と東京電力は，いずれも廃止装置を講じた原子力発電所施設（浜岡原子力発電所1・2号機，福島第1発電所1～4号機）の減損損失を特別損失に計上していた。

11.9.5　原子力発電所の廃止措置に係る会計処理

　東日本大震災の福島第一原子力発電所1～4号機の原子力事故を契機に各地の原子力発電所の長期停止が続いていた。当面の問題として生産高比例法のもとでは，原子力発電施設解体費の引き当てが進まない状況であった[16]。

　資源エネルギー庁は，総合資源エネルギー調査会総合部会電気料金審査専門委員会に「廃炉に係る会計制度検証ワーキンググループ」を設置し，2013年6月25日に第1回会合を開催した[17]。このワーキンググループ設置の趣旨は，「原子力発電所に関するバックフィット制度の導入をはじめとする新たな規制や，運転終了後も一定期間にわたって放射性物質の安全管理が必要という廃炉の実態等を踏まえ，廃炉に係る現行の会計制度が，廃炉に必要な財務的な基盤を確保する上で適切なものとなっているかを検証し，必要に応じて見直しを行う必要がある。」（資源エネルギー庁，2013a）ことであった。ここでのバックフィット制度は福島第一原子力発電所の事故を契機として，2012年9月の「核原料物質，核燃料物質及び原子炉の規制に関する法律」（「原子炉等規制法」という。）の改正の際に導入された。原子炉等規制法は，発電用原子炉施設の維持に関する条項を設け，「発電用原子炉設置者は，発電用原子炉施設を原子力規制委員会規則で定める技術上の基準に適合するように維持しなければならない。」（原子炉等規制法第43条の3の14）と規定し，既に許可を得た発電用原子炉施設に対しても新基準への適合を義務づけている。原子炉等規制法の改正によって原子炉等の安全性が強

16　2013年当時，中部電力が浜岡原子力発電所第1号機および第2号機（2009年1月運転停止），日本原子力発電が東海発電所（1998年3月運転停止）の廃炉をそれぞれ決定していた。これらの会計処理については，平野（2014）を参照されたい。

17　その後，総合資源エネルギー調査会の組織再編に伴い，廃炉に係る会計制度検証ワーキンググループは，電力・ガス事業分科会電気料金審査専門小委員会のもとに位置づけられた。

化されたため，改正基準に適合しない原子炉は廃炉しなければならない。「廃炉に係る会計制度検証ワーキンググループ」設置の背景には，政府のエネルギー政策の変更に伴い，廃炉を円滑に進めるために，現行の廃炉に係る会計制度を見直すことがあった。

資源エネルギー庁（2013b）は，「廃炉に係る会計制度検証ワーキンググループ」の最初の会合で，以下のように論点整理を行った。

論点1　運転終了後の設備の簿価の扱い

（1）原子力を利用して電気の供給を行うに当たっては，運転終了後も長期にわたる廃止措置が着実に行われることが大前提であり，廃止措置を完遂するまでが電気事業の一環であること，

（2）運転終了後も役割を果たす設備については，廃止措置期間中の安全機能を維持することも念頭に追加や更新のための設備投資が行われており，引き続き使用している実態があることを踏まえれば，運転終了後も資産計上の上，減価償却を継続するものとして整理することが適切な設備もあるとの考え方もある。

論点2　事故炉の廃止措置[18]に向けて新たに取得する設備の扱い

事故を起こした原子炉かどうかにかかわらず，原子力を利用して電気の供給を行うに当たっては，運転終了後も長期にわたる廃止措置が着実に行われることが大前提であり，廃止措置を完遂するまでが電気事業の一環であることを踏まえれば，論点1と同様の考え方に立って，事故炉の廃止措置に向けて新たに取得する設備であっても，資産計上の上，減価償却を継続するものとして整理するとの考え方もある。

論点3　原子力発電施設解体引当金の引当方法

原子力発電所の稼働状況にかかわらず着実に解体引当金の引当を進めるという観点からは，定額法や定率法とすべきとの考え方もある。

論点4　原子力発電施設解体引当金の引当期間

18　事故炉の場合，原子炉等規制法に定める廃止措置のほか，当該廃止措置に先立って必要となる使用済燃料プール内の燃料や燃料デブリの取出し等の作業も含む。

運転終了後も系統除染や安全貯蔵の工程があり，直ちに解体撤去が本格化するものではないことや，引き続き役割を果たす設備があるという原子力発電所特有のライフサイクルを踏まえれば，実際に廃止措置及びそのための支出が本格化するまでの間は，運転終了後であっても，一定の期間にわたって引当を継続することが適当であるとの考え方もある。

2013年9月に廃炉に係る会計制度検証ワーキンググループ（2013）は，(1) 廃止措置中も電気事業の一環として事業の用に供される設備については減価償却を行うことにする，(2) 原子力発電施設解体引当金の積立方法を生産高比例法から定額法とし，また，運転終了後も引当を継続することにすると結論づけた。廃炉に係る会計制度検証ワーキンググループ（2013）は，廃止措置中も引き続き役割を果たす設備の主な例として，(1) 原子炉格納容器と原子炉容器，(2) 使用済燃料ピット，(3) 変圧器（受電用）と蒸気発生器，などを例示した。廃炉に係る会計制度検証ワーキンググループ（2013）の結論は廃止措置中も電気事業の一環として事業の用に供される設備の償却費用および原子力発電施設解体費用の配分方法の変更であった。電力事業の一環として位置づけられる設備の減価償却費および原子力発電施設解体引当金の繰入額が料金原価に算入され，電力サービスの受益者が負担するという点では，従前の施策と変わりはなかった。

2013年10月には，関連省令が改正施行され，廃止措置中も電気事業の一環として事業の用に供される設備については使用実態を踏まえて減価償却費を料金原価に算入すること，また原子力発電施設解体引当金の会計方針が生産高比例法から定額法の適用に変更され，運転期間40年に安全貯蔵期間10年を加えた期間を原則的な引当期間とすることになった。

11.9.6 第4次エネルギー基本計画と会計政策

2014年4月11日に政府は第4次エネルギー基本計画を閣議決定した。原子力の位置づけと政策の方向性は次のように決定された（閣議決定, 2014）。

①位置づけ

燃料投入量に対するエネルギー出力が圧倒的に大きく，数年にわたって国内保有燃料だけで生産が維持できる低炭素の準国産エネルギー源として，優れた安定供給性と効率性を有しており，運転コストが低廉で変動も少なく，運転時には温室効果ガスの排出もないことから，安全性の確保を大前提に，エネルギー需給構造の安定性に寄与する重要なベースロード電源である。

②政策の方向性

　いかなる事情よりも安全性を全てに優先させ，国民の懸念の解消に全力を挙げる前提の下，原子力発電所の安全性については，原子力規制委員会の専門的な判断に委ね，原子力規制委員会により世界で最も厳しい水準の規制基準に適合すると認められた場合には，その判断を尊重し原子力発電所の再稼働を進める。その際，国も前面に立ち，立地自治体等関係者の理解と協力を得るよう，取り組む。

　原発依存度については，省エネルギー・再生可能エネルギーの導入や火力発電所の効率化などにより，可能な限り低減させる。その方針の下で，我が国の今後のエネルギー制約を踏まえ，安定供給，コスト低減，温暖化対策，安全確保のために必要な技術・人材の維持の観点から，確保していく規模を見極める。

　また，東京電力福島第一原子力発電所事故の教訓を踏まえて，そのリスクを最小限にするため，万全の対策を尽くす。その上で，万が一事故が起きた場合には，国は関係法令に基づき，責任をもって対処する。

　加えて，原子力利用に伴い確実に発生する使用済燃料問題は，世界共通の課題であり，将来世代に先送りしないよう，現世代の責任として，国際的なネットワークを活用しつつ，その対策を着実に進めることが不可欠である。

　さらに，核セキュリティ・サミットの開催や核物質防護条約の改正の採択など国際的な動向を踏まえつつ，核不拡散や核セキュリティ強化に必要となる措置やそのための研究開発を進める。

第４次エネルギー基本計画では，東日本大震災の東京電力福島第一発電所の

原子力事故と原子力リスクの顕在化を契機に，原子力発電の依存度の低下が示された。

2003年に，「実用発電用原子炉の設置，運転等に関する規則」（昭和五十三年通商産業省令第七十七号）が改正され，発電用原子炉施設の経年劣化に関する技術的な評価，すなわち高経年化対策制度が創設された。同規則第82条の規定により，発電用原子炉設置者は，発電用原子炉の運転開始後30年を経過する原子炉施設については，10年ごとに機器および構造物の経年劣化に関する技術評価を行い，この評価の結果に基づき，10年間に実施すべき長期施設管理方針を策定し，原子力規制委員会に保安規定変更を申請しなければならない。原子力規制委員会はこの保安規定変更申請を審査のうえ認可する。

2012年には，原子炉等規制法が改正され，同法第43条の3の32の規定により，発電用原子炉を運転できる期間は，運転開始より40年とし，その満了に際し，原子力規制委員会の認可を受けて，1回に限り最大20年の運転延長をすることができるようになった。2024年10月までに，40年を超える運転が認可されたのは，日本原子力発電株式会社の東海第二発電所（運転開始日1978年11月28日，2018年11月7日認可）ならびに関西電力の高浜発電所1号機（同1974年11月14日，2016年6月20日認可），高浜発電所2号機（同1975年11月14日，2016年6月20日認可），美浜発電所3号機（同1976年12月1日，2016年11月16日認可），高浜発電所第3号機（同1985年1月17日，2024年5月29日認可）および高浜発電所第4号機（同1985年6月5日，2024年5月29日認可）ならびに九州電力の川内原子力発電所1号機（同1984年7月4日，2023年11月1日認可）および川内原子力発電所2号機（同1985年11月4日，2023年11月1日認可）である（原子力規制委員会，2024）。2024年10月時点で，高浜発電所1・2・3・4号機および川内原子力発電所1号機は運転中，美浜発電所3号機は停止中，東海第二発電所と川内原子力発電所2号機は停止中（定期事業者検査中），美浜発電所1・2号機は廃止措置中（2015年3月17日決定）である。

資源エネルギー庁（2014a）は，原子力事業を巡る課題と懸念として，(1)廃炉の判断に伴って費用回収が中断し損失が発生することから，財務会計上

の理由から廃炉の判断が影響を受ける可能性があること，（2）将来的に投資が未回収となることを懸念し，最善の安全に向けた投資の判断が阻害される可能性があること，（3）安全規制の変更等に伴って，一括で多額の財務的な損失が発生し，場合によっては，事業者の財政状況が著しく悪化し，電力の安定供給の確保に支障を来たす可能性があること，（4）原子力事業は安定的な事業実施を確保していく必要があり，バックエンド事業等（廃炉，再処理等の核燃料サイクル事業，最終処分事業その他），共同で実施している事業については一層の安定的な事業実施が要請され，実施主体の性質から考慮すべき点がある，ことを挙げた。

（1）から（3）について，資源エネルギー庁は，事業者が廃炉を決定すると核燃料資産と発電のために使われていた資産を一括して減損処理する必要があることから，投資回収の中断や事業会社の財政的な悪化を懸念していた。原子力発電施設解体引当金と廃止措置に使われる資産については，2013年の廃炉会計創設にあたって，それぞれ原子力施設解体の未引当分を運転終了後10年にわたって定額法で引当てること，廃止措置に使われる資産を運転終了後も継続して減価償却することになっている。資源エネルギー庁（2014b）は運転開始後40年が経過した原子力施設（敦賀発電所1号機，美浜発電所1・2号機，高浜発電所1・2号機，島根原子力発電所1号機，玄海原子力発電所1号機）について，計画外の廃炉となった場合，一括費用計上が必要と見込まれる額は1基あたり210億円程度（核燃料関係120億円，発電設備関係80億円）と試算した[19]。

もちろん廃炉に係る減損，減価償却費や原子力施設解体引当の費用はキャッシュ・フローの支出を伴う費用ではない。計画外の廃炉であれば設備投資戦略の変更を余儀なくされることはあっても，財政状態を急激に悪化させることはないであろう。重要なことはこれらの廃炉費用を誰が負担するかということである。企業会計上，設備の廃止を決定した資産グループには減損の兆候を確認できるので減損処理を行い，資産除去にいたるまでに必要な支出は資産除去債務として認識することであろう。株主が廃炉に係る減損，

19　これらの運転期間が40年を超えた原子力施設のうち，敦賀発電所1号機，美浜発電所1・2号機および島根原子力発電所1号機は，廃止措置が講じられることになった。

除却損や減価償却費を負担するのであれば，特別損失に計上する。電力サービスの受益者（需要家）が一時的費用として負担するのであれば，電力料金の改定に際し，3 年間の料金原価に算入させる[20]。あるいは電力サービスの受益者（需要家）が事業の一環として経常的に費用として負担するのであれば，長期的に費用を配分して料金原価に算入させる。廃炉費用の負担は，株主，企業，電力サービスの受益者（需要家），国，政府地方公共団体などのステークホルダー間の合意に基づいて決定されるべきである。実際，東京電力（2012）は，福島第一原子力発電所の原子力事故の結果により計上した減損や除却損を 2011 年 3 月期に一括して特別損失に計上し，料金原価に算入することを選択しなかった。

　資源エネルギー庁（2014c）は，（1）原子力施設の廃止時に発電資産や核燃料資産の残存簿価を一括償却するのではなく，「原子力廃止関連仮勘定」に振り替えて一定期間で償却すること，（2）核燃料解体費用等の将来発生する費用については債務認識するとともに，同額を新勘定に計上し，一定期間で償却し，廃炉の進展に伴って債務を減少させていくことを提案した。この会計処理の問題は，原子力廃止関連仮勘定等の新勘定の資産性を評価できるかということである。企業会計上，将来のキャッシュ・インフローを期待できない資産を貸借対照表に計上することはできない。この点については，資源エネルギー庁（2014c）も，「新勘定について資産として計上するためには，併せて費用の回収が見通せることが必要と考えられる。この点，当該費用については，その毎期の償却分の費用について，規制料金の原価へ算入することを認めることとしてはどうか。ただし，新勘定に計上する資産は，事業の用に供するものではない点を踏まえれば，新勘定はレートベースには含めないこととすべきではないか。加えて，2016 年に小売の全面自由化が予定されていることも踏まえた制度設計とする必要がある。」と認識していた。廃炉に係る会計制度の重要な論点は，誰が廃炉費用を負担するかについて社会的な合意が不可避なことである。

　廃炉に係る会計制度検証ワーキンググループ（2015）は，「資産の残存簿

20　廃炉費用を電気料金により回収する政策プロセスについては，谷江（2015）を参照されたい。

価，核燃料の解体費用等，廃炉に伴って発生する費用を一括して計上するのではなく，資産計上した上で，一定期間をかけて償却・費用化することを認める会計制度」の創設をとりまとめた。制度措置の対象となる資産は，「エネルギー政策・原子力政策の変更や安全規制ルールの変更等を背景として廃炉することとなった場合に生じる費用であって，現行制度下でも除却費等として料金に見込んで回収し得るものを対象とする。」とした。具体的な制度措置対象資産としては，発電資産，照射済核燃料の残存簿価・処理費，未照射核燃料の残存簿価・解体費が列挙された。廃炉に係る会計制度検証ワーキンググループ（2015）は，会計処理として，「(i) 新勘定（原子力廃止関連仮勘定）を設置し，新勘定に設備の簿価等を移し替え，(ii) その上で，廃炉作業の完遂に万全を期しながら，料金への影響を平準化するといった観点から，平成25年の本WGでの安全貯蔵期間についての議論も踏まえ，10年間で新勘定に移し替えられた資産を定額償却」することを提言した。料金制度の基本的な考え方として，廃炉に係る会計制度検証ワーキンググループ（2015）は，「新勘定について資産として計上するためには，併せて費用の回収が見通せることが必要である。この点，当該費用については，その毎期の償却分の費用について，現行の料金制度下でも規制料金の原価への算入が認められる除却費等と同様に，規制料金の原価に算入することを認める。ただし，新勘定に計上する資産は，事業の用に供するものではない点を踏まえれば，新勘定はレートベースには含めないこととする。加えて，平成28年に小売部門への参入の全面自由化が予定されていることも踏まえた制度設計とする必要がある。」とした。廃止を決定した原子力施設の発電資産残存簿価の償却費用，核燃燃料残存簿価の償却費，および核燃料の解体費用を負担する主体が確定され，将来のキャッシュ・インフローが期待できるのであれば，企業会計上，原子力廃止関連仮勘定を資産に計上することを認めうる。もちろんこれらの費用負担には社会的な合意が必要である。

11.9.7　電力小売自由化と廃炉

　2016年4月に電力小売りが完全自由化される中，経済産業省は，競争活性化の方策とともに，自由化の下でも公益的課題への対応を促す仕組みを整

備するため，整総合資源エネルギー調査会に「電力システム改革貫徹のための政策小委員会」を設置した（資源エネルギー庁，2016a）。資源エネルギー庁（2016b）は，この小委員会の下に，市場整備ワーキンググループ（ベースロード電源市場の創設，連系線利用ルールの見直し，容量メカニズムの創設，非化石価値市場の創設を審議）と財務会計ワーキンググループ（廃炉会計制度の在り方と法人事業税の課税方式審議）を設置した。

資源エネルギー庁（2016c）は，今後の廃炉に関する会計制度の在り方として，(1) 現行の廃炉会計制度を継続的に適用可能とするために費用回収が着実に行われる料金制度，(2)「総合資源エネルギー調査会電力・ガス事業部会電気料金審査専門小委員会廃炉に係る会計制度検証ワーキンググループ」が提言した送配電部門の料金（託送料金）の仕組みを利用する費用回収制度（廃炉に係る会計制度検証ワーキンググループ，2015）の構築，をアジェンダに挙げた。廃炉に係る会計制度検証ワーキンググループは，総括原価方式の料金規制下にある託送料金の仕組みを前提として，従前の廃炉会計制度が継続的に適用可能かどうかを審議することになった。2015 年に導入された原子力廃止関連仮勘定は，企業会計上，将来のキャッシュ・インフローが担保できなければその資産性を認識できず，減損評価しなければならない。電力小売自由化のエネルギー政策の下であっても，将来にわたって廃炉費用がキャッシュ・インされる料金制度を構築する必要があった。

東日本大震災の東京電力福島第一原子力発電所の原子力事故を契機に原子力賠償機構法が制定され，原子力事故の備えとして，原子力事業者が毎年一定額（2015 年度では総額 1,630 億円）を一般負担金として原賠・廃炉機構に納付している。資源エネルギー庁（2016d）は，この一般負担金制度導入前の未収金を「過去分」として徴収することを提案した。その総額は 3.8 兆円と見積もられた。積算の根拠は 2015 年度の設備容量 1.5 億 kW の kW 当たり単価約 1,070 円を 1966 年度から 2020 年度の設備容量 35kW に乗じた金額であった。資源エネルギー庁（2016d）は，2011 年から 2019 年までに納付される一般負担金 1.3 兆円を全需要家から回収する「過去分」と同様のものとして扱い，「過去分」の総額 3.8 兆円から控除して 2.4 兆円を託送料金から 40 年にわたって回収することを提案した。ただし，「過去分」とし

てではなく，原子力事故の備えとして本来徴収することになっている2011年から2019年の一般負担金相当額の扱いについては説明がなされなかった。

さらに資源エネルギー庁（2016e）は，送配電事業を営む東京電力パワーグリッドの合理化分を福島第一原子力発電所の廃炉費用に確実に充当させるために，その合理化分を超過利潤から除外するとともに託送費用の実績として算入することにした[21]。ただし，超過利潤から除外する合理化分を料金原価に算入することは認めないことにした。

資源エネルギー庁（2016f）は，電力小売自由化の下で，廃炉に関する会計制度の基本的な考え方として，以下の点を挙げた。

・廃炉会計制度は，その制度創設の経緯・趣旨を踏まえれば，原発依存度低減というエネルギー政策の基本方針に沿って措置されたものであり，自由化の下においても原発依存度低減との基本方針に変わりはないことから，本制度を継続することが適当と考えられる。

・本制度を継続するために必要となる着実な費用回収の仕組みについては，現在経過的に措置されている小売規制料金が原則2020年に撤廃されることから，自由化の下でも規制料金として残る託送料金の仕組みを利用することが妥当である。

・ただし，発電，送配電，小売の各事業が峻別された自由化の環境下で，発電に係る費用の回収に託送料金の仕組みを利用することは，原発依存度低減や廃炉の円滑な実施等のエネルギー政策の目的を達成するために講じる例外的な措置と位置づけられるべきである。

・なお，現行の廃炉会計制度において必ずしも対象から除外されていない福島第一原発1〜6号機については，①1Fの廃炉に要する資金については，東京電力が確保することを原則とし，今般，そのために必要な制度的措置を講じることとしていること，②1Fの6基の炉は既に廃炉判断がなされていること，③原子炉等規制法においては，福島第一原発は，サイト全体として，廃炉のために特別な安全管理の措置が必要とされる特定原子力施設に指定されている一方で，実務上，事

21　超過利潤の定義は，営業収益から営業費用と事業報酬額を控除した額である。

故により損傷した1〜4号機と損傷していない5，6号機で異なった取扱いをしていること等を総合的に勘案し，新たに講じられる制度的措置の下で円滑に廃炉が行われることを前提に，原則として託送料金の仕組みを利用した廃炉会計制度の対象から除外すべきである。

資源エネルギー庁は，2020年に電力小売が完全自由化されてもなお廃炉会計を維持するために託送料金の仕組みを利用する制度設計を主張した。原子力事業者だけでなくいわゆる新電力も廃炉に係る費用の一部を負担することになる。なお，福島第一原子力発電所の廃炉に係る費用負担について東京電力が負担する原則により託送料金の仕組みを利用しないことにした。

また，資源エネルギー庁（2016f）は，原子力事業者が計上することになっている原子力発電施設解体引当金の償却期間を50年から原子力施設の運転期間に応じて40年に短縮することにした。

2017年2月に総合資源エネルギー調査会基本政策分科会の電力システム改革貫徹のための政策小委員会（2017）は，市場整備ワーキンググループ，財務会計ワーキンググループおよび当該小委員会の審議ならびにパブリックコメントを経て，中間報告をとりまとめた[22]。

11.9.8　通常炉の廃炉等の円滑化

2022年6月に資源エネルギー庁（2022b）は，「通常炉の廃止措置を効率的かつ円滑に実施し，完遂するための課題を更に整理し，課題解決に必要な事業体制や資金確保の在り方等を検討するため」，原子力小委員会の下に「廃炉等円滑化ワーキンググループ」を設置した。資源エネルギー庁（2022c）は，電力会社がそれぞれ必要な資金を原子力発電施設解体引当金として計上している現状に際し，2016年の全面自由化以降の競争激化に伴い，各電力会社の収益性が低下し，2021年以降の燃料費高騰等も重なり，資金確保の面で各事業者の財務状況に課題があることを認識していた。資源エネルギー

22　資源エネルギー庁は，2016年12月19日付けで総合資源エネルギー調査会電力システム改革貫徹のための政策小委員会の中間とりまとめに対する意見募集を行った。この中間報告については502のパブリックコメントが提出された（資源エネルギー庁，2017）。「過去分」を託送料金を利用して回収するという政策の決定過程については，定松（2018，2021）が社会学の観点から分析を行っている。

庁（2022c）は，廃炉等円滑化ワーキンググループの第1回会議（2022年7月27日）において，着実な廃止措置の実現に向けて」と題して，第27回原子力小員会（2022年5月30日）資料から，以下を引用した（資源エネルギー庁，2022a）。

- 発電による収益がない廃止措置プロセスにおいては，廃止措置のための資金を事前に安定的に確保した上で，コスト最小化に向け効率的に事業を実施することが重要。
- 特に，足下では電力会社の収益性が低下する中で，廃止措置に向けた着実な資金の確保及び効率的に事業を実施するための取組が求められる。

さらに，原子力発電施設解体引当金制度に関して，第27回原子力小員会（2022年5月20日）資料から参考資料として以下を引用した（資源エネルギー庁，2022a）。

- 原子力事業者は，省令に基づき，毎年，各発電所の解体費用の「総見積額」を予め算定し，経済産業大臣の承認を受けて，稼働期間中に定額ずつ引き当て。
- これはあくまでも引当金制度であることから，BS上の負債に計上されるが，このことをもって廃炉という使途に限定したキャッシュ（資産）が確保される仕組みではない。

原子力発電施設解体引当金は負債性引当金である。原子力事業者は原子力発電施設解体のために費用をあらかじめ引当てるという債務を負っている。また原子力発電施設解体引当金の繰入費用は料金原価に算入されてキャッシュ・インされる。つまり，原子力発電施設解体引当金の既引当額は既にキャッシュを確保していたといえる。ただし，原子力事業者は，その財政状態によっては，原子力発電施設解体引当金の引当額に相当する資産を担保できない可能性もある。

　資源エネルギー庁（2022d）は，「国全体での着実かつ効率的な廃止措置を実現するためには，共通する知見・ノウハウを蓄積した上で，我が国の廃止措置を総合的にマネジメントし，計画的・効率的な廃止措置を実現する新たな主体」として，事業計画の認可，自由な解散の制限や国による監督・命

令など，必要な関与・監督がおよぶ認可法人を提案した。原子炉等規制法第43条の3の34第1項の規定に基づき，原子力事業者はその設置した原子炉等の廃炉措置を講じる責務を負っている。資源エネルギー庁（2022d）は，資金な確実な確保として，以下の点を提案した。

- ・廃止措置に必要な資金を確実に確保するため，各原子力事業者が個別に内部引当を行う現行制度を改め，国が必要な関与・監督を行うことができる今回の認可法人が必要な資金を確保・管理・思弁する仕組みとすることが適切ではないか。
- ・そして，この認可法人が十分な資金を確保することができるよう，原子力事業者に対しては，我が国全体の廃止措置に必要な資金に加えて，共通する課題（研究開発等）に対応するための費用を含めて，この認可法人に対して支払うことを義務付ける仕組みとしてどうか。

すなわち，資源エネルギー庁（2022d）は，原子炉等の廃止措置のための認可法人を設立して，各原子力事業が必要な資金を提供すること，原子力発電施設解体引当金制度から拠出金制度への移行を提案した。

さらに，資源エネルギー庁（2022d）は，廃止措置に必要な資金確保に際し，不確実性への対応として，以下の点も提案した。

- ・小売全面自由化以降の競争環境下においては，事業者の経営悪化のリスク等も踏まえつつ，我が国における着実な廃止措置に向けた資金確保が必要。
- ・このため，原子力事業者が認可法人に納付する拠出金については，こうした不確実性も踏まえた水準とすると同時に，各社の経営状況等にも一定の配慮が必要ではないか。
- ・また，一時的に多額の資金需要が発生した場合にも，着実に廃止措置を進めることができるよう，認可法人自らが資金調達や資金運用を行うことも可能とすべきではないか。
- ・さらに，認可法人や原子力事業者が予見しがたい事由により，事業の継続が困難な状況に陥った場合においても，我が国における廃止措置を着実に進めるためには，このような場合には，国が必要な措置を講じることも必要ではないか。

この第2回廃炉等円滑化ワーキンググループ会議では，拠出金の具体的な仕組みは提案されなかった。廃炉等円滑化ワーキンググループの第3回会議で，資源エネルギー庁（2022e）は，資金確保に係る制度設計のあり方として，以下の点を提案した。

①拠出金額については，我が国全体の廃止措置の長期的な見通しに照らして，認可法人の業務の運営に必要な資金が確実に確保されるよう，将来の不確実性も踏まえた水準とする。同時に，電力の安定供給の確保の観点から，競争下において事業環境の不確実性を抱えている各事業者の経営状況等に対しても一定の配慮が必要。

②現行の解体引当金制度に基づいて事業者がこれまで引き当ててきた引当金は，その大半が規制料金によって回収されたものであるという料金政策上の観点を踏まえ，事業者の経営状況等に対して配慮しつつも，認可法人の業務に支障を及ぼさない範囲内で，類似法制の前例も参考に，適当な期間（例えば30年間）で分割して拠出させる等の措置を講じるべきではないか。

原子力事業者による新たな認可法人へ拠出金に関して，資源エネルギー庁のこれらの提案は，原子力事業者の経営状態を勘案している点が特徴的である。ただし，原子力事業者が既に原子力発電施設解体引当金の繰り入れ費用として需要者から回収済みの金額を適当な期間で分割して拠出する措置は，ステークホルダーである電力サービス需要者への説明責任とその合意が必要であろう。

　2022年11月に，廃炉等円滑化ワーキンググループ（2022）は中間報告を取り纏めた。この中間報告では，民間の発意のもとで特別の法律を設置根拠とする認可法人の設立と運営が提案された[23]。また，廃止措置に必要な資金の着実な確保に関しては，「現在，原子力事業者は，原子力発電施設解体引当金に関する省令（平成元年通商産業省令第30号）に基づき，設置した原子力発電所の解体に要する費用を見積り，経済産業大臣の承認を受けて，運転期間中に会計上の引当てを行うことが義務付けられている。これにより，

23　原子力発電施設の廃止実績のある米国の先行事例と廃炉等円滑化ワーキンググループ（2022）が提案する認可法人の比較については，長山（2022）を参照されたい。

運転期間中から，将来の廃止措置費用の支出に向けた財務会計上の手当ては行われていることになる。ただし，引当金はあくまでも貸借対照表上の負債として計上されるものであり，廃止措置という使途に限定したキャッシュが確保されていることまでを担保する仕組みではない。」（廃炉等円滑化ワーキンググループ，2022，p.3）と陳述された。さらに，現行の原子力発電施設解体引当金の扱いに関しても，「現行の解体引当金制度に基づいて事業者がこれまで引き当ててきた引当金は，その大半が規制料金によって回収されたものであるという料金政策上の観点を踏まえ，原子力事業者の経営状況等にも配慮しつつ，認可法人の業務に支障を及ぼさない範囲内で，類似法制の前例を参考に，適当な期間（例えば30年間）で分割して拠出させる等の措置を講じることが適当である。」と言及された。

図表11-21は関西電力の廃炉円滑化負担金の概要の注記（2023年3月期）である。関西電力は，2023年3月期に，廃炉円滑化負担金相当収益として11,960百万円（前期8,790百万円），原子力廃止関連仮勘定45,123百万円（前期53,110百万円），原子力廃止関連勘定償却費7,986百万円（前期5,964百万円）を計上した。

図表11-21　関西電力の廃炉円滑化負担金の概要の注記：2023年3月期

廃炉会計制度は，廃炉の円滑な実施等を目的として措置されており，エネルギー政策の変更や安全規制の変更等に伴い廃止した原子炉の残存簿価等（原子力特定資産簿価，原子力廃止関連仮勘定簿価（原子力廃止関連費用相当額を含む。）および原子力発電施設解体引当金の要引当額）について，同制度の適用を受け，一般送配電事業者の託送料金により，廃炉円滑化負担金として回収している。

同制度の適用にあたり，当社は「電気事業法施行規則」（平成7年通商産業省令第77号）第45条の21の12の規定により，原子力特定資産簿価，原子力廃止関連仮勘定簿価（原子力廃止関連費用相当額を含む。）および原子力発電施設解体引当金の要引当額について，経済産業大臣宛に廃炉円滑化負担金承認申請書を提出し，経済産業大臣の承認を受けている。また，経済産業大臣から回収すべき廃炉円滑化負担金の通知を受けた関西電力送配電株式会社は，「電気事業法施行規則」（平成7年通商産業省令第77号）第45条の21の11の規定により，廃炉円滑化負担金の回収ならびに当社および日本原子力発電株式会社への払い渡しを行っている。

原子力廃止関連仮勘定は，「電気事業法施行規則等の一部を改正する省令」（平成29年経済産業省令第77号）附則第5条および第8条の規定により，関西電力送配電株式会社から払い渡される廃炉円滑化負担金相当金に応じて償却している。

出所：関西電力 有価証券報告書（2023年3月期）。

11.9.9　廃炉会計制度

資源エネルギー内に設置された会計制度関連のワーキンググループ，すなわち，廃炉に係る会計制度検証ワーキンググループ（2013年設置），財務会計制度ワーキンググループ（2015年設置）および廃炉等円滑化ワーキンググループ（2015年設置）の主たる目的は，事故炉（東京電力福島第1発電所）および通常炉の廃炉等を円滑化するための制度設計が主たる目的であった。廃炉費用の回収を確実にするために，料金制度（例えば総括原価方式や託送料金の仕組みを利用した一般負担金の回収）と会計制度は不可分となっていった。金森（2016）は，廃炉に係る会計制度検証ワーキンググループと財務会計制度ワーキンググループが提案した廃炉会計制度が複雑すぎて一般市民には理解が困難になっていると指摘した。さらに，金森（2022）は，資源エネルギー庁の3つの会計制度関連のワーキンググループの議論を分析した結果，会計学の論理よりもむしろ料金の回収が目的となっていたと主張している。

原子力発電に係る会計制度は，国家のエネルギー政策と密接に関連しているため，会計の政治化という現象が生じている。Bischof *et al.*（2020）は，会計規制が企業や個人に対するコストベネフィットをもたらす経済的かつ社会的な帰結（consequece）であるとして，政治家が特別な利害関係による介入だけでなく，これらの帰結の多くにイデオロギー的な見解をもつことを明らかにした。原子力発電に係る会計制度は，需要家（企業や国民），電力会社，政府，地方公共団体，経済産業省や資源エネルギー庁などの監督官庁といった様々な利害関係者のコストベネフィットに関わる。とりわけ廃炉に係る会計制度の設計は，巨額の廃止措置費用を要することや廃止措置が長期にわたって講じられることから様々な政治的な介入が予想される。東日本大震災以降，原子力発電の依存度を低下させるため，廃炉を円滑に進めるべき

332 —— 第Ⅱ部　巨大災害と資本市場

であるというイデオロギー的な見解が廃炉に係る会計制度の設計に強く影響していたといえよう。

11.9.10　廃炉のディスクロージャー

　2017年4月に「核原料物質，核燃料物質及び原子炉の規制に関する法律」が改正され，発電用原子炉設置者は，廃止プラントと運転プラントのいずれについても，同法第43条の3の33第1項の規定に基づき，発電用原子炉の運転を開始しようとするときは，当該発電用原子炉の解体，核燃料物質の譲渡し，核燃料物質による汚染の除去，核燃料物質によって汚染された物の廃棄その他の原子力規制委員会規則で定める発電用原子炉の廃止に伴う措置（「廃止措置」）を実施するための方針（「廃止措置実施方針」）を作成し，これを公表しなければならない[24]。同法第43条の3の33第1項の規定により，廃止措置実施方針には，廃棄する核燃料物質によって汚染された物の発生量の見込み，廃止措置に要する費用の見積りおよびその資金の調達の方法その他の廃止措置の実施に関し必要な事項を定めなければならない。さらに，同法第43条の3の33第3項の規定により，発電用原子炉設置者は，廃止措置実施方針の変更をしたときは，遅滞なく，変更後の廃止措置実施方針を公表しなければならない。

　原子力規制委員会は，2017年に「廃止措置実施方針の作成等に関する運用ガイド」を制定し，廃止措置実施方針の記載事項を定めている。2020年に一部改訂された運用ガイドでは，廃止措置実施方針の記載事項は以下のとおりである（原子力規制委員会，2020）。

（1）氏名または名称および住所

（2）工場または事業所の名称および所在地

（3）原子炉の名称

（4）廃止措置の対象となることが見込まれる原子炉施設（「廃止措置対象施設」）およびその敷地

24　各原子力事業者が実用発電用原子炉に係る廃止措置実施方針を公表しているウェブサイトは，原子力規制委員会のウェブサイトにリンクされている。
　　https://www.nra.go.jp/activity/regulation/reactor/haishi/jitsuyou.html

・廃止措置対象施設

・敷地

・廃止措置対象施設の状況（事業の許可等の変更の経緯を含む）

(5) 解体の対象となる施設およびその解体の方法

・解体の対象となる施設

・解体の方法

(6) 廃止措置に係る核燃料物質の管理および譲渡し

(7) 廃止措置に係る核燃料物質による汚染の除去（核燃料物質による汚染の分布とその評価方法を含む）

・核燃料物質による汚染の分布とその評価方法

・除去の方法

(8) 廃止措置において廃棄する核燃料物質または核燃料物質によって汚染された物の発生量の見込みおよび廃棄

・放射性気体廃棄物の廃棄

・放射性液体廃棄物の廃棄

・放射性固体廃棄物の廃棄

(9) 廃止措置に伴う放射線被ばくの管理

・廃止措置期間中の放射線管理

・廃止措置期間中の平常時における周辺公衆の線量の評価

(10) 廃止措置中の過失，機械または装置の故障，地震，火災等があった場合に発生することが想定される事故の種類，程度，影響等

(11) 廃止措置期間中に性能を維持すべき原子力施設およびその性能ならびにその性能を維持すべき期間

・建屋・構築物等の維持管理

・核燃料物質の取扱施設及び貯蔵施設の維持管理

・放射性廃棄物の廃棄施設の維持管理

・放射線管理施設の維持管理

・解体等のために設置した設備の維持管理

・その他の施設の維持管理

(12) 廃止措置に要する費用の見積りおよびその資金の調達の方法

334 ——— 第Ⅱ部　巨大災害と資本市場

・廃止措置に要する費用の見積り

・資金の調達の方法

（13）廃止措置の実施体制

（14）廃止措置に係る品質マネジメントシステム

（15）廃止措置の工程

（16）廃止措置実施方針の変更の記録（作成もしくは変更または見直しを
　　　行った日付，変更の内容およびその理由を含む）

　図表 11-22 は，廃止措置実施方針の「廃止措置に要する費用の見積りおよ
びその資金の調達の方法」の開示例である。Panel A は廃止プラント（廃止
措置中）の中部電力浜岡原子力発電所 1 号原子炉，Panel B は運転プラント
（2024 年 10 月時点で停止中）の東京電力ホールディングス柏崎刈羽原子力
発電所 1 号炉の廃止費用の見積りとその資金調達方法である。2024 年 4 月
1 日に原子力発電施設解体引当金制度は廃止され，廃炉拠出金制度が導入さ
れた。

**図表 11-22　廃止措置実施方針「廃止措置に要する費用の見積りおよびその資金
　　　　　　　の調達の方法」の開示例**

Panel A：中部電力浜岡原子力発電所 1 号原子炉

1　廃止措置に要する費用

　1 号原子炉施設の原子力発電施設解体引当金制度に基づく積立ての最終年度であ
る平成 20 年度末の原子力発電施設解体に要する費用見積総額は，約 397 億円であ
る。

費用見積額　　　　　　　　　　　　　　　　　　　　　　　　（単位：億円）

項目	見積額
施設解体費	約 253
解体廃棄物処理処分費	約 126
合計	約 379

2　資金調達計画

　全額自己資金（引当金を含む。）により賄う。なお，原子力発電施設解体引当金

制度による1号原子炉施設の最終積立年度である平成20年度末の原子力発電施設解体引当金累積積立額（過年度分を含む。）は，約184億円である。また，1号原子炉施設の解体に要する費用のうち，前述の原子力発電施設解体引当金以外に，平成20年末において約194億円を原子力発電所運転終了関連損失引当金として積み立てている。

引当金 (単位：億円)

項目	引当金
原子力発電施設解体引当金	約184
原子力発電所運転終了関連損失引当金 （解体費用充当額）	約194
合計	約379

（端数処理のため合計値が一致しないことがある。）

出所：中部電力『浜岡原子力発電所1号原子炉廃止措置実施方針』（2024年4月1日改訂）。https://www.chuden.co.jp/resource/energy/nuclear/hamaoka/hama_haishi/houshin/haishi_20240401_01.pdf

Panel B：東京電力ホールディングス柏崎刈羽原子力発電所1号炉

1. 廃止措置に要する費用

　「原子力発電における使用済燃料の再処理等の実施及び廃炉の推進に関する法律」に基づき，使用済燃料再処理・廃炉推進機構（以下「機構」という。）が，廃炉推進業務に必要な費用を当社の廃止措置に要する費用を含めて算定する。

　なお，原子力発電施設解体引当金制度（2024年4月1日に廃止）に基づいて当社が算定していた原子力発電施設解体に要する費用の総見積額は，2023年度末時点において柏崎刈羽原子力発電所1号炉で約823億円である。

2. 資金調達計画

　廃止措置に要する費用に相当する額が，各年度，機構から当社に支払われる。

　なお，当社は機構の廃炉推進業務に必要な費用に相当する額を，各年度，機構に対して廃炉拠出金として納付する。

出所：東京電力ホールディングス『柏崎刈羽原子力発電所1号発電用原子炉の廃止措置実施方針』（2024年4月1日）。
https://www.tepco.co.jp/electricity/mechanism_and_facilities/power_generation/nuclear_power/pdf/plan_kk1.pdf

336 —— 第Ⅱ部　巨大災害と資本市場

図表 11-23　原子力発電施設解体に要する費用見積り

（単位：億円）

	総見積額 (a)	(a) の見積時点	施設解体費 (b)	解体廃棄物処理処分費 (c)	(b)と(c)の見積時点	原子力施設解体引当金等累計額 (d)	引当率 A (d)/(a)	(d)の時点	2023年3月31日時点の原子力施設解体引当金残高 (e)	引当率 B(e)/(a)
北海道電力										
泊発電所 1 号炉	449	2018/3/30								
泊発電所 2 号炉	449	2018/3/30								
泊発電所 3 号炉	535	2018/3/30								
小　計	1,433								904	63.1%
東北電力										
女川原子力発電所 1 号発電用原子炉 *	419	2018/11/30	300	119	2018/11/30	307	73.3%	2019/3/31		
女川原子力発電所 2 号発電用原子炉	675	2024/3/31								
女川原子力発電所 3 号発電用原子炉	659	2024/3/31								
東通原子力発電所 1 号発電用原子炉	678	2024/3/31								
小　計	2,431								1,249	51.4%
東京電力ホールディングス										
福島第一原子力発電所 5 号発電用原子炉 *	NA									
福島第一原子力発電所 6 号発電用原子炉 *	NA									
福島第二原子力発電所 1 号発電用原子炉 *	697	2024/3/31	506	191	2019 年 8 月					
福島第二原子力発電所 2 号発電用原子炉 *	714	2024/3/31	502	212						
福島第二原子力発電所 3 号発電用原子炉 *	708	2024/3/31	497	211	2019 年 8 月	519	73.3%	2020/3/31		
福島第二原子力発電所 4 号発電用原子炉 *	704	2024/3/31	492	212	2019 年 8 月	501	71.2%	2020/3/31		
柏崎刈羽原子力発電所 1 号炉	823	2024/3/31								
柏崎刈羽原子力発電所 2 号炉	735	2024/3/31								
柏崎刈羽原子力発電所 3 号炉	699	2024/3/31								
柏崎刈羽原子力発電所 4 号炉	714	2024/3/31								
柏崎刈羽原子力発電所 5 号炉	748	2024/3/31								
柏崎刈羽原子力発電所 6 号炉	817	2024/3/31								
柏崎刈羽原子力発電所 7 号炉	817	2024/3/31								
東通原子力発電所発電用原子炉 **	NA								8,314	NA
小　計	8,176									
中部電力										
浜岡原子力発電所 1 号炉 *	379	2009/3/31	253	126	2009/3/31	379	100.0%			
浜岡原子力発電所 2 号炉 *	462	2009/3/31	302	162	2009/3/31	462	100.0%			
浜岡原子力発電所 3 号炉	862	2024/3/31								
浜岡原子力発電所 4 号炉	808	2024/3/31								
浜岡原子力発電所 5 号炉	941	2024/3/31								
小　計	3,452								1,715	49.7%
北陸電力										
志賀原子力発電所 1 号炉	537	2024/3/31								
志賀原子力発電所 2 号炉	823	2024/3/31								
小　計	1,360								603	44.3%
関西電力										
美浜発電所 1 号発電用原子炉施設 *	323	2024/3/31	232	90	2021/3/31	323	100.0%	2021/3/31		
美浜発電所 2 号発電用原子炉施設 *	358	2024/3/31	256	101	2021/3/31	350	97.8%	2021/3/31		
美浜発電所 3 号発電用原子炉施設	546	2024/3/31								
大飯発電所 1 号発電用原子炉施設 *	592	2024/3/31	390	202	2018/9/31	460	77.7%	2018/3/31		
大飯発電所 2 号発電用原子炉施設 *	594	2024/3/31	390	204	2018/9/31	484	81.5%	2018/3/31		
大飯発電所 3 号発電用原子炉施設	647	2024/3/31								
大飯発電所 4 号発電用原子炉施設	647	2024/3/31								
高浜発電所 1 号発電用原子炉施設	498	2024/3/31								
高浜発電所 2 号発電用原子炉施設	498	2024/3/31								
高浜発電所 3 号発電用原子炉施設	576	2024/3/31								

高浜発電所 4 号発電用原子炉施設	576	2024/3/31								
小　計	5,855								4,878	83.3%
中国電力										
島根発電所 1 号炉 *	382	2016/3/31	262	119	2016/3/31	347		2016/3/31		
島根発電所 2 号炉	697	2024/3/31								
島根発電所 3 号炉 **	NA	2024/3/31								
小　計	1,079								909	84.2%
四国電力										
伊方発電所 1 号炉 *	396	2024/3/31	292	104	2018/9/31	375	94.7%	2020/3/31		
伊方発電所 2 号炉 *	396	2024/3/31	293	103	2018/4/30	354	89.4%	2020/3/31		
伊方発電所 3 号炉	663	2024/3/31								
小　計	1,455								1,136	78.1%
九州電力										
玄海原子力発電所 1 号炉 *	385	2018/9/31	284	101	2018/9/31	348	90.4%	2019/3/31		
玄海原子力発電所 2 号炉 *	365	2019/2/28	267	99	2019/2/28	321	87.9%	2019/3/31		
玄海原子力発電所 3 号炉	657	2024/3/31								
玄海原子力発電所 4 号炉	660	2024/3/31								
川内原子力発電所 1 号炉	626	2024/3/31								
川内原子力発電所 2 号炉	622	2024/3/31								
小　計	3,315								2,618	79.0%
日本原子力発電										
東海発電所発電用原子炉施設 *	885	2002/3/31	347	538	2002/3/31	493	55.7%	2002/3/31		
東海第二発電所発電用原子炉施設	707	2024/3/31								
敦賀発電所 1 号発電用原子炉施設 *	363	2015/3/31	241	121	2015/3/31	333	91.7%	2015/3/31		
敦賀発電所 2 号発電用原子炉施設	716	2024/3/31								
小　計	2,671									
電源開発										
大間原子力発電所発電用原子炉施設 **	NA	2020/4/1								
原子力発電施設解体に要する費用の総見積額合計	31,227									

出所：2024 年 4 月 1 日時点で発電用原子炉設置者が公表する廃止措置実施方針に基づいて，著者が作成。

注：原子力施設名に付された * は廃止措置施設，** は建設中の施設を表す。
中部電力浜岡原子力発電所 1 号炉の原子力発電施設引当金等の額は，原子力発電施設解体引当金 184 億円と原子力発電所運転終了関連損失引当金 194 億円の合計額。
中部電力浜岡原子力発電所 2 号炉の原子力発電施設引当金等の額は，原子力発電施設解体引当金 250 億円と原子力発電所運転終了関連損失引当金 212 億円の合計額。
2023 年 3 月 31 日時点の原子力施設解体引当金残高は，電力会社の 2023 年 3 月期有価証券報告書から収集された。

　図表 11-23 は，2024 年 4 月 1 日時点で発電用原子炉設置者が公表する廃止措置実施方針に基づいて，原子力発電施設解体に要する費用見積りを纏めたリストである。ただし，東京電力ホールディングス福島第一原子力発電所はリストから除かれている。建設中原子炉 3 基を除く 52 基の原子炉の解体費用見積りの総合計は，約 3 兆 1,227 億円である。原子炉 1 基当たりの解体費用見積りは 600.5 億円に達する。図表 11-23 に記載された原子力施設解体引当金残高を解体費用見積額で除した引当率 B は，2023 年 3 月 31 日時点では，電力会社では，40 ％から 90 ％の範囲に分布している。ただし，原子力

施設解体引当金が取り崩された場合，この引当率Bは過小に評価される。なお，電力会社各社は，2024年4月1日時点で未積立であった原子力施設解体引当金相当額を全額積立てるとともに，既積立金とあわせて廃炉供出金として，毎年度，使用済燃料再処理・廃炉推進機構に廃炉推進業務に必要な額を納付することが必要である。

11.9.11 東日本大震災10年を経た政府のエネルギー基本政策

2021年10月に政府は第6次エネルギー基本計画を決定した（閣議決定，2021）。この基本計画の冒頭で，政府は，「東京電力福島第一原子力発電所事故を含む東日本大震災から今年で10年の月日が経過した。10年前の未曾有の大災害は，エネルギー政策を進める上での全ての原点であり，今なお避難生活を強いられている被災者の方々の心の痛みにしっかりと向き合い，最後まで福島復興に取り組んでいくことが政府の責務である。このことはエネルギー政策に携わる者全てがひとときも忘れてはならない。」（閣議決定，2021，p.4）という決意を表明した。その上で，政府は，気候変動問題への対応，日本のエネルギー需給構造の抱える課題の克服，および2050年カーボンニュートラルの国際公約の達成と2030年度の温室効果ガス46％削減目標の実現に係る施策を計画した。2030年度におけるエネルギー需給の見通しとして，政府は，再生可能エネルギー36〜38％（2019年度18％），水素・アンモニア1％（同0％），原子力20〜22％（同6％），LNG20％（同37％），石炭32％（同19％），石油等2％（7％）を挙げた（閣議決定，2021）。再生可能エネルギーと原子力エネルギーの需給増大とLNG，石炭および石油等の非石化エネルギーの需給減少を目途に第6次エネルギー基本計画が構築された。

2023年2月に政府は，気候変動問題への対応およびロシア連邦によるウクライナ侵略を契機としたエネルギー危機とエネルギー安全保障上の課題の再認識を背景として，「GX実現に向けた基本方針」を閣議決定した。この閣議決定では，(1)エネルギー安定供給を大前提としたGX（グリーントランスフォーメーション）の取組と(2)成長志向型カーボンプライシング構想の実現と実行が取り纏められた（閣議決定，2023）。この閣議決定の趣旨

は，「GX の実現を通して，2030 年度の温室効果ガス 46 ％削減や 2050 年カーボンニュートラルの国際公約の達成を目指すとともに，安定的で安価なエネルギー供給につながるエネルギー需給構造の転換の実現，さらには，我が国の産業構造・社会構造を変革し，将来世代を含む全ての国民が希望を持って暮らせる社会を実現すべく」（閣議決定，2023，p.2）ことであった。

　この閣議決定では，原子力の活用として，「エネルギー基本計画に定められている 2030 年度電源構成に占める原子力比率 20〜22 ％の確実な達成に向けて，いかなる事情より安全性を優先し，原子力規制委員会による安全審査に合格し，かつ，地元の理解を得た原子炉の再稼働を進める」（閣議決定，2023，p.7）ことが決定された。具体的には，以下の点が示された（閣議決定，2023，p.7-8）。

　　　既存の原子力発電所を可能な限り活用するため，現行制度と同様に，「運転期間は 40 年，延長を認める期間は 20 年」との制限を設けた上で，原子力規制委員会による厳格な安全審査が行われることを前提に，一定の停止期間に限り，追加的な延長を認めることとする。

　　　あわせて，六ヶ所再処理工場の竣工目標実現などの核燃料サイクル推進，廃炉の着実かつ効率的な実現に向けた知見の共有や資金確保等の仕組みの整備を進めるとともに，最終処分の実現に向けた国主導での国民理解の促進や自治体等への主体的な働き掛けを抜本強化するため，文献調査受入れ自治体等に対する国を挙げての支援体制の構築，実施主体である原子力発電環境整備機構（NUMO）の体制強化，国と関係自治体との協議の場の設置，関心地域への国からの段階的な申入れ等の具体化を進める。

　原子力発電に関する政府のエネルギー政策は，廃炉を円滑に進めて原子力発電の依存度を低下させる方向から，既存原子力発電所の利用を促進する方向に変更されることになった。もちろんその前提には，東日本大震災の東京電力福島第一原子力発電所の原子力事故の反省のもとで，安全性の確保と廃炉，再処理および最終処分にいたるプロセスを可視化してコストベネフィットの社会的な合意を形成することが必要となろう。

　政府は，2023 年 2 月 28 日に「脱炭素社会の実現に向けた電気供給体制の

確立を図るための電気事業法等の一部を改正する法律案」（GX 脱炭素電源法）を閣議決定した。この GX 脱炭素電源法は，2023 年 2 月 11 日閣議決定の「GX 実現に向けた基本方針」に基づき，（1）地域と共生した再エネの最大限の導入促進と（2）安全確保を大前提とした原子力の活用に向けて，「電気事業法」，「再生可能エネルギー電気の利用の促進に関する特別措置法」（再エネ特措法），「原子力基本法」，「核原料物質，核燃料物質及び原子炉の規制に関する法律」（炉規法），および「原子力発電における使用済燃料の再処理等の実施に関する法律」（再処理法）を改正する法律である。

　GX 脱炭素電源法は，2023 年 2 月 28 日に第 211 回国会に提出された。その提出理由は，「我が国における脱炭素社会の実現に向けて，化石エネルギー源の利用の促進を図りつつ電気の安定供給を確保するため，電気の安定供給の確保等の観点から発電用原子炉の運転期間を定めるとともに，その設置者に対し，長期間運転する発電用原子炉施設に関する技術的な評価の実施及び管理計画の作成を義務付けるほか，使用済燃料再処理機構の業務への廃炉の推進に関する業務の追加，再生可能エネルギー発電事業計画の認定の取消しに伴う交付金の返還命令の創設その他の規律の強化等の措置を講ずる必要がある。」であった[25]。GX 脱炭素電源法は，2023 年 4 月 27 日に衆議院本会議で改正法案を修正のうえ可決され，同年 5 月 31 日に参議院本会議において可決され，同年 6 月 7 日に公布された。

　原子力基本法では，安全を最優先とすること，安定供給や GX への貢献などの原子力利用の価値，廃炉・最終処分などのバックエンドのプロセス加速化，自主的安全性向上・防災対策などの国と原子力事業者の責務などの原子力発電の利用に係る原則が明文化された。

　炉規法では，高経年化した原子炉に対する規制が厳格化された。原子力事業者は，運転開始から 30 年を超えて原子炉を運転しようとする場合，10 年以内ごとに，設備の劣化に関する技術的評価を行い，その結果に基づき長期施設管理計画を作成し，原子力規制委員会の認可を受けることが義務付けられた。

25　内閣法制局，https://www.clb.go.jp/recent-laws/diet_bill/detail/id=4338

東京電力福島第一原発事故後の運転期間は，炉規法（主務官庁は資源エネルギー庁と原子力規制庁）で原則40年，最長60年と規定されていたが，その規定を電気事業法（主務官庁は経済産業省と資源エネルギー庁）に移し，運転期間を40年とし，安定供給確保，GXへの貢献，自主的安全性向上や防災対策の不断の改善について経済産業大臣の認可を受けた場合に限り延長が認められるようになった。延長期間は20年を基礎として，原子力事業者が予見し難い事由（安全規制に係る制度・運用の変更，仮処分命令など）による停止期間を考慮した期間に限定することになった（資源エネルギー庁，2023）。この改正により，原子力事業者は，経済産業大臣の認可と原子力規制委員会による安全性確認を条件として，運転期間を60年超とすることが可能となった。これは，東京電力福島第一原発事故後の原則40年，最長60年とする原子力政策を転換する内容となっている。

再処理法では，使用済燃料再処理機構（Nuclear Reprocessing Organization of Japan: NuRO）に従前の業務である使用済燃料再処理の他に，全国の廃炉の総合的調整，研究開発や設備調達等の共同実施，廃炉に必要な資金管理等の業務が追加された。さらに再処理法では，原子力事業者に対して，使用済燃料再処理機構への廃炉拠出金の拠出が義務付けられた。

2024年4月1日に，「原子力発電における使用済燃料の再処理等の実施及び廃炉の推進に関する法律」（改正再処理法）が施行され，使用済燃料再処理機構は，使用済燃料再処理・廃炉推進機構に法人名称を変更し，使用済燃料再処理業務とともに，廃炉推進業務を行うことになった。使用済燃料再処理・廃炉推進機構は，「発電に関する原子力の適正な利用に資するため，特定実用発電用原子炉の運転に伴って生ずる使用済燃料の再処理等の実施の業務および円滑かつ着実な廃炉の推進に関する業務を行うことにより，発電に関する原子力に係る環境の整備を図ることを目的とする」（改正再処理法第18条）。

使用済燃料再処理・廃炉推進機構の業務は，（1）使用済燃料の再処理等を行うこと，（2）再処理等拠出金を収納すること，（3）円滑かつ着実な廃炉の実施を図るために必要な実用発電用原子炉設置者等に対する助言，指導および勧告を行うこと，（4）廃炉に関する技術の調査，研究および開発を行う

こと，（5）廃炉に必要な設備の調達および維持管理を行い，ならびにこれを実用発電用原子炉設置者等の共用に供すること，（6）廃炉拠出金を収納すること，（7）廃炉の実施に必要な費用に相当する額の支払を行うこと，（8）これらに附帯する機構の業務を行うことである（改正再処理法第49条）。理事長および監事は経済産業大臣が任命し，副理事長及び理事は理事長が経済産業大臣の認可を受けて任命する（改正再処理法第39条）。使用済燃料再処理・廃炉推進機構は使用済燃料再処理等実施中期計画（改正再処理法第54条）と廃炉推進業務中期計画（改正再処理法第55条）を定め，経済産業大臣の認可を受けなければならない。使用済燃料再処理・廃炉推進機構は，毎事業年度，経済産業省令で定めるところにより，廃炉拠出金の収納および廃炉の実施に必要な費用に相当する額の支払の状況，助言，指導および勧告の内容その他の廃炉推進業務の実施の状況について経済産業大臣に報告する義務を負い，経済産業大臣は，これらの報告を受けたときは，速やかに，これを公表しなければならない（改正再処理法第52条）。

　再処理法の改正により，2024年4月1日に，原子力施設解体引当金制度から廃炉拠出金制度に変更となった。実用発電用原子炉設置者等は，廃炉推進業務に必要な費用に充てるため，各年度，使用済燃料再処理・廃炉推進機構に対し，廃炉拠出金を納付しなければならない（改正再処理法第11条）。廃炉拠出金年度総額は，（1）各実用発電用原子炉設置者等の実用発電用原子炉に係る廃炉の長期的な見通しおよび当該廃炉の実施の状況に照らし，各年度における廃炉推進業務を適正かつ確実に実施するために十分なものであること，（2）各実用発電用原子設置者等の収支の状況に照らし，電気の安定供給その他の実用発電用原子炉の運転に係る事業の円滑な運営に支障を来し，または当該事業の利用者に著しい負担を及ぼすおそれのないものであることを要する（改正再処理法第11条第3項）。図表11-22に示したように，2023年3月期末時点で，北海道電力，東北電力，東京電力ホールディングス，中部電力，北陸電力，関西電力，中国電力，四国電力および九州電力の原子力施設解体引当金残高の総額は，2兆2,326億円であった。原子力施設解体引当金の繰入費用は既に電力料金に算入させて徴収した額である。しかしながら，これらの電力会社の財政状態から勘案して，電力会社が一括して

第11章　東日本大震災と原子力発電のディスクロージャー —— *343*

使用済燃料再処理・廃炉推進機構に拠出することは難しいであろう。そのため，改正再処理法第11条第3項の規定では，実用発電用原子設置者である電力会社の財政状態を勘案して，廃炉拠出金年度総額が決定されるように規定されている。廃炉拠出金制度は，原子力施設解体引当金として廃炉費用を内部に留保することよりも，外部に資金を積み立てることで廃炉資金を担保できる。ただし，廃炉費用の見積もりの合理性や廃炉拠出金の支払い状況については，国民や他のステークホルダーに適時的に十分に開示される必要があろう。

11.10　結び

平成23年（2011年）東北地方太平洋沖地震の津波が引き起こした東京電力福島第一原子力発電所の原子力事故は，巨額な損害をもたらした。政府は東京電力を破綻させるよりもむしろ資金を注入して存続させることを選択した。これはコストベネフィットを考慮した社会的な合意とみなせよう。しかしながら，その救済のスキームは極めて複雑である。東京電力が原子力損害賠償機構を割当先とする優先株式を発行し，その引き受けによる国有化，原子力損害賠償機構からの東京電力への金銭贈与，電力サービスの需要家（個人や企業）から電力料金を通じて事故炉の廃止措置に係る費用を回収するなど，資金の流れは多岐にわたる。さらに，東日本大震災は，原子力事故損害の甚大さや，事故炉だけでなく通常炉の廃炉措置の問題を浮き彫りにさせた。総括原価法，託送料金を利用した一般負担金の回収，原子力発電施設解体引当金，廃炉拠出金制度，資産除去債務など，適用される会計技術も複雑なため一般のステークホルダーが理解することは難しい。電力会社や原子力損害賠償機構は，ステークホルダーに対して適時的かつ理解可能性の高いディスクロージャーが必要であろう。

参考文献

Bischof, J., Daske, H., Sectroh, C. J., 2020. Why do Politicians intervene in accounting regulation? The role of ideology and special interests, *Journal of Accounting Re-*

search 58 (3), 589-642.

遠藤典子, 2013.『原子力損害賠償制度の研究―東京電力福島原発事故からの考察―』岩波書店.

会計検査院, 2013.「東京電力株式会社に係る原子力損害の賠償に関する国の支援等の実施状況に関する会計検査の結果について」,〈https://report.jbaudit.go.jp/org/h24/YOUSEI5/2012-h24-Y5000-0.htm〉

会計検査院, 2015.「東京電力株式会社に係る原子力損害の賠償に関する国の支援等の実施状況に関する会計検査の結果について」,〈https://report.jbaudit.go.jp/org/h26/YOUSEI2/2014-h26-Y2000-0.htm〉

会計検査院, 2021.「福島第一原子力発電所事故に伴い放射性物質に汚染された廃棄物及び除去土壌等の処理状況等に関する会計検査の結果について」(会計検査院法第30条の3の規定に基づく報告書),〈https://report.jbaudit.go.jp/org/r01/YOUSEI2/2020-r02-Y2000-0.htm〉

閣議決定, 2013.「原子力災害からの福島復興の加速に向けて」(2013年12月20日),〈https://www.meti.go.jp/earthquake/nuclear/pdf/131220/20131220kakugiketteibun.pdf〉

閣議決定, 2014.「エネルギー基本計画」(2012年4月11日),〈https://www.enecho.meti.go.jp/category/others/basic_plan/pdf/140411.pdf〉

閣議決定, 2021.「エネルギー基本計画」(2021年10月22日),〈https://www.encho.meti.go.jp/category/others/basic_plan/pdf/20211022_01.pdf〉

閣議決定, 2023.「GX実現に向けた基本方針～今後10年を見据えたロードマップ～」(2023年2月10日),〈https://www.cas.go.jp/jp/seisaku/gx_jikkou_kaigi/pdf/kihon.pdf〉

金森絵里, 2016.『原子力発電と会計制度』中央経済社.

金森絵里, 2022.『原子力発電の会計学』中央経済社.

鎌倉治子, 2005.「金融システム安定化のための公的資金注入の経緯と現状」『調査と情報』第477号.

原子力規制委員会, 2012.「東京電力株式会社福島第一原子力発電所に設置される特定原子力施設に対する「措置を講ずべき事項」に基づく「実施計画」の提出について」(2012年11月7日),〈https://www.nra.go.jp/data/000069063.pdf〉

原子力規制委員会, 2020.「廃止措置実施方針の作成等に関する運用ガイド」(2020年3月31日),〈https://www.nra.go.jp/data/00033491.pdf〉

原子力規制委員会, 2024.「高経年化した発電用原子炉の安全規制に関する検討状況」,〈https://www.nra.go.jp/NuclearRegulation/discussion_aging_reactor.html〉

原子力損害賠償支援機構, 2012.「東京電力株式会社の株式の引受けについて」(2012年7月31日),〈https://www.ndf.go.jp/press/at2012/20120731.html〉

定松淳, 2018.「新電力への原発事故損害賠償の負担拡大決定過程の分析」『環境社会学研究』第24号, 166-180.

定松淳，2021．「原子力損害賠償「過去分」についての政治的調整過程の分析―多角的政策評価の試み―」『日本評価研究』第 21 巻第 1 号，17-28．

資源エネルギー庁，2012．総合資源エネルギー調査会総合部会電気料金審査専門委員会「東京電力株式会社の供給約款変更認可申請に係る査定方針案」（2012 年 7 月 5 日），〈https://warp.da.ndl.go.jp/info.ndljp/pdf/11223892/www.meti.go.jp/comittee/sougouenrgey/sougou/denkiryokin/pdf/report01_01_00.pdf〉

資源エネルギー庁，2013a．「廃炉に係る会計制度検証ワーキンググループ設置の趣旨について」（2013 年 6 月 25 日），総合資源エネルギー調査会総合部会電気料金審査専門委員会廃炉に係る会計制度検証ワーキンググループ，第 1 回資料 3（事務局提出資料），〈https://www.meti.go.jp/shingikai/enecho/denryoku_gas/denki_ryokin/hairo_kaikei/pdf/01_001_03_00.pdf〉

資源エネルギー庁，2013b．「原子力発電所の廃止措置を巡る会計制度の課題と論点」（2013 年 6 月 25 日），総合資源エネルギー調査会総合部会電気料金審査専門委員会廃炉に係る会計制度検証ワーキンググループ，第 1 回資料 5（事務局提出資料），〈https://www.meti.go.jp/shingikai/enecho/denryoku_gas/denki_ryokin/hairo_kaikei/pdf/01_001_05_00.pdf〉

資源エネルギー庁，2014a．「競争環境下における原子力事業の在り方」（2014 年 8 月 7 日），第 5 回総合資源エネルギー調査会電力・ガス事業分科会原子力小委員会資料 4（事務局提出資料），〈https://www.meti.go.jp/shingikai/enecho/denryoku_gas/genshiryo ku/pdf/005_04_00.pdf〉

資源エネルギー庁，2014b．「廃炉を円滑に進めるための会計関連制度の課題」（2014 年 11 月 25 日），総合資源エネルギー調査会電気料金審査専門小委員会廃炉に係る会計制度検証ワーキンググループ，第 3 回資料 4（事務局提出資料），〈https://www.meti.go.jp/shingikai/enecho/denryoku_gas/denki_ryokin/hairo_kaikei/pdf/003_04_00.pdf〉

資源エネルギー庁，2014c．「廃炉を円滑に進めるための会計関連制度の詳細制度設計について」（2014 年 12 月 17 日），総合資源エネルギー調査会電気料金審査専門小委員会廃炉に係る会計制度検証ワーキンググループ，第 4 回資料 2（事務局提出資料），〈https://www.meti.go.jp/shingikai/enecho/denryoku_gas/denki_ryokin/hairo_kaikei/pdf/004_02_00.pdf〉

資源エネルギー庁，2016a．「電力システム改革貫徹のための政策小委員会の設置について」（2016 年 9 月 27 日），総合資源エネルギー調査会基本政策分科会電力システム改革貫徹のための政策小委員会，第 1 回資料 3（事務局提出資料），〈https://www.meti.go.jp/shingikai/enecho/kihon_seisaku/denryoku_kaikaku/pdf/01_03_00.pdf〉

資源エネルギー庁，2016b．「電力システム改革貫徹に向けた取組の方向性」（2016 年 9 月 27 日），総合資源エネルギー調査会基本政策分科会電力システム改革貫徹のための政策小委員会，第 1 回資料 6（事務局提出資料），〈https://www.meti.go.jp/shingikai/enecho/kihon_seisaku/denryoku_kaikaku/pdf/01_06_00.pdf〉

資源エネルギー庁，2016c.「電力システム改革貫徹に向けた財務会計面の課題」（2016 年
10 月 5 日），総合資源エネルギー調査会基本政策分科会電力システム改革貫徹のための
政策小委員会財務会計ワーキンググループ，第 1 回資料 6（事務局提出資料），〈https://
www.meti.go.jp/shingikai/enecho/kihon_seisaku/denryoku_kaikaku/zaimu_kaikei/
pdf/01_06_00.pdf〉

資源エネルギー庁，2016d.「自由化の下での原子力事故の賠償への備えに関する負担の在
り方について」（2016 年 12 月 9 日），総合資源エネルギー調査会基本政策分科会電力シ
ステム改革貫徹のための政策小委員会財務会計ワーキンググループ，第 6 回資料 3（事
務局提出資料），〈https://www.meti.go.jp/shingikai/enecho/kihon_seisaku/denryoku_
kaikaku/zaimu_kaikei/pdf/06_03_00.pdf〉

資源エネルギー庁，2016e.「自由化の下での福島第一原発の廃炉の資金管理・確保の方法
について」（2016 年 12 月 9 日），総合資源エネルギー調査会基本政策分科会電力システ
ム改革貫徹のための政策小委員会財務会計ワーキンググループ，第 6 回資料 4（事務局
提出資料），〈https://www.meti.go.jp/shingikai/enecho/kihon_seisaku/denryoku_
kaikaku/zaimu_kaikei/pdf/06_04_00.pdf〉

資源エネルギー庁，2016f.「自由化の下での廃炉に関する会計制度について」（2016 年 12
月 9 日），総合資源エネルギー調査会基本政策分科会電力システム改革貫徹のための政
策小委員会財務会計ワーキンググループ，第 6 回資料 5（事務局提出資料），〈https://
www.meti.go.jp/shingikai/enecho/kihon_seisaku/denryoku_kaikaku/zaimu_kaikei/
pdf/06_05_00.pdf〉

資源エネルギー庁，2017.「総合資源エネルギー調査会基本政策分科会電力システム改革
貫徹のための政策小委員会中間とりまとめに対する意見募集結果について」（2017 年 2
月 6 日），総合資源エネルギー調査会電力・ガス事業分科会第 2 回電力・ガス基本政策
小委員会総合資源エネルギー調査会基本政策分科会第 5 回電力システム改革貫徹のため
の政策小委員会合同会議，参考資料，〈https://www.meti.go.jp/shingikai/enecho/
kihon_seisaku/denryoku_kaikaku/pdf/005_s01_00.pdf〉

資源エネルギー庁，2022a.「着実な廃止措置に向けた取組」（2022 年 5 月 30 日），総合資
源エネルギー調査会電力・ガス事業分科会原子力小委員会，第 27 回資料 6（事務局提
出資料），〈https://www.meti.go.jp/shingikai/enecho/denryoku_gas/genshiryoku/pdf/
027_06_00.pdf〉

資源エネルギー庁，2022b.「円滑化ワーキンググループの設置について」（2022 年 6 月
30 日），総合資源エネルギー調査会電力・ガス事業分科会原子力小委員会，第 28 回資
料 6（事務局提出資料），〈https://www.meti.go.jp/shingikai/enecho/denryoku_gas/
genshiryoku/pdf/028_06_00.pdf〉

資源エネルギー庁，2022c.「円滑かつ着実な廃止措置の実現に向けた政策の方向性」
（2022 年 7 月 27 日），総合資源エネルギー調査会 電力・ガス事業分科会原子力小委員
会廃炉等円滑化ワーキンググループ，第 1 回資料 4（事務局提出資料），〈https://www.

meti.go.jp/shingikai/enecho/denryoku_gas/genshiryoku/hairo_wg/pdf/001_04_00.
pdf〉

資源エネルギー庁，2022d.「着実かつ効率的な廃止措置の実現に向けた政策の方向性」
（2022 年 8 月 31 日），総合資源エネルギー調査会 電力・ガス事業分科会原子力小委員
会廃炉等円滑化ワーキンググループ，第 2 回資料 5（事務局提出資料），〈https://www.
meti.go.jp/shingikai/enecho/denryoku_gas/genshiryoku/hairo_wg/pdf/002_05_00.
pdf〉

資源エネルギー庁，2022e.「廃炉等の円滑化に向けた制度設計について（前回 WG でい
ただいた御意見に関する検討）」（2022 年 10 月 5 日），総合資源エネルギー調査会 電
力・ガス事業分科会原子力小委員会廃炉等円滑化ワーキンググループ，第 3 回資料 3
（事務局提出資料），〈https://www.meti.go.jp/shingikai/enecho/denryoku_gas/
genshiryoku/hairo_wg/pdf/003_03_00.pdf〉

資源エネルギー庁，2023.「原子力政策に関する直近の動向と今後の取組」（2023 年 7 月
26 日），総合資源エネルギー調査委員会電力・ガス事業分科会原子力小委員会第 36 回
資料 1（事務局資料），〈https://www.meti.go.jp/shingikai/enecho/denryoku_gas/gen
shiryoku/pdf/036_01_00.pdf〉

資源エネルギー庁，2024.「原子力に関する動向と課題・論点」（2024 年 10 月 30 日），総
合資源エネルギー調査会電力・ガス事業分科会原子力小委員会，第 42 回資料 1（事務
局提出資料），〈https://www.meti.go.jp/shingikai/enecho/denryoku_gas/
genshiryoku/pdf/042_01_00.pdf〉

谷江武士，2015.「電力会社の廃炉会計と電気料金」『名城論叢』第 15 巻特別号，19-34.

中部電力，2009.『有価証券報告書』.

電力システム改革貫徹のための政策小委員会，2017.「電力システム改革貫徹のための政
策小委員会中間とりまとめ」（2017 年 2 月），総合資源エネルギー調査会基本政策分科
会電力システム改革貫徹のための政策小委員会，〈https://www.meti.go.jp/shingikai/
enecho/kihon_seisaku/denryoku_kaikaku/pdf/20170209002_01.pdf〉

東京電力，2012.「認可料金の概要」（2012 年 7 月 25 日），〈https://www.tepco.co.jp/cc/
press/betu12_j/images/120725j0201.pdf〉

東京電力に関する経営・財務調査委員会，2011.『委員会報告』（2011 年 10 月 3 日），
〈http://www.cas.go.jp/jp/seisaku/keieizaimutyousa/dai10/siryou1.pdf〉

長山浩章，2022.「我が国における原子力発電設備廃止措置の在り方―米国の経験から何
を学ぶべきか―」，〈https://www.econ.kyoto-u.ac.jp/renewable_energy/stage2/pbfile/
m000483/pbf20220915115122.pdf〉

日本経済新聞，2011a.「内需関連銘柄牽引　後場は買いの勢い鈍る」『日本経済新聞朝刊』
2011 年 7 月 5 日付.

日本経済新聞，2011b.「個人資金，低位株に流入，東電の売買代金，24 年ぶりの高水準」
『日本経済新聞朝刊』2011 年 7 月 22 日付.

日本経済新聞，2011c. 「東電株 15.8% 安，終値 431 円，株主責任巡り先行き懸念」『日本経済新聞朝刊』2011 年 7 月 28 日付.

日本経済新聞，2011d. 「原発賠償支援法が成立―東電，破綻危機遠のく」『日本経済新聞朝刊』2011 年 8 月 4 日付.

日本経済新聞，2011e. 「東電，機構からの支援急務　最終赤字 5717 億円 4〜6 月期」『日本経済新聞朝刊』2011 年 8 月 10 日付.

日本経済新聞，2011f. 「「債務超過可能性ない」賠償機構の資金決算上利益に　社長一問一答」『日本経済新聞朝刊』2011 年 8 月 10 日付.

日本経済新聞，2011g. 「電力株，軒並み急騰　東電 15%・関電 8 %」『日本経済新聞朝刊』2011 年 8 月 11 日付.

日本経済新聞，2011h. 「オリンパス，売買 1 回転（まちかど）」『日本経済新聞朝刊』2011 年 10 月 21 日付.

日本経済新聞，2012. 「内需関連に資金流入，海運・電機は下げ目立つ（株式往来）」『日本経済新聞朝刊』2012 年 1 月 11 日付.

日本公認会計士協会，2003. 監査基準報告書 560 実務指針第 1 号「後発事象に関する監査上の取扱い」（最終改正 2022 年 10 月 13 日）.

日本公認会計士協会，2011. 監査・保証実務委員会実務指針第 77 号「追加情報の注記について」（2003 年 3 月 25 日制定，2011 年 3 月 29 日改正）.

廃炉等円滑化ワーキンググループ，2022. 「総合資源エネルギー調査会 電力・ガス事業分科会原子力小委員会廃炉等円滑化ワーキンググループ　中間報告」（2022 年 11 月 29 日），〈https://www.meti.go.jp/shingikai/enecho/denryoku_gas/genshiryoku/hairo_wg/pdf/20221129_1.pdf〉

廃炉に係る会計制度検証ワーキンググループ，2013. 「原子力発電所の廃炉に係る料金・会計制度の検証結果と対応策」（2013 年 9 月 30 日），〈https://www.meti.go.jp/shingikai/enecho/denryoku_gas/denki_ryokin/hairo_kaikei/pdf/report01_01_00.pdf〉

廃炉に係る会計制度検証ワーキンググループ，2015. 「原発依存度低減に向けて　廃炉を円滑に進めるための会計関連制度について」（2015 年 3 月 31 日），総合資源エネルギー調査会電力・ガス事業部会電気料金審査専門小委員会廃炉に係る会計制度検証ワーキンググループ最終報告，〈https://www.meti.go.jp/shingikai/enecho/denryoku_gas/denki_ryokin/hairo_kaikei/pdf/report02_01_00.pdf〉

平野智久，2014. 「原子力発電施設の廃止措置に関する会計問題―経済産業省「原子力発電所の廃炉に係る料金・会計制度の検証結果と対応策」に着目して―」『商学論集』第 83 巻第 3 号，1-22.

平成金融危機への対応研究会編，2005.『平成金融危機への対応』『預金保険研究』第 4 号.

執筆者紹介

薄井　彰（うすい　あきら）編著者・序章・第1章・第11章
　　　　早稲田大学商学学術院　教授

浅野敬志（あさの　たかし）第6章
　　　　慶應義塾大学商学部　教授

池田昌幸（いけだ　まさゆき）第10章
　　　　早稲田大学商学学術院　教授

稲葉喜子（いなば　のぶこ）第5章
　　　　株式会社はやぶさコンサルティング代表取締役社長・公認会計士

海老原崇（えびはら　たかし）第8章
　　　　武蔵大学経済学部　教授

奥村雅史（おくむら　まさし）第4章・第7章
　　　　早稲田大学商学学術院　教授

坂上　学（さかうえ　まなぶ）第3章
　　　　法政大学経営学部　教授

中野貴之（なかの　たかゆき）第2章
　　　　法政大学キャリアデザイン学部　教授

吉田和生（よしだ　かずお）第9章
　　　　名古屋市立大学大学院経済学研究科　教授

吉田　靖（よしだ　やすし）第4章・第7章
　　　　東京経済大学経営学部　教授

巨大災害のディスクロージャーと資本市場
―東日本大震災から13年―

▨ 発行日——2024年12月26日　初版発行　　　　〈検印省略〉

▨ 編著者——薄井　彰

▨ 発行者——大矢栄一郎

▨ 発行所——株式会社　白桃書房
〒101-0021　東京都千代田区外神田5-1-15
☎03-3836-4781　🆎03-3836-9370　振替00100-4-20192
https://www.hakutou.co.jp/

▨ 印刷・製本——藤原印刷

© USUI, Akira 2024 Printed in Japan
ISBN 978-4-561-36211-1 C3034

本書のコピー，スキャン，デジタル化等の無断複製は著作権法上での例外を除き禁
じられています。本書を代行業者等の第三者に依頼してスキャンやデジタル化する
ことは，たとえ個人や家庭内の利用であっても著作権法上認められておりません。

|JCOPY| ＜出版者著作権管理機構　委託出版物＞
本書の無断複写は著作権法上での例外を除き禁じられています。複写される場合は，
そのつど事前に，出版者著作権管理機構（電話 03-5244-5088，FAX 03-5244-5089，
e-mail : info@jcopy.or.jp）の許諾を得てください。
落丁本・乱丁本はおとりかえいたします。

好 評 書

出口　弘【著】
会計システム理論　　　　　　　　　　　　　　　　　　　　　本体 3,364円

石津寿恵・大原昌明・金子良太【編著】
非営利組織会計の基礎知識
　　─寄付等による支援先を選ぶために　　　　　　　　　　　　本体 2,727円

中島真澄・片山智裕【編著】
フォレンジック会計
　　─会計と企業法務との連携　　　　　　　　　　　　　　　　本体 3,364円

S. H. ペンマン【著】　　杉本徳栄・玉川絵美【訳】
ペンマン価値のための会計
　　─賢明なる投資家のバリュエーションと会計　　　　　　　　本体 4,273円

桜井久勝【編著】
テキスト国際会計基準【新訂第 2 版】　　　　　　　　　　　本体 3,364円

吉岡正道・藤井秀樹・内藤高雄【編著】
フランス会計の歴史と制度
　　─国際的統合化への道筋　　　　　　　　　　　　　　　　　本体 3,364円

細川　健【著】
暗号資産とNFTの税務　　　　　　　　　　　　　　　　　　本体 4,091円

毛利正人【著】
公的組織への実効的内部統制の導入と展開
　　─形骸化から脱するためのフレームワークと実践知　　　　　本体 3,364円

H. T. ジョンソン/R. S. キャプラン【著】　　鳥居宏史【訳】
レレバンス・ロスト
　　─管理会計の盛衰　　　　　　　　　　　　　　　　　　　　本体 3,500円

────────── 東京　**白桃書房**　神田 ──────────

本広告の価格は本体価格です。別途消費税が加算されます。